Armutsbekämpfung durch Entwicklungszusammenarbeit

Frank Bliss

Armutsbekämpfung durch Entwicklungszusammenarbeit

Anspruch – Wirklichkeit – Perspektiven

 Springer VS

Frank Bliss
Remagen, Deutschland

ISBN 978-3-658-32804-7   ISBN 978-3-658-32805-4 (eBook)
https://doi.org/10.1007/978-3-658-32805-4

Die Deutsche Nationalbibliothek verzeichnet diese Publikation in der Deutschen Nationalbibliografie; detaillierte bibliografische Daten sind im Internet über http://dnb.d-nb.de abrufbar.

Lektorat: Cori A. Mackrodt
Einbandabbildung: (c) Frank Bliss 2018

Springer VS ist ein Imprint der eingetragenen Gesellschaft Springer Fachmedien Wiesbaden GmbH und ist ein Teil von Springer Nature.
Die Anschrift der Gesellschaft ist: Abraham-Lincoln-Str. 46, 65189 Wiesbaden, Germany

Vorwort von Bernd Ludermann

Was hilft die Entwicklungshilfe? Darüber wird seit Jahrzehnten gestritten. Nicht immer ist dabei im Blick, dass die erklärten Ziele der Entwicklungszusammenarbeit (EZ), wie es inzwischen politisch korrekt, aber umständlich heißt, sich über die Jahre stark verändert haben. Es muss also geklärt werden, an welchen Kriterien man ihren Erfolg oder Misserfolg überhaupt messen will.

Für Frank Bliss steht im Vordergrund, ob die Entwicklungshilfe die Lebensverhältnisse von armen Menschen verbessern hilft. Weil viele auf Armutsbekämpfung ausgerichtete Projekte recht begrenzte Gruppen in den Blick nehmen wie ein Dorf oder die Kleinhändlerinnen einer Stadt, mag der Anspruch bescheiden klingen. Andere hatten und haben in der Tat viel größere Erwartungen.

So lautete in den 1960er Jahren die Theorie: Entwicklungshilfe verhilft armen Ländern zu Wirtschaftswachstum und einer Industrialisierung nach dem Vorbild des „Nordens" und damit zu allgemeinem Wohlstand. Tatsächlich hat sie aber bis heute allenfalls geringfügig zu einem solchen Wirtschaftswachstum beigetragen. Entwicklungsökonomen haben statistisch untersucht, ob Länder, die über die Jahrzehnte mehr Entwicklungshilfe bekommen haben, als Folge höhere durchschnittliche Wachstumsraten aufweisen. Die Rechnungen führen zu gegensätzlichen Ergebnissen. Klar ist aber: Der Anstoß zu einer Industrialisierung ist nirgends von Entwicklungshilfe ausgegangen. Für die schnelle wirtschaftliche Entwicklung von Ländern besonders in Asien – zuerst etwa Taiwan und Südkorea, später China, Vietnam, Thailand oder Malaysia – hat sie kaum eine Rolle gespielt.

In der Praxis war Entwicklungshilfe zudem bis 1990 der Logik des Kalten Krieges unterworfen. Die Supermächte und ihre jeweiligen Lager nutzten sie, um befreundete Regierungen im Süden zu stärken oder auf die eigene Seite zu

ziehen. Entsprechend konnten viele Entwicklungsländer Ost und West gegeneinander ausspielen, um sich Geld zu sichern und politischen Druck abzuwehren.
Misswirtschaft bei Freunden wurde geduldet.

Erst als um 1990 dieses weltpolitische Korsett wegfiel, konnte Entwicklungshilfe mit Bedingungen verbunden werden wie der, dass Partnerregierungen
sich an den Menschenrechten und guter, wirtschaftsfreundlicher Regierungsführung orientieren. Insbesondere mit der Verabschiedung der Millenniums-
Entwicklungsziele der Vereinten Nationen im Jahr 2000 wurde Armutsbekämpfung zum Fokus und zur wirksamen Leitlinie der EZ.

Zugleich wurden aber die Aufgaben der Entwicklungshilfe seit 1990 stark
erweitert. Sie soll jetzt zum Beispiel Frieden fördern, Korruption bekämpfen und
den Rechtsstaat im Partnerland stärken helfen. Der globale Kampf gegen Aids
wurde zum guten Teil mit Entwicklungshilfe finanziert (dies recht erfolgreich).
Neuerdings wird sie eingesetzt, um erneuerbare Energien und den Klimaschutz
etwa in Afrika voranzubringen, Anpassungen an die Erderhitzung zu unterstützen
und, was sehr fragwürdig ist, Migration zu bremsen.

Über einzelne Projekte hinaus entwicklungsfeindliche Strukturen anzugehen,
ist richtig und wichtig. Nur leider trifft es häufig auf so großen politischen Widerstand, dass die EZ damit überfordert ist. Bei der Korruptionsbekämpfung etwa
hat sie selten dauerhafte Erfolge; von großer Korruption profitieren ja die Reichen
und Mächtigen, und das nicht nur im Süden. Hier sind wirksame Regeln gegen
Geldwäsche und Steuerflucht gefragt. Kriege und Bürgerkriege im Ausland zu
beenden oder zu verhindern, ist zuvorderst eine Aufgabe der Diplomatie und der
Außenpolitik. EZ-Projekte auf der Graswurzelebene können lokale Gewaltausbrü-
che vermeiden und Friedensprozesse stabilisieren. Aber wenn mächtige Staaten
Konflikte von außen anheizen wie zurzeit etwa in Syrien, Libyen und dem Jemen,
hilft Friedensförderung mittels Entwicklungshilfe wenig.

Auf ihrem angestammten Kerngebiet, der Armutsbekämpfung, kann sie aber
eine Menge bewirken. Darauf konzentriert sich dieses Buch. Man kann mit
Entwicklungshilfe nicht alle Menschen reich machen und nur unter günstigen
Umständen dazu beitragen, politische Missstände anzugehen. Aber Frank Bliss
zeigt im Einzelnen und mit vielen Beispielen, dass EZ-Projekte sehr armen Menschen helfen können, ihre Lebensverhältnisse und ihre Stellung in der Gesellschaft
zu verbessern. Er schildert, wie Projekte ausgelegt sein müssen, damit das auch
unter schwierigen Bedingungen gelingt. Immer wieder wird deutlich: Stärker als
bisher muss man schon im Vorfeld von Projekten deren institutionelle Rahmenbedingungen erkunden und berücksichtigen – etwa die sozialen und kulturellen
Praktiken am Ort und die Geschlechtergerechtigkeit. Und die Bevölkerung muss
an allen Entscheidungen beteiligt sein.

Der Autor kann auf jahrzehntelange Erfahrung mit Entwicklungsprojekten zurückgreifen, die er als Gutachter und Berater begleitet hat. Sein Blick ist der des geschulten Ethnologen, der viel, sorgfältig und kritisch zuhört – gerade den „Armen". Er will verstehen, wie sie sich durchschlagen und was sie in ihrer Lage gefangen hält. Das ist nach seiner Erfahrung die wichtigste Voraussetzung für gute Projekte: nicht mit Patentrezepten kommen, den Betroffenen zuhören, sie entscheiden lassen und wenn nötig im Laufe des Projekts Fehler einräumen und korrigieren.

Dieses Leitmotiv prägt viele Studien und Artikel, die Frank Bliss im Laufe der Jahre veröffentlicht hat. Als Journalist und Redakteur habe ich von seinen Kenntnissen immer wieder sehr profitiert. Diesem Buch wünsche ich viele aufmerksame Leserinnen und Leser.

Bernd Ludermann ist Chefredakteur von „welt-sichten", des Magazins für globale Entwicklung und ökumenische Zusammenarbeit (www.welt-sichten.org).

Bernd Ludermann

Vorwort des Verfassers

In Zeiten der Corona-(COVID-19)-Pandemie in den Jahren 2020–2021 nicht vorrangig eine Geschichte der Armutsbekämpfung im Kontext von Entwicklungszusammenarbeit zu schreiben, sondern auf ihre Praxis in den verschiedensten Ländern einzugehen und in diesem Zusammenhang auch noch Perspektiven aufzeichnen zu wollen, ist ein heikles Unterfangen. Niemand in der Fachwelt möchte sich hinsichtlich der Auswirkungen der Pandemie auf die ärmeren und ärmsten Länder derzeit festlegen. Erste Zahlen bezüglich der Armut in der Welt und hinsichtlich ihrer Zunahme infolge von COVID-19 liegen seitens der Weltbank vor. Diese schätzt, dass im Laufe von 2020 über 100 Mio. mehr Menschen in extreme Armut gefallen sind, als im Vorjahr 2019 gezählt wurden. Bei den „nur" Armen soll deren Zahl um 105 bis 230 Mio. Personen zugenommen haben. Mehr als eine Prognose abgeben will die Weltbank aber auch nicht, wie schon die Bandbreite der genannten Angaben zeigt, die sich im Übrigen von Monat zu Monat veränderten.

COVID-19 stellt aber nicht die einzige Ursache für immer schwieriger werdende Prognosen zur Entwicklung von Armut dar und zur Abschätzung, welche Instrumente zu ihrer Eindämmung und Überwindung besonders wirkungsvoll sein könnten. So weisen die WeltbankexpertInnen darauf hin, dass um das Jahr 2030 möglicherweise bis zu zwei Drittel aller extrem armen Menschen in Ländern leben werden, die durch Fragilität gekennzeichnet sind, insbesondere dort also, wo die wirtschaftliche Entwicklung durch (innere) Konflikte und schwache staatliche Strukturen beeinträchtigt wird. Viele solcher Länder leiden zusätzlich an den Folgen des Klimawandels. Die bestehende politische und wirtschaftliche Fragilität aufgrund von Konflikten geht dabei mit den Folgen der nicht mehr kalkulierbaren Wetterereignisse eine verhängnisvolle Verbindung ein, die ganz sicher eine Armutsminderung zusätzlich erschweren wird.

Trotzdem soll im vorliegenden Buch die Praxis der Armutsbekämpfung auch und mithilfe der Entwicklungszusammenarbeit möglichst anschaulich dargestellt und im Hinblick auf ihre Wirkungen kritisch beleuchtet werden im vollen Bewusstsein, dass eine Reihe der als erfolgreich dargestellten Strategien und Maßnahmen zur Armutsminderung möglicherweise in der bisherigen Form zukünftig weniger wirksam sein könnte und entsprechend angepasst oder durch völlig neue Ansätze ersetzt werden müsste. So wird mit Sicherheit die Notwendigkeit bedingungsloser Transferzahlungen an extrem arme Menschen, die über nur geringe oder gar keine Selbsthilfepotentiale verfügen, durch COVID-19, aber auch wegen des Klimawandels und dadurch verstärkter Dürren wie auch Überschwemmungen mit hieraus resultierenden Missernten an Bedeutung gewinnen.

Dabei könnte das derzeit ebenfalls anwachsende Bewusstsein, dass wir in einer Welt leben und alles, was im Süden ökologisch geschieht, seine Auswirkungen auf den Norden hat und umgekehrt, allerdings zu einem positiven Wandel führen. So lässt sich in Deutschland eine zunehmend kritische Bewertung der Verwendung von Palmöl aus einer Produktion, die in einigen Ländern des Südens mit verheerenden ökologischen Schäden und schlimmen sozialen Folgen für die Menschen belastet ist, erkennen. Dies zeigt, dass auch die Konsumgesellschaft in den Industrieländern zumindest nicht mehr generell gewillt ist, die Zerstörung der Umwelt und Eingriffe in den Lebensraum von Menschen zu akzeptieren, selbst wenn dies Tausende Kilometer entfernt von uns erfolgt. Auch die scheinbar so nebensächliche Tatsache, dass es inzwischen auch bei Aldi und Lidl fair gehandelte Schokolade im Standard-Warenangebot gibt, macht deutlich, dass die Armut in den Produktionsländern von Kakao bei uns präsent ist und die Notwendigkeit einer Veränderung der Produktions- und Lebensbedingungen von immer mehr Menschen gesehen wird. So bietet sich also trotz COVID-19 heute doch und vielleicht gerade eine Chance, die Entwicklungszusammenarbeit Revue passieren zu lassen und anhand von bisherigen Erfolgen und Misserfolgen darzustellen, was funktioniert und was nicht, und wie Armutsbekämpfung möglicherweise effektiver gestaltet werden kann.

Dieses Buch basiert auf 40 Jahren Forschung und praktischer Arbeit im Kontext von Entwicklungsländern und Entwicklungszusammenarbeit. Sein Zustandekommen wäre allerdings nicht möglich gewesen ohne die langjährige gemeinsame Arbeit mit deutschen und ausländischen Kolleginnen und Kollegen bei entwicklungspolitischen Analysen und Planungsbeiträgen für Projekte, bei der Arbeit vor Ort im Projekt selbst oder bei Evaluationen Jahre nach Beendigung eines Entwicklungsvorhabens. Stellvertretend für die Vielen sollen einige namentlich genannt werden, allen voran Karin Gaesing, mit der zusammen 1990 das entwicklungspolitische Gutachterbüro Bliss & Gaesing entstanden ist, in dessen Rahmen wir die Gender-Arbeit im Rahmen der staatlichen deutschen Entwicklungszusammenarbeit (EZ) und viele gemeinsame Studien mit auf den Weg gebracht haben. Praktische Projektarbeit hat Klaus Gall mit mir über acht Jahre im afrikanischen Tschad durchgeführt, wo wir in Mayo Kebbi über 400 Handpumpenbrunnen geplant, gebaut und gemeinsam mit Ali Voubou als unserem Projektkoordinator zusammen mit der lokalen Bevölkerung in Betrieb genommen haben.

Obwohl wir niemals gemeinsam für ein Projekt gearbeitet haben, hat Michael Schönhuth seit spätestens 1985 mit dem Verfasser und anderen MitstreiterInnen zusammen die beiden wichtigen (vielleicht wichtigsten) Themen in der Entwicklungszusammenarbeit „Soziokulturelle Aspekte von Entwicklung" und „Partizipation" (d. h. Bevölkerungsbeteiligung an der Planung und Durchführung von Projekten) unermüdlich vorangetrieben. Hinzugestoßen ist Mitte der 1990er Jahre Stefan Neumann, der uns kontinuierlich daran erinnert, wie wenig konsequent Partizipation weiterhin in der Projektpraxis wirklich umgesetzt wird, und uns immer wieder ermutigt, in unseren Forderungen nach umfassender Bevölkerungsbeteiligung in der EZ nicht nachzulassen.

Erwähnt werden muss auch Tobias Debiel, der als Direktor des Duisburger Instituts für Entwicklung und Frieden (INEF) Stefan Neumann, Karin Gaesing und mir viele Jahre lang die Chance gegeben hat, intensiv über Partizipation in der Entwicklungsplanung und –praxis zu forschen und über „Wege aus extremer Armut, Vulnerabilität und Armutsunsicherheit" im Rahmen eines seit Ende 2015 laufenden Forschungsvorhabens nachzudenken, das mit Unterstützung des Bundesministeriums für wirtschaftliche Zusammenarbeit und Entwicklung (BMZ) bis 2023 Praxisbeispiele aus der Armutsbekämpfung aufarbeitet und hinsichtlich der Erfolgs- und Übertragungsbedingungen für die deutsche EZ untersucht.

Den genannten Kolleginnen und Kollegen sowie vielen Ungenannten möchte ich für den langjährigen intensiven Austausch danken. Im Kontext dieses Buches gilt der Dank zudem für Gastbeiträge in diesem Buch Frau Magdalena Orth vom Deutschen Evaluierungsinstitut der Entwicklungszusammenarbeit, Herrn Mathias Mogge, Generalsekretär der Welthungerhilfe, sowie Frau Staatsekretärin Dr. Maria Flachsbarth vom BMZ. Bernd Ludermann, Chefredakteur der entwicklungspolitischen Monatsschrift „Welt-Sichten", danke ich für seine wohlwollend-kritischen Anmerkungen zum Manuskript, und nicht zuletzt Frau Cori Antonia Mackrodt für ihre Bemühungen um die Aufnahme des Bandes und seine Drucklegung im Verlag Springer VS.

Einführung

Dieses Buch möchte eine Einführung in die Theorie und vor allem in die Praxis der entwicklungspolitischen Zusammenarbeit geben. Im Fokus steht dabei die Armutsbekämpfung, d. h. das (häufig leider nur eingeschränkte) Bemühen von Regierungen der sogenannten Entwicklungsländer, die weiterhin verbreitete Massenarmut in ihren Grenzen mit finanzieller und technischer Unterstützung der reichen Industrieländer zu reduzieren. Nach der neuesten Vereinbarung der Weltgemeinschaft, wie sie im September 2015 im Rahmen der Agenda 2030 (auch bezeichnet als Nachhaltige Entwicklungsziele oder im Englischen *Sustainable Development Goals,* SDG) verabschiedet wurde, soll dies in einer „Ausmerzung" von extremer Armut bis zum Jahre 2030 münden („eradicate extreme poverty")[1]. Zwischenzeitlich bestehen aber Zweifel an der Erreichbarkeit dieses hehren Zieles und man geht davon aus, dass es auch dann schon als erreicht angesehen werden sollte, wenn es „nur" noch zwei bis drei Prozent extrem Armer auf der Welt gibt. Bei diesen handelt es sich um jene Menschen, die nach gängiger Definition von weniger als 1,90 US$ am Tag leben müssen, wobei die meisten von ihnen deutlich unterhalb dieser Einkommensgrenze existieren müssen.

Heute leben je nach den angewandten Kriterien für extreme Armut zwischen etwa 770 Mio. und dreieinhalb Milliarden Menschen in Armut bzw. extremer Armut. Trotz erheblicher Erfolge in China und sogar in Indien, wo allerdings geschätzte 250–270 Mio. Menschen weiterhin in größtem Elend leben, gibt es zahlreiche Länder, vor allem in Subsahara-Afrika, in denen die absolute Zahl der Armen kaum sinkt. Dies hat einerseits mit dem Bevölkerungswachstum zu tun, das vor allem in den Sahelländern, aber auch in anderen Staaten Afrikas die auch hier in den letzten drei Dekaden zumeist eingetretenen leichten Erfolg bei der Armutsbekämpfung infrage stellt.

Andererseits gibt es zahlreiche Faktoren, die Armut verstetigen. Vor allem schlechte Regierungsführung ist hier zu nennen, d. h. die Regierungen einer ganzen Reihe von Ländern bemühen sich nur sehr wenig um Armutsminderung innerhalb ihrer Grenzen. Vielmehr plündern eine Reihe von ihnen ihre Staaten, wo immer es geht, aus. Viele Staatschefs, ihre Familienangehörigen und ihre Gefolgschaft transferieren ihren Raub dabei in die reichen Industrieländer und deren *Off-Shore*-Gebiete, die Fluchtgeldern und schwarzen Kassen weiterhin Tür und Tor öffnen[2]. Eines der übelsten Beispiel hierfür ist das durch Erdöleinnahmen eigentlich sehr wohlhabende Angola. Hier rühmte sich die Tochter des früheren Präsidenten José Eduardo dos Santos, erste afrikanische Milliardärin zu sein. Im Januar 2020 nach einem Regierungswechsel hat die neue Regierung allerdings endlich Anklage gegen Isabel dos Santos erhoben, weil dieser Reichtum alles andere als legal zustande gekommen ist. Woanders sieht es kaum besser aus[3]. Hierzu erfolgen genauere Ausführungen, wenn es um die Verstetigung von Armut (Kap. 2) und um „Gute Regierungsführung" geht (Kap. 14).

So schlimm es in zahlreichen Staaten aussehen mag und auch wenn die „Spender" der Entwicklungsgelder, also die reichen Industriestaaten, neuerdings auch China und in kleinerem Umfang Schwellenländer wie Indien und Brasilien, mit ihrer Außen- und Wirtschaftspolitik Armutsbekämpfung häufig konterkarieren – dies soll nicht Schwerpunkt dieses Buches sein. Auch werden entwicklungspolitische Theorien und frühere Phasen der internationalen EZ nur dort gestreift, wo sie für das Verständnis der Ausführungen notwendig sind.

Zentral, und dies ist das Alleinstellungsmerkmal dieses Buches, geht es um die Praxis der Armutsbekämpfung: Was machen die armen Staaten selbst in Sachen Armutsminderung? Wie kommt in diesem Kontext die Entwicklungs„hilfe", insbesondere die EZ der Bundesrepublik Deutschland dazu? Was passiert in Projekten und Programmen von der Idee bis zur Umsetzung wirklich? Wo liegen dabei die Schwächen und wie lassen sich diese überwinden?

Keinen Anspruch erhebt dieses Buch, die Strukturprobleme der Entwicklungsländer grundsätzlich zu behandeln und für diese nach umfassenden Lösungswegen zu suchen. Es geht vorrangig um Beiträge zur Armutsminderung mit den beschränkten Möglichkeiten der internationalen EZ. Entsprechend stellen die Rahmenbedingungen und Strukturen in den Partnerländern und im internationalen System (Regierungsführung, Handel, Finanzen, aber auch Konflikte usw.) in der Darstellung ausdrücklich nur limitierende Faktoren für die EZ dar, die mit deren Mitteln nur begrenzt beeinflussbar sind. Schließlich werden auch – und obwohl Armut in diesen Ländern eine erhebliche Rolle spielt – fragile Staaten, insbesondere solche mit akuten Bürgerkriegen, nur am Rande behandelt, da die Voraussetzung für wirkungsvolle Armutsbekämpfung in diesen Ländern die Kriegs- bzw. Konfliktbeilegung ist, Entwicklungspolitik aber hierzu nur einen kleinen Beitrag leisten kann. Der entscheidende Ball gehört vielmehr der internationalen Staatengemeinschaft zugespielt (vor allem den Vereinten Nationen, den regionalen Staatengemeinschaften und nicht zuletzt auch der europäischen und deutschen Außenpolitik).

Über Begrifflichkeiten kann man sich streiten

Für jene, die sich bereits jetzt über bestimmte gerade im Kontext von Entwicklung verwendete Begriffe zumindest wundern: Es geht in diesem Buch um die Darstellung von Theorie und vor allem Praxis von armutsorientierter EZ. Hierfür müssen zwangsläufig auch Begriffe verwendet werden, die EZ definieren und ihren Gegenstand beschreiben. Dabei macht es aber keinen Sinn, eine akademische oder gar ideologische Diskussion um diese Begriffe zu führen. So möge der kritische Leser und die Leserin akzeptieren, dass die Länder, um die es hier geht, weiterhin als Entwicklungsländer (EL) bezeichnet werden, kollektiv gelegentlich von „Dritter Welt" gesprochen wird, wenn die eher ärmeren unter den EL gemeint sind (die man auch als *Least Developed Countries* bezeichnet) oder mitunter sogar von Entwicklungs„hilfe" (EH), später dann ohne Anführungsstriche, die Rede ist, was hier schlichtweg synonym zu Entwicklungszusammenarbeit (EZ) verwendet wird[4]. Auch letzterer Begriff müsste sonst oft infrage gestellt werden, wo weniger die Zusammenarbeit unter Gleichen zu beobachten ist, als vielmehr eine *Top down* Geber-Empfänger-Beziehung.

In letzter Zeit gerne genutzte begriffliche Alternativen für „Entwicklungsländer" sind aus meiner Sicht in keiner Weise klarer bzw. „fairer": Der „globale Süden" müsste Japan, Australien, Neuseeland und auch andere sehr reiche Länder wie Singapur und Malaysia beinhalten, und um diese geht es bei den Empfängerländern von finanzieller Unterstützung nun wirklich nicht. Das gelegentlich genutzte Wortungetüm „Trikont" (gemeint ist damit „drei Kontinente", d. h. Afrika, Asien und Lateinamerika) macht die Sache aus den gleichen Gründen auch nicht besser. Für EZ oder EH fiele dem Verfasser eigentlich als „korrekte" Begrifflichkeit nur die qualitative Beschreibung ein „*externe, zumeist oder zumindest häufig altruistische Unterstützung der Eigenbemühungen von Staaten, deren Bruttonationaleinkommen pro Kopf den Wert X unterschreitet, bei der Verbesserung der Lebensbedingungen ihrer BürgerInnen*". Dieses Begriffsungetüm mehr als nur einmal an dieser Stelle zu benutzen, verbietet sich von selbst.

Und noch ein wichtiger Hinweis, wenn es um Begriffe geht, ob Entwicklungshilfe, Entwicklungszusammenarbeit oder Humanitäre Hilfe: Alle diese Transferbeiträge aus den wohlhabenden in die armen Ländern dürfen nicht darüber hinwegtäuschen, dass sie allenfalls Anschubleistungen darstellen, die durch die

Eigenanstrengungen der Entwicklungsländer selbst um ein Mehrfaches ergänzt werden müssen. Zudem sind selbst die heute vielleicht 150 Mrd. US$ an weltweiter offizieller EZ im Jahr nur ein Bruchteil dessen, was die Welt einschließlich vieler Entwicklungsländer für Rüstung ausgibt. Im Vergleich mit den weltweiten Geldströmen des Handels und vor allem den Kapitalströmen fallen diese Entwicklungsgelder noch weniger auf. Dennoch können sie gerade in den Ländern, die der Unterstützung am meisten bedürfen, einiges bewegen. Wäre dies nicht so und gäbe es allen Unkenrufen zuwider nicht doch eine Vielzahl „Guter Beispiele" für EZ, so würde dieses Buch nicht geschrieben worden sein.

Ziele der Entwicklungszusammenarbeit

Thema des vorliegenden Buches ist die Entwicklungszusammenarbeit mit einem besonderen Fokus auf die Armutsminderung bzw. Armutsbekämpfung. Diese ist „überwölbendes Ziel" der deutschen staatlichen Entwicklungszusammenarbeit (EZ), wie sie unter Verantwortung des Bundesministeriums für wirtschaftliche Zusammenarbeit und Entwicklung (BMZ) geplant und verantwortet wird. Die Implementierung, wie im „Entwicklungsenglisch" die Durchführung von Maßnahmen genannt wird, erfolgt vor allem durch zwei staatliche Organisationen, auf die in diesem Band später noch im Detail eingegangen wird. Ministerium wie auch diese Durchführungsorganisationen sprechen bei der Frage nach dem Ziel ihrer Tätigkeit aber nur selten uneingeschränkt von Armutsbekämpfung, zumal es derzeit im Gegensatz zu früherer Praxis kein spezifisches entwicklungspolitisches Konzept des Ministeriums hierzu gibt.

Es existieren allerdings aus den letzten Jahren eine Reihe von Dokumenten, die hinsichtlich ihrer Verbindlichkeit jedoch nicht eingestuft sind, sondern eher Willensbekundungen darstellen. So liegt ein gemeinsam mit dem Umweltministerium herausgegebenen Papier aus dem Jahre 2015 vor. Darin heißt es: „Nur gemeinsam oder gar nicht werden wir die großen globalen Herausforderungen lösen. Dazu zählen die Bekämpfung extremer Armut und Hunger, Klima- und Umweltschutz, Sicherung von Frieden und Wahrung der Menschenwürde weltweit […]". Hier wird Armutsminderung explizit angesprochen, neben anderen wichtigen Zielen. Auch in einem Papier mit Aussagen zur Ernährungssicherung wird deren Beitrag zur Armutsminderung betont wie auch in einem dritten zur Afrika-Politik des BMZ (Stichwort „Marschallplan für Afrika"). Hier werden die Sicherstellung der Ernährung, der Zugang zu Energie, Ressourcenschutz und Arbeitsplätze für Hunderte von Millionen junger Afrikaner als gewaltige Herausforderungen beschrieben[5].

Will sich das deutsche BMZ allen diesen sicher wichtigen Aufgaben widmen oder vorrangig der Ernährungsfrage, wohl das wichtigste Bedürfnis extrem armer Menschen? Aber wird möglicherweise nicht viel Geld auch in die Energiepolitik gesteckt bzw. in den Umweltschutz, ebenfalls sicher dringliche Aufgaben, aber ist dies ein Thema für das Entwicklungsministerium oder nicht eher etwas für das deutsche Umweltministerium? Und angesichts der geringen Bedeutung von EZ-Geldern im Vergleich mit wirtschaftlichen Investitionen stellt sich die grundsätzliche Frage nach der Rolle von EZ. Diese Unklarheiten bei den Zielen führen die weniger fachkundigen LeserInnen zwangsläufig zu der Frage, was denn nun genau mit den deutschen Steuergeldern aus Sicht der Regierung gemacht werden soll bzw. was tatsächlich mit dem Geld getan wird.

Die recht breit angelegten Zielformulierungen (Ernährung, Umwelt, Energie, Frieden, Arbeitsplätze usw.), siehe Abb. 1, wecken zumindest Zweifel an der Erwartung der Öffentlichkeit, dass sich die Entwicklungszusammenarbeit wirklich primär mit den Armen in den Entwicklungsländern beschäftigt. Auf den ersten Blick stimmt der Eindruck, denn was haben Energiefragen mit Armutsbekämpfung zu tun, wenn Kraftwerke und Strom vielleicht auch, aber erst sehr weit hinten auf der Wunschliste extrem armer Menschen stehen? Muss nicht vielmehr zur Beseitigung von Armut, wie dies in Deutschland im Rahmen der Sozialpolitik ständig getan wird, vorrangig ein Transfer aus der deutschen Staatskasse, d. h. aus dem Entwicklungshilfebudget und durch die Entwicklungsorganisationen, an die Armen erfolgen? Ja, wie später zu zeigen sein wird, muss dies auch zwingend erfolgen, wenn auch weniger durch die EZ, sondern primär durch die Staatskassen der betroffenen Länder selbst – mit Unterstützung durch die Entwicklungsgelder, aber nicht nur oder auch nur primär durch diese.

Armut kann verschiedene Ursachen haben, und zwar strukturelle wie auch individuelle, solche Ursachen, die durch die allgemeinen politischen, wirtschaftlichen und sicher auch historischen Rahmenbedingungen einer Gesellschaft bedingt sind, und solche, die auf persönliches intendiertes wie auch nicht intendiertes Verhalten zurückzuführen ist. Würden im Rahmen der EZ nur Geldtransfers an Arme stattfinden, so könnte sich an den Rahmenbedingungen, unter denen Armut entsteht („gemacht wird") und sich verstetigt, absolut nichts ändern. Fraglich ist auch, ob Menschen, die aus eher individuellen Gründen (d. h. obwohl sich ihnen Chancen geboten haben, ihre Situation zu verändern, oder durch Erkrankung, Tod einer Erwerbsperson usw.), arm sind, durch Transfers allein geholfen werden kann, sich aus der Armutssituation zu befreien. Diese Überlegungen haben Konsequenzen für das Zielgebäude der EZ und erklären zumindest teilweise, warum in den genannten Konzepten die „Hilfe für Arme" nicht so klar formuliert ist.

Abb. 1   Titelblatt einer Broschüre des BMZ vom Juli 2020 (Abb. © BMZ 2020)

Entwicklungshilfe, die erst die Entwicklungsländer schafft?
In einem leider außerhalb der Fachwelt nur wenig beachteten Beitrag hat Peter Bauer von der Londoner School of Economics 1982 Entwicklungshilfe grundsätzlich infrage gestellt. In seiner Entgegnung auf den damaligen Vizepräsidenten der Weltbank Hollis B. Chenery, der ausländische Unterstützung als „Zentralelement der Weltentwicklung" bezeichnet hatte (*„Foreign aid is the central component of world development"*), kommt Bauer zu der entgegengesetzten Schlussfolgerung. So stellt er fest, dass es Entwicklung natürlich gegeben habe, lange bevor mit der Entwicklungshilfe begonnen wurde, und dass die EH in den damals 30 Jahren ihrer Existenz die Entwicklung der Länder der Dritten Welt alles andere als gefördert habe. Bauer ist sogar der Ansicht, dass Entwicklungshilfe erst die Ursache des Nord-Süd-Konflikts gewesen sei und dass sie die Politisierung des Lebens in den Empfängerländern gefördert bzw. verschärft habe[6], was nun allerdings nicht zwangsläufig schlecht sein muss.

Bei der Auflistung der Folgen einer in wichtigen Punkten falschen EZ benennt Bauer einige auch heute noch relevante Probleme, die trotz struktureller Veränderungen innerhalb der entwicklungspolitischen Abläufe und der Abkehr von vielen Typen von Großprojekten (vor allem von Großstaudämmen) mit ihren oft verheerenden Wirkungen auf die ansässige Bevölkerung fortbestehen. Indem die EZ den Regierungen der Empfängerländer mehr Geld und Macht verleihe, würde die Regierungsgewalt über die Bevölkerung verstärkt und die Vetternwirtschaft indirekt gefördert, so Bauer. Ein Problem, das nicht wegzuleugnen ist und eine Hauptkritik auch moderner ÖkonomInnen darstellt. Interessant ist, dass Bauer Jahre vor Einsetzen der Diskussion um sozio-kulturelle Aspekte von Entwicklung bereits auf die negativen Einflüsse von EH auf Sitten und Werte der Menschen und ihre Institutionen hingewiesen hat und auf die wie im Iran nur wenige Jahre später eingetretenen „explosiven Konsequenzen".

Nun ist die iranische Revolution ganz bestimmt nicht primär und auch nicht einmal nachrangig durch die EZ bedingt. Unstrittig sollte aber sein, dass sich die EZ während langer Dekaden gar nicht oder zumindest kaum um die Kultur der Menschen in den Partnerländern gekümmert hat, was zu vielen Fehlentwicklungen, darunter vor allem auch Fehlinvestitionen (sogenannte „Weiße Elefanten") geführt hat. Auch dort, wo zumindest theoretisch ökonomisch und ökologisch sinnvolle Investitionen am Ende doch nicht nachhaltig waren, haben nicht bedachte soziokulturelle Aspekte zumindest eine wichtige Rolle mitgespielt.

Mir sind diese grundlegenden Kritiken an der EZ bewusst und ich teile viele von ihnen. Ich teile aber nicht die grundlegende Feststellung von Peter Bauer oder anderen FundamentalkritikerInnen wie beispielsweise Dambisa Moyo, dass EZ grundsätzlich den Entwicklungsländern schade[7]. Zum einen hat sich in den letzten

Abb. 2 Versammlung im Norden Benins zur Planung von Aktivitäten im Dorf. (Foto: ©
Frank Bliss 1989–2020)

Jahren die EZ international wie auch in Deutschland qualitativ erheblich verbessert
und es wird deutlich weniger als zur Zeit von Bauer (wenn auch immer noch zu oft)
am grünen Tisch geplant (dagegen siehe das Beispiel der Abb. 2). Es steht auch nicht
mehr allein die Technik im Mittelpunkt von Projekten, sondern zunehmend werden
neben der Technik (z. B. Bewässerungseinrichtungen) Begleitmaßnahmen angeboten (wie Organisation der Bauern, gemeinsamer Saatguteinkauf, Vermarktung der
Ernte usw.) oder es wird überhaupt keine *hardware* mehr geliefert, sondern nur *soft
skills,* also Beiträge zur Bewusstseinsveränderung (etwa in Sachen Umwelt), Fort-
und Ausbildung, technische Beratung usw.

Zudem ist heute in vielen Ländern die *ownership* deutlich höher als Anfang
der 1980er Jahre, d. h. man betrachtet in den Ländern selbst Entwicklungsmaßnahmen zunehmend als „eigene" Vorhaben und nicht länger als Geberprojekte.
Länder mit unterem mittlerem Einkommen wie Vietnam oder selbst arme wie
Kambodscha oder Ruanda nehmen nicht mehr alles an, was aus den Industrieländern als Hilfe angeboten wird, sondern versuchen durchaus, die Geber dazu

zu zwingen, nur die in nationalen Entwicklungskonzepten vorgegebenen Aktivitäten zu unterstützen. Mit anderen Worten: Entwicklungs*hilfe* ist mehr und mehr zur Entwicklungs*zusammenarbeit* geworden. Wo dies wirklich der Fall ist, können Entwicklungsgelder die Eigenanstrengungen durchaus unterstützen, genau das Gegenteil also der von Peter Bauer beobachteten Wirkungen. Dies gilt allerdings vor allem in Ländern mit weitgehend „Guter Regierungsführung".

Es bleiben die Länder mit gegenteiliger Qualität der Regierungsführung, die in einigen später zu behandelnden Fällen mit „schlecht" noch sehr freundlich beschrieben wäre. So kümmern sich die Machthaber in der DR Kongo, im Tschad, im (nördlichen) Sudan, der Republik Südsudan und mehr als einem Dutzend weiterer Staaten so gut wie gar nicht um die eigene Bevölkerung. Hunderttausende sterben hier an Unter- und Fehlernährung, fehlendem Trinkwasser und/oder der Abwesenheit jeglicher Gesundheitsfürsorge und dadurch bedingten Krankheiten.

Einem Teil der Menschen kann hier durch EZ-Unterstützung geholfen werden. Allerdings verhindern Entwicklungshilfegelder in diesen Ländern sicher auch positive strukturelle Veränderungen, weil sie die Machthaber ihrer Verantwortung für die eigene Bevölkerung entheben (vgl. Deaton 2017). Wenn die Geber Schulen und Gesundheitszentren bezahlen, kann das dafür eigentlich vorzusehende Geld im „günstigeren" Fall weiter auf die Schweizer Privatkonten der Machthaber transferiert, im schlimmeren Fall in Automatikgewehre und Munition gegen die Bevölkerung investiert werden. Sicher stimmt es auch, dass sogar gutwillige Regierungen nicht so genau hinschauen, was mit geschenktem Geld passiert, selbst wenn ihre Mitglieder es nicht selbst stehlen. Viele „Weiße Elefanten", absolut sinnlose Projekte, zeugen von verantwortungsloser und schlampiger Planung, oft übrigens durchaus oder primär in Mitverantwortung von Geberorganisationen.

Teile der EZ in einem Land wirken jedoch ggf. an einer Stelle, wo andernorts im selben Land viel Unsinn gemacht wird. Dies bedeutet aber nicht, dass EZ in solchen Fällen immer von staatlichen Gebern kommen muss, von internationalen Banken oder UN-Hilfsorganisationen, die zwangsläufig mit den Regierungen kooperieren müssen. Die dringend benötigte Unterstützung kann auch durch internationale NRO geleistet werden und gerade heute, wo zivilgesellschaftliche Organisationen in vielen EL zunehmend mundtot gemacht werden, könnte dies ein Beitrag zu ihrer Aufwertung und Stärkung sein (zu den damit verbundenen Risiken mehr in Abschn. 5.2).

Schließlich ein letzter inhaltlicher Hinweis: Leistungen der EZ stellen gemäß der Agenda 2030 ein Menschenrecht für jene dar, die selbst wenig oder gar nichts haben. Sie sind keine Geschenke, sie haben nichts zu tun mit Mildtätigkeit. Unter Gerechtigkeitsaspekten bedeuten sie einen Ausgleich für ein ökonomisches Weltsystem, das diesbezüglich keine Selbststeuerung kennt, von dem viele profitieren, noch mehr Menschen aber in ihm ohne Chancen auf Teilnahme und Teilhabe bleiben müssen.

Abb. 3 Der Verfasser im Gespräch mit VertreterInnen eines Dorfes in der Region von Hangzhou (China) im Rahmen einer Evaluation. (Foto: © Frank Bliss 1989–2020)

Zum Aufbau des Buches

Damit sei übergeleitet zu einigen Hinweisen zum Aufbau dieses Buches: In *Teil 1* erfolgt in zwei Kapiteln eine Zusammenfassung der weltweiten Armutsdiskussion. Dabei geht es zunächst im *1. Kap.* um die drei Fragen, (i.) was eigentlich Armut ist und (ii.) welche internationalen Kriterien für Armut verwendet werden sowie (iii.) wie viele Arme es entsprechend der verschiedenen, durchaus interessengeleiteten Kriterien in der Welt und vor allem in den Entwicklungsländern wirklich gibt. Dabei soll auch kurz auf die Folgen von Armut für die von ihr Betroffenen wie auch die gesamte Gesellschaft eingegangen werden.

Es folgt in *Kap.* 2 eine Ursachendiskussion von Armut, wobei hier sowohl eventuell bestehende individuelle Ursachen wie auch die offensichtlichen gesellschaftlichen Gründe für Armut behandelt werden. Die heftig umstrittene These zur Existenz einer „Kultur der Armut" wird dabei in aller Kürze vorgestellt. Für sehr wichtig für die Suche nach Möglichkeiten, Armut erfolgreich zu bekämpfen, halte ich das in diesem Kapitel diskutierte Problem der Verstetigung vor allem von extremer Armut in so vielen Ländern: Warum gelingt es nicht, trotz beachtlichem Wirtschaftswachstums in zumindest einer Reihe von Staaten und den vielen

Milliarden US$ externer Unterstützung seitens der EZ, die massenhafte Armut erfolgreicher, d. h. vor allem schneller und nachhaltiger zu beseitigen?

Teil 2 des Buches möchte den Weg von der Idee zu einem konkreten Projekt oder Programm einer armutsmindernden EZ aufzeigen. Dabei soll aber zunächst in *Kap.* 3 ein Vorurteil hinterfragt werden, das der „großen Bedeutung" der Entwicklungshilfegelder. Hier wird zu zeigen sein, dass durch Welthandel, Finanzflüsse und auch die Rüstungsausgaben – selbst in sehr armen Staaten – durchaus höhere Kapitalflüsse stattfinden, mit entsprechend vorherrschenden negativen, teilweise aber auch potentiell positiven Wirkungen. Hieran schließt sich die Überlegung an, dass Entwicklungsländer weniger auf externe Hilfe bauen sollten, sondern auf die eigenen Anstrengungen und geänderte Entwicklungspolitiken.

In *4. Kap.* geht es dann zunächst um die Konzepte, die EL und Geberstaaten mit EZ verbinden. Der Theorie nach sollten vor allem die nationalen Entwicklungskonzepte und Armutsbekämpfungsstrategien der Länder selbst die Vorgaben zu den Zielen ihrer Entwicklungspolitik formulieren und die Wege zur Erreichung dieser Ziele beschreiben. Hier stellt sich indes die Frage nach der Praxis. Die Darstellung, wie aus einem Projektvorschlag ein reales Projekt wird und wie dieses in der Theorie durchgeführt (implementiert) werden soll, leitet anschließend über zu einer kurzen Überschau über die verschiedenen Typen von Projekten (zwischen Kinderheim und Großstaudamm) und zu den MitarbeiterInnen, die diese Vorhaben umsetzen.

Es folgt in *5. Kap.* eine kurze Darstellung der Organisationen, die im Milliardengeschäft Entwicklungshilfe tätig sind, angefangen von den UN-Organisationen und internationalen Entwicklungsbanken über die großen bilateralen Geber (wie die USA, Deutschland und Großbritannien) zu den ebenfalls relativ großen internationalen und nationalen NRO in den EL selbst bis hinunter zu den kleinen und kleinsten NRO in Deutschland.

Der vom Umfang her mit Abstand größte **Teil 3** des Buches behandelt die Praxis der Entwicklungszusammenarbeit anhand der wichtigsten Sektoren bzw. Förderbereiche. Neun dieser Sektoren werden jeweils exemplarisch in einem Kapitel vorgestellt (*Kap*. 6 – 11 und 13 – 14), dazu in **Kap.** *12* drei sogenannte „sektorübergreifende" Themenbereiche, die gleichwohl für die Umsetzung von Projekten und Programmen extrem wichtig sind. Es handelt sich dabei erstens um die Genderaspekte in der EZ-Planung und Projektarbeit. Zweitens folgen Hinweise zur Praxis der Partizipation, verstanden als Beteiligung der Bevölkerung, um die es bei den EZ-Maßnahmen geht, an Entscheidungen über Ziele dieser Maßnahmen und ihre Mitwirkung während der Implementierung. Als dritter Themenbereich wird dann auf die anfangs bereits erwähnten sozio-kulturellen Faktoren von Entwicklung eingegangen, deren Berücksichtigung nach Ansicht des Verfassers für das Gelingen eines EZ-Beitrages eine wichtige Grundvoraussetzung darstellt.

Im letzten **Kap.** 15 dieses Teils wird nach den vorgestellten Praxiserfahrungen ein Fazit gezogen, bei dem Empfehlungen im Mittelpunkt stehen für eine wirkungsvollere Zusammenarbeit mit den Partnerländern, d. h. vor allem mit Blick auf das, was sich in den Ländern selbst ändern muss, und wie die Geberseite ihre Förderpolitik anpassen sollte. Hierbei wird auch auf wichtige Erkenntnisse des anfangs erwähnten Forschungsvorhabens zu Wegen aus extremer Armut, Vulnerabilität und Ernährungsunsicherheit zurückgegriffen.

Ein letzter **Teil 4** stellt eine Reihe von „Guten Beispielen" für Projekte vor, die thematisch breit gestreut sind und mit ganz unterschiedlichen Ansätzen zeigen, dass EZ sehr wohl positive Armutswirkungen haben kann. Dabei wird die Frage beantwortet, warum es im konkreten Fall funktioniert hat und was die Schlussfolgerungen daraus für andere Projekte und Programme sein könnten. Dieser Teil des Buches ist keineswegs als Anhang zu verstehen, sondern bezieht sich auf die jeweils im Text nur kurz angeschnittenen Hinweise auf konkrete Projekte.

Wenn sich die meisten Beispiele in diesem Buch auf Afrika und, in geringerem Umfang, auf einige asiatische Länder beziehen, Projekte in Lateinamerika aber eher selten erwähnt werden, so gibt dies die in **Kap.** 1 näher beschriebene Verteilung extremer Armut in der Gegenwart wieder. Bis auf Haiti befindet sich hier kein Land mehr auf der UNO-Liste der am wenigsten entwickelten Länder. Entsprechend sind unmittelbar armutsorientierte gebergeförderte Projekte heute hier eher selten geworden. Zudem ist die Politik der lateinamerikanischen Staaten selbst schon seit Jahrzehnten deutlich stärker als in Afrika und Asien auf die Armutsminderung innerhalb ihrer eigenen Grenzen ausgerichtet. Auch existieren in den meisten Ländern Lateinamerikas Soziale Sicherungssysteme (Renten, Krankenversicherung, Sozialhilfe), was eine hochrangige Mitarbeiterin des BMZ dem Verfasser gegenüber zu der Feststellung veranlasste, „Armutsminderung in ihren Ländern können die selber besser als wir Außenstehende". Diese Aussage wurde mit dem Hinweis verbunden, dass die meisten Vorhaben der deutschen staatlichen EZ folglich eher auf die Verbesserung allgemeiner wirtschaftlicher Rahmenbedingungen in Lateinamerika ausgerichtet seien und Armutswirkungen deshalb eher indirekt als unmittelbar angestrebt würden.

Auf eine Geschichte der EZ wird in diesem Band weitestgehend verzichtet und auch auf die Darstellung entwicklungspolitischer Theorien. Hierzu sei auf die Klassikerbände von Nohlen/Nuscheler (Hrsg. 1993[3]) und Nuscheler (2005) verwiesen.

Anmerkungen und Literaturverweise

Im Interesse der Lesbarkeit des Buches wurde relativ sparsam mit Anmerkungen gearbeitet, die sich deshalb vorwiegend auf Quellenangaben beschränken. Zu diesen muss hier der Hinweis erfolgen, dass wegen der besonderen institutionellen Schwächen sowie natürlich auch fehlender finanzieller Mittel in vielen besonders armen Ländern hier meistens nur unvollständige, dabei oft auch sehr ungenaue Statistiken vorliegen, sodass bereits über die Zahl der Armen höchst unterschiedliche Zahlen existieren. In der Regel werden zudem nach seltenen, oft durch Geberorganisationen wie die Weltbank finanzierten Datenerhebungen die Zahlen lediglich für die nächsten fünf, zehn oder mehr Jahre hochgerechnet. Das Ergebnis kann mitunter grotesk sein: Bei meinem Besuch in einer „kleinen" Grenzstadt in der Demokratischen Republik Kongo zum benachbarten Sambia 2015 erwies sich die vom Bürgermeister vorgelegte aktuelle Bevölkerungszahl mit „über 200.000 Einwohnern" als rund 20 mal höher als die letzte „offizielle" Zahl internationaler Organisationen.

In der Anlage findet sich zudem ein Literaturverzeichnis, das allerdings nur besonders wichtige, zum Teil streitbare und ggf. auch umstrittene Quellen anführt, die sich vor allem zum Weiterlesen eignen. Sonst sind die Verweise zu den unmittelbar verwendeten Berichten in den Endnoten zu den jeweiligen Kapiteln enthalten.

Anmerkungen

1. Siehe United Nations (2015): Transforming our World: The 2030 Agenda for Sustainable Development. New York.
2. Mit Off-Shore gemeint sind Gebiete (oft Inseln wie Cayman Islands oder die Bahamas), die in der Regel zu einem Industrieland gehören, aber einen besonderen Status haben, der sie aus der nationalen Gesetzgebung ausklammert. Dadurch fällt es zum Beispiel leicht, hier Schwarzgeld auf Nummernkonten anzulegen, die selbst den Finanzbehörden der Heimatländer der Off-Shore-Gebiete entgehen (sollen).
3. Eine sehr gute Zusammenstellung zur Plünderung sieben afrikanischer Länder durch dortige Machthaber erschien 2017 unter dem Titel „The Plunder Route to Panama. How African oligarchs steal from their countries" in Accra (Hrsg. African Investigative Publishing Collective).
4. Zu den Begriffen vgl. auch Ihne/Wilhelm (Hrsg.)(2013[3]), S. 5–10.
5. Vgl. „Unsere Ziele für eine lebenswerte Zukunft", 2015 durch BMZ und Bundes-Umweltministerium veröffentlicht oder BMZ (2017): Afrika und Europa – Neue Partnerschaft für Entwicklung, Frieden und Zukunft". Bonn/Berlin.
6. Peter Bauer (1982) (siehe Literaturverzeichnis). Der Londoner Ökonomieprofessor hat schon 1971 diese Position vertreten. Ähnlich argumentiert auch Wirtschafts-Nobelpreisträger Angus Deaton (2017).

7. Vgl. Sambisa Moyo (2012^2): Dead Aid. Warum Entwicklungshilfe nicht funktioniert und was Afrika besser machen kann. Berlin.

Inhaltsverzeichnis

Abkürzungsverzeichnis

ADB Asian Development Bank
AfDB African Development Bank
AIIB Asian Infrastructure Investment Bank
ASEAN Association of South-East Asian Nations (Verband südostasiatischer Staaten)
BMZ Bundesministerium für wirtschaftliche Zusammenarbeit und Entwicklung
BNE Bruttonationaleinkommen
CIA Central Intelligence Agency (Geheimdienst der USA)
DAC Development Assistance Committee der *OECD*
DEG Deutsche Investitions- und Entwicklungsgesellschaft
DEval Deutsches Evaluierungsinstitut der Entwicklungszusammenarbeit
DEZA Direktion für Entwicklung und Zusammenarbeit (Schweizer *TZ*-Organisation)
DFID Department for International Development (staatliche EZ-Organisation Großbritanniens)
DGB Deutscher Gewerkschaftsbund
EBRD European Bank for Reconstruction and Development
ECOWAS Economic Community of West African States
EEF Europäischer Entwicklungsfonds
EH Entwicklungshilfe/Entwicklungshelfer
EL Entwicklungsland/Entwicklungsländer
EU Europäische Union
EZ Entwicklungszusammenarbeit
FAO Food and Agricultural Organization of the United Nations (Ernährungs- und Landwirtschaftsorganisation der VN)

FZ	Finanzielle Zusammenarbeit
G 7	Gruppe der seinerzeit (um 2000) wichtigsten Industrieländer
GIZ	(Deutsche) Gesellschaft für Internationale Zusammenarbeit
ha	Hektar
HDI	Human Development Index
HDR	Human Development Report
HIPC	Highly Indebted Poor Country
IBRD	International Bank for Reconstruction and Development (Teil der Weltbankgruppe)
IDA	International Development Association (Teil der Weltbankgruppe)
IDM	Individual Deprivation Measure
IFAD	International Fund for Agricultural Development
IFC	International Finance Corporation (Teil der Weltbankgruppe)
IFPRI	International Food Policy Research Institute
ILO	International Labour Organization (Internationale Arbeitsorganisation)
IMF	International Monetary Fund (s. IWF)
INEF	Institut für Entwicklung und Frieden (der Universität Duisburg-Essen)
I-NRO	Internationale NRO, NRO aus den Geberländern
IWF	Internationaler Währungsfonds (s. IMF)
KfW	Kreditanstalt für Wiederaufbau (deutsche staatliche Förderbank)
KMU	Kleinere und mittlere Unternehmen
LDC	Least Developed Countries (ärmste Entwicklungsländer)
MDG	Millennium Developments Goals
MDPI	Multidimensional Poverty Index
MENA	Middle East and North Africa
MR	Menschenrecht/e
MwSt	Mehrwertsteuer
NGO	Non Governmental Organization (s. NRO)
NRO	Nichtregierungsorganisation/en (s. NGO)
ODA	Official Development Aid (Öffentliche Entwicklungshilfe)
OECD	Organisation for Economic Co-Operation and Development (Organisation für wirtschaftliche Zusammenarbeit und Entwicklung)
ÖPNV	Öffentlicher Personennahverkehr
p.a.	pro Jahr (per annum)
p.c.	pro Kopf/pro Person

ppp	purchasing power parity (umstrittene) Anpassungsformel, mit der nominelles Einkommen durch einen Kaufkraftfaktor auf ein angeblich reales Einkommen im jeweiligen Land hochgerechnet wird
PRS(P)	Poverty Reduction Strategy (Paper)
SAP	Structural Adjustment Programme/Strukturanpassungsprogramm
SDG	Sustainable Development Goals
SIDA	Swedish International Development Agency (staatliche Schwedische Entwicklungsorganisation)
SLC	Social Land Concession (in Kambodscha)
SLE	Seminar für ländliche Entwicklung (Humboldt Universität Berlin)
TZ	Technische Zusammenarbeit
UN	United Nations (s. VN)
UNDP	United Nations Development Programme (Entwicklungsprogramm der VN)
UNICEF	UN-Children's Fund (Kinderhilfswerk der VN)
USAID	United States Agency for International Development
US$	US-Dollar
VENRO	Verband Entwicklungspolitik und Humanitäre Hilfe deutscher Nichtregierungsorganisationen
VN	Vereinte Nationen (s. UN)
WB	Weltbank
WH	Welthungerhilfe
WHO	World Health Organization (Weltgesundheitsorganisation)
WSK	Wertschöpfungskette

Abbildungsverzeichnis

Teil I
Armut

Armut in Afrika, Asien und Lateinamerika – Armut in Industrieländern

1

Zusammenfassung

Die Armut geht weltweit zurück, aber deutlich langsamer als im Rahmen der Vereinten Nationen und anderer Entwicklungsforen geplant und erhofft, und am wenigstens in Subsahara-Afrika. Armut findet sich überall, auch in den wohlhabenderen Staaten. In den Entwicklungsländern ist Armut vor allem auf dem Lande verbreitet und hier ganz besonders bei Kleinbauern und Kleinbäuerinnen. Über die Zahl der Armen gibt es unterschiedliche Kriterien und Lesarten, denn auch Statistiken spiegeln politische Interessen wider.

Schlüsselwörter

Armut • Armutsbekämpfung • Hunger • Soziale Ungleichheit

Wer sich in der Armutsdiskussion auskennt, weiß um die schwierige Situation vor allem von Alleinerziehenden (insbesondere, wenn es sich bei ihnen um die Mütter handelt), von alten Menschen, die nicht genügend Alterssicherung (z. B. Rente) bekommen, und von vielen anderen Personengruppen, die mit und ohne eigenes Verschulden in Armut geraten sind. In dem Buch „Armut in Deutschland" (2016) von Georg Cremer findet sich vor diesem Hintergrund die wohl derzeit beste Zusammenstellung zur Bedeutung, zu den aktuellen Trends und Ursachen von Armut in Deutschland sowie zu den daraus erwachsenden Herausforderungen. In einem Satz zusammengefasst kann man die Kernaussage des lesenswerten Buches auf den Punkt bringen: Es gibt im wohlhabenden Deutschland zu viele Arme, ihre materielle Lage ist ganz überwiegend schlecht, sie werden vieler Chancen beraubt. Die meisten Betroffenen allerdings erhalten jedoch so viel staatliche

© Der/die Autor(en), exklusiv lizenziert durch Springer Fachmedien Wiesbaden GmbH, ein Teil von Springer Nature 2021
F. Bliss, *Armutsbekämpfung durch Entwicklungszusammenarbeit*,
https://doi.org/10.1007/978-3-658-32805-4_1

Unterstützung, dass ein menschenwürdiges Leben am allerdings unteren Rande des gesellschaftlichen Miteinander möglich ist und sich daher ein direkter Vergleich von Armut bei uns in Deutschland mit extremer Armut in der Dritten Welt verbietet[1].

Anders sieht es dagegen mit Armut in den sogenannten Entwicklungsländern aus und ganz besonders in den Staaten, die bis vor kurzer Zeit als „Least Developed Countries", also als am wenigstens entwickelte (gemeint ist „ärmste") Länder bezeichnet wurden. Hier lässt sich kaum ein „unterstes" Lebensniveau finden, einfach deshalb, weil man bei genauem Hinschauen immer wieder auf noch schlimmere Bedingungen stößt als die, die man zuletzt gesehen und dabei als kaum noch unterbietbar empfunden hat.

Es geht immer noch schlechter

Zunächst dachte ich, dieses „Allerunterste" in Kalkutta gefunden zu haben, bei den Menschen in Behausungen neben den riesigen Müllkippen oder bei denjenigen, die obdachlos auf einem Stück Pappe im Freien auf den Bürgersteigen der Stadt übernachten.

In der westsudanesischen Provinz Darfur wurde ich dann aber eines Besseren belehrt. Hier stießen wir bei einer kartografischen Aufnahme im Jahre 1988, bei der wir in Geländewagen mit Kompassnavigation quer durch die Dornbuschsavanne fuhren, weitab der nächsten Piste auf Dörfer, in denen Menschen in Hirsestrohhütten lebten, die nichts besaßen außer einem Messer und einer Hacke als Arbeitsgerät, einem einzigen Kochtopf und einer Blechschüssel für das Essen sowie einem halbleeren Sack mit Hirse. Kaum jemand besaß hier auch nur ein Gewand zum Wechseln. Man muss zusätzlich erwähnen, dass eine Hilfe für diese Menschen sprichwörtlich in weiter Ferne lag, denn um hierher zu gelangen, bedurfte es etwa 10 Tage extrem schwieriger Wüsten- bzw. Savannendurchquerung. Ebenfalls im Sudan, nun in der relativ neuen Republik Südsudan, in der vom Bürgerkrieg bisher verschonten und deshalb stark von Flüchtlingen aus anderen Teilen des Landes bevölkerten Stadt Yei, trafen wir 2015 in einem sumpfigen Vorort in einer Lehmhütte eine alte Frau an, die nicht mehr besaß als die Menschen in Darfur. Das Strohdach der Hütte war teilweise angefault und es regnete im Juni während unseres Aufenthaltes praktisch jeden Tag durch. Gelegentlich steckten die Nachbarn ihr etwas an Essen zu und ein junger Mann holte der Frau, die kaum mehr gehen konnte, auch immer wieder etwas Wasser von der Zapfstelle. Hier endete aber die Solidarität im Wohnviertel, niemand war etwa bereit, die Reparatur des Daches vorzunehmen. Sicher, extreme Fälle, wie für Darfur geschildert, nehmen möglicherweise prozentual deshalb ab, weil zumindest relativ gesehen Armut weltweit abnimmt. Aber sie sind wegen des

Bevölkerungswachstums in ressourcenarmen Gebieten und des vielerorts zu beobachtenden Staatenzerfalls sowie wachsender Unsicherheit und gesellschaftlicher Entsolidarisierung nicht weniger schockierend als vor zwei oder drei Dekaden. Im Gegenteil, wenn sich eine Gesellschaft – und wenn auch nur langsam – materiell verbessert, ohne dass alle daran teilhaben können, wird das Los der abgehängten Menschen relativ gesehen immer unerträglicher.

Im Folgenden geht es zunächst um die Frage, was Armut zwischen den beiden Polen Deutschland und Darfur/Yei eigentlich für die Betroffenen bedeutet und wie viele Menschen weltweit von Armut betroffen sind.

1.1 Was ist Armut und wieviel Armut gibt es in der Welt?

In einem Buch über „Eine Ethik der Migration" schreibt der Philosoph Julian Nida-Rümelin, es sei ein Skandal, dass nach wie vor über zwei Milliarden Menschen der Erdbevölkerung in extremer Armut verharrten, unter Hunger und Unterernährung, fehlender medizinischer Versorgung, unzureichenden Bildungs- und Ausbildungsmöglichkeiten litten, obwohl es möglich sei, mit einem Bruchteil der weltweiten jährlichen Wirtschaftsleistungen (nämlich nur 0,5 % davon) dieses Unglück zu beheben[2]. Die von den Vereinten Nationen (VN) beschlossenen *Millennium Development Goals* (MDG) von September 2000 und auch die neueren *Sustainable Development Goals* (SDG) von Januar 2016 zielten bzw. zielen auf die Beendigung dieser extremen Armut und des Hungers allgemein. Durch die SDG soll jedenfalls im Rahmen eines Langzeitprogramms, dessen Planungshorizont sich bis zum Jahre 2030 erstreckt, erreicht werden, dass extreme Armut dann weltweit „vollständig ausgerottet" *(eradicated)* sein sollte.

Relative und absolute Armut
Trotz dieser sehr genauen Zielvorgaben der SDG ist der Armutsbegriff selbst aber weiterhin unklar, vielfach umstritten, und Armut wird je nach Länderkategorie und spezifischem Kontext unterschiedlich definiert. Armutskriterien und Bemessungsgrößen werden zudem von wichtigen Akteuren beliebig verwendet und sie werden auch im Nachhinein gerne angepasst, etwa wenn wie bei der Weltbank Fortschritte bei der Armutsbekämpfung dokumentiert und die eigene – natürlich positive Rolle – hierbei hervorgehoben werden sollen[3].

In Industrieländern wird vorrangig von *relativer Armut* gesprochen, wobei das Verhältnis zwischen den untersten und den obersten Einkommensgruppen als Bewertungsmaßstab dient. In der Entwicklungspolitik und so auch für die SDG gilt dagegen weiterhin als Grenze für Armut ein *absoluter* Wert, die tägliche Verfügbarkeit pro Person von weniger als 1,90 US$ am Tag, angepasst durch die sogenannte Kaufkraftparität (*purchasing power parity,* ppp).

⇨ *Extrem arm ist nach dieser Vorgabe jemand, der zu wenig Geld hat, um das zu kaufen, was nach einem bestimmten festgesetzten Warenkorb (dessen Kosten eben die 1,90 US$ am Tag ausmachen) für ein „normales" Leben mindestens notwendig ist.*

Dieser Warenkorb wird von Entwicklungsstatistikern vor allem innerhalb der Weltbank festgelegt, es gibt aber auch nationale Warenkörbe, deren Werte zumeist deutlich unterhalb der 1,90 US$ liegen, zuweilen sogar nur bei der Hälfte. Hierfür sind politische Gründe verantwortlich: Je niedriger die Armutsgrenze gehalten wird, desto weniger Arme gibt es und, zumindest aus Sicht der Regierung, desto besser erscheint ihre Armutsbekämpfungspolitik.

Hinzu kommt das Problem der Kaufkraftparität selbst, die oft falsch, zumindest nicht nachvollziehbar berechnet wird. So verfügen in Wirklichkeit viele als nicht-arm eingestufte Menschen gar nicht über die mindestens geforderten 1,90 US$ (siehe Box 1). Es sind daher, nach rein materiellen Kriterien geschätzt, deutlich mehr Menschen arm, als die auf dem Armutsgrenzwert von 1,90 US$ basierenden Statistiken der Weltbank suggerieren. Diese führen an (ziemlich genau und schon deshalb anzweifelbar, weil die meisten armen Länder überhaupt keine genauen Statistiken aufweisen): 767 Mio. extrem Arme für 2015 und 734,5 Mio. für 2019[4].

Box 1: Die „Kaufkraftmanipulation"

Bei der Kaufkraftparität geht es darum, die tatsächlichen nominellen Einkommen einer Person mit einem eventuellen Minderpreisfaktor für wichtige Verbrauchsgüter und vor allem Lebensmittel zu multiplizieren, um auf den Wert von 1,90 US$ zu kommen. Diese 1,90 US$ als weltweite Armutsgrenze basieren auf der Kaufkraft von Dollars in den USA selbst. Wenn also festgestellt wird, das Tomaten, Stoffe oder Eisenwaren in Nicaragua nur 50 % des US-Preises kosten, dann würde die Kaufkraft in Nicaragua um den Faktor 100 % heraufgesetzt, also 200 % betragen.

Da die 1,90 US$ aber bereits den hochgerechneten Preis darstellen, beträgt bei diesem Beispiel das Einkommen der Menschen unter der Armutsgrenze in realen Zahlen nur maximal 0,95 US$. Hierbei ist also das Kernproblem der Warenkorb und was er erhält und wie die Kosten dafür im Land erfasst werden. Im zentralasiatischen Tadschikistan hat die Weltbank einen ppp-Wert von rund 260 % festgelegt, d. h. wer hier nominell mehr als 0,73 US$ pro Tag zur Verfügung hat, verfügt (angeblich) über eine Kaufkraft von 1,90 US$ in den USA und würde damit die Armutsgrenze in Tadschikistan überschreiten, also nicht mehr als arm gelten.

Nur ist der angenommene Warenkorb für Tadschikistan absolut untauglich, d. h. er bildet nicht ab, was die armen Menschen wirklich benötigen und tatsächlich kaufen. Man kann davon ausgehen, dass diese Armen nämlich rund 70 % ihres Geldes für Nahrungsmittel und wiederum mehr als die Hälfte davon für Grundnahrungsmittel ausgeben müssen. Letzteres ist in Tadschikistan Weizenmehl für Brot. Dieses kostet aber in dem verkehrsmäßig schwer erreichbaren Land, wo viel zu wenig Getreide selbst angebaut wird, mehr als in Deutschland oder den USA. Auch Speiseöl oder Nudeln, die bereits zu den erweiterten Lebensmitteln zählen, und vor allem Heizmaterial (Kerosin, Kohle) sind teurer als in Deutschland. Da mag der Strom im Land fast umsonst sein und während der Saison auch Melonen nur einen Bruchteil des deutschen Preises kosten. Mindestens 80 % des lebensnotwendigen Bedarfs armer Menschen in Tadschikistan kosten dagegen so viel wie in Deutschland oder wie beim Mehl sogar mehr. Wer bei dieser Ausgangslage eine Kaufkraftparität von 260 % festlegt, der möchte die Zahl der Armen in Tadschikistan künstlich herunterrechnen.

Zu dem überwiegend ökonomischen Kriterium für Armut von 1,90 US$ sind in neuerer Zeit weitere hinzugekommen, die nicht allein materielle Not, sondern auch deren Folgen bei den Betroffenen einbeziehen, also die gesundheitlichen, bildungsbezogenen, kulturellen und sozialen Benachteiligungen, die aus materieller Armut resultieren. Der *Human Development Index* (HDI) des Entwicklungsprogramms der Vereinten Nationen (UNDP), der neben Einkommen auch Lebenserwartung und Bildung einbezieht, ist solch ein Versuch der erweiterten Messung von Armut. Seit 1990 jährlich herausgegeben, wurden die Kriterien für Armut, ausgehend von zunächst rein ökonomischen Messzahlen, laufend angepasst und erweitert. Heute spielen hier auch *Gender*-Kriterien eine wichtige Rolle, also die vor allem auf die Machtausübung sowie sozio-ökonomische Unterschiede zwischen den Geschlechtern bezogenen Faktoren, und auch die soziale Differenzierung einer ganzen Gesellschaft (gemessen durch den sogenannten GINI-Koeffizienten)[5].

⇨ *Nach dem HDI ist also extrem arm, wer wenig Geld zur Verfügung hat, wer schlechten Zugang zu Gesundheitsdienstleistungen und Bildungsangeboten hat, wessen Lebenserwartung vergleichsweise gering ist und wer zusätzlich noch aufgrund seines Geschlechts benachteiligt wird.*

Aus dem HDI lassen sich indes keine konkreten Angaben zu einer Benachteiligungssituation ableiten, wohl aber Rangfolgen der Staaten mit Blick auf Einkommen, Bildung, Kindersterblichkeit usw. So liegt Deutschland nach dem letzten Bericht aus dem Jahre 2019 auf Rang 4 von 189 erfassten Staaten hinter Irland, während z. B. Äthiopien auf dem 173. Platz, der Tschad auf dem 187., der Südsudan auf dem 186. und Zentralafrika und der Niger auf dem 188. bzw. 189. Platz der Liste liegen. Auf Platz 1 steht übrigens Norwegen, gefolgt von der Schweiz und Irland (siehe Tab. 1.1).

Relativ neu ist der auch mit deutscher Unterstützung entwickelte Oxforder „Globale Multidimensionale Armutsindex" (*Global Multidimensional Poverty Index*, MPI), der anhand von 10 Indikatoren die Entbehrungen vor allem in den Bereichen Gesundheit, Bildung und Lebensstandard misst. Weitere ebenfalls zunehmend verwendete Indikatoren sind der (beschränkte) Zugang von Personen zu sozialen Dienstleistungen, die (fehlende) kulturelle Partizipation, die soziale Exklusion usw. MPI-Daten lagen 2019 für 5,7 Mrd. Menschen bzw. 76 % der

Tab. 1.1 Der Human Development Index ausgewählter Staaten (2019)

Rang	Land	HDI (1,0 = optimaler Entwicklungsstand)	Lebenserwartung bei Geburt
1	Norwegen	0,954	82,3
4	Deutschland	0,939	81,2
19	Japan	0,915	84,5
32	Griechenland	0,872	82,1
49	Russische Föderation	0,824	72,4
59	Türkei	0,806	77,4
77	Thailand	0,765	76,9
116	Ägypten	0,700	71,8
129	Indien	0,647	69,4
146	Kambodscha	0,581	69,6
173	Äthiopien	0,470	66,2
189	Niger	0,377	62,0

Quelle: HDR 2019

Weltbevölkerung vor, wobei Länder mit besonders hoher menschlicher Entwicklung ausgeklammert blieben. Bei rund 23 % der Bevölkerung der erfassten Länder oder rund 1,3 Mrd. Menschen weltweit innerhalb dieser Gruppe wird gemäß des MPI ein vernünftiges Maß an Versorgung unterschritten, wobei gemäß einer früheren Untersuchung 2015 736 Mio. Menschen eine erhebliche Unterschreitung *(extreme depriviation)* erleiden mussten, letztere sind mit den extrem Armen oder sogar Ultra-Armen vergleichbar[6]. Auf alle Länder der Welt addiert müsste die Zahl der unterversorgten Menschen vermutlich deutlich höher, auf möglicherweise bis zu zwei Milliarden geschätzt werden und die Zahl der erheblich unterversorgten Personen auf bis zu rund 900 Mio.

Arm oder nicht – oft Ergebnis reiner Zahlenverschieberei
Die so unterschiedlichen Angaben zur Zahl der (extrem) Armen kommen auch aufgrund der verschiedenen Systeme zustande, mit denen Armut gemessen wird. In einem Land ist es die Kalorienzufuhr, die ein durchschnittlicher Erwachsener mindestens haben soll. Wer z. B. am Tag nicht die 2200 kcal durch Nahrung erhält, ist extrem arm. In einem anderen Land ist es das Einkommen, das einer Person am Tag zur Verfügung stehen sollte. Aber es sind oft nicht die 1,90 US$ der UNO und der Weltbank, sondern vielfach deutlich niedrigere Beträge, so dass im Land X viele Menschen nicht mehr als arm eingestuft werden, die in Y weiterhin als extrem arm gelten würden. Je nachdem, wie die Grenzen hochgesetzt („angepasst") werden, steigt oder sinkt die Zahl der Armen. Man kann Armut also quasi per Rechenmaschine vermindern oder vergrößern.

Ein weiterer Beitrag zur Armutsmessung erfolgt durch die Berücksichtigung der individuell erfahrenen Entbehrungen *(Individual Deprivation Measure, IDM)*. Die Betonung liegt hier auf dem Individuum als Bezugsgröße und explizit nicht dem Haushalt oder der Familie. Der IDM geht von der richtigen Feststellung aus, dass haushaltsbezogene Indikatoren, wie bei den herkömmlichen Erfassungssystemen verwendet, vor allem *Gender*-Ungerechtigkeiten, aber auch Alter oder Behinderung unberücksichtigt lassen. So wurde uns in Burkina Faso und Mali berichtet, dass Söhne und Enkel mitunter die Pensionen ihrer Väter bzw. Großväter stehlen würden, die nicht mehr in der Lage seien, ihre während des Militärdienstes in Frankreich erworbenen Ansprüche selbst einzulösen, weil sie dafür zum Teil weit bis in die Hauptstädte Ouagadougou bzw. Bamako fahren müssten.

Bekannter als Beispiel für Ungerechtigkeiten in einem Haushalt sind die Gepflogenheiten in manchen ethnischen Gruppen, Frauen nach den Männern essen zu lassen, wenn z. T. die besseren und nahrhaften Teile (wie Fleisch oder Fisch) bereits verzehrt sind. In anderen Gesellschaften werden geistig und körperlich behinderte Familienangehörige diskriminiert und erhalten weniger Zuwendung und Nahrung als die „gesunden" Mitglieder des Haushalts. Entsprechend wird beim IDM die Selbsteinschätzung der Betroffenen zum Maßstab für die Zuordnung in Armutskategorien genommen und nicht das, was der Haushaltsvorstand z. B. beim Zensus berichtet[7].

⇨*Nach dem IDM sind einerseits alle Mitglieder extrem armer Haushalte arm, aber selbst hier können einzelne Haushaltsmitglieder schlechtere Lebensbedingungen haben als die übrigen Mitglieder. Aber auch in nicht mehr armen, ja sogar wohlhabenden Familien müssen einzelne Angehörige wegen Benachteiligungen als arm gelten. Daher gibt es insgesamt mehr arme Menschen als sich aus der Zahl der Angehörigen armer Haushalte errechnen würde.*

Box 2: Wir alle sind alle arm ...

„Mir geht es schlecht, ich kann mir kein Moped leisten", sagt Ibrahim aus Marokko, 18 Jahre alt und in einer sogenannten „randstädtischen" Siedlung mit ärmlichen, aber festen Behausungen bei Casablanca lebend. „Ich habe kein Geld, um meinen beiden Kindern heute Abend etwas zu Essen zu kaufen", so Hannah, eine 21-jährige Mutter in Malawi, denn der selbst produzierte Mais von ihrem winzigen Stück Land ist längst aufgegessen.

„Mein Haus benötigt dringend ein neues Blechdach, das alte ist an vielen Stellen durchgerostet und es tropft bei Regen hindurch", klagt Dy aus Kambodscha, jedoch „Wer kann mir helfen, etwas Stroh für die Reparatur meines Hüttendachs zu beschaffen?", Maria, die 78-jährige gehbehinderte Witwe aus Yei, Südsudan, die allein in ihrer Hütte lebt.

Frau Sabine G. ist Rentnerin und lebt in einem Vorort der deutschen Stadt X. Da sie ihrem Mann im Handwerksbetrieb stets „nur" geholfen hat, zahlte sie kaum in die Rentenkasse ein und bekommt lediglich 171 EUR Rente. Das Sozialamt der Stadt stockt den Betrag auf 579 EUR im Monat auf und bezahlt ihr Miete und Nebenkosten für die kleine Dachwohnung. Wegen der „außergewöhnlich schlechten Isolierung der Wohnung erhalten Sie ausnahmsweise die Heizkosten noch in voller Höhe erstattet: Sollten die

Heizkosten weiter steigen, so müssen Sie die Differenz aus Ihrer Grundsicherung selbst bezahlen", stellt ein neuer Bescheid der Stadt fest. Niemand wird hier an der Armutssituation von Frau G. zweifeln.

James in Soweto klagt, sein TV sei seit zehn Tagen kaputt, weil ihm die 250 Rand für die Reparatur fehlen, während das achtjährige Straßenmädchen Andrah in Bombay in der Mülltonne eines Restaurants nach etwas Essbarem sucht, bevor sie sich mit anderen Kindern auf einem Stück Pappe in einem Toreingang zum Schlafen legt.

Armut hat viele Gesichter – und sie kann bei einigen Menschen sehr, sehr groß sein.

In vielen armen Gesellschaften in EL liegt bekanntlich die Lebenserwartung deutlich unter dem europäischen Durchschnitt, weil schlechte Ernährung, verkeimtes Trinkwasser (Abb. 1.1) und daraus resultierende Krankheiten bei gleichzeitig mangelhafter Gesundheitsversorgung die Lebenserwartung drastisch einschränken (siehe Tab. 1.1). Von Peter Edward bereits 2006 vorgeschlagen und von Jason Hickel in einem Beitrag vehement verteidigt gibt es deshalb die „Ethische Armutsgrenze" *(Ethical Poverty Line),* die danach fragt, welche Menschen die weltweite durchschnittliche Altersgrenze von 73 Jahren erreichen und welche nicht. Hierdurch würde wegen teilweise extrem niedriger Lebenserwartung in einzelnen EL die Zahl der Armen auf rund 3,5 Mrd. Menschen anwachsen[8]. Ein vergleichsweise geringes durchschnittliches Lebensalter verweist auf insgesamt schwierige Lebensbedingungen. Diese können aber auch zumindest teilweise und für einen kleineren Teil der Betroffenen umweltbedingt sein und müssen nicht zwangsläufig das Resultat einer schlechten materiellen Lage oder fehlender Bildung, schlechter Gesundheitsdienstleistungen oder mangelhafter gesellschaftliche Partizipation sein.

Dies sind nur fünf, allerdings wichtige Definitionsversuche von Armut, die alle, soweit sie Zahlen nennen, zu unterschiedlichen Ergebnissen kommen. Wie viele (extrem) Arme, mit denen sich die Staaten selbst und die EZ beschäftigen müss(t)en, gibt es nun vor diesem Hintergrund? Eine Antwort könnte sein: Irgendwo zwischen den „genau" 783 Mio. der Weltbankangaben von 2018, den 734,5 Mrd. von 2019[9], den Weltbank-Schätzungen angesichts von COVID-19 für 2020 („plus etwa 100 Mio.") und den rund 3,5 Mrd. Menschen nach Zählung von Peter Edward. Allerdings spricht vieles auch für die aus dem Oxforder Ansatz hervorgehenden und hochgerechneten Zahlen, also etwa zwei Milliarden Menschen.

Abb. 1.1 Wasserloch in Oromiya (Äthiopien). Die umliegende Bevölkerung holt hier ihren gesamten Wasserbedarf. (Foto: © Frank Bliss 1989–2020)

Gelegentlich wird in der Entwicklungszusammenarbeit auf die Untergruppe der *Ultra-Armen* als Subgruppe der extrem Armen verwiesen. Der Begriff wurde höchstwahrscheinlich 1988 von Michael Lipton (Universität von Sussex, vgl. Lipton 1988) eingeführt und bezeichnet Menschen, die sich nur 80 % der benötigten Energiemenge zuführen können bzw. mindestens 80 % ihres Einkommens für Nahrungsmittel aufbringen müssen und/oder über lediglich 40 % des Einkommens der extrem Armen verfügen (seinerzeit etwa 0,5 US$ am Tag, heute 0,76 US$).

Ein Bericht des International Food Policy Research Institute (IFPRI) von 2007 (basierend auf Statistiken von 2004) führte weltweit etwa 160 Mio. Ultra-Arme an, allerdings 323 Mio. die in einer mittleren extremen Armut *(medial poverty)* leben, wofür zur Zeit der Untersuchung ein verfügbares Einkommen von 0,5 bis 0,75 US$ am Tag angenommen wurde[10]. Bei Berücksichtigung des oben genannten *Individual Deprivation Measure-Ansatzes* müsste die Zahl der Ultra-Armen erheblich größer sein, da diese auch in extrem armen, armen oder sogar

„nur" vulnerablen Familien leben können. Die Initiative „NextBillion" am William Davidson Institute der Universität von Michigan (USA) schätzt die Zahl der Ultra-Armen auf gegenwärtig sogar 394 Mio. Individuen[11].

Im Rahmen eines Forschungsvorhabens zur Untersuchung von erfolgreichen Ansätzen zur Minderung extremer Armut im Rahmen von entwicklungspolitischen Beiträgen am Institut für Entwicklung und Frieden (INEF) der Universität Duisburg-Essen gingen wir 2016 von mindestens 250 Mio. Menschen aus, die derzeit ultra-arm sind, weil sie keinerlei Selbsthilfekapazitäten haben. Sofern es sich nicht um allein lebende Einzelpersonen handelt, leben diese in Haushalten, in denen sich nicht eine einzige erwerbsfähige Person befindet, zum Beispiel in solchen mit nur alten Menschen oder in Familien, in denen die einzige erwachsene Person eine (Körper)Behinderung hat oder chronisch erkrankt ist. In einem derartigen Fall kann eine nationale Sozialpolitik oder eine Entwicklungszusammenarbeit, die primär auf „Hilfe zur Selbsthilfe" setzt, nichts erreichen. Hier kann alleine Sozialhilfe als bedingungsloser Geldtransfer *(unconditioned cash transfer)* zu einem menschenwürdigen Überleben beitragen (mehr dazu in Kap. 11).

Rückläufige Armenzahlen

Wer über Jahre die Zahlen der Weltbank zur Armut in der Welt verfolgt, wird einen kontinuierlichen Rückgang der relativen Zahlen an Armen feststellen können, wobei hier vorrangig ökonomische Kriterien, sprich das Einkommen pro Kopf und Tag, zählen. Richtig ist, dass in einigen Ländern wie Indien und China auf Grundlage dieser Rechnung die Armut zwischen 1990 und 2015 deutlich zurückgegangen ist. Die Zahlen zum Armutsrückgang während der Laufzeit der MDG von 2000 bis zumindest zum Jahr 2010 täuschen aber darüber hinweg, dass sich die Reduzierung der absoluten Armut in der Welt zwischen 1990 und 2010 vor allem in China abgespielt hat. Denn von etwa 620 Mio. Armen, die seit 1990 über die 2010 gültige 1,25 US$-Grenze gehoben wurden, lebten 510 Mio. in China und nur 110 Mio. im Rest der Welt, davon ein Großteil in Indien, wohingegen sich die Zahl der Armen in Subsahara-Afrika sogar um 96 Mio. erhöht hat.

Box 3: Erfolge der Armutsminderung bis 2015 – Afrika hinkt deutlich hinterher

Die Bilanz der MDG zeigt – unter Berücksichtigung der Tatsache, dass die Zahlen aufgrund der Messkriterien weiterhin stark umstritten sind -, dass weltweit der Prozentsatz extrem armer Bevölkerung (Menschen, die von weniger als 1,25 US$ pro Tag [seit 2015 1,90 US$] lebten) von 1990 über 2011 bis 2015 um 68 % von 36 über 15 auf 12 % zurückgegangen ist. In den Entwicklungsregionen ohne China ging der Anteil Armer allerdings nur um 57 % zurück. Besonders gute Werte weisen in diesem Zeitraum Ost- und Südostasien mit minus 84 %, Nordafrika mit minus 81 %, Kaukasus und Zentralasien mit minus 77 % und Südasien ohne Indien mit minus 73 % auf. Am höchsten ist jedoch die Rückgangsrate in China mit 95 % (von 1990 61 % auf nur noch 4 % 2015, was allerdings umstritten ist). Umgekehrt sind die weltweit schlechtesten Werte in Afrika südlich der Sahara zu verzeichnen, wo der Anteil Armer nur um insgesamt 28 % zurückging (von 57 % 1990 auf 47 % 2011 und 41 % 2015). Keine offiziellen Aussagen finden sich zum Umfang von besonders verelendeten bzw. mehrfach benachteiligten Untergruppen der extrem Armen, etwa den als ultra-arm bezeichneten Menschen[12].

Armut ist nicht überall gleich

Georg Cremer wendet sich in seinem Buch zur „Armut in Deutschland" dagegen, Armut bei uns in Deutschland mit der Situation von Menschen in Entwicklungsländern zu vergleichen. Würden die gleichen Maßstäbe für Armut angesetzt, so könnte man nämlich zum Schluss kommen, dass es bei uns überhaupt keine Armut gebe. Armut dürfe deshalb nicht ohne Bezug zum allgemeinen Wohlstandsniveau einer Gesellschaft definiert werden[13].

Der Europäische Rat hat am 19. Dezember 1984 in einer bemerkenswerten Stellungnahme genau diese Forderung bestätigt, indem er Armut in Bezug zu den jeweiligen gesellschaftlichen Verhältnissen definiert: „Verarmte Personen [sind] Einzelpersonen, Familien und Personengruppen, die über so geringe (materielle, kulturelle und soziale) Mittel verfügen, dass sie von der Lebensweise ausgeschlossen sind, die in dem Mitgliedsstaat, in dem sie leben, als Minimum annehmbar ist".

Cremer stellt in diesem Zusammenhang mit Recht fest, dass man eine Vorstellung darüber haben muss, was als Minimum in der Gesellschaft akzeptiert wird. Und genau diese Vorstellung verändert sich mit der allgemeinen ökonomischen und gesellschaftlichen Entwicklung: Je reicher ein Land wird, desto höher steigen auch die Ansprüche an das Minimum. Der Autor führt diesen wichtigen Hinweis mit Blick auf die Definition des jeweiligen Minimums nicht weiter aus. Es ist aber spannend, hier noch etwas nachzubohren, denn vielleicht kommt man am Ende doch zu grundlegenden Feststellungen, inwieweit sich Armut bei uns und in den EL gleicht oder doch nicht. Was ist vor dem Hintergrund der Abb. 1.2 und 1.3 „arm"?

Bestimmt wird das Minimum an materieller, kultureller und sozialer Teilhabe eher nicht durch diejenigen, die von der Teilhabe ausgeschlossen sind, sondern von denen, die eine „normale Lebensweise" führen. In Deutschland könnte man diese dem sogenannten Mittelstand zusprechen, der de facto die Normen setzt, unterhalb deren man sich nicht bewegen sollte, um dazuzugehören: also beispielsweise „anständige" Kleidung, Wohnumstände (also nicht in Hochhaus-Sozialwohnungen), gesellschaftliches Leben (Theater-, mindestens aber Kinobesuche, „Ausgehen" mit Freunden ins Restaurant, die Kaffee- oder Cocktail-Lounge, Kindergeburtstage zu Hause im Garten beim Grillen, mindestens aber mit Clown bei MacDonalds, in

Abb. 1.2 New Yorker Hochhäuser mit Luxuswohnungen. (Foto: © Frank Bliss 1989–2020)

Abb. 1.3 Häuser auf Pfählen am Ufer des Tonle Sap (Kambodscha). (Foto: © Frank Bliss 1989–2020)

der Schule Klassenfahrten ggf. nach Paris, London oder wenigstens Berlin, in der Oberstufe Skifreizeiten usw.) und ein Mittelklassewagen ohne Rost und Beulen.

Generell sind die Anforderungen an die, die „dazugehören" wollen, also nicht ganz billig und da reichen die Sozialtransfers in Deutschland kaum aus. Diese beinhalten neben den zugegebenermaßen großzügigen Zahlungen für Wohnung und Nebenkosten, ohne die in Deutschland bedürftige Familien allerdings nicht einmal eine Hütte bekommen könnten, ein Minimum an Kleidung und Essen. Darüber hinaus sind es eher Almosen: wenige Euro im Monat für den Öffentlichen Personennahverkehr, Geld für eine halbe Kinokarte, vier Briefmarken und vielleicht ein Drittel Taschenbuch oder ein Viertel E-Book. Von Laptops oder Tablets, die unter COVID-19 eine zunehmend wichtige Rolle spielen, war in den Listen auch Mitte 2020 nicht die Rede: Die für SozialhilfeempfängerInnen eingeplanten Beträge für den IT-Bereich jedenfalls hätten erst nach etwa 160 Monaten den Kauf eines (billigen) PC erlaubt. Entsprechend existiert nach europäischem Verständnis trotz der etablierten Sozialhilfe in Deutschland weiterhin Armut und sie sinkt auch dann sicher nicht, wenn die Sozialhilfesätze jährlich um fünf oder sechs Euro im Monat angehoben werden.

Dies aber führt uns zu der Schlussfolgerung, dass Armut zumindest im urbanen Raum in EL zunächst einmal doch irgendwie ähnlich ist wie in Europa und damit auch in Deutschland, denn die Unterschreitung des „annehmbaren Minimums" für die Lebensweise – also die relative Armut – ist in Nigeria oder Ecuador ja genauso ein Problem wie bei uns. Die Armen stehen vor den Supermärkten und Shopping Malls (wo sie oft gar nicht hereingelassen werden) und sie müssen sich nicht erst Gedanken machen, ob sie gesellschaftlich dazugehören könnten, denn nicht einmal der Versuch lohnt sich bzw. er kann die Familien teuer zu stehen kommen. So ist es heute in Ägyptens Hauptstadt Kairo üblich, dass einige Kinder, die eine „gute" Schule besuchen, ihre Geburtstage entweder zu Hause im Wohnzimmer mit Kuchen, Cola und ggf. einem engagierten Zauberer feiern dürfen oder aber, ganz wie in bestimmten Milieus in Deutschland, auf Kosten der Eltern bei MacDonalds. Wer hier arme Eltern hat, wird seine KlassenkameradInnen sicher nicht nach Hause einladen können. Bleibt also die Alternative MacDonalds. Um sein Kind nicht bloßzustellen, zahlt mancher Vater für die nachmittägliche Party dafür dann sein ganzes Monatsgehalt und mehr. Seinem Sohn oder seiner Tochter hilft dies aber auch nur wenig, denn die anderen Kinder in der Klasse und ihre Eltern wissen zumeist ja doch, dass Ahmeds oder Miryams Eltern arm sind.

Neben dieser gesellschaftlichen Exklusion haben die Betroffenen in den EL aber noch das eigentliche Kernproblem ihrer Armut: Ihre materielle Situation ist zumeist so schlecht, dass sie sich oft nicht einmal hinreichend ernähren können, dass sie Probleme haben, Kleidung zu kaufen und sauberes Trinkwasser zu bekommen oder sich Gesundheitsdienstleistungen und eine auch nur ansatzweise geeignete Behausung leisten zu können. Hier vor allem liegt der grundsätzliche Unterschied von Armut in EL und bei uns, wo er unserem mäßig großzügigen, aber von Ausnahmen abgesehen doch sehr gut funktionierenden System der Sozialen Sicherung geschuldet ist[14].

Wo die Armen leben

Armut gibt es überall, in armen Ländern wie in reichen, in den Städten wie im ländlichen Raum. Allerdings ist Armut im ländlichen Raum von EL sehr viel stärker verbreitet als in den urbanen Zentren (siehe Abb. 1.4). Man geht davon aus, dass drei Viertel der Armen weltweit auf dem Lande leben. In vielen Ländern ist Armut vor allem dort präsent, wo die Infrastruktur fehlt, also Zugänge zu sozialen Dienstleistungen und vor allem zu Märkten. In einigen Ländern kann man beobachten, dass die Armut mit der Entfernung von der Hauptstadt bzw. den ökonomischen Zentren

Abb. 1.4 Einfaches ländliches Gehöft in Burkina Faso. (Foto: © Frank Bliss 1989–2020)

des Landes steigt. Dies ist z. B. in den ostafrikanischen Ländern Kenia und Tansania zu beobachten. In Indien gibt es einen expliziten Armutsgürtel („poverty belt"), der sich mitten durch das Land von Nordosten (Bihar) über das Zentrum (Maharashtra) nach Süden (Chhattisgar und Telangana) zieht. Hierbei handelt es sich um das Gebirgs„rückgrat" Indiens mit schlechteren Böden und, sicher kein Zufall, mit einer bis heute stark diskriminierten Bevölkerung vor allem aus Stammesvölkern oder Adivasi.

In diese Zone, so ein hochrangiger Weltbank-Mitarbeiter vor einigen Jahren gegenüber dem Verfasser, entsendet der Staat die schlechtesten Verwaltungsbeamten, die ihren Dienst hier nur widerwillig tun und keinerlei Entwicklungsinteresse gegenüber den „Eingeborenen" zeigen. Entsprechend gibt es wenig Förderung durch den Staat, die Infrastruktur kommt nicht voran und es herrscht die schlechteste Gesundheitsversorgung und das ärmlichste Bildungsangebot in einem Land, das andernorts hochmoderne Zentren und eine rasant wachsende Wirtschaft besitzt und sogar beim Wettlauf im Weltraum mitmischen möchte.

Armut ist überall auf der Welt vor allem in abgelegenen Gebieten mit schlechten Böden verbreitet. Es gibt aber auch Armut in Gunstgebieten mit bestem Ackerland. Aber weil hier auch die dichteste Besiedlung vorhanden ist und oft ein ungebremstes Bevölkerungswachstum stattfindet, sind bzw. werden die Flächen pro Familie einfach zu klein, um den Haushalt ernähren zu können. Das eindrücklichste Beispiel hierfür ist Ägypten mit der kleinsten Ackerfläche pro Kopf, von einigen Stadtstaaten einmal abgesehen. Wenn dann noch wie in Kambodscha zumindest in den Jahren bis 2015 den Menschen oft ihr Land willkürlich weggenommen wurde (*land grabbing*), ist Armut spätestens in der nächsten Generation vorprogrammiert.

In neuerer Zeit ist eine starke Zunahme von Armen in den Städten zu beobachten. Dies liegt an der Landflucht, bei der vor allem jüngere Personen ihr Dorf verlassen, in den Städten aber selten sofort Fuß fassen können und zumindest eine Zeitlang im sogenannten suburbanen Bereich, den Bidonvilles, Favelas, Shanti Towns oder Barrios, wohnen müssen, eben den Slums. Durch diese Entwicklung nimmt einerseits die Urbanisierung auch in Afrika schnell zu, andererseits steigt der Anteil der Armen, die in Städten leben, in absoluten wie auch relativen Zahlen[15].

Dramatische Zuwachszahlen erleben Städte, die wie Yei im Südsudan in Krisensituationen eine halbwegs sichere Zuflucht bieten oder wie Kasumbalesa in der DR Kongo und Tunduma in Tansania durch besondere Ereignisse wie die Öffnung eines dann gut genutzten Grenzübergangs an Bedeutung gewinnen. Zuwächse der Bevölkerung von sechs bis zehn und mehr Prozent pro Jahr sind hier keine Ausnahme und aus einem kleinen Dorf von weniger als 5000 Einwohner kann in kaum 20 Jahren eine Mittelstadt mit über 200.00 Menschen werden[16]. Ganz besonders attraktiv für Zuwanderung sind Großstädte allgemein und die Hauptstädte eines Landes. Hier werden im Zweifelsfalle durch die Regierungen aus politischen Gründen Subventionen (z. B. billiges Brot) eher verteilt als auf dem flachen Land, wo die Proteste der Bevölkerung gegen ihre Notsituation sich schneller verlaufen oder gar nicht erst entstehen. Da die Masse der NeubürgerInnen kaum Ressourcen und wenig Bildung mitbringt, fällt es ihnen in der Regel allerdings schwer, sich in der Stadt zu etablieren, d. h. die Zuwanderer bleiben auch in der Stadt zumeist lange Zeit weiterhin arm.

Armut ist nicht auf arme Gebiete beschränkt. Sicher, in einem (extrem) armen Bezirk oder Dorf sind die meisten Menschen arm. Unterstützung bzw. die Mobilisierung von Selbsthilfekapazitäten bedarf hier keiner Rechtfertigung. Es gibt aber auch umgekehrt wohlhabende Gegenden, in denen es einen mehr oder weniger großen Anteil armer oder sogar extrem armer Menschen gibt. Jeder, der sich in der

EZ engagiert, kennt diese „Armutstaschen", von denen es allein in der Millionen-stadt Manila (Philippinen) mehrere Hundert gibt. Manche umfassen einige Dutzend Hütten an einem Hang am Flussufer, andere Tausende von Einfachsthäusern und Hütten. Für die hier lebenden Menschen fehlt oft jegliche externe Unterstützung, weil die Wohngegend oder sogar der ganze Bezirk ja generell als „wohlhabend" gilt. Solche Armutstaschen zu finden ist eine wichtige Aufgabe für den Staat, aber auch für die EZ und hier häufig für von NRO unterstützte Projekte.

1.2   Die Folgen von (materieller) Armut

Viele Menschen, selbst solche, die an UN-Standards gemessen in extremer Armut leben, sehen sich selbst zunächst überhaupt nicht als arm. Reicht zum Beispiel die Subsistenzproduktion an Nahrungsmitteln aus, dann kann schon mit wenig Bar-geld das Nötigste für die Küche oder an Bekleidung gekauft werden. In noch weitgehend traditionellen Gesellschaft, die zunehmend aber weniger werden, tra-gen heilkundige Frauen und Männer zudem zur Gesundheitsfürsorge bei und bis zu einem gewissen Grad besteht hier die Solidarität von Verwandten und Nach-barn bei materiellen und sozialen Problemen fort. Allerdings finden sich immer mehr dieser Gesellschaften vor allem durch die nationalen Entwicklungen selbst in die „moderne" Welt gestoßen, wodurch auch für sie die Armut immer spürbarer wird. Objektiv bestehende Armut wird nun auch subjektiv als solche empfun-den und angesichts einer materiell deutlich bessergestellten Mehrheitsgesellschaft wird die eigene Lage zunehmend als unbefriedigend und schwierig angesehen.

Angesichts dieses globalen Trends lässt sich über Armut nicht mehr hinweg-sehen und die weltweite Armutssituation nach dem Motto beschwichtigen, „die leben ja schon immer so, also warum sollten sie sich auf einmal beschweren". Auch verliert der Hinweis immer mehr an Überzeugungskraft, dass es in den EL ja eine funktionierende Familiensolidarität gebe, denn immer weniger Menschen leben im Großfamilienkontext. Armut, zunächst gesehen als materielle Depriva-tion, hat zudem stets ihre objektiven Konsequenzen. Wer arm ist und sich keine medizinische Versorgung leisten kann, wird eher schwer krank und stirbt früher. Besonders häufige Folge von Armut ist Unter- und Fehlernährung, die ebenfalls die wichtigste Ursache für Krankheiten mit häufig Todesfolge ist. Wer arm ist, kann seinen Kindern und sich selbst kaum sauberes Trinkwasser besorgen, und erneut sind die fast unausweichlichen Folge schwere Erkrankungen und ggf. Tod. Insbesondere die weiterhin in vielen EL sehr hohe Kindersterblichkeit unter fünf Jahren geht zumeist auf diese drei Kausalketten zurück (Abb. 1.5).

Abb. 1.5 Kleines Mädchen mit 20 l Wasser auf dem Weg nach Hause – während Gleichaltrige zur Schule gehen (Tschad). (Foto: © Frank Bliss 1989–2020)

Der Zusammenhang zwischen schlechter Gesundheit, nicht ausreichender und unausgewogener Ernährung, fehlendem Zugang zu Bildung und zu Beratung und eben Armut ist ebenfalls hervorzuheben. Eine Folge von Armut und ein Grund für ihre Verstetigung bei den Betroffenen ist sicher generell der Mangel an Bildung(smöglichkeiten). Wenn arme Haushalte nicht in der Lage sind, in die Bildung ihrer Kinder zu investieren, sie sogar stattdessen arbeiten müssen (Abb. 1.5), so überträgt sich die Armut in die nächste Generation hinein. Solche Armutsfallen *(poverty traps)* verstetigen sich auch durch fehlende produktive Arbeitskraft (siehe nächster Abschn. 1.3). Verstärkt wird die ausweglose Situation für die Menschen noch durch mangelnden Zugang zu Betriebsmitteln *(assets)* auf Kredit, mit denen täglich gewirtschaftet wird, mit denen aber auch Rücklagen gebildet werden können.

Signifikant ist in jedem Fall der Zusammenhang zwischen geringem menschlichen Entwicklungsstand nach dem UNDP-Human Development Index (HDI) und Kindersterblichkeit: Während Norwegen als Land an der Spitze aller 189 vom HDI erfassten Staaten eine Kindersterblichkeit unter 5 Jahren von 2,6 und Deutschland auf Rang fünf von 3,8 pro 1000 Lebensgeburten aufweist, sind es in der Türkei als Land mit höherer Entwicklung (und Einkommen) bereits 12,7 Kinder, um dann in der Gruppe der Länder mit mittlerer Entwicklung wie Indien auf 43 hochzuschnellen und schließlich bei den ärmsten Ländern bei 104,3 in Nigeria und sogar 127,3 im afrikanischen Tschad zu landen. Es gibt Staaten, die nicht der Regel entsprechen wie Bangladesch oder Nepal mit relativ geringer Kindersterblichkeit für ihre Gruppe, aber von den Ausnahmen abgesehen gilt die Aussage, je ärmer ein Land ist, desto mehr Kinder erreichen aus den genannten Gründen nicht ihr fünftes Lebensjahr.

Erfahrungen der EZ-Forschung zeigen, dass Frauen (und Mädchen) in besonderem Umfang von Armut betroffen sind. Obwohl Frauen in vielen EL die Haupterzeugerinnen und -verarbeiterinnen von Grundnahrungsmitteln sind, müssen sie am stärksten unter Unter- und Mangelernährung leiden. Diese Benachteiligungen spiegeln patriarchale Gesellschaftsstrukturen und Machtverhältnisse wider, die durch verschiedene Indizes des VN-Entwicklungsprogramms (UNDP) bestätigt werden. Christa Wichterich verweist treffend auf diese Machtverhältnisse: „Frauen sind arm an Ressourcen, Bildung, Gesundheit, Beschäftigung, Einkommen etc., weil sie arm an Rechten, Chancen, Macht, sozialer Sicherheit, Zeit, Gewaltfreiheit etc. sind[17].

Die Folgen von Armut für die Menschen ließen sich beliebig lange aufzählen. Neben den gesundheitlichen Konsequenzen, der mangelhaften Bildung und dem Entbehren von praktisch allen „normalen" Konsumgütern, die über das Lebensnotwendigste auch nur geringfügig hinausgehen, ist es vor allem die soziale Isolierung, die den Betroffenen ihr Leben besonders schwermacht. Wer arm ist, gehört nicht zur Mehrheitsgesellschaft, muss auf soziale und politische Teilhabe verzichten und ist, außerhalb der europäischen Demokratien besonders ausgeprägt, der Willkür des Staates und seiner Agenten nahezu hilflos ausgeliefert. Physische, psychologische wie auch strukturelle Gewalt gehört hier zum „normalen" Leben, in Indien sogar in den Slums, wo sich selbst innerhalb von großer Armut Hierarchien bilden und schlimmste Unterdrückung vorkommt.

Box 4: Arm, aber zufrieden
Arme Menschen müssen nicht zwangsläufig mit ihrer Lebenssituation unzufrieden sein. Wenn in einer Gesellschaft fast alle Familien arm sind wie im

kenianischen Mitui oder in Debre Tabor in Äthiopien, so kann bereits eine kleine, aber engagierte Unterstützung durch den Staat oder eine ausländische Initiative erhebliche Zufriedenheit bewirken, ohne dass die Familien tatsächlich gemäß der internationalen Kriterien (1,90 US$ verfügbares Einkommen/Tag) aus ihrer Armutssituation entkommen sind. Reicht das Einkommen für die lokaltypische Ernährung aus, besteht die Möglichkeit, die Kinder zur Schule zu schicken und im Krankheitsfall medizinische Unterstützung zu bekommen, kann ferner ein mäßiges Reservekapital (z. B. Tiere) angesammelt werden, um damit Notzeiten zu überbrücken, dann fühlen sich die meisten Menschen hier in keiner Weise arm. Die INEF-Studien in beiden Ländern haben klar ergeben, dass sich viele nach den genannten Kriterien eindeutig arme Familien sehr oft als „normal" oder „durchschnittlich" situiert verstehen, ganz selten aber selbst als arm einstufen[18].

1.3 „Unsichtbare" Armut entzieht sich der Entwicklungshilfe

Mamadou lebt mit Frau und drei Kindern unweit von Ségou in Mali. Er hat zwar Land, aber immer wieder gibt es wegen der Dürren Fehlernten. Kredite sind bisher nicht zu bekommen und es ist auch kaum möglich, ohne landwirtschaftliche Beratung den Anbau zu diversifizieren. In einem Milieu, wo seit Generationen nur Hirse, Okra und Bohnen angebaut werden, fehlt für neue Feldfrüchte einfach das notwendige Wissen (oft auch das Saatgut). Deswegen ist Mamadous Haushalt über die Jahre gesehen arm.

Ein „normal" armer Haushalt mit arbeitsfähigen Erwachsenen hat dennoch in der Regel immer Möglichkeiten, sich selbst zu helfen, wenn ihm die Chance dazu geboten wird. Diese hat Mamadou aber bisher nicht bekommen, da sein Dorf abseits der großen Pisten liegt und bei Infrastrukturmaßnahmen bisher offenbar vergessen wurde.

Mit zielgerichteter Ausbildung in besser angepasster Landwirtschaftstechnik, ferner einem Zuschuss für Arbeitsgeräte und vielleicht einem Kleinkredit für besseres Saatgut und etwas Unterstützung bei der Selbstorganisation zusammen mit anderen Bauern, die in der gleichen Lage wie Mamadou sind, besteht eine gute Chance, dass Mamadou seine Probleme erfolgreich lösen und sich aus der Armut befreien kann. Mit wenig Aufwand könnte die Familie auch lernen, sich gesünder zu ernähren, ihre Lebensbedingungen durch die Anpflanzung von Bäumen, die verbesserte Nutztierhaltung oder auch den Bau von Latrinen eigenständig zu verbessern.

Extrem arme Menschen sind allerdings häufig „unsichtbar", wie z. B. eine Studie unter Beteiligung des Verfassers aus dem Jahr 2012 zeigt: So werden etwa Angehörige ethnischer, religiöser oder soziokultureller Minderheiten oft von der Mehrheitsgesellschaft ausgegrenzt und an der Mitwirkung an öffentlichen Entscheidungen gehindert. Dies hat wiederum zur Folge, dass sie mit ihren Interessen oder ihren durchaus vorhandenen Vorschlägen zur Verbesserung ihrer Lebensbedingungen in der entwicklungspolitischen Planung oft nicht zur Kenntnis genommen werden. Die Konsequenz ist, dass entsprechend bei armutsmindernden Maßnahmen die Unsichtbaren übergangen werden und Projektaktivitäten auf die dominierenden Segmente der eher etwas bessergestellten Bevölkerung mit in der Regel anders gelagerten Problemen und Prioritäten ausgerichtet sind.

Schließlich gibt es noch die gesellschaftlichen Subgruppen der Unsichtbaren bzw. Ausgegrenzten, die bereits so lange in Armut leben müssen, dass bei ihnen der Wille und am Ende die Möglichkeit, sich selbst zu helfen oder sogar externe Hilfe für sich nutzbar machen zu können, kaum noch oder gar nicht mehr vorhanden ist. Zumindest sind viele Betroffene davon überzeugt, dass alle Anstrengungen, die eigene Lage zu verbessern, sowieso nichts nützen. Dieser Fatalismus kann unterschiedliche Gründe haben, etwa die generationenübergreifende Armutssituation, in der sich eine Familie befindet[19]. In indischen Slums, aber auch in den Barrios oder Favelas Lateinamerikas leben beispielsweise Hunderttausende Frauen und Männer, die bereits als Kinder mit ihren Eltern hierhergezogen sind, und nun sehen sie nach Jahrzehnten ihre eigenen Kinder unter Umständen in einer Situation aufwachsen, die kaum Chancen auf eine Veränderung erkennen lässt.

Wer in einer scheinbar und für viele durchaus objektiv bestehenden hoffnungslosen Lage lebt, entwickelt unter Umständen bestimmte Überlebensstrategien, die zwar keinen nachhaltigen Ausweg aus der elenden materiellen Situation weisen, die aber helfen sollen, den Alltag noch irgendwie erträglich zu machen, wobei sich jedoch wie gesagt in der Regel durch die dabei gezeigten Verhaltensweisen und ergriffenen Überlebensmaßnahmen keine Lösungen für die Armutsumstände ergeben. Im Gegenteil kann eine Reihe von Verhaltensweisen sogar dazu angetan sein, sich in der spezifischen Situation einzuigeln mit der Konsequenz, dass sogar Impulse zum Ausbruch auf dieser Situation durch helfende Hände unbewusst oder sogar bewusst abgewiesen werden. In der Kulturanthropologie werden diese Lebensumstände und daraus sich entwickelnden Verhaltensweisen bisweilen als „Kultur der Armut" bezeichnet. Der Begriff stammt aus den 1960er Jahren und wurde von dem US-amerikanischen Anthropologen Oscar Lewis geprägt, blieb aber bis heute sehr umstritten[20].

In vergleichbaren Situationen hat die Entwicklungszusammenarbeit bisher nur wenige Ansätze gefunden, den betroffenen Menschen nachhaltig helfen zu können. So wird der Aufwand für die individuelle Betreuung der Betroffenen als zu groß angesehen, als dass man ihn oder sie in ein „normales" Programm einbeziehen könnte, das zudem ja auch ein Minimum von eigenem Engagement und zumeist auch von Ressourcen (in Form von „Eigenleistungen") verlangt.

Lange Zeit galt „Sozialhilfe" (z. B. der bereits erwähnte bedingungslose Geldtransfer) generell nicht als Bestandteil der EZ. Diese sollte ja nachhaltig sein, d. h. im Rahmen eines Projektes alle Weichen so stellen, dass nach dessen Ende die unterstützte Bevölkerung ohne externe Hilfe klarkommen konnte. Wenn es zum Beispiel wie im Tschad in abgelegenen Gebieten keinerlei staatliche Autorität gibt, dann muss ein Trinkwasserprojekt eben so beschaffen sein, dass nach einiger Zeit der externen Unterstützung die Dorfbevölkerung ihre Brunnen selbst managen und auch für Reparaturen und sogar für Ersatz sorgen kann. Das aber erfordert in jedem Fall Geld und Arbeitsleistung, über die viele Familien aber nicht verfügen. Diese Menschen werden dann links liegen gelassen als „für die EZ nicht erreichbar", in der Hoffnung, dass es irgendwie doch noch traditionelle Solidarität gibt oder sich ggf. Nichtregierungsorganisationen (NRO) der Menschen annehmen.

Inzwischen wurde auch vor dem Hintergrund der Agenda 2030 erkannt, dass die Notwendigkeit der Nachhaltigkeit mit der Pflicht verbunden werden muss, auch wirklich alle Menschen durch Unterstützungsmaßnahmen zu erreichen, und wenn es sein muss eben durch bedingungslose Transferleistungen. In Kap. 13 wird diese neuere Entwicklung unter dem Stichwort „Soziale Sicherung" gesondert behandelt, da sie sich grundsätzlich von dem sonst weiterhin geltenden Prinzip der Hilfe zur Selbsthilfe innerhalb der EZ unterscheidet.

Anmerkungen

1. Vgl. auch der neuere Band des gleichen Verfassers von 2018 „Deutschland ist gerechter als wir meinen".
2. „Über Grenzen denken. Eine Ethik der Migration", Hamburg 2017.
3. Vgl. die im Rahmen des vom Verf. angeführten Forschungsvorhabens zwei Beiträge: Anika Mahla / Frank Bliss / Karin Gaesing (2017): Wege aus extremer Armut, Vulnerabilität und Ernährungsunsicherheit. Begriffe, Dimensionen,

Verbreitung und Zusammenhänge. AVE Studie 1/2017. Duisburg, und: Frank Bliss / Karin Gaesing / Anika Mahla (2017) (siehe Literaturverzeichnis).

4. Hiervon auch noch präzise angegeben 389 Mio. in Subsahara-Afrika (Weltbankdaten vom 2.10.2016): www.worldbank.org/en/topic/poverty/overview. Für 2019 vgl. https://blogs.worldbank.org/opendata/september-2019-global-poverty-update-world-bank [8–2020].

5. UNDP. United Nations Development Programme (2019): Human Development Report 2019. Beyond income, beyond averages, beyond today: Inequalities in human development in the 21st century. New York.

6. Vgl. https://ophi.org.uk/multidimensional-poverty-index/global-mpi-2019/ [8–2020]. Eine sehr gute Übersicht zum MDPI unter: https://hdr.undp.org/sites/default/files/hdr2019_technical_notes.pdf [8–2020].

7. Dazu vgl. Wisor, Scott et al. (2015): The Individual Deprivation Measure. A Gender-Sensitive Approach to Poverty Measurement. Melbourne (International Women's Development Agency).

8. Hickel, Jason (2015): The true extent of global poverty and hunger: Questioning the good news narrative of the Millennium Development Goals. The World Quarterly, https://doi.org/10.1080/01436597.2015.1109439.

9. Zur Armutsstatistik der Weltbank vgl. https://blogs.worldbank.org/developmenttalk/april-2018-global-poverty-update-world-bank, dazu der aktuelle Bericht: Aziz Atamanov et al. (2018): Global Poverty Monitoring Technical Note 1. April 2018 PovcalNet Update. Washington.

10. Vgl. IFPRI. International Food Policy Research Institute (2007): The world's most deprived. Characteristics and causes of extreme poverty and hunger. Washington.

11. „... with 80 percent of these individuals living in 14 countries in Africa and Asia". Quelle: https://www.t1p.de/b2gh [8–2020].

12. Quellen zur Box: Vereinte Nationen (2015): Millenniums-Entwicklungsziele. Bericht 2015. New York, https://www.un.org/sustainabledevelopment/water-and-sanitation/ und Frank Bliss / Karin Gaesing / Anika Mahla (2017).

13. Cremer (2016: 14).

14. Vgl. Cremer 2016 und 2018.

15. Gut zur Entwicklung von Slums bei Irene Khan (2010: 187–214).

16. Noch 2018 gab Wikipedia auf Basis von Weltbankdaten die Einwohnerzahl von Kasumbalesa mit 4000 an. Der Bürgermeister der Stadt ging beim Gespräch mit dem Verfasser Ende 2015 von „über 220.000 Menschen" aus. Tun Duma in Tansania hatte gemäß Zensus 2002 34.461 und 2012 97.562 Einwohner. Auch hier ging der Bürgermeister aber 2015 von mehr als doppelter Einwohnerzahl aus.

17. Wichterich, Christa (2007): Gender als Armutsrisiko und die Bekämpfung der Frauenarmut, in: Renz, Ursula / Bleisch, Barbara (Hrsg.): Zu wenig. Dimensionen der Armut. Zürich, S. 229–252.

18. Anika Mahla und Karin Gaesing (2018): Kenia: Der Selbsthilfegruppen-Ansatz in Kitui. Good Practice Reihe 04. Duisburg; Karin Gaesing (2018): Bodenfruchtbarkeit und Ernährungssituation in der Amhara-Region, Äthiopien. AVE Studie 13. Duisburg. Beide Studien unter: www.inef-reachthepoorest.de oder https://www.uni-due.de/inef/projekt_ave.php [8–2020].

19. Dabei darf aber nicht vergessen werden, dass auch Mangel- oder Fehlernährung zu Lethargie führen können.

20. Vgl. Marco Heinz (2019).

Armut: Ihre Ursachen und warum sie weiterhin besteht

2

Zusammenfassung

Armut hat viele Ursachen: etwa hohes Bevölkerungswachstum bei geringen Ressourcen, die Folgen des Klimawandels für die Landwirtschaft, verweigerte Chancen gegenüber den Menschen seitens der Regierenden. Armut gebiert Armut und die gewiesenen Wege zur Verhinderung der Armut sind allzu häufig die falschen. Nur selten ist dagegen ein völliges Fehlen der finanziellen Mittel des Staates etwa für soziale Sicherungsbeiträge die Ursache für anhaltende Armut. Vielmehr ist es häufig Staaten- bzw. Regierungsversagen, denn auch die einkommensstärkeren Entwicklungsländer tun nicht genug, um Armut in ihren Grenzen zu beseitigen.

Schlüsselwörter

Armut • Armutsbekämpfung • Armutsursachen • Entwicklungspolitik • Soziale Ungleichheit

In diesem Kapitel sollen wichtige Ursachen für Armut zusammengefasst und soll der Frage nachgegangen werden, warum sich Armut in zahlreichen Ländern trotz so vieler EZ-Beiträge weiterhin verstetigt. Diese kurze Analyse ist später wichtig, wenn es um die Darstellung der Lösungsansätze geht, wird hierdurch doch deutlich, dass auch absolut logisch erscheinende Sofortlösungen oft anhand der zahlreichen strukturellen Hindernisse später wenig Erfolg versprechend sind. Ebenfalls soll in diesem Kapitel deutlich gemacht werden, dass Armutsbekämpfung keineswegs nur die Armen direkt im Blick haben darf, sondern eben auch die Ursachen für Armut und deren Beseitigung.

2.1 Ursachen für Armut

Armut in Entwicklungsländern beruht auf einem sehr komplexen Gefüge von Ursachen. Beim Versuch der Systematisierung dieses komplexen Phänomens wird in der gängigen Literatur zwischen verschiedenen Ebenen unterschieden, auf denen Armutsursachen wirksam werden: die *globale, nationale, regionale* und die *lokale* Ebene. Letztere wird dabei noch einmal unterteilt in die *Gemeinschaftsebene,* die *Haushaltsebene* und die *individuelle Ebene.* Auf den vier erstgenannten Ebenen, also lokal, regional, national und global, werden die Ursachen der Armut nach Arten von ursächlichen Faktoren in wirtschaftlich, gesellschaftlich, ökologisch und politisch-institutionell bedingte Gründe unterschieden.

Es gibt eine Vielzahl von Studien, die die Ursachen von Armut und Hunger auf der *lokalen Ebene,* also der des Individuums, des Haushalts und der ländlichen oder städtischen Gemeinschaft, intensiv untersucht haben[1]. Schauen wir auf den ländlichen Raum, so kristallisieren sich eine Reihe von Problemen heraus, die arme LandbewohnerInnen in vielen Ländern gemeinsam haben. Die Reihenfolge der Behandlung der dargestellten Ursachen für (extreme) Armut in den folgenden Abschnitten bildet dabei keine Rangfolge der Wichtigkeit ab:

- Der fehlende Zugang zu Land sowie die mangelnde Rechtssicherheit bzgl. des bewirtschafteten Landes finden als Armutsursache in Analysen durchgehend Erwähnung, wobei Landlosigkeit in Asien sehr viel stärker mit Armut korreliert als in Subsahara-Afrika. In Afrika hingegen spielt häufig die mangelnde Rechtssicherheit bzgl. des bewirtschafteten Landes eine größere Rolle, aber auch kolonialzeitlich bedingte Verdrängungen von Bauern aus Gunst- in Grenzertragsstandorte sowie in jüngster Zeit der Bevölkerungsdruck. Vor allem, aber nicht nur in Ländern, in denen das Land Staatseigentum ist, können Bauern und Bäuerinnen jederzeit von dem Land, welches sie oft seit mehreren Generationen bewirtschaften, vertrieben werden (z. B. bis vor kurzer Zeit in Äthiopien häufig zu beobachten, wo bereits von der Bevölkerung genutztes Land großzügig auch ausländischen „Investoren" überlassen wurde).
- (Nomadische) Viehhalter und Indigene verfügen in der Regel über kollektive bzw. kommunale traditionelle (z. T. nur mündlich überlieferte) Landtitel. Diese werden häufig von den Regierungen der afrikanischen, asiatischen und lateinamerikanischen Länder missachtet und die Menschen von ihrem Land vertrieben. Häufig geschieht dies ohne (adäquate) Kompensation, in den meisten Fällen ohne eine Beratung oder Starthilfe für einen alternativen Lebensunterhalt. Im Zuge von *land grabbing* nimmt dieses Phänomen überall in EL rasant zu. Die Mehrproduktion von Nahrungsmitteln ist in der Regel

ein nicht haltbarer Vorwand für den Landraub, denn auf den auf geraubten Ländereien zumeist entstehenden Großfarmen wird pro Flächeneinheit sogar weniger produziert als zuvor auf den Kleinfarmen. Auch die oftmals von den neuen Landbesitzern in Aussicht gestellten Arbeitsplätze nehmen die nun landlos gewordene Bevölkerung nicht in adäquatem Maße auf oder sie bieten ihnen oftmals für den Lebensunterhalt nicht hinreichende Löhne und schlechte Arbeitsbedingungen.

- Auch andere Faktoren in Zusammenhang mit Land können Ursachen für Armut und extreme Armut sein. Die abnehmende Fruchtbarkeit der Ackerflächen durch Auslaugung der Böden oder Erosion stellt viele bäuerliche Familien vor das Problem, nicht einmal mehr ausreichend Nahrungsmittel für die eigene Ernährung produzieren zu können, geschweige denn für den Verkauf. Hier stellen vielerorts die Folgen des Klimawandels einen verstärkenden Faktor dar.

- Wenn ein erwachsenes Mitglied einer bäuerlichen Familie krank wird oder verstirbt, kann dies für die Familie eine Ursache sein, in die Armut zu stürzen, weil dann eine oder die einzige verfügbare und dringend notwendige Arbeitskraft ausfällt. Die Regierungen vieler Länder bieten betroffenen Familien in solchen Fällen in der Regel keine abfedernde Unterstützung an (wie z. B. in Deutschland durch Krankenversicherung, Arbeitslosenversicherung und ähnliche Leistungen der sozialen Sicherung), weshalb ein solcher Schock dort die Menschen ungleich härter trifft als bei uns.

- Andere unvorhergesehene Ereignisse, die eine Familie oder ein Dorf in Armut oder extreme Armut treiben können, sind Naturkatastrophen wie Überschwemmungen, großflächige Erdrutsche und Dürren oder aber der Umstand, plötzlich das Opfer von Kriminalität oder gewaltsamen Konflikten zu werden.

- Armut auf Haushaltsebene kann auch durch die Haushaltsstruktur bedingt sein. Wenn zu viele Menschen, die nicht zum Haushaltseinkommen beitragen, von zu wenigen produktiven Menschen abhängen *(negative dependency ratio)*, ist die Wahrscheinlichkeit höher, dass der Haushalt arm oder extrem arm ist. De facto heißt dies, dass für Haushalte mit vielen kleinen Kindern, Alten, Kranken oder Menschen mit Behinderung eine überdurchschnittlich große Wahrscheinlichkeit besteht, arm zu sein.

- Auf der lokalen Ebene werden aufgrund kultureller und sozialer Normen und Wertvorstellungen häufig bestimmte Bevölkerungsgruppen benachteiligt und vom allgemeinen sozialen Leben ausgeschlossen. Vor allem der Ausschluss aus sozialen Netzwerken, die Menschen nicht nur in Notzeiten unterstützen, ist hier von hoher Bedeutung. Dies kann zur Folge haben, dass gewisse wirtschaftliche Optionen für sie nicht greifbar sind, weil sie z. B. keinen Zugang zu Land oder zu gemeinschaftlichen Arbeitsleistungen haben und sie somit gezwungen sind, in Armut zu verharren, wenn sie sich aus der lokalen Gemeinschaft nicht lösen können oder wollen. Auch in eher traditionellen Gesellschaften gilt, dass wer Hilfe von der Gemeinschaft erhalten möchte, anderntags seine Hilfe anderen bereitstellen muss. Wer dies zumindest längerfristig nicht kann, erhält irgendwann keine Unterstützung mehr, egal wie bedürftig die Person oder Familie auch sein mag.

- Die Teilergebnisse eines von 2008 bis 2012 durchgeführten BMZ-Forschungsvorhabens zu sozio-kulturellen Fragestellungen, das u. a. die Rolle besonders benachteiligter Minderheiten / indigener Bevölkerungsgruppen thematisierte, zeigen deutlich, dass extreme Armut häufig das Resultat sozialer Ausgrenzung von Minderheitenangehörigen ist. Diese Ausgrenzung kann durchaus weit über die lokale Ebene hinausgehen und ganze ethnische Minderheiten in einem Land umfassen. Das daraus folgende Nicht-Gehörtwerden der benachteiligten Gruppen im Rahmen der lokalen, regionalen und nationalen Entwicklungsplanung ist dann eine weitere Ursache von wie auch ein Beitrag zur Verstetigung extremer Armut[2]. Hier hat auch die EZ vielerorts versagt, indem sie sich nicht die Mühe gemacht hat, nach ausgegrenzten Minderheiten zu suchen.

- Ursache von breiter Armut ist auch eine häufig extrem ausgeprägte strukturelle Benachteiligung des ländlichen Raumes, der sich z. B. in mangelndem oder schlechtem Zugang der lokalen Bevölkerung zu Bildungseinrichtungen und Gesundheitsversorgung ausdrückt. Wenn überhaupt sind lediglich Grundschulen in Reichweite der Dörfer. Diese sind jedoch häufig unzureichend mit Räumlichkeiten, Mobiliar sowie Lehrmaterial ausgestattet und haben weniger und geringer qualifizierte LehrerInnen als Schulen in zentraleren Gebieten. Kinder, die eine höhere Schulbildung genießen möchten, müssen sehr weite Fußwege in Kauf nehmen (was bei Mädchen aufgrund der objektiven oder auch nur fiktiven Gefahren des Schulweges oft ein Ausschlusskriterium darstellt).

- Eng verwoben mit der Benachteiligung ländlicher Räume ist deren schlechte Zugänglichkeit, d. h. es fehlen Straßen, Brücken, Furten usw., die es den Menschen erlauben, ihre Produkte zum Markt oder Dienstleistungen in die Dörfer bringen zu können. Wo „nichts" ist, dorthin will auch kein Lehrer ziehen und keine Krankenschwester. In ländlichen Zentren kann auch das Fehlen einer Stromversorgung ein erhebliches wirtschaftliches Hemmnis bedeuten.

Im urbanen Bereich ist Armut weltweit in den EL stets zumindest etwas geringer verbreitet, oft deutlich geringer als auf dem Land. Dies liegt an einem Phänomen, dass typisch für undemokratische Systeme ist, sich aber durchaus auch in Demokratien wiederfindet: Zentraler Faktor ist die Bevorzugung der Hauptstadt bzw. der urbanen Zentren, teils aus Prestigegründen, teils auch aus der Überlegung, dass so nahe an dem Machtzentrum Armut und möglicherweise daraus erwachsender politischer Protest gering gehalten werden müssen. Da seit kolonialer Zeit fast überall der Schwerpunkt industrieller und allgemeiner wirtschaftlicher Entwicklung in den urbanen Zentren und besonders in der Hauptstadt liegt, gehen die meisten Mittel für die wirtschaftliche und soziale Infrastruktur zudem auch hierhin und eben nicht in die ländlichen Zonen.

Etwas getrübt wird diese Besserstellung der urbanen Zentren gegenwärtig durch die massive Abwanderung vom Land in die Städte. Meisten ist es absolute Armut, die die Menschen zu diesem Schritt zwingt, und da sie keinerlei ökonomischen Reserven haben, beginnen sie ihr neues Leben in der Stadt zwangsläufig am untersten sozialen Ende und vermehren dadurch gegenwärtig die Armutsraten auch in den Städten.

2.2 Warum sich Armut in Entwicklungsländern so sehr verstetigt

Nach den AutorInnen des Chronic Poverty Report 2014–2015 sind Landzugang, Bildung und eine aktive Regionalentwicklung die Schlüsselfaktoren für eine dauerhafte Befreiung aus der Armut. Im Umkehrschluss sind ein Fehlen von Bildung, mangelnder Zugang zu oder fehlende Rechtssicherheit bei Eigentum und Nutzung von Land sowie das Fehlen einer dynamischen Regionalentwicklung Ursachen der Verstetigung von Armut[3].

Schlechte Regierungsführung (*bad* oder *poor governance*), wozu neben der Korruption oft auch ein chaotisches Fiskalsystem gehört, liegt einer ganzen Reihe dieser Faktoren zugrunde und ist damit eine der Hauptursachen für die Verstetigung von Armut. Zumindest gilt dies in erheblichem Umfang für Afrika[4] und einige besonders arme Länder Asiens wie Tadschikistan oder Laos sowie Lateinamerikas (Haiti, zeitweise auch Kolumbien u. a.). Sie ist nicht oder nicht primär die Folge mangelnder Ressourcenausstattung (z. B. Bodenschätze, Wasserkraft, fruchtbares Ackerland), was selbst für viele der ärmsten Länder der Welt zutrifft. Einige der ressourcenreichsten Länder wie Angola oder die DR Kongo zählen zu den armen und ärmsten Staaten und gerade hier zeigt sich schlechte Regierungsführung besonders deutlich.

Des Weiteren werden mangelnde bzw. mangelhafte Infrastruktur und negative externe Einflüsse angeführt, denen Entwicklungsländer ausgesetzt sind. Dazu zählen z. B. *land grabbing* (für das allerdings nationale Eliten in erheblichem Umfang Verantwortung tragen), die Ausplünderung der Fischereiressourcen (hier sind neben Japan und China unter anderem auch einige EU-Mitgliedsstaaten zentral beteiligt) und das Machtgefälle in den internationalen, nicht nur wirtschaftlichen Beziehungen, das sich sehr schwer durchbrechen oder umgehen lässt. Von diesen Faktoren sind lediglich die mangelnde Infrastruktur und das schlechte Steuermanagement durch gezielte Maßnahmen innerhalb der EZ zu beheben; die anderen Faktoren sind in diesem Rahmen nur schwer zu beeinflussen.

Hier wäre eine kohärente Politik innerhalb der Geberländer selbst gefragt, etwa das Gebot, dass soziale Standards auch außerhalb der eigenen Grenzen zu gelten haben, dass die Rechtsprechung zu illegalen Geldtransfers natürlich für eigene Firmen auch dann gelten muss, wenn sie aus Afrika stattfinden, und dass nicht nur die Fische in der Nord- und Ostsee „Eigentum" der nord- und westeuropäischen Anrainerstaaten sind, sondern auch die Fische vor Westafrika den dortigen Anrainerstaaten gehören (und nicht, wie es lange Zeit üblich war, von spanischen Raubfischern geplündert werden durften, wofür diese aus Brüssel sogar Rückendeckung bekamen).

Auch Bürgerkriege, Terrorismus oder gewaltsame Konflikte mit Nachbarländern lähmen ein Land oder eine Region in einem Maße, dass deren Bevölkerung sich nur schwerlich aus der Armut befreien kann. Innere Konflikte in einem Land gehören damit auch zu den Verstetigungsfaktoren von Armut und sie nahmen zumindest in den letzten Jahren nicht ab. Vor allem die Einmischung dritter Staaten in die inneren Konflikte ihrer Nachbarländer (Beispiel Ruanda in der DR Kongo) oder sogar entfernter gelegener Länder (Beispiel Türkei in Libyen) muss Anlass zur Sorge geben, da durch die Vielzahl der Akteure und Interessen hier Lösungen zusätzlich erschwert werden. Einen detaillierten Überblick über die aktuellen Konfliktregionen der Welt, ihre Ursachen und Auswirkungen liefern Debiel und Rinck (2015)[5]. Danach entfielen 2014 die Hälfte der 32 kriegerischen Konflikte in der Welt auf extrem oder hochgradig fragile Staaten in Afrika südlich der Sahara (z. B. Demokratische Republik Kongo, Mali, Somalia, Südsudan, Zentralafrikanische Republik) oder in Südasien (z. B. Afghanistan, Myanmar, Pakistan). Die betroffenen Länder oder Regionen rutschen dadurch immer tiefer in die Armut ab und blockieren ihre Entwicklungschancen teilweise auf Jahrzehnte hinaus.

Zumindest früher auch Mitschuld der Entwicklungspolitik und -zusammenarbeit

Die internationale EZ kann zumindest in den letzten Dekaden für die Verstetigung von Armut nur ausnahmsweise ursächlich verantwortlich gemacht werden, auch wenn es einzelne Beispiele dafür durchaus gibt[6]. So hat die französische „neokoloniale" Politik Mitte der 1990er Jahre die Versorgung der malischen Bevölkerung mit Medikamenten schwer beeinträchtigt. Auf Druck Frankreichs musste damals die gute Versorgung mit hinreichend vorhandenen preisgünstigen Generika-Medikamenten beendet werden. Stattdessen wurde die Regierung gezwungen, für viele Menschen kaum bezahlbare französische Markenprodukte zu importieren.

Vor allem in den 1980er Jahren wurden auch durch sogenannte Strukturanpassungsmaßnahmen mit Blick auf die Armutsbekämpfung verhängnisvolle Fehler gemacht. Diese lassen sich zwar nicht der EZ unmittelbar zurechnen, aber sie basierten auf einer „ökonomistischen" Entwicklungstheorie, die von der Weltbank als Entwicklungsorganisation im Verein mit dem Internationalen Währungsfonds vertreten und mit erheblichem Druck umgesetzt wurde, der auch die (deutsche) EZ leider nicht hinreichend entgegenwirken konnte.

Was wurde falsch gemacht? Da die meisten EL erheblich verschuldet waren und kaum an neue öffentliche Kredite kamen, wurden ihnen vom IWF und Weltbank ein „Gesundungsrezept" auferlegt, das praktisch für alle Länder gleich war und beinhaltete:

(i)   die Währung abzuwerten, damit die Exporte billiger wurden (aber alles, was die Länder importierten, deutlich teurer machte, also auch Lebensmittel, Medikamente, Treibstoff usw.),

(ii) Liberalisierung der Märkte, um Investitionen zu erleichtern (was viele mühsam aufgebaute Betriebe in den EL in die Pleite trieb, etwa die kleine Plastikindustrie in Mali oder die Stoffweberei in ganz Westafrika),

(iii) die Staatsausgaben zu reduzieren und Personal zu entlassen (wodurch die schon geringen Sozialausgaben noch geringer wurden und meistens die Beschäftigten entlassen wurden, von denen man keine wirksamen Protest erwartete, besonders oft z. B. LehrerInnen auf dem Lande, AgrarberaterInnen und MitarbeiterInnen des Gesundheitswesens) oder

(iv) zur Steigerung der Einnahmen Erhöhung der Preise für öffentliche Dienstleistungen (was dann dazu führte, dass die Armen Bildung, Gesundheitsversorgung, Energie, Trinkwasser oder Transport kaum mehr bezahlen konnten).

Kritiker haben diese Maßnahmen scharf angegriffen[7], was (leider viel zu spät) dazu führte, dass von der Geberseite bei Fortbestehen der „Anpassungen" auch zögerliche soziale Flankierungsmaßnahmen ergriffen wurden, die dann nur wenig Wirkung zeigten, weil das Kind bereits in den Brunnen gefallen war.

Auch haben große Bewässerungsperimeter z. B. in Pakistan, die am Ende versalzene Böden zurückließen, die Hoffnungen der Bevölkerung auf lokale landwirtschaftliche Entwicklung zerstört und ganze Landschaften verwüstet. Nur weil die hierher umgesiedelten Menschen ja schon zuvor nichts besaßen, kam es hier nicht zu ursächlich durch Entwicklungshilfe verursachter Verarmung. Verwüstung wurde aber auch durch die EZ der Europäischen Union (EU) gefördert, als diese in den 1970er und 1980er Jahren im sudanesischen Darfur großflächig durch Großmaschinen Primärbuschland roden und in agroindustrielle Flächen umpflügen ließ – und dabei Wüsten hinterließ, weil die Böden in kurzer Zeit völlig erodierten. EZ hat also durchaus (vor allem in früheren Dekaden) geschadet. Erheblich mehr Schäden zwischen Brasiliens Amazonaswald und den indonesischen Tropenwäldern hat allerdings in jedem Fall die schlechte Regierungsführung in den betroffenen Staaten hervorgerufen.

Einige „globale" Ursachen für Armut und ihre Verstetigung
Da es in diesem Buch vor allem um Ansätze der Armutsminderung durch den Beitrag der Entwicklungszusammenarbeit geht, wird auf ein gesondertes Kapitel zu den globalen Ursachen von Armut verzichtet, da diese durch EZ nur in sehr geringem Umfang beeinflusst werden können. Allerdings wird in einzelnen Kapiteln durchaus auf globale Tatbestände verwiesen, die Armut forcieren und Armutsminderung erschweren. So sind *asymmetrische Machtstrukturen* im internationalen Wirtschaftsgefüge sicher mit einer der Gründe für mangelhafte Fortschritte bei der wirtschaftlichen Entwicklung, etwa die Exportpolitik der EU mit ihren Subventionen. Hier hat die deutsche EZ in früheren Jahren durchaus versucht, z. B. mit Blick auf Zucker und Baumwolle, faire Marktbedingungen im Weltmaßstab zu erreichen, was in Ansätzen auch gelang[8]. Aber generell ist das Niveau politischer Kohärenz innerhalb der deutschen Politik und umso mehr im internationalen Politikgefüge nicht dazu angetan, die wirtschaftlichen Problem der EL grundsätzlich zu lösen.

Der Hinweis auf die *Kolonialzeit* und ihre teilweise schrecklichen Folgen für ganze Bevölkerungen als eine Ursache für Armut ist ebenfalls nicht neu und hat seine Berechtigung, wenngleich die kolonialen Auswirkungen heute, d. h. 60 und mehr Jahre nach der Unabhängigkeit, zumindest teilweise doch etwas genauer hinterfragt werden sollten. Unbestritten wirken bis heute jedoch vielfach nach:

(i) die *kolonialen Grenzziehungen,* die den Wohnraum ethnischer Gruppen durchschnitten oder historisch gewachsene wirtschaftliche Einheiten zerstückelt haben, wodurch Staaten ohne nennenswerte Ressourcen wie z. B. Jordanien entstanden;

(ii) die anhaltende *Fixierung vieler unabhängiger Staaten auf die kolonialen Bildungs- und Verwaltungssysteme,* durch die bis heute beispielsweise weder ein technisch-handwerklicher „Mittelbau" entstehen noch eine politische und fiskalische Dezentralisierung durchgeführt werden konnte;

(iii) die letztendliche *Beibehaltung von Abhängigkeitsverhältnissen* gegenüber den früheren Kolonialherren, die sich insbesondere im ehemaligen Französisch-Westafrika bis heute verhängnisvoll auswirken, oder – und erneut mit Blick auf die Gestaltung der Staatsgebiete –

(iv) die Verhinderung des Entstehens einer Nation und eines patriotischen Gefühls durch die *willkürliche Zusammenführung* verschiedener, miteinander nicht harmonisierender, zum Teil seit Generationen in offenem Konflikt miteinander liegender *ethnischer Gruppen.* Dieses Fehlen einer nationalen Identität und die anhaltende Selbstdefinition der Menschen in einem Land als Angehörige einer bestimmten ethnischen Gruppe, nicht aber als z. B. BürgerIn der DR Kongo oder Somalias sind häufig mit einer der Gründe für eine anhaltende Fragilität ganzer Staaten bis hin zu deren totalem Abstieg als *failing state* .

Geografische Gegebenheiten als eine Ursache für Armut

Fraglich ist dagegen, ob eine bessere Grenzgestaltung die Entstehung von Binnenländern gänzlich hätte verhindern können. Deren Benachteiligung ergibt sich aus dem fehlenden Zugang zu Häfen, was einen eigenbestimmten Waren- und Personenverkehr bereits einschränkt. Hinzu kommen bei Binnenstaaten die in der Regel längeren Verkehrswege und damit höheren Kosten für den gesamten Personen- und Warenverkehr. Zum Beispiel bei Tadschikistan haben wir es mit einem Binnenland zu tun, dessen „nächstgelegener" Hafen in Karachi in Pakistan liegt, in genau 2378 km Entfernung von der Hauptstadt Duschanbe in südliche Richtung. Bei dem Verbindungsweg zwischen den beiden Städten handelt es sich um eine streckenweise lediglich als Piste ausgebaute und über hohe Bergpässe führende Straße durch Afghanistan und ganz Pakistan, die im Winter gar nicht und im Sommer stets nur abhängig von der Sicherheitslage in Afghanistan benutzbar ist (vgl. Abb. 2.1).

Von der anderen Seite ist Duschanbe aus Europa bzw. Russland (z. B. Moskau) via Eisenbahn theoretisch erreichbar, aber es sind von Norden fast 3.900 km quer durch Kasachstan und Teile von Usbekistan bis Khudjand im Norden Tadschikistans. Dann aber kommen bis Duschanbe noch einmal über 300 km Straße über die Berge und ihre Pässe bzw. durch einen Tunnel, der aber erst seit genau fünf Jahren gefahrlos dem Verkehr zur Verfügung steht.

Man kann sich anhand dieses in der Tat extremen Beispiels vorstellen, wie hoch die Transportkosten in beiden Fällen sind. Hinzu kommen die Probleme bei der mehrfachen Grenzüberschreitung, dies wiederum vor dem Hintergrund der

Abb. 2.1 Sehr beschwerliche Piste über einen Hochgebirgspass in Tadschikistan. (Foto ©
Frank Bliss 1989–2020)

endemischen Korruption in allen genannten Transitländern. Aber auch bei den
„einfacheren" Fällen von Binnenländern, etwa Burkina Faso, Mali, dem Niger,
Tschad und anderen sind es jeweils ein bis drei Landesgrenzen, über die Waren
ein- oder ausgeführt werden müssen, und Entfernungen von jeweils über 1100 km
(Ouagadougou/Burkina Faso nach Dakar/Senegal) bis 1900 km (Douala/Kamerun
nach N'Djaména/Tschad) bis zur nächsten Hafenstadt. Hinzu kommen von Jahr zu
Jahr steigende Sicherheitsprobleme aufgrund der Tätigkeit djihadistischer Gruppen sowie normaler Straßenbanditen in verschiedenen Landesteilen, durch die
die Transitstrecken führen. So hat Burkina Faso derzeit kaum noch eine sichere
Zugangsstraße aus dem Ausland.

Die Folgen der Binnenland-Existenz sind in allen genannten Fällen deutlich
höhere Kosten, zum Teil auch und gerade für Nahrungsmittel, aber auch für Treibstoff und andere für die Wirtschaft wichtige Güter, denen eine weit verbreitete Armut
gegenübersteht. Wegen der erhöhten Zugangskosten zum Weltmarkt nützen auch
die mäßig vorhandenen natürlichen Ressourcen wenig (außer mit Blick auf etwas
Gold in Burkina Faso und Mali), da sie in der Konkurrenz mit Ländern vermarktet
werden müssen, die hierfür deutlich niedrigere Kostenstrukturen haben.

Eine weitere negative Koinzidenz, allerdings weder bedingt durch den Kolonialismus noch durch das globale Wirtschaftssystem, ist die geografische Lage vieler armer Länder in für den Ackerbau ungünstigen Klimazonen, was geringe natürliche Ressourcen zur Folge hat (Abb. 2.2), die zudem per definitionem einem permanenten „Klimastress" ausgesetzt sind[9]. Allerdings haben Generationen von Menschen sich den Bedingungen der Ressourcenausstattung in bemerkenswerter Weise angepasst, ohne in extremer Armut leben zu müssen. Durch das Bevölkerungswachstum und eine hierdurch bedingte Übernutzung der natürlichen Ressourcen hat sich dies grundlegend geändert, zusätzlich verstärkt durch die in der Regel negativen Auswirkungen des Klimawandels.

Soziale Ungleichheit verstetigt Armut
Neuerdings setzt sich auch bei Ökonomen die Überlegung durch, dass ein soziales Auseinanderdriften von Gesellschaften durch fortschreitende soziale Ungleichheit gesamtwirtschaftliche Fortschritte in einem betroffenen Land erschwert und damit auch die Minderung von Armut[10]. Mit anderen Worten: Je reicher die Reichen werden und je relativ ärmer die Armen, desto langsamer kommt es zu Wirtschaftswachstum und damit zu Möglichkeiten des sozialen Ausgleichs z. B. über ebenfalls

Abb. 2.2 Extrem karges Ackerland in Amhara (Äthiopien). (Foto © Frank Bliss 1989–2020)

steigende Steuereinnahmen. Würde dagegen soziale Gleichheit strukturell gefördert (z. B. durch ein auf Ausgleich setzendes Steuersystem), könnte damit auch Armut nachhaltig gemindert bzw. beseitigt werden.

Doch das Gegenteil ist derzeit überwiegend der Fall, wie Thomas Piketty in seinem Buch „Das Kapital im 21. Jahrhundert" darlegt. Heute verfügt dem Autor zufolge das oberste Zehntausendstel der Weltbevölkerung, ca. 4,5 Mio. Personen, die durchschnittlich rund 10 Mio. Euro besitzen, über etwa 20 % des Weltvermögens, die untere Hälfte der Weltbevölkerung dagegen über zusammen weniger als 5 %[11]. Und die offiziellen, etwa von der Weltbank verwendeten Zahlen zur Entwicklung des Reichtums, so Piketty, seien noch untertrieben, denn sie stammten meistens aus Haushaltsbefragungen, deren Ergebnisse dort, wo realistische Steuerdaten vorlägen, fast immer deutlich unter den Zahlen der Steuerbehörden lägen[12]. Wer gibt auch schon sein Einkommen in voller Höhe an, wenn er oder sie Angst haben müsste, dafür dann adäquate Steuern zahlen zu müssen?

2.3   Armutsbekämpfung: ein begrifflicher Einstieg

„Armutsbekämpfung ist eine Kernaufgabe der Entwicklungspolitik. Armut bedeutet nicht nur geringes Einkommen, sondern auch geringe Beteiligungsmöglichkeiten im wirtschaftlichen und politischen Leben", so das deutsche BMZ im Namen der Bundesregierung in einer Veröffentlichung vor 10 Jahren. Dieses Ziel solle auf *internationaler Ebene* durch Änderungen von Regelwerken, Vereinbarungen und Institutionen erreicht werden, um dadurch fairere internationale Rahmenbedingungen für eine weltweit erfolgreiche und nachhaltige Entwicklung zu schaffen. In den *Entwicklungs- und Transformationsländern* gehe es darum, einen entwicklungsfördernden Rahmen für die Entfaltung privater wirtschaftlicher und gesellschaftlicher Initiative zu gewährleisten. In Deutschland spiele die Forderung nach mehr *Kohärenz* aller Politikfelder hinsichtlich des Ziels der Armutsbekämpfung eine zentrale Rolle[13]. Explizit wird in diesem Kontext auch der Umwelt- und Ressourcenschutz genannt.

Wichtig sind BMZ und Bundesregierung im Rahmen ihres Engagements der Aufbau institutioneller Kapazitäten als Voraussetzung für staatliche Handlungsfähigkeit, etwa durch Unterstützung und Beratung des Rechtswesens allgemein, der Justizverwaltung, des öffentlichen Haushaltes- und Finanzsystems und der öffentlichen Verwaltung. Zudem engagiert sich die deutsche EZ u. a. in der Grund- und Berufsbildung, bei der Förderung sozialer Sicherungssysteme, beim Einsatz erneuerbarer Energien, in der Trinkwasserversorgung und Abwasserentsorgung sowie dem Tropenwaldschutz.

Die rund zehn Jahre alten Aussagen gelten im Wesentlichen auch heute noch, auch wenn zwischenzeitlich die Armuts-„bekämpfung" dem weniger militärischen Begriff der Armuts-„minderung" gewichen ist. Diese Abrüstung in der Wortwahl erfolgte vielleicht auch vor dem Hintergrund, dass eine Bekämpfung in der Regel mit einem „Sieg" endet, eine Minderung aber realistischerweise die Unerreichbarkeit des Ziels eines „totalen Endes" von Armut zumindest auf absehbare Zeit berücksichtigt. Wichtiger als die Diskussion um die Begrifflichkeit selbst ist aber, die Problematik zu erkennen, dass Entwicklungszusammenarbeit in der zitierten Darstellung erneut das Kernziel der Armutsminderung durch so viele andere (Neben)Ziele wie Reformen in den Bereichen Umweltschutz, Finanzsysteme, Justiz oder öffentlicher Verwaltung überlagern und es damit verschwimmen lassen könnte.

Dies würde umso mehr vom Ziel der Armutsminderung wegführen, je mehr über den Formalitäten der eigentlich gewünschte Effekt vergessen wird. So besteht tendenziell die Gefahr, dass beispielsweise die Unterstützung der Reform der öffentlichen Verwaltung zum Selbstzweck wird und nicht primär auf das Ziel der Armutsminderung ausgerichtet wird. Es zeigt sich hinsichtlich der deutschen Unterstützung bei der Reform der Finanzsysteme (Verbesserung der „Performance der Banken") in einigen Ländern, dass mit Entwicklungshilfegeldern tatsächlich ein „nachhaltiger Bankenbetrieb" zustande gekommen ist. Nur leider vergeben die geförderten Banken ihre Kredite nicht immer so, dass damit primär ExistenzgründerInnen, KleinunternehmerInnen, innovative Bauernbetriebe usw. unterstützt werden. Vielmehr werden aus durchaus verständlichen Überlegungen, maximale Sicherheiten für die Kredite zu erhalten, eher wohlhabende UnternehmerInnen begünstigt. Wenn diese Kredite dann nicht primär entwicklungsorientiert vergeben werden, so haben wir vielleicht gut gehende Banken, aber durch deren Förderung nicht einmal eine indirekte Armutswirkung.

Direkte versus mittelbare Armutsbekämpfung

Armut kann direkt oder unmittelbar bekämpft werden, indem man sich konkret mit den Armen beschäftigt und nur diese vorrangig oder allein berücksichtigt, etwa durch Ausbildung, Beratung, materielle Unterstützung, soziale Dienstleistungen. Man kann sich aber auch indirekt oder mittelbar mit Armut auseinandersetzen, indem man die Rahmenbedingungen, aufgrund derer Menschen arm sind, ins Visier nimmt, um Veränderungen erreichen zu können. Hier beginnt das Zielsystem der Armutsbekämpfung allerdings in der Tat äußerst kompliziert zu werden, denn es ist schwierig abzugrenzen, was eine strukturelle Veränderung von Bedingungen ist, die Armen wirklich nützt, und was am Ende kaum mehr Wirkungen auf die Armutssituation hat. In einigen Fällen dürften sich allerdings selbst bei scheinbar sehr weit hergeholten Themen und Maßnahmen doch (mittelbare) Armutswirkungen ergeben (siehe z. B. Abschn. 10.1) – bei unserem gerade angeführten Bankenbeispiel allerdings eher nicht, wenn mit dem Kredit ein neuer Mercedes gekauft oder eine Shopping-Reise nach Paris finanziert wird[14]. Auch wurde uns im Senegal berichtet, dass sogar wohlhabende Personen immer häufiger Kredite aufnehmen, um mit dem Argument der „Verschuldung" ihrer breiten Verwandtschaft klarzumachen, dass man sie nicht um materielle Unterstützung angehen solle.

Dagegen träumen manche WirtschaftsexpertInnen, wenn sie Wirtschaftswachstum per se als ein wichtiges, ja das bedeutendste Mittel zur mittelbaren Armutsbekämpfung hervorheben. Dies mag durchaus richtig sein, wenn damit die Schaffung von Arbeitsplätzen gemeint ist und als Folge zusätzliches Einkommen für breite Bevölkerungsschichten. Häufig hat ein Wachstum des Bruttonationaleinkommens (früher auch Bruttosozialprodukt genannt) allerdings wenige bis keine Wirkungen auf extrem arme Menschen, selbst nicht einmal mittelbare Wirkungen im weitesten Sinne. Nicht selten sind selbst bei Wachstumsraten, die Deutschland schon lange nicht mehr kennt wie in Angola mit zeitweise 20 % im Jahr, am Ende die Reichen reicher und die extrem Armen zumindest so arm wie bisher. In einigen Fällen werden sie sogar noch ärmer, weil mit wirtschaftlichen Wachstumswerten auch die Preise für Nahrungsmittel steigen. So hat Äthiopien zwar in den letzten Jahren bei erheblichem jährlichem Wirtschaftswachstum deutliche Fortschritte bei der Armutsbekämpfung gemacht (im Sinne einer Reduzierung der Gesamtzahl seiner Armen), jedoch hat sich die Konsummöglichkeit der extrem Armen in diesen Jahren noch einmal verschlechtert[15].

Allgemeines Verständnis in der Öffentlichkeit bei uns finden werden Maßnahmen, die es Armen besser als bisher ermöglichen, Zugang zu sozialen Dienstleistungen zu bekommen und damit ihre Lebensbedingungen zu verbessern: kostenfreie Bildungsangebote, vor allem bei der Grundbildung, Basisgesundheitsdienstleistungen, Zugang zu hygienisch einwandfreiem Trinkwasser (z. B. mittels Handpumpen, Wasserleitungen mit Zapfhähnen) und Sanitärdienstleistungen (Latrinen, Abwasserentsorgung). Diese Leistungen für Arme könnten sogar noch unter direkter Armutsbekämpfung subsumiert werden, auch wenn die Wirkungen von Bildung eher mittelbar wären, da sie mit Blick auf Lebenschancen und Einkommen nur mittelfristig eintreten können.

Allerdings sind Dienstleistungen nicht ohne Gebühren aller NutzerInnen – also auch seitens der Armen – nachhaltig zu erbringen. Daher müssen im Kontext von Entwicklungsplanung weitere Dinge berücksichtigt werden, vor allem die Chance,

Einkommen zu erzielen und zu erhöhen und eben auch soziale Sicherungsbeiträge für die, die kein Einkommen erwirtschaften können.

Breitenwirksame Einkommenszuwächse lassen sich durch die Förderung von bestehenden und zusätzlichen Arbeitsplätzen erzielen. In der Landwirtschaft – und in manchen Entwicklungsländern leben 80 bis 90 % der Menschen zumindest nebenbei von der Landwirtschaft – wären wichtige Beiträge für die armen Bauern vor allem Verbesserungen der Kulturtechniken (Pflügen, Einsatz von Düngemitteln, Erosionsschutz usw.), um höhere Erträge und damit Einkommen zu erzielen. Indem der jeweilige Staat, mit oder ohne Unterstützung durch die EZ, Beratung anbietet, den Zugang zu Düngemitteln ermöglicht und sich um den Schutz von Boden und Wasser kümmert, trägt er also zur Erhöhung von Einkommen bzw. zur Sicherung und Schaffung von Arbeitsplätzen bei – was immer noch weitgehend eine unmittelbare Armutsbekämpfung darstellt. Indem Wertschöpfungsketten lokal gefördert werden (z. B. die Produktion und Vermarktung von getrockneten Früchten), entstehend die dringend auch und gerade auf dem Land benötigten zusätzlichen nicht-landwirtschaftlichen Arbeitsplätze.

Box 5: Stellenwert der Armutsbekämpfung in Deutschland
Die Beendigung der Armut ist Schwerpunkt und zentrales Ziel der deutschen Entwicklungszusammenarbeit (EZ): Fast alle Maßnahmen, die das BMZ fördert, tragen – direkt oder indirekt – dazu bei. Ziel ist es, den Bedürfnissen und Rechten der *„bottom billions"*, der ärmsten 40 % der Bevölkerung in den Partnerländern der deutschen EZ, Rechnung zu tragen.

Armut hat viele Dimensionen, durch die die Lebensbedingungen und -perspektiven von Menschen oft gleich mehrfach eingeschränkt werden. Diesem multidimensionalen Verständnis entspricht das Engagement des BMZ in den verschiedensten Bereichen – von Bildung über Gesundheit hin zu ländlicher Entwicklung oder nachhaltiger, inklusiver Wirtschaftsentwicklung.

Über die Hälfte der weltweit in extremer Armut lebenden Bevölkerung lebt in Subsahara-Afrika, der Anteil wird nach aktuellen Prognosen weiter steigen. Durch den Marshallplan mit Afrika stärkt das BMZ die Zusammenarbeit mit dieser Region in besonderem Maße. Entsprechende Länderstrategien werden regelmäßig aktualisiert und genutzt, um die Zusammenarbeit im Sinne der Agenda 2030 zu gestalten. Damit wird auch den Durchführungsorganisationen eine klare Orientierung gegeben. Bei der Planung und

Beauftragung von Vorhaben der bilateralen EZ wird in einer Zielgruppenanalyse dargelegt, inwieweit arme Bevölkerungsgruppen von den Vorhaben
profitieren.
*Dr. Maria Flachsbarth, Parlamentarische Staatssekretärin des BMZ,
2020.*

Nun unterstützt die deutsche EZ aber auch in erheblichem Umfang den Bau von
Pisten und sogar Asphaltstraßen, die Millionen von Euro kosten können, und
betont, auch dies sei ein Beitrag zur Armutsminderung, wenn auch zu einer eher
mittelbaren. Noch bis vor wenigen Jahren haben Nichtregierungsorganisationen
diese Förderpolitik kritisiert und mehr direkte Unterstützung Armer anstatt Geld
für den Straßenbau gefordert. Heute wissen wir, dass die Chance, ein bisher uner-
schlossenes Gebiet durch eine Piste „an die Welt" anzubinden, ein sehr wichtiger
Beitrag zu Armutsbekämpfung sein kann oder eine Straße, die ländliche Zentren miteinander verbindet, für die wirtschaftliche Entwicklung einer Region eine
Schlüsselvoraussetzung ist. So hat der Bau einer Brücke über den Padma-Fluss in
Bangladesch innerhalb weniger Jahre dazu geführt, dass ganze Distrikte vor und
hinter der Brücke aus der Liste der armen Distrikte in dem südasiatischen Land
gestrichen werden konnten[16]. Dabei wäre allerdings zu prüfen, ob die Wirkungen dieser Investition auch den extrem Armen in den entsprechenden Distrikten
zugutegekommen sind.

Pisten und Straßen ermöglichen den Zugang zu Märkten. Auch wenn viele
Bauern nur wenig zu verkaufen haben, weil ein Großteil ihrer Produktion der
Eigenversorgung (Subsistenz) dient, bietet die Möglichkeit, ganzjährig einen
Markt zu erreichen, die einzige Chance, an Bargeld zu kommen. Und nur durch
die Eröffnung eines Transportweges lassen sich (verbessertes) Saatgut und Düngemittel beschaffen, aber auch ggf. Kranke zum nächsten Hospital bringen,
was in vielen Teilen Kambodschas zum Beispiel erste Priorität bei den Menschen sein kann, noch vor Trinkwasser und besseren Nahrungsmitteln[17]. Der
„nur" mittelbare Beitrag von Pisten und Straßen zur Armutsbekämpfung ist
also nicht nur wichtig, sondern sogar eine Voraussetzung für die unmittelbare
Armutsbekämpfung. So sind bis heute beispielsweise Hunderte von Dörfern im
äthiopischen Hochland nur zu Fuß erreichbar, was sie praktisch von jeglichem
Markt ausschließt – aber auch von den spärlichen, aber immerhin in ihren Grundlagen bestehenden und abrufbaren landwirtschaftlichen Förderprogrammen der
Regierung und allen anderen EZ-Unterstützungsbeiträgen.

Problematisch werden könnte es bei einem „mittelbaren" Beitrag zur Armutsbekämpfung, wenn die internationale EZ den Ausbau eines Hafens in Afrika fördert, ohne den die Ausfuhr von Exportgütern wie Erdöl und Tropenholz wie auch die Einfuhr von Industrie- und Verbrauchsgütern nicht möglich wäre. Hier stellen sich gleich mehrere Fragen, zunächst die natürlich nach den Armutswirkungen der teuren Investition. Das Beispiel des südwestafrikanischen Angola zeigt sehr deutlich, dass der Export von Erdöl zwar sehr viel Geld einbringt, aber die Armut im Land dadurch nicht beseitigt wird, weil sämtliche Einnahmen von einer kleinen Clique um den Staatspräsidenten abgeschöpft werden (siehe oben). In der Demokratischen Republik Kongo (DR Kongo) käme das Problem hinzu, dass Tropenholzausfuhr mit nachhaltiger Entwicklung eher wenig zu tun hat.

Aber auch die Frage muss erlaubt sein, warum eine wirtschaftlich tragfähige Investition wie ein Hafen in einem Land mit erheblichen damit verbundenen zukünftigen Exporteinnahmen nicht auf dem freien Kapitalmarkt finanziert werden kann, sondern das stets als zu gering beklagte Budget ausgerechnet der EZ schmälern soll. Wie viele andere unmittelbar oder mittelbar wirkende Maßnahmen zur Armutsminderung könnten stattdessen finanziert werden!

Ein anderes anfangs als zweifelhaft angesehenes relativ teures Infrastrukturprojekt erwies sich dagegen als durchaus armutsmindernd, die Stadtbahn von Tunis, die weit abgelegene (mehrheitlich arme, aber natürlich auch einige wohlhabende) Vororte mit dem Stadtzentrum verbindet und jeden Tag viele Zehntausend Menschen zu ihren Arbeitsplätzen bringt. Je niedriger bezahlt der Job im Zentrum von Tunis ist, desto mehr Geld sparen die betroffenen Menschen heute davon ein, wenn sie mit dem öffentlichen Transportmittel fahren. Vormals ging ihnen ein Großteil des spärlichen Lohns verloren, weil sie sehen mussten, wie sie zu ihrem Arbeitsplatz gelangen konnten, oder sie konnten eine vergleichsweise gut bezahlte Arbeit im Zentrum von Tunis überhaupt nicht annehmen, weil die Transportkosten auch dazu im Verhältnis einfach zu hoch waren.

Diese Diskussion um die direkten oder indirekten Armutswirkungen von Entwicklungsvorhaben wie auch der eigentlich selbstverständlichen „normalen" staatlichen Maßnahmen zur Herstellung von guten Lebensbedingungen wird einen Großteil dieses Buches begleiten und vor allem im Teil drei werden die jeweiligen – unmittelbaren und mittelbaren – Wirkungen im Detail behandelt werden.

Anmerkungen

1. So die Ergebnisse unserer Analyse in: Bliss/Gaesing/Mahla (2017). Hier finden sich auch die Quellen für die zusammenfassenden Aussagen.
2. Vgl. Bliss/Heinz (2010): Wer vertritt die Armen im Entwicklungsprozess? Entwicklungsethnologie 18. Jg. Heft 1 + 2. Saarbrücken.
3. CPAN. Chronic Poverty Advisory Network (2014): The Chronic Poverty Report 2014–2015. The road to zero extreme poverty. London.
4. Auf den Punkt gebracht zu Afrika z. B. von Asfa-Wossen Asserate (2016), Dambisa Moy (2012[2]) oder Volker Seitz (2009), weitere wichtige Quellen dargestellt bei Hechler (2003). Die Literatur zu diesem Thema ist fast unerschöpflich, aber die meisten Quellen, die das tatsächliche Ausmaß der *Bad Governance* konkreter behandeln und Fallbeispiele anführen, sind als interne Studien zumeist nicht öffentlich zugänglich (ausgenommen von Wikileaks eingestellte Dokumente, vgl. https://wikileaks.org/). Zum Begriff der *Good Governance*: vgl. BMZ (2002): Good Governance in der deutschen Entwicklungszusammenarbeit; wichtig hier der Korruptionswahrnehmungsindex Corruption Perception Index (CPI) von Transparency International; vgl. auch mit Bertelsmann Transformation Index (BTI), der für zahlreiche Länder die Transformationsleistungen in Bezug auf das Ziel pluralistische Demokratie und soziale Marktwirtschaft misst und damit als wichtiger Indikator für die Qualität von Regierungsführung (*Governance*) gilt.
5. Vgl. Debiel, Tobias/Rinck, Patricia: Die liberale Weltfriedensordnung in der Krise: Gewaltkonflikte in Zeiten konfrontativer Multipolarität, in: Roth, Michèle et al. (2015) Globale Trends 2015. Perspektiven für die Weltgesellschaft. Frankfurt, 33–58.
6. Dazu sehr konkret Sophal Ear: In dem Band „Aid Dependence in Cambodia" (Cambridge 2012) wird zumindest für die Jahre um 2005 der EZ eine Mitverantwortung für das Ansteigen der Müttersterblichkeit (!) zugewiesen – und, weniger strittig, für das Ansteigen von Korruption.
7. Michel Chossudovsky (2002) schreibt u. a. den Staatszerfall Somalias auch Maßnahmen des IWF zu. Ebenso glaubt er, dass Strukturanpassungsmaßnahmen im Verein mit ausländischem Wirtschaftsdruck den Völkermord 1994 in Ruanda begünstigt haben.
8. Dazu die damals in der Sache sehr aktive Ministerin für Entwicklungszusammenarbeit, Heidemarie Wieczorek-Zeul (2007: 79–85).
9. Hierzu wie generell zur Frage von Benachteiligungen und Begünstigungen von Ländern hinsichtlich ihrer Entwicklung (und damit auch der Armutsminderung) siehe David Landes (2009).

10. So u. a. vertreten durch das WSI. Wirtschafts- und Sozialwissenschaftliches Institut (2018): Datenzentrum. WSI Verteilungsmonitor, unter: https://www.boeckler.de/wsi_66092.htm und Era Dabla-Norris et al. (2015): Causes and Consequences of Income Inequality: A Global Perspective. IMF Staff Discussion Note (SDN/15/13). New York.

11. Piketty (2016: 583 ff.).

12. Vgl. Piketty (2016: 437 f.), ähnlich auch bei Cremer (2018).

13. Medienhandbuch Entwicklungspolitik 2008/2009. Bonn/Berlin, 186–188.

14. Nicht zu sprechen von solchen Krediten, von denen KreditnehmerInnen wie auch die BankenvertreterInnen wissen, dass sie niemals zurückgezahlt werden sollen. Diese Form von Vetternwirtschaft ist im zentralasiatischen Tadschikistan der Hauptgrund, weshalb in den letzten Jahren diverse Banken Konkurs anmelden mussten.

15. So die Armutsanalyse der Weltbank (2015): Ethiopia Poverty Assessment. Washington.

16. Vgl. World Bank et al. (2010): Updating Poverty Maps of Bangladesh. Key Finding. Dhaka, sowie Gespräch des Verfassers mit den zuständigen MitarbeiterInnen der Weltbank 2016 in Washington.

17. So das Ergebnis von Befragungen im Rahmen der INEF-Forschungen in mehreren Provinzen Kambodschas 2017/2018.

Teil II
Von der Idee zum Projekt

Entwicklungszusammenarbeit zwischen globaler Wirtschaft und Rüstungsmilliarden

3

Zusammenfassung

Pro Jahr werden im Namen Offizieller Entwicklungshilfe (Official Development Aid, ODA) derzeit Zahlungen von rund 150 Mrd. US$ geleistet. Während der frühere Vizepräsidenten der Weltbank Hollis B. Chenery in den 1970er Jahren die ausländische Unterstützung als „Zentralelement der Weltentwicklung" bezeichnete, sah Lord Bauer (1982) kaum positive Wirkungen durch Entwicklungshilfe und gab dieser sogar eine Mitschuld an der Entstehung des sogenannten Nord-Süd-Konflikts. Heute läuft die Debatte eher in eine Richtung, die der EZ zwischen den Billionen-Dollar-Ausgaben für Rüstung und wirtschaftlichen Geldflüssen in noch größeren Dimensionen quasi eine „Zwergenrolle" mit generell eher bescheidener Wirkung zuspricht.

Schlüsselwörter

Entwicklungshilfe • Entwicklungszusammenarbeit • Rüstungsausgaben • Weltwirtschaft

In der Einleitung dieses Buches wurde davor gewarnt, die Wirkungen von Entwicklungszusammenarbeit zu überschätzen, erstens, weil die Länder bzw. deren Regierungen selbst für ihre Entwicklung am wichtigsten sind, zweitens aber die Rahmenbedingungen für die EZ – vor allem bei der Regierungsführung – hier sehr oft alles andere als entwicklungsförderlich sind. Allerdings lohnt es sich, zur Beantwortung der Frage um die Wirksamkeit der EZ und vor allem einer armutsorientierten Zusammenarbeit zumindest in einer knappen Zusammenfassung auch den globalen Rahmen anzuschauen, innerhalb dessen sich das Bemühen um soziale und wirtschaftliche Fortschritte bei den Armen abspielt. Gemeinhin werden in diesem Kontext zwei Bereiche als besonders problematisch angesehen, i) die Form der Einbettung gerade der ärmeren EL in den Weltmarkt und internationale Kapitalströme und ii) die Rüstungsausgaben, die in einigen Ländern kaum Spielraum für eine sozialorientierte Regierungspolitik lassen und oft mindestens so viel aufzehren, wie an Entwicklungsgeldern in die Staaten hineinkommen.

3.1 Die Entwicklungsmilliarden: Gelder, Geber und Nehmer

Der Ausschuss für Entwicklungshilfe *(Development Assistance Committee)* der OECD stellt in seinem Jahresbericht zu 2019 fest, dass in jenem Jahr 152,8 Mrd. US\$ weltweit an Entwicklungshilfegeldern aufgewendet worden seien. Hierbei handelt es sich allerdings nur teilweise um Zuschüsse. Die „Offizielle Entwicklungshilfe" (ODA) schließt auch verbilligte Kredite ein und sogar die Ausgaben, die im Kontext der Unterstützung von Flüchtlingen im Bezugsjahr in den Aufnahmeländern aufgewendet werden. Dies erklärt zum Beispiel, warum auch die Türkei z. B. im Jahre 2017 auf einmal zu den ganz großen ODA-Gebern zählte, denn von den angeführten 8,14 Mrd. US\$ an bestätigten Fördergeldern dürfte der ganz überwiegende Teil in die Unterstützung der Kriegsflüchtlinge aus Syrien geflossen sein.

Auch andere Länder, die international bisher kaum als Geberstaaten der Entwicklungshilfe bekannt waren, wie z. B. Südkorea, fallen durch beachtliche Zahlungen an Entwicklungsländer auf (2019 rund 2,5 Mrd. US\$), ebenso die Vereinigten Arabischen Emirate mit 2,2 Mrd. US\$ (2019, nach allerdings 4,6 Mrd. US\$ 2015). Sogar einige sogenannte Schwellenländer wie Indien, Südafrika, Brasilien und auch das wirtschaftlich derzeit unter Druck stehende Argentinien brachten 2017 zusammen 7,4 Mrd. US\$ als Süd-Süd-Unterstützung auf[1].

Während nach den Vorgaben des zitierten Ausschusses für Entwicklungshilfe ODA-Mittel vorrangig als Zuschüsse *(grants)* gezahlt werden sollen, handelt es sich bei einem erheblichen Anteil der tatsächlichen Leistungen weiterhin um teilweise in erheblichem Umfang konditionierte Kredite, zwar zu günstigeren Bedingungen als sie der Kapitalmarkt bieten würde, aber eben doch um rückzahlbare und nicht selten zudem um alles andere als frei verfügbare Gelder, weil sie ganz bestimmten und von den Gebern nicht selten mitbestimmten Projekten zugutekommen müssen. So bestehen die japanischen ODA-Zahlungen sogar zu 59 % aus solchen Krediten, aus Frankreich sind es 45 % und aus Deutschland 23 %. Immerhin erhalten bei uns die ärmsten Länder (LDC) vom BMZ fast ausschließlich nicht-rückzahlbare Zuschüsse.

Für 2019 berichtet die OECD über einen Zufluss von 37 Mrd. US$ nach Afrika, davon 31 Mrd. für die Länder Subsahara-Afrikas[2]. Erstaunlicherweise sind in den Beobachtungsjahren 2011 bis 2016 die ODA-Leistungen für Subsahara-Afrika trotz dort wachsender ökonomischer und ökologischer Probleme um 10 % gefallen. Fünf Länder stellen hier drei Viertel der gesamten Hilfe: 2016 waren dies die USA mit 10,2 Mrd. US$, an zweiter Stelle Deutschland mit 4 Mrd. US$, gefolgt von Großbritannien mit 3,9 Mrd. US$ und Frankreich und Japan mit 3,2 bzw. 1,9 Mrd. US$.

Box 6: Deutschland und die ODA-Zahlen
Was genau unter ODA subsumiert wird, basiert offenkundig auf Aushandlungen unter den wohlhabenden Geberländern selbst. Die OECD führt für die USA als größtem Geber für 2019 34,6 Mrd. US$ an verausgabten ODA-Mitteln an, gefolgt von Deutschland mit 23,8 Mrd. US$, Großbritannien mit 19,5 Mrd. US$ und Japan mit 15,5 Mrd.

Während der Etat des für Entwicklungshilfe zuständigen Bundesministeriums für wirtschaftliche Zusammenarbeit und Entwicklung zum Beispiel für das Haushaltsjahr 2018 ein Finanzvolumen von 9,441 Mrd. € ausgewiesen hatte (für 2020 ca. 10,885 Mrd. €, wegen KOVID-19 noch einmal um 1,55 Mrd. aufgestockt), kamen die offiziell der OECD mitgeteilten Ausgaben für die gesamte deutsche ODA im Vorjahr 2017 auf deutlich höhere Beträge, nämlich 24,7 Mrd. US$ oder 21,3 Mrd. EUR. Hierunter verstecken sich auch EZ-Ausgaben z.B. des Auswärtigen Amtes (Bsp. Nothilfe), des Umweltministeriums (das z. B. sehr viel erneuerbare Energien fördert) oder des Landwirtschaftsministeriums (Beiträge z. B. zur Ernährungssicherung). Die Differenz ergibt sich allerdings nicht primär durch Veränderungen zum Vorjahr sowie aus den EZ-bezogenen Budgets der anderen Ministerien, sondern durch die schwammige Definition von ODA. So ist es zulässig, Flüchtlingshilfe im In- und Ausland als solche zu deklarieren, was dazu geführt hat, dass Deutschland, das 2014 noch unter 0,4 % ODA des Bruttonationaleinkommens (BNE) lag, durch die Flüchtlingskrise im Jahre 2016 fast auf das vereinbarte UN-Ziel von 0,7 % des BNE für seine ODA kam.

2017 wurden allein 6,1 Mrd. US$ und damit 24,6 % der Gesamt-ODA für Ausgaben angerechnet, die im Zusammenhang der Flüchtlingsbetreuung in Deutschland selbst anfielen. Der ganz überwiegende Teil dieser Ausgaben floss dabei in Form von Mieten, Baukosten, Lebensmittel und

Gehältern in die Binnenwirtschaft. Weiterhin ist auffallend, dass der überwiegende Teil der deutschen ODA der bilateralen EZ zugutekam und hiervon wiederum ein Großteil nicht über das normale Staatsbudget der Empfängerländer abgewickelt wurde, sondern in einzelne Projekte und Programme außerhalb des Budgets floss.

Unklar ist, wie viel Geld 2016 bis 2018 (und danach) am Ende tatsächlich als Nettozahlungen in Entwicklungsländer gelangte und welchen Anteil daran besonders arme Länder (LDC) und hier die extrem arme Bevölkerung hatten. Hier gibt es nur grobe Angaben zur bilateralen EZ: Danach flossen 2016 lediglich 9,8 % der bilateralen ODA in die LDC, insgesamt 2,1 Mrd. US$ nach noch 10,4 % im Vorjahr 2015, was deutlich weniger ist als im Durchschnitt der Geberländer mit 21,9 %. Dagegen erhielten Länder mit oberem mittlerem Einkommen 20,6 % der bilateralen Gelder, weitere 50,2 % der Zahlungen blieben hinsichtlich der Empfängerländer unspezifisch[3]. Hieraus folgert die OECD, dass im Rahmen der deutschen EZ 2016 lediglich 0,1 % des BNE den ärmsten Ländern zugutekamen, also nur ein Siebtel der Summe, auf die sich Deutschland eigentlich verpflichtet hat (zumindest wenn man EZ mit unmittelbarer Armutsminderung gleichsetzt). Dies weckt gewisse Zweifel an der tatsächlichen Armutsorientierung der deutschen staatlichen Entwicklungshilfe, auch wenn in diesem Buch durchaus argumentiert wird, dass auch nicht unmittelbar Armen zugutekommende Investitionen erhebliche Armutswirkungen haben können. Zudem können auch Gelder in Ländern mit mittlerem Einkommen durchaus den Armen unmittelbar oder mittelbar zugutekommen.

Allerdings sieht die Gesamtlage der weltweiten ODA wenig danach aus: Die OECD gibt für 2019 an, dass von den insgesamt 152,8 Mrd. US$ an ODA insgesamt 27 Mrd. an Länder mit *geringem* Einkommen, 29 Mrd. an Länder mit *unterem mittlerem* Einkommen, 14 Mrd. an solche mit *höherem mittlerem* Einkommen, jedoch 76 Mrd. US$ an Staaten mit *hohem* Einkommen geflossen seien[4].

3.2   Rüstungsausgaben und wirtschaftliche Kapitalströme

Wenn auf den ersten Blick die Höhe des Betrages von über 150 Mrd. US$ Entwicklungshilfe weltweit im Jahr als geradezu fantastische Summe erscheinen mag, wird sie zu einem fast unscheinbaren Betrag, wenn wir den ODA-Geldern die Kapitalflüsse aus wirtschaftlicher Tätigkeit sowie die Rüstungsausgaben gegenüberstellen. Am besten sind wir in dieser Hinsicht über die weltweiten Rüstungsgelder informiert. Im Jahr 2018 wurden weltweit 1822 Mrd. US$ für das Militär und Rüstungsgüter ausgegeben (vgl. SIPRI 2018)[5], was die Entwicklungshilfeleistungen um mehr als das Elffache übersteigt. Davon entfielen auf Subsahara-Afrika noch 18,4 Mrd. Mrd. US$, was ungefähr ein Drittel der den Ländern gewährten ODA ausmacht. Ein beachtlicher Teil der Rüstungsgüter wurde weltweit sogar dafür eingesetzt, die Wirtschaft und Infrastruktur in armen und ärmsten Ländern wie dem Süd-Sudan oder im Jemen zu zerstören und das Elend dort zu vergrößern.

Für viele arme Länder gibt es allenfalls Schätzungen zu den Rüstungsausgaben, die prozentual zum BNE allerdings vielfach deutlich über den Werten Deutschlands oder anderer reicher Industrieländer liegen. Nicht immer sind die Aufwendungen für Rüstungsgüter allerdings zu kritisieren. So mag man es als durchaus legitim ansehen, dass auch EL eine eigene Landesverteidigung aufbauen und sich nicht der Zwangslage ausliefern, sich bedingungslos unter den Schutz beispielsweise Frankreichs stellen zu müssen, wie dies in einigen Sahelländern der Fall ist und derzeit schmerzlich erfolglos erscheint. Es gibt zunehmend auch konkrete Bedrohungslagen, die eine starke staatliche Reaktionsbefähigung erforderlich machen. So wird das traditionell militärisch eher schwache Burkina Faso derzeit erheblich durch islamistischen Terrorismus bedroht, was die Investition in Militärgüter hier zwingend erforderlich macht. Das benachbarte überdurchschnittlich demokratisch regierte Mali mit ebenfalls lange Zeit eher schwachen Streitkräften wäre durch die gleichen Gruppen von Aggressoren fast in seiner Existenz gefährdet gewesen, hätten nicht internationale Truppen eingegriffen. Die wiederholten massiven Angriffe der islamistischen Terroristen seitdem zeigen, dass die Gefahr selbst angesichts massiver Militärhilfe noch lange nicht gebannt ist.

Auch legale und vor allem illegale Geldabflüsse vor allem aus Afrika, wo im Vergleich zu Asien die Kapitalflucht prozentual bezogen auf den Gesamtkapitalfluss besonders groß ist, stehen den ODA-Zahlen gegenüber. Die Afrikanische Entwicklungsbank schätzt, dass den Ländern des Kontinents zwischen 1980 und 2009 je nach Rechnung 20 bis 48 Mrd. US$ im Jahr allein durch legale und illegale Geldtransaktionen entzogen wurden[6]. Eine Studie von Global Financial Integrity (GFI) geht davon aus, dass zwischen 2002 und 2011 z. B. Ghana durch illegale Rechnungsführung von Konzernen um 13,58 Mrd. US$ betrogen wurde. Ein erheblicher Teil dieses Geldes hätte bei besserer *Governance* und entsprechend effizienterer Kontrolle der Konzerne als Steuergelder vereinnahmt und in die Armutsminderung investiert werden können[7].

Solche teilweise gerade noch am Rande der Legalität operierenden, oft auch illegalen Geschäfte basieren sowohl auf *under-invoicing* bei Exporten wie auch *over-invoicing* bei Importen[8]. Dies bedeutet, dass z. B. Produkte, die in einem afrikanischen Land hergestellt werden, beim Transfer innerhalb des Konzerns in ein anderes Land deutlich unter Marktpreisen abgerechnet werden und damit den Gewinn im Herstellungsland erheblich schmälern – und damit die Steuerpflicht. Gleichzeitig werden benötigte Teile für die Produktion vom eigenen Mutterkonzern im Ausland zu überhöhten Preisen eingekauft. Die Gewinne aus diesem „legalen Betrug" kassiert also der Mutterkonzern, der in der Regel in einem Industrieland beheimatet ist, und zwar möglichst dort, wo die niedrigsten Steuern anfallen. Das Entwicklungsland, in dem die eigentliche Produktion stattfindet, profitiert allenfalls davon, dass billige Arbeitskräfte eingestellt werden. Anstelle der erhofften Steuereinnahmen steht hier jedoch vor allem die Umweltbelastung durch die Produktion.

Unfaire Handelsabkommen sowie fortgesetzte Exportsubventionen der OECD-Länder führen zu weiteren Verlusten der afrikanischen Länder, die in der Summe die Transfers aus ODA erheblich übersteigen. Die EPA-Freihandelsabkommen zwischen der Europäischen Union (EU) und den afrikanischen, karibischen und pazifischen Staaten (AKP) werden z. B. bis 2035 zu geschätzten 1871 Mrd. € Verlusten bei afrikanischen Zolleinnahmen (gegenüber einer Situation ohne Abkommen) führen, die damit 44 % über den Hilfezusagen der EU liegen[9]. Andere bilaterale Abkommen etwa zwischen der EU und einzelnen EL vermitteln den Eindruck, dass hier das Geben und Nehmen eher ausgeglichen ist, dennoch gibt es erhebliche Kritiken (vgl. Box 7).

Box 7: Das Fischereiabkommen zwischen der EU und Mauretanien

„Ein europäischer Fischdampfer kann bis zu 250 t Meerestiere pro Tag fangen. Für eine solche Menge bräuchten 56 traditionelle westafrikanische Boote ein ganzes Jahr".

Im Mai 2018 hat die EU ihr vierjähriges Fischerei-Abkommen mit Mauretanien erneuert. Hier wird mehr als 100 EU-Schiffen Zugang zu mauretanischen Hoheitsgewässern gestattet. Bis zu 281.500 Tonnen Garnelen, Thunfische, Grund- und Tiefseefische darf diese Flotte pro Jahr fangen. Als Gegenleistung will die EU im Jahr fast 60 Millionen EUR für die Zusammenarbeit mit Mauretanien aufwenden und mit gut vier Millionen EUR lokale Fischergemeinden unterstützen. Dies erscheint auf den ersten Blick

Abb. 3.1 Bau eines traditionellen Fischerbootes an der mauretanischen Küste. (Foto: ©
Frank Bliss 1989–2020)

fair. Allerdings: Auch schon bisher hat die EU für Fischereirechte gezahlt,
mehr als eine Milliarde EUR in den letzten 25 Jahren. Von diesem Geld ist
bei den Fischergemeinden oder der mauretanischen Fischereiindustrie aber
offenbar kaum etwas angekommen. Greenpeace kritisiert denn auch die
Fischfangaktivitäten in afrikanischen Gewässern generell. Es gebe immer
weniger Fische, viele Fischer seien gezwungen, weit hinaus zu fahren, was
mit ihren kleinen Booten sehr gefährlich sei (siehe Abb. 3.1). Viele müssten
den Fischfang ganz aufgeben und wegziehen...

Quelle: Efficacité et Transparence des Acteurs Européens, 9.9.2018[10]

Zahlenmäßig noch bedeutsamer als die Kapitalentzüge und für die Entwicklung entsprechend wichtiger sind die natürlich nur theoretischen Kapitalzuflüsse,
die bei einer guten Regierungsführung und gezielten Wirtschaftsförderung sowie
effektiver Armutsbekämpfungspolitik den afrikanischen Staaten und ihren Haushalten zugeführt werden könnten. Hier steckt das eigentliche Dilemma: Afrika

wird von Konzernen vor allem deswegen betrogen und ausgeplündert, weil die staatlichen Apparate zu schwach und oft extrem korrupt sind. Aber wirtschaftlich gesehen viel schlimmer ist, dass sich trotz der teilweise riesigen Gewinnchancen, aber ungleich größeren Risiken bisher zu wenige seriöse große internationale Unternehmen und schon gar nicht mittelständische Betriebe in Subsahara-Afrika engagieren, und wenn, dann vor allem in der Republik Südafrika. Durch dieses Nicht-Engagement gehen den afrikanischen Ländern in jedem Jahr Hunderte Milliarden EUR potenzieller Einnahmen verloren, bleiben viele Millionen vor allem junge Menschen ohne Arbeit und kommt die Industrialisierung des Kontinents kaum von der Stelle.

Hypothetisch lässt sich der Verlust anhand der beiden Länder Republik Südafrika (2018 geschätzt 57,4 Mio. Einwohner) und Tansania (59,1 Mio. Einwohner) vergleichen: Bei annähernd gleich großer Bevölkerung hatte Südafrika 2017 ein BNE von etwas über 349 Mrd. US$, während Tansania lediglich über ein BNE von knapp unter 52 Mrd. US$ verfügte. Irgendwo innerhalb des Differenzbetrages von 299 Mrd. US$ kann der Betrag angesiedelt werden, der derzeit Tansania aufgrund seiner schlechten Regierungsführung und des seit Dekaden völlig unzureichenden Wirtschaftsumfeldes pro Jahr entgeht. Bei einer solchen Rechnung ist natürlich die unterschiedliche natürliche Ressourcenausstattung mit zu berücksichtigen, bei der Südafrika deutlich vorne liegt. Aber selbst wenn die Tansania entgehenden BNE-Anteile auch nur einen Bruchteil der Summe von 299 Mrd. US$ ausmachen, so wäre diese Summe ein Mehrfaches dessen, was das Land aus der internationale EZ jährlich an Zuwendungen bekommt.

Und noch ein dritter Vergleich sollte herangezogen werden, wenn es um die die Höhe und die Bedeutung der Entwicklungshilfegelder geht: die Kosten, die den EL durch die in ihnen besonders häufigen Bürgerkriege entstehen. Nach Untersuchungen von Paul Collier „kostet ein typischer Bürgerkrieg das Land und seine Nachbarn etwa 64 Mrd. Dollar" und „in den vergangenen Jahrzehnten brachen jedes Jahr zwei neue Bürgerkriege aus, die globalen Kosten beliefen sich also auf über 100 Mrd. Dollar jährlich …", was zur Zeit der Originalausgabe des Buches 2007 in etwa das Doppelte des weltweiten Entwicklungshilfebudgets pro Jahr ausmachte[11]. Zwei Punkte sind Collier in diesem Zusammenhang wichtig: erstens die Tatsache, dass extrem arme Länder ganz besonders von Bürgerkriegen betroffen sind, seltener bessergestellte EL und gar nicht reiche Industrieländer, zweitens die Überlegung, was vor diesem Hintergrund die dagegenzurechnenden Kosten von Interventionen zur Verringerung des Bürgerkriegsrisikos sind. Mit anderen Worten: Mit vermutlich nur einem Bruchteil der Gelder, die den ärmsten EL durch Bürgerkriege verloren gehen, ließen sich diese unter Umständen verhindern.

3.3　Entwicklungshilfe ja, aber die Länder selbst müssen vorrangig ihre Entwicklung vorantreiben

Transfers aus Mitteln der EZ haben also vor dem Hintergrund der anderen Kapitalflüsse, abgesehen von wenigen Ländern, wo sie wie im Niger, in Malawi oder in Burkina Faso einen Großteil des Staatsbudgets ausmacht, nicht die Bedeutung, die man hinter den gigantisch anmutenden gut 150 Mrd. US$ an ODA weltweit im Jahr vermuten könnte. Sie kann daher überwiegend nur subsidiär wirken, als Ergänzung zu den Eigenanstrengungen der EL selbst. Diese müssten beginnen mit einer verbesserten *Governance*. Eine solche fängt an mit der Hinwendung zu mehr Entwicklungsorientierung des staatlichen Handelns als erstem wichtigem Schritt. An die Stelle der Selbstbereicherung als heimlichem Regierungsziel für viele Akteure ist eine Politik gefordert, die auf Armutsminderung mittels qualitativ hohem und nachhaltigem wirtschaftlichem Wachstum beruht. Dabei muss dieses Wachstum aus den genannten Gründen auf soziale Gerechtigkeit ausgerichtet sein, d. h. es muss allen EinwohnerInnen zugutekommen und nicht nur einer kleinen städtischen Elite.

Eine praktische Umsetzung dieser Politik hätte zwei Schwerpunkte:

I. Erstens müssten die Voraussetzungen für wirtschaftliches Handeln – und nicht allein oder primär für ausländische Investoren, sondern gerade und vorrangig für nationale Unternehmen – deutlich verbessert werden. Dies bedeutet: Die in den Weltbankberichten „Doing Business" jährlich für viele Länder aufgelisteten Bedingungen für wirtschaftliches Handeln sind deutlich zu verbessern, vor allem die für heimische UnternehmerInnen besonders wichtigen Bereiche. Dies beginnt bei den vielen Schritten, die BetriebsgründerInnen bisher gehen müssen. Möglichst wenige Schritte und diese an einer Stelle gebündelt und in kurzer Zeit abgeschlossen stellen eine gute Lösung dar (sogenannte *one stop shops* oder *one window shops*), die die monatelangen, ja sogar Jahresfristen überschreitenden und extrem teuren gegenwärtigen Prozeduren ersetzen sollten, die UnternehmerInnen heute oft aufgebürdet werden.

　　Für die Betriebsführung ist ferner der Zugang zu langfristigen Krediten wichtig. Letzteres stellt fast überall in Subsahara-Afrika ein Kernproblem dar, weil die Zinsen zumeist unerträglich hoch sind und Kredite von Banken am liebsten denjenigen bewilligt werden, die sie aufgrund vorhandener hoher Garantien am wenigsten nötig haben.

II. Wichtig ist zweitens ein Steuersystem, das frei von Willkür ist und die Betriebe nicht ausplündert oder gar vernichtet. Hier herrscht in vielen Ländern nicht nur in Afrika, sondern auch in Zentral-, Süd- und Südost-Asien und sogar in einigen Staaten Lateinamerikas ein erheblicher Reformbedarf. Ziel muss es sein, die staatlichen Ausgaben primär durch Steuern (neben Zöllen und sonstigen Abgaben) zu finanzieren. Aber die Steuersysteme müssen gerecht sein, d. h. sie dürfen die Armen nicht besonders schwer belasten, wie dies leider vielfach gerade durch die offenbar leicht zu erhebende Umsatz- bzw. Mehrwertsteuer erfolgt (vgl. Abschn. 14.3).

Der Einnahme- muss eine Ausgabenpolitik gegenüberstehen, die sowohl die Armutsminderung zum Ziel hat wie auch eine Unterstützung kleiner und kleinster Betriebe, wo die Mehrheit der Menschen derzeit ihr Auskommen findet. Auch ein Aufbau von sozialen Sicherungssystemen für diejenigen, die nicht arbeitsfähig sind und auch sonst über keine Einkommensquellen verfügen, gehört zu den Aufgaben einer entwicklungsorientierten Politik.

Anmerkungen

1. Hierzu sehr viele Details im OECD „Development Co-operation Report 2018" und im neusten Bericht 2020 (für das Berichtsjahr 2019) unter https://t1p.de/zeso [8–2020].
2. Vgl. OECD (2020): Official Development Assistance (ODA) unter: https://t1p.de/zeso [8–2020]
3. Vgl. OECD (2018); zum Bundeshaushalt 2018 vgl. https://www.bundeshaushalt.de/#/2018/soll/ausgaben/einzelplan/2302.html
4. Vgl. OECD (2020): Official Development Assistance (ODA) unter: https://t1p.de/zeso [8–2020]
5. SIPRI. Stockholm International Peace Research Institute (2019): SIPRI Yearbook 2019. Armaments, Disarmament and International Security. Solna.
6. Vgl. AfDB (2013): Illicit Financial Flows and the Problem of Net Resource Transfers from Africa: 1980–2009. Tunis / Washington.
7. Bernd Ludermann stellt allerdings die Frage nach der Berechnungsmethodik der illegalen Geldflüsse (vgl. Beihilfe zur Korruption, in: Welt Sichten-Homepage, Artikel vom 30. September 2019, unter: https://www.welt-sichten.org/artikel/36726/beihilfe-zur-korruption [9–2020]). Zugleich weist der Autor darauf hin, dass auch die durch Schattenfinanzplätze bzw. Steuerparadiese ermöglichte Steuerhinterziehung in ihrer Höhe überschätzt wird. Allerdings wird in dem Beitrag auch das Problem beleuchtet, dass wegen der Grauzonen zwischen Illegalität und Ausnutzung von Rechtslücken niemand wirklich genaue Zahlen vorlegen kann. Wie auch Maya Forstater feststellt, ist es sehr schwer, sich in dem Gemisch aus illegalen Finanzflüssen, falscher Rechnungsstellung und

multinationaler Steuervermeidung zurechtzufinden; vgl. Forstater (2018): Illiciat Financial Flows, Trade Misinvoicing, and Multinational Tax Avoidance: The same or Different? CGD Policy Paper 123 (Center for Global Development, Washington). Tatsache ist allerdings, dass dem Fiskus in Nord und Süd jedes Jahr viele Milliarden Dollar oder Euro entgehen, die für die Finanzierung der Sozialsysteme und die Landesentwicklung wichtig wären. Dass dieses Problem allgemein bekannt ist, aber auch die demokratischen Regierungen weltweit extrem wenig gegen den Sumpf tun, zeigt indes überdeutlich, dass im Zweifelsfall die Sympathie der Regierungen weltweit eher bei den Wohlhabenden als bei den Armen liegt.

8. GFI. Global Financial Integrity (2014): Hiding in Plain Sight Trade Misinvoicing and the Impact of Revenue Loss in Ghana, Kenya, Mozambique, Tanzania, and Uganda: 2002–2011. Washington.

9. Das EU-Freihandelsabkommen EPA (Economic Partnership Agreement) mit 78 AKP-Staaten wurde nach 12-jährigen Verhandlungen am 24 Jan. 2015 von der Mehrheit der ECOWAS-Staaten unterzeichnet (vgl. zur Kritik Dirk Kohnert 2015: EU-Wirtschaftsabkommen mit Westafrika. Afrikas TTIP – Kuhhandel oder Partnerschaft auf Augenhöhe? Präsentation vom 10.3.2015 in Stuttgart). https://tinyurl.com/y773d5n5

10. Geben und Nehmen: Das neue Fischereiabkommen zwischen der EU und Mauretanien. https://bit.ly/2oTZg2s

11. Collier (2017: S. 51); Originalausgabe 2007.

48.000 Projekte, oder: Wie funktioniert Entwicklungszusammenarbeit?

4

Zusammenfassung

Vom nationalen Armutsminderungskonzept eines Partnerlandes der EZ über das entwicklungspolitische Länderkonzept, wie es das deutsche BMZ für seine Kooperationsländer erarbeitet, und die Regierungsverhandlungen über das gemeinsame Maßnahmenpaket bis hin zu dessen Ausführung in Form von konkreten EZ-Vorhaben liegt ein langer Weg. So muss zunächst entschieden und vereinbart werden, welche Instrumente eingesetzt und wer die Durchführung übernehmen soll. Es müssen Planungen über Ziele und Wege erarbeitet werden, ggf. erfolgen Ausschreibungen, Fachleute bereiten sich auf beiden Seiten vor, es wird zwischen Geberseite und den Partnerstellen im Land selbst über die Ausführung konferiert, Verträge werden unterschrieben – und irgendwann passiert dann wirklich etwas in Form von Programmen und Projekten.

Schlüsselwörter

Agenda 2030 • Entwicklungsplanung • Entwicklungsprojekte • Evaluation

4.1 Von der Modernisierungsideologie zu den Nachhaltigen Entwicklungszielen (Agenda 2030)[1]

Der heutigen Theorie nach sollen vor allem die nationalen Entwicklungskonzepte und Armutsbekämpfungsstrategien der Länder selbst die Vorgaben zu den Zielen

© Der/die Autor(en), exklusiv lizenziert durch Springer Fachmedien Wiesbaden GmbH, ein Teil von Springer Nature 2021
F. Bliss, *Armutsbekämpfung durch Entwicklungszusammenarbeit*,
https://doi.org/10.1007/978-3-658-32805-4_4

63

und Schwerpunkten ihrer Entwicklungspolitik machen und die Wege zur Erreichung dieser Ziele beschreiben. Sie sollten auch die Erfolgskriterien (Indikatoren)
festlegen, d. h. Messgrößen, was genau erreicht werden soll (z. B. Kindersterblichkeit senken von 2015 noch 65 von 1000 Kinder unter 5 Jahren auf 2020 nur
noch 55 Kinder) und bis wann diese Ziele erreicht werden müssen. Die Ziele
wiederum sollten sich an der Agenda 2030 für nachhaltige Entwicklung (den
sogenannten „Nachhaltigen Entwicklungszielen" oder *„Sustainable Development
Goals"*, SDG) orientieren, so haben es die UN 2015 in einer Vollversammlung
festgelegt.

Beides, nationale Selbstbestimmung *(ownership)* bei den Entwicklungszielen
und -wegen sowie die Unterordnung aller Ziele unter die Agenda 2030 – auf
Geberseite wie in den Ländern selbst – ist eine relativ neue Entwicklung. Bis
weit in die 1990er Jahre wurden nicht nur für die ärmsten und wirtschaftlich
schwächsten Länder Maßnahmenpakete häufig „von oben" durch die Weltbank
(unter Beobachtung durch den Internationalen Währungsfonds, IWF) vorgegeben oder zumindest stark beeinflusst. Darüber hinaus orientierten sich auch die
wichtigsten internationalen Organisationen (die regionalen Entwicklungsbanken
und selbst UN-Organisationen) sowie bilaterale Partner (vor allem USA, Japan,
aber auch Deutschland, Großbritannien und Frankreich) an den konzeptionellen
Vorgaben von Weltbank und IWF.

Diese orientierten sich lange Zeit an Vorbildern industrieller Entwicklung in
Europa, den USA und Japan. Unter dem Stichwort „Modernisierungsstrategien"
sollte in den 1960er bis 1980er Jahren wirtschaftliche Entwicklung von außen
durch den Transfer von Kapital, Personal und Knowhow eingeleitet werden.
Die westlich-kapitalistischen Industrieländermodelle sollten den EL „den einzig
möglichen Weg zu Entwicklung" weisen[2]. Die dabei angewendeten Blaupausen,
die bedenkenlos und ohne Berücksichtigung der jeweiligen sozio-kulturellen und
sozio-ökonomischen Situation von den Geberorganisationen übertragen wurden,
funktionierten natürlich nicht.

Da zudem die hohe Verschuldung seit den späten 1970er Jahren die Regierungen vieler Länder der Dritten Welt quasi handlungsunfähig machte[3], weil sie
praktisch nicht mehr an frisches Geld für Investitionen sowie Sozialleistungen
herankommen konnten, verordneten IWF und Weltbank sogenannte Strukturan-
passungsprogramme (SAP), ohne die wiederum keine Entwicklungshilfegelder
gewährt werden sollten. Im Kern waren die Länder aufgefordert, ihre Grenzen
dem Weltmarkt zu öffnen und auf den Schutz ihrer Industrien und der Landwirtschaft gegenüber Importen zu verzichten. Sie sollten den Kapitalverkehr lockern
und vor allem die Staatsausgaben reduzieren. Damit sollten die Einnahmen
erhöht werden bei gleichzeitiger Reduzierung der Ausgaben. Diese Grundidee

war zumindest teilweise durchaus richtig, nur wurden angesichts der vielfach schlechten Regierungsführung und unzureichend organisierter Bürokratien selten signifikant höhere Einnahmen erzielt, allerdings die Ausgaben tatsächlich zusammengestrichen. Erwähnt werden muss auch, dass die SAP weniger durchgeführt wurden, um den EL nachhaltig zu helfen, sondern vorrangig, um sie in die Lage zu versetzen, ihren Schuldendienst weiter bedienen zu können, also den Gläubigern zu helfen, darunter viele Großbanken aus dem Norden.

Eingespart wurde allerdings nicht bei den zentralen staatlichen Strukturen, sondern bei den Sozialausgaben und beim „einfachen" Personal, das wie AgrarberaterInnen, LehrerInnen oder Bedienstete im Gesundheitsbereich massenweise entlassen wurde. Viele eigentlich selbstverständliche staatliche Leistungen entfielen hierdurch und Streichungen bei den Subventionen führten z. B. in Ägypten oder Tunesien zu massiven „Brotunruhen", weil das für die Armen stark subventionierte Grundnahrungsmittel Brot nun im Preis stieg und für viele unerschwinglich wurde.

Unter dem Strich waren die Strukturanpassungsmaßnahmen für die Entwicklung der Länder zumindest in sozialer Hinsicht verheerend, viele wurden auch um Jahre in ihrer gesamtwirtschaftlichen Entwicklung zurückgeworfen, weil die Maßnahmen (von Weltbank/IWF) schlichtweg falsch konzipiert waren. Direkte Folgen waren z. B. der Zusammenbruch bisher auf regionalen Märkten gerade noch konkurrenzfähiger Industrien, die nun ungeschützt in die Insolvenz getrieben wurden mit der Folge von Massenentlassungen. Mittelfristige negative Auswirkungen traten hinzu, indem ganz besonders oft die Beratung der Bauern auf dem Lande ganz eingestellt wurde oder sich Zehntausende Kinder ohne LehrerInnen wiederfanden.

Eine Umorientierung kam 1999 durch die HIPC-Initiative (HIPC = *Heavily Indebted Poor Countries*), die auf einen Erlass der öffentlichen Schulden bei den ärmsten EL ausgerichtet war. Auf dem G7 Gipfel der wichtigsten Industrienationen der Welt in Köln wurde auf Initiative Deutschlands ein komplexes Fondssystem eingerichtet *(trust fund),* mit dessen Hilfe diesen Ländern ein Teil ihrer multilateralen Schulden erlassen werden sollte[4]. Vorbedingung für den Entschuldungsprozess wurde die Erarbeitung eines nationalen Armutsbekämpfungskonzeptes, dem *Poverty Reduction Strategy Paper* (PRSP), durch das sich ein HIPC verpflichtete, der Armutsminderung große Priorität sowohl bei seiner allgemeinen Politikplanung wie auch den tatsächlichen Staatsausgaben einzuräumen. Bei der Ausarbeitung der PRSP gab es seitens der Geber massive Unterstützung, wobei sich allerdings die Weltbank vielfach aufdrängte und die einzelnen Papiere dahingehend beeinflusste, zumindest die Wirtschaftsstrategien der Länder weiterhin auf eine Weltmarkt-Öffnung auszurichten.

Generell werden den PRSP und ihrer Umsetzung zwischen 2000 und 2008 erhebliche Armutswirkungen zugesprochen. Walter Eberlei, der seinerzeit eine ständig aktualisierte Homepage zum Stand der nationalen PRSP-Prozesse erarbeitet hatte, spricht hinsichtlich einer armutsorientierten Regierungspolitik auf Basis von PRSP von einer signifikanten Verbesserung in zahlreichen afrikanischen Ländern. Ergebnisse und Wirkungen dieser Politik seien erkennbar, zu der eine Zusammenarbeit reformbereiter Regierungen, internationaler Akteure und weiter Teile afrikanischer Zivilgesellschaften beigetragen habe[5].

In ähnlicher Weise zeigten sich Fortschritte bei der Armutsbekämpfung in einigen armen asiatischen Staaten. Ganz besonders hervorzuheben ist hier Vietnam, dessen nationale Armutsbekämpfungsstrategie vom Verfasser erstmals 2002–03 intensiv untersucht wurde. Im Gegensatz zu bekannten Vorurteilen gegenüber dem „kommunistischen Kommandosystem" konnte dabei bestätigt werden, dass der dortige PRSP relativ partizipativ erarbeitet wurde, wobei im Gegensatz zu fast allen anderen Papieren hier Gender-Aspekten erhebliche Bedeutung beigemessen wurde (Abb. 4.1) und Frauen ganz wesentlich bei der Erarbeitung und Redaktion der nationalen Strategie mitwirken konnten. Sogar internationale NRO

Abb. 4.1 Frauen und Männer in einem holzverarbeitenden Betrieb in Zentral-Vietnam. (Foto © Frank Bliss 1989–2020)

lieferten Beiträge, während die Weltbank in Vietnam nur eine eher bescheidene Rolle spielen durfte.

In anderen Ländern scheint die nationale Entwicklungsstrategie eher von den Gebern und hier vor allem von durch die Weltbank finanzierten Consultants verfasst worden zu sein, während der Zivilgesellschaft so gut wie keine Rolle zugesprochen wurde und selbst nationale Parlamente allenfalls informiert, jedoch bei der Erarbeitung nicht beteiligt wurden. Einige Länder fühlten sich sogar so stark durch die Weltbank bedrängt, dass z. B. das zentralasiatische Kirgistan 2005 den Prozess ganz aufkündigte[6].

Aber auch mit Blick auf Asien ist Walter Eberleis generelle Bewertung relevant, wenn er am Beispiel afrikanischer Länder die Wirkungen der PRSP-Debatten und der sich daran anschließenden Umsetzung der nationalen Armutsbekämpfungsprogramme analysiert und insgesamt zu einem überwiegend positiven, zum Teil sogar sehr positiven Ergebnis kommt. Und trotz der oft im Gegensatz zu den Forderungen der Weltbank (die von ihr selbst allerdings zumeist nicht beachtet wurden) eher bescheidenen Beteiligung zivilgesellschaftlicher Institutionen bei der Erarbeitung der Strategiepapiere war es in vielen Staaten doch das erste Mal, dass diese überhaupt eine (aktive) Rolle in nationalen Planungsprozessen spielen durften.

Parallel zu den nationalen Strategien zur Armutsbekämpfung wurde im Jahr 2000 mit der Millenniums-Erklärung der UN-Vollversammlung ein Meilenstein für eine internationale bessere Zusammenarbeit bei der EZ gesetzt. Bis zum Jahr 2015 sollten danach im Rahmen der zusammen mit der Erklärung verabschiedeten Millennium Development Goals (MDG) die extreme Armut und der Hunger weltweit halbiert werden, eine Verwirklichung der allgemeinen Grundschulbildung erfolgen und die Gleichstellung der Geschlechter massiv gefördert werden. Zu den insgesamt 7 Zielen und 17 Subzielen gehörte ferner die Senkung der Kindersterblichkeit, die Verbesserung der Gesundheit von Müttern, die Bekämpfung verbreiteter Krankheiten und die Sicherung ökologischer Nachhaltigkeit[7].

Viele Ziele wurden bis 2015 tatsächlich erreicht, allerdings nicht in allen Länder und am wenigsten in den EL Subsahara-Afrikas, und gerade in den ärmsten Ländern kam eine nachhaltige wirtschaftliche Entwicklung kaum in Gang. Tobias Debiel vom Institut für Entwicklung und Frieden (INEF) der Universität Duisburg sieht als ein Problem bei den MDG, dass diese von einem hergebrachten Entwicklungsverständnis ausgingen, bei dem seitens der Geber in einem „asymmetrisch angelegten Transferverhältnis eine Art Sozialhilfe für die ,randständigen' Teile der Weltgesellschaft" geleistet werden sollte. Die MDG hätten Entwicklung dabei primär als Fortschritt bei der Armutsbekämpfung, Basisgesundheitsversorgung und Elementarbildung verstanden[8]. Entsprechend ist zu folgern, dass der für die wirtschaftliche Gesamtentwicklung wichtige Aufbau der nationalen Infrastruktur während der MDG-Phase zu kurz kam und eine für die Nachhaltigkeit vieler eingeleiteter Programme zwingend notwendige Verbesserung der Qualität der Regierungsführung vernachlässigt wurde. Die laufenden Berichte der Weltbank zu den Bedingungen wirtschaftlichen Handels (*Doing Business* Berichte) machen sehr deutlich, warum in vielen Ländern kaum Betriebe gegründet und die also für eine strukturelle Armutsbekämpfung so dringend benötigten Arbeitsplätze in viel zu geringem Umfang geschaffen werden konnten.

Ob die seit 2015 geltenden SDG als neue globale Entwicklungsagenda diesbezüglich eine Wende einleiten können, ist noch offen. Immerhin führen sie Tobias Debiel zufolge Umwelt- und Entwicklungsfragen endlich zusammen. Die SDG betonen zudem den Wert menschenwürdiger Arbeit und sie wollen die Ungleichheiten sowohl zwischen wie auch innerhalb der Staaten vermindern – sehr wichtige Voraussetzungen für wirtschaftliche Entwicklung und die Verhinderung bzw. Minderung gesellschaftlicher Konflikte.

Die Agenda 2030 (s. Abb. 4.2) setzt 17 zusammenfassende Ziele, die jeweils eine Reihe von Unterzielen haben. So wird Ziel 1 „Armut in allen Formen und

Abb. 4.2 Die Agenda 2030 für nachhaltige Entwicklung. (Quelle: © Vereinte Nationen, open source)

überall beenden" durch fünf Unterziele und zwei Umsetzungsstrategien konkretisiert: Bis 2030 soll zumindest die extreme Armut, ausgemerzt sein. Ebenfalls bis 2030 soll die allgemeine Armut zumindest halbiert werden; es sollen überall in den Staaten angemessene soziale Sicherungssysteme aufgebaut werden und auch armen und vulnerablen Menschen zugänglich sein. Alle Männer und Frauen, vor allem auch die armen und vulnerablen, sollen gleiche Rechte hinsichtlich des Zugangs zu wirtschaftlichen Ressourcen usw. haben. Die Widerstandsfähigkeit armer Menschen und derjenigen, die in vulnerablen Situationen leben (u. a. wegen extremer klimatischer Ereignisse) soll auf- und ausgebaut sein.

Hierfür sollen hinreichende Ressourcen insbesondere zugunsten der EL bereitgestellt und auf armutsorientierten und Gender-sensiblen Ansätzen beruhende politische Rahmenbedingungen auf nationalem, regionalem und internationalem Niveau geschaffen werden, um beschleunigte Investitionen in die Armut beendende Maßnahmen zu unterstützen. Auch die anderen 16 Zielgruppen sind ähnlich mit Zielvorgaben und der Benennung von Ansätzen zu deren Erreichung aufgebaut[9].

Auch wenn die Agenda 2030 einen integrativen Ansatz verfolgt, hat sie zwei bedeutende Schwächen: An die Stelle spezifischer, bereits durch internationale Abkommen (alleine davon gibt es im Umweltbereich über 500) verabredete Feinziele treten die eher pauschalen Oberziele, die auch durch ihre vielfachen Untergliederungen die Konkretisierung der bestehenden Abkommen nicht erreichen. Zudem stellen die Nachhaltigkeitsziele nur normative Ziele ohne rechtliche Verbindlichkeiten dar[10]. Jedem Land bleibt letztendlich überlassen, wie es die Vorgaben umsetzt (oder eben auch nicht). Der konzeptionelle Fortschritt der SDG ist allerdings nicht zu leugnen: Anstelle eines Nord-Süd-Sozialtransfer-Konzepts ist ein Nachhaltigkeitsprogramm getreten, das alle Staaten, also auch Deutschland und seine eigene Armutsminderungs- und Umweltpolitik einschließt[11].

4.2 Vom Konzept zum Projekt

Ein (neuer) Schwerpunkt der Zusammenarbeit wird identifiziert
Wenn die deutschen staatlichen EZ-Organisationen KfW und GIZ heute Programme oder Projekte planen, bietet die Agenda 2030 also einen wichtigen Referenzrahmen. Es gibt aber auch weitere Konzepte und Strategiepapiere zu beachten.

Angenommen, das Partnerland X bittet das BMZ um die Unterstützung bei der Trinkwasserversorgung der ländlichen wie auch der städtischen Bevölkerung. Zuvor wurde dieser Schwerpunkt noch nicht berücksichtigt, es gibt also keine Anknüpfungspunkte an bestehende Projekte. Zumeist würde die Regierung des

Partnerlandes den Wunsch im Rahmen von bilateralen Regierungsgesprächen oder -verhandlungen vortragen, die alle zwei oder drei Jahre stattfinden. Hierbei treffen sich VertreterInnen des BMZ sowie der Durchführungsorganisationen mit MitarbeiterInnen des federführenden Ministeriums eines Partnerlandes, um die lang- und mittelfristige Linie der Zusammenarbeit zu besprechen, Ziele festzulegen und für deren Erreichung geeignete Maßnahmen zu erörtern. Je nach Situation werden dabei auch Fragen z. B. zum Stand der Menschenrechte, der Gender-Gerechtigkeit oder der Regierungsführung (z. B. Korruption) angesprochen, dies allerdings eher von deutscher als von Partnerseite aus.

Idealiter würden die VertreterInnen der deutschen Seite, immer mit vertreten bzw. als Delegationsleitung das BMZ, dabei prüfen, ob der Trinkwassersektor einen Schwerpunkt in der Entwicklungsplanung des Landes und ein Kernproblem für die Bevölkerung darstellt. Dabei dürfte auch abgewogen werden, ob es Sinn macht, die bisherigen Schwerpunkte der Zusammenarbeit um das neue Arbeitsfeld zu ergänzen und dabei eventuell sogar bisher z. B. im Bereich Gesundheitsförderung liegende Projekte auslaufen zu lassen. Denn fast immer gibt es für das Partnerland ein im internen BMZ-Haushaltsplan vorgesehenes Budget, das nicht überschritten werden kann.

Einigt man sich auf den neuen Schwerpunkt Trinkwasser, werden die vorgeschlagenen Projekte zunächst diskutiert, priorisiert und die Verabredungen in einem Protokoll der Gespräche bzw. Verhandlungen festgehalten. Ein Vorschlag kann z. B. die ländliche Trinkwasserversorgung in der Provinz Y betreffen. Nehmen wir praktisch an, es handelt sich um Mayo Kebbi und das Partnerland ist der Tschad, wo ein solches Projekt auch tatsächlich durchgeführt wurde (siehe Abschn. 16.2)[12]. Beauftragt mit den weiteren Schritten zur Umsetzung durch das BMZ ist die deutsche Kreditanstalt für Wiederaufbau (KfW). Im Rahmen einer Vorprüfungsmission schauen sich nun VertreterInnen der KfW im Tschad und in Mayo Kebbi um, um die dortige Situation abzuschätzen. Die Grundidee, in Mayo Kebbi einige Zehntausend Menschen erstmals mit hygienisch einwandfreiem Trinkwasser zu versorgen, scheint dabei machbar. Es wird daher nach der Erkundungsmission mit der Partnerseite vereinbart, durch einen internationalen Consultant (d. h. ein auf die Studienerstellung und Beratung spezialisiertes Büro mit technischen und sozialwissenschaftlichen Fachleuten) eine Machbarkeitsstudie *(Feasibility Study)* in Auftrag zu geben.

Die Prüfung von Machtbarkeit und Gestaltung des geplanten Programms

Im Rahmen einer Ausschreibung wurde eine deutsche Consultingfirma beauftragt, die *Feasibility Study* durchzuführen. Machbarkeit bedeutet in diesem Zusammenhang nicht nur, die Frage nach dem „Ob" des Programms definitiv abzuklären, sondern auch nach dem „Wie" im Detail zu beantworten. Auch muss die Studie bestehende BMZ-Konzepte sowie Handreichungen der KfW selbst beachten: An erster Stelle steht das Trinkwasserkonzept des BMZ, das auch Antworten auf die Frage des „Wohin mit dem Abwasser?" sowie der eventuell notwendigen Hygieneerziehung verlangt[13].

Hinzu kommen die bei jedem Programm zu beachtenden Grundsätze des BMZ zur Berücksichtigung von Genderfragen und Menschenrechtsaspekten. Möglicherweise gibt es auch noch weitere Konzepte oder Strategiepapiere, die bei der Machbarkeitsstudie zu beachten sind.

Im Falle einer Prüfung durch die KfW gelten zudem deren eigene Prüfleitlinien[14]. Diese sehen vor, dass danach gefragt werden muss, ob die Bevölkerung eine Maßnahme selbst haben möchte, ob die Menschen bereit sind und vor allem auch in der Lage, eventuell anfallende Gebühren für den Betrieb und Unterhalt – hier der am Ende vorgeschlagenen Trinkwasseranlagen in Form von Handpumpen – aufzubringen und, wenn Teile der Bevölkerung dies nicht können, wie die benötigten Mittel für den Unterhalt der Handpumpen alternativ zu beschaffen sein könnten. Auch sind partizipative Ansätze vorgegeben, d. h. VertreterInnen aller beteiligten Gruppen sollen ihre Ansicht zu Gehör bringen können.

Mit einer langen Liste von entsprechenden Fragen macht sich nun das Studienteam aus einem Hydrogeologen, einem Sozialwissenschaftler und einer Praktikantin auf den Weg in den Tschad, um dort rund drei Monate lang Daten zu erheben und mit allen Beteiligten zu sprechen. Um die in Mayo Kebbi vertretenen ethnischen Gruppen auch wirklich zu erreichen, müssen ÜbersetzerInnen für mehr als 10 Sprachen gefunden werden. Mehrere vor Ort rekrutierte junge Männer und Frauen werden zudem durch über 100 Dörfer geschickt, um grundlegende Fragen abzuklären: Wie sieht dort die Wasserversorgung bisher aus? Wie groß ist der Wassermangel? Gibt es Orte mit besonders großer Verbreitung wasserbezogener Krankheiten? Wie sieht die sozio-ökonomische Lage der Dorfbevölkerung aus? und vieles mehr.

Es werden in 40 Dörfern Fokusgruppendiskussionen durchgeführt, bei denen die Kernprobleme der Bevölkerung besprochen werden (Abb. 4.3). Danach wird versucht, die Probleme nach der Dringlichkeit von Lösungen zu hierarchisieren. Hierdurch kann festgestellt werden, wie wichtig der Bevölkerung die Trinkwasserversorgung wirklich ist, was wiederum relevant ist für die Abschätzung der späteren Nachhaltigkeit der Maßnahmen. Und tatsächlich, fast überall befindet sich das Problem Trinkwasser auf den ersten drei genannten Plätzen. Die Begehungen durch das Untersuchungsteam in Dutzenden von Dörfern machen zudem überdeutlich, dass die Trinkwasserprobleme zumeist erheblich sind und die Menschen bisher auf Wasser angewiesen sind, das fast immer extrem verschmutzt ist und zumeist auch weit von den Wohnungen entfernt (siehe Abb. 4.4).

Abb. 4.3 Dorfversammlung zur Entscheidung über einen Brunnen im Tschad. (Foto © Frank Bliss 1989–2020)

In diesem Fall zeigen die Ergebnisse der Befragungen und Feldbesuche auch, dass die Siedlungsform – die meisten Leute leben verstreut in kleinen und kleinsten Dörfern – keine zentralen Versorgungssysteme mit Hochbehältern und Rohrleitungen für Wasser erlaubt. Dafür wären die Investitionskosten zu groß. Auch wären die zumeist extrem armen Familien in Mayo Kebbi später nicht in der Lage, den Betrieb der Pumpen und Leitungsnetze (vor allem Energiekosten und anfallende Reparaturen) durch kostendeckende Wassergebühren sicherzustellen. Abgesehen davon gibt es in den abgelegenen Zonen von Mayo Kebbi auch keine Fachhandwerker für die Wartung größerer Trinkwasseranlagen. Staatliche Mittel stehen in der abgelegenen Provinz für Betrieb und Unterhalt auch nicht zur Verfügung, zudem kümmert sich die Regierung wenig um soziale Belange der Bevölkerung. Also wird als Lösung ausgearbeitet, Bohrbrunnen (40 bis 70 m tief) zu erstellen und mit Handpumpen auszustatten (Abb. 4.5), deren Betrieb deutlich weniger kostet und die mit lokalen Mitteln gewartet und repariert werden können (siehe im Detail Abschn. 17.2).

Abb. 4.4 Wasserloch in einem Dorf in Mayo Kebbi (Tschad). (Foto © Frank Bliss 1989–2020)

Die Ergebnisstudie, der Feasibility Report, stellt also in seinen Grundzügen fest, dass das Programm auf einen erheblichen Bedarf stößt (bestätigte Relevanz) und für die meisten Menschen in den erfassten Dörfern sehr große Priorität hätte. In dem über 350 Seiten langen Text mit einem technischen und einem separaten sozio-ökonomischen Teil werden dann die einzelnen Schritte aufgelistet, die bei der Implementierung notwendig sind. Sehr große Bedeutung kommt dabei der Frage zu, wie Wartung und Reparaturen der Handpumpen sowie die Ersatzteilversorgung später gesichert werden könnten.

Deutlich stärker als bisher vermutet scheint bei den Untersuchungen das geringe Hygienebewusstsein der Bevölkerung das geplante Programm zu beeinflussen. Wenn dessen Ziel ist, einen Beitrag zur Verbesserung der Lebensbedingungen zu leisten, indem durch sauberes Trinkwasser signifikant weniger Krankheiten auftreten, dann darf nicht allein sauberes Wasser bereitgestellt werden. Vielmehr müssen die NutzerInnen das an der Pumpe saubere Wasser auch in diesem Zustand nach Hause transportieren und dort angemessen lagern und nutzen. Entsprechend viel

Abb. 4.5 Neu errichtetes Bohrloch mit Handpumpe (Tschad). (Foto © Frank Bliss 1989–2020)

Platz nimmt in der Darstellung zur Umsetzung des Programms die Notwendigkeit einer Hygieneaufklärung ein.

Nach langer Planungsphase erfolgt die Umsetzung der Maßnahmen
Im Idealfall wird der Studienbericht ohne große Veränderungen vom Auftragge-ber, eigentlich ja die Wasserbehörde des Tschad, in der Praxis aber mindestens ebenso so wichtig dabei die deutsche Durchführungsorganisation, hier die KfW, angenommen. Es können dann auf der Basis der Studie die *Terms of Reference* (= Aufgabenbeschreibung) für die Ausschreibung der projektbegleitenden Consulting-Leistungen erarbeitet werden. Externe Consultants spielen immer dort eine Rolle, wo das Partnerland nicht über hinreichende Kapazitäten verfügt, um die Bauleitung sowie die Begleitmaßnahmen (hier u. a. die Hygieneaufklärung) selbst durchzufüh-ren. Auch kann durch die Consulting-Firma die Kontrolle über die Projektgelder besser ausgeübt werden, was in Ländern mit schlechter Regierungsführung zwin-gend notwendig ist. Hier steht das Prinzip von *Ownership* (Eigenverantwortung

hinsichtlich der Maßnahme) in einem Land wie dem Tschad den Erfordernissen der Korruptionsprävention diametral entgegen.

Wie für die detaillierte Planungsstudien zuvor hat die KfW auch für die nun folgende Begleitung der Projektdurchführung kein eigenes Personal, weswegen erneut Aufträge vergeben werden müssen. Die Consulting-Firma mit dem besten, sprich einem technisch guten und besonders preiswerten Angebot, erhält den Zuschlag für die begleitenden Leistungen. Dies betrifft in unserem Fall zum einen die technische Überwachung der Bohrarbeiten, des Baus der Pumpenplattformen und der Montage der Handpumpen, aber auch alle sozio-ökonomischen Begleitmaßnahmen. Diese wiederum beinhalten die Identifikation der vorrangig mit Wasser zu versorgenden Dörfer, die Organisation von Nutzergruppen und -komitees, den Aufbau eines Wartungssystems für die Pumpen sowie der Ersatzteilversorgung und, ganz besonders wichtig im Falle von Mayo Kebbi, die Hygieneaufklärung. Auch hierzu sind die Details in Abschn. 17.2 zusammengestellt.

Natürlich sind die Aufgaben eines begleitenden Consultants während der hier etwa siebenjährigen Laufzeit des Projekts noch sehr viel umfassender. So sind zahlreiche Ausschreibungen für Bohrleistungen zu erstellen und zu begleiten. Ganz wichtig ist auch die fortlaufende Berichterstattung an den Partner und die KfW in Form von Viertel-, Halb- und Jahresberichten. Da in diesem Fall das Projekt eine Folgephase hatte und, was eher selten ist, eine Nachbetreuungsphase, musste zudem die Feasibility-Studie um neue Erkenntnisse und Arbeitsvorschläge ergänzt werden. Am Ende steht ein Schlussbericht, der auch die bisher erreichten Ergebnisse (siehe unten) beschreiben soll.

Was passiert im Projekt und welche Wirkungen lassen sich nachweisen?
Während der Durchführung eines Programms wie in Mayo Kebbi erfolgt ein sogenanntes *Monitoring* der Aktivitäten und der Ergebnisse. Unter Monitoring wird die Kontrolle der durchgeführten Aktivitäten und der dadurch erreichten Ergebnisse (*results* bzw. *outputs*) verstanden. Wurde das getan, was geplant war? Also: Wurden z. B. während der ersten Phase des Programms alle geplanten 200 Brunnen hergestellt? Und: Sind die Ergebnisse, also die hergestellten Produkte (hier Brunnen mit Handpumpen) betriebsbereit und werden sie genutzt?

Hiermit ist aber noch nicht klar, ob die erwarteten Wirkungen, vor allem die Verbesserung der Gesundheit, auch wirklich eingetreten sind. Dies kann erst im Zuge einer *Evaluation* oder Wirkungsuntersuchung erfolgen. Eine solche *Evaluation* kann zum Ende der ersten Phase nach z. B. zwei oder drei Jahren erfolgen. Dies geschieht oft dann, wenn eine weitere Phase geplant ist und man wissen möchte, ob das Programm bisher auf dem richtigen Wege ist. Zu diesem Zeitpunkt kann man sicher noch nicht die gesundheitlichen Wirkungen feststellen, aber man kann in Erfahrung bringen, ob die Bevölkerung das an den Handpumpen stets sauber abgegebene Wasser auch hygienisch einwandfrei transportiert, es sicher lagert und ob die Menschen ausschließlich dieses Wasser zum Trinken verwenden oder nicht doch – weil es vielleicht näher liegt als die Pumpe und damit Wasser einfacher zu beschaffen ist – zu einem kontaminierten Wasserloch nahe ihrer Behausungen gehen. Wenn dies überwiegend der Fall ist, sie also zumindest zum Trinken überwiegend oder ausschließlich das Handpumpenwasser verwenden, sind auch die mittel- und langfristigen positiven Wirkungen auf die Gesundheit der Bevölkerung sehr wahrscheinlich.

Ansonsten finden Evaluationen „ex-post" statt, beispielsweise bei der KfW drei Jahre nach Abschluss eines Projektes. Zu diesem Zeitpunkt ist es in der Regel möglich, in Erfahrung zu bringen, ob die erwarteten Wirkungen tatsächlich eingetreten sind. Im Falle von Mayo Kebbi wurden dafür 2014 die Gesundheitsdaten der zuständigen Gesundheitszentren und der Krankenhäuser in den drei beteiligten Landkreisen (Départements) abgefragt und mit den Projektdörfern verglichen. Dabei zeigte sich, dass schwere wasserbezogene Krankheiten in sehr viel geringerem Umfang eingetreten waren als in Dörfern, die vom Projekt nicht berührt wurden. Und als es 2010 eine Cholera-Epidemie in Mayo Kebbi gab mit einer Reihe von Todesfällen, blieben alle Projektdörfer hiervon gänzlich unberührt. Mithin ließen sich die beabsichtigten Wirkungen des Programms auch tatsächlich nachweisen. Zudem erwies sich das Vorhaben auch als sehr nachhaltig, denn obwohl 2014 während der Evaluation die ersten zu Beginn des Projekts errichteten Handpumpen bereits 10 Jahre lang in Betrieb waren, gab es so gut wie keine Ausfälle, d. h. defekte Pumpen, die über eine längere Zeit nicht mehr genutzt wurden.

Hatten vorher sowohl das BMZ wie auch die Durchführungsorganisationen KfW und GIZ Evaluationen selbst durchgeführt, sollen Evaluationen der staatlichen EZ heute weitgehend durch das 2012 gegründete Deutsche Evaluierungsinstitut der Entwicklungszusammenarbeit (DEval) durchgeführt werden, um deren Unabhängigkeit besser sicherzustellen. Allerdings zeigt die Praxis, dass die Evaluierungen durch das DEval eher Instrumente der EZ betreffen oder sich mit allgemeinen Fragen wie Nachhaltigkeit und Fragilen Staaten befassen[15]. Dies hat zur Folge, dass die Durchführungsorganisationen auch weiterhin einzelne Projekte und Programme evaluieren müssen. Generell stellt sich zum DEval die Frage, warum die Einrichtung keinen eigenen Haushaltstitel als unabhängiges Institut erhalten hat, sondern als Zuwendungsempfänger des Ministeriums agieren muss. Eine völlige Unabhängigkeit von Evaluierungen, wie sie eigentlich von der OECD/DAC gefordert wird, ist damit nicht gegeben.

Box 8: Städtische Trinkwasserversorgung in Mwene Ditu (DR Kongo): Planung mit offenem Ergebnis führt zu abgespeckter Versorgungstechnik

Mwene Ditu ist ein „Riesendorf" mit heute geschätzt einer halben Million Einwohner im Süden der DR Kongo. Bis auf wenige Straßen des eigentlichen Zentrums mit Banken, größeren Geschäften und einigen Hotels und Restaurants bot Mwene Ditu während der Planungsarbeiten 2004 für die Rehabilitierung und den Ausbau der städtischen Trinkwasserversorgung ein eher dörfliches Bild. Ganze Stadtviertel bestanden aus Lehmhütten teilweise mit Strohdächern, kleineren und größeren Hausgärten oder gar Maisfeldern, und überall als Zugangswege nur staubige Pisten.

In dieser Situation beauftragte die KfW den Verfasser mit einer Studie zur Erfassung der sozio-ökonomischen Situation der Bevölkerung. Es galt, das marode Trinkwasserversorgungssystem der Stadt zu erneuern und auszubauen. Hierfür sollte die Zahlungsbereitschaft der Haushalte für eine verbesserte (für viele allerdings eine erstmalige) Trinkwasserversorgung herausgefunden werden und natürlich auch ihre Zahlungsbefähigung sowohl für die Herstellung der Hausanschlüsse wie auch für die später anfallenden laufenden Wassergebühren.

Mit einem Team von acht gut auf ihre Aufgaben vorbereiteten OberstufenschülerInnen des städtischen Gymnasiums wurden daher über 400 Haushalte hinsichtlich ihrer Bedürfnisse, ihrer Wünsche zur Wasserversorgung und eben auch ihrer ökonomischen Situation nach dem Zufallsprinzip ausgesucht und befragt. Die Ergebnisse waren recht eindeutig: Außerhalb des Zentrums, in dem vor allem Geschäfte, Restaurants und Werkstätten angesiedelt waren, sowie weniger Stadtviertel, wo etwas besser situierte Familien in festen Häusern wohnten, zeigten die erhobenen Zahlen, dass die Idee von Hauswasserleitungen wegen der Anschlusskosten nicht realisierbar sein würde.

Ergebnis der Studie und eines Gesprächs mit Bürgermeister sowie den Vorstehern der rund 50 Wohnquartiere war, dass sich die Ausweitung des Leitungsnetzes mit Hausanschlüssen auf die Innenstadt und die besser gestellten Teile der Stadt beschränken sollte. Die ärmeren Quartiere würden dagegen für jeweils 100 bis 150 Haushalte einen Wasserkiosk erhalten, wo die Anwohner ihr Wasser gegen eine kleine Gebühr abholen konnten.

Man hätte auch anders entscheiden können, dann aber hätte die KfW die Anschlusskosten für rund 20.000 Haushalte à 150 EUR (etwa 3 Mio.

EUR) zusätzlich investieren müssen, um die Armen nicht ohne Wasseranschlüsse dastehen zu lassen. Mit diesem Geld könnte man wiederum eine
weitere Kleinstadt im Kongo ebenfalls mit einem neuen Trinkwassersystem
ausstatten, alles also eine Frage der Abwägung.

4.3   Zwischen technischer Beratung und 400-Mio-Dollarkrediten

Bei dem im letzten Abschnitt behandelten Fallbeispiel handelt es sich um ein
Programm der bilateralen Finanziellen Zusammenarbeit. Unter *Programm* versteht man in der deutschen EZ Vorhaben, die größeren Umfang haben und ein
größeres geografisches Gebiet umfassen oder in einem Staat einen landesweiten
Beitrag zu einem ganzen Sektor (z. B. Grundbildung) leisten. *Projekte* sind dagegen Maßnahmen kleineren Umfangs, z. B. bezogen auf eine Stadt, eine bestimmte
Gruppe von Menschen oder auch Beratungsvorhaben verschiedener Art, die eine
kleine Zielgruppe haben, wie z. B. ein Ministerium und dessen Politik.

Unter *Finanzieller Zusammenarbeit* (FZ) versteht man an die Gewährung von
Krediten an ein Partnerland für einen bestimmten Zweck (z. B. die Durchführung
eines Trinkwasser-Programms). Anstelle von Krediten werden an die ärmsten
Länder überwiegend Zuschüsse vergeben. Die FZ unterscheidet sich von der
Technischen Zusammenarbeit (TZ), bei der es vorrangig um die Beratung und
Ausbildung auf der Partnerseite geht. Die Übergänge sind allerdings fließend, da
auch die TZ für ihre Arbeit Gelder benötigt, um z. B. die für die Ausbildung von
GewerbeschülerInnen notwendigen Ausstattungen etwa einer Berufsschule finan-
zieren zu können. Umgekehrt werden wie bei dem FZ-Trinkwasserprogramm in
Mayo Kebbi auch TZ-Begleitmaßnahmen durchgeführt wie die Hygieneaufklä-
rung. Nach Möglichkeit sollen im Rahmen der deutschen staatlichen EZ beide
Bereiche Hand in Hand arbeiten.

Schließlich ist zu unterscheiden in die *bilaterale* Zusammenarbeit und eine
multilaterale. Erstere meint die Kooperation zwischen z. B. der Bundesrepublik,
Frankreich, der Schweiz usw. mit jeweils einem Partnerland. Diese Art der EZ
soll sich zwar an internationalen Zielen und Vorgaben orientieren wie der Agenda
2030. Aber neben den beiden beteiligten Staaten redet niemand mit. Anders verhält es sich bei der *multilateralen* EZ. Bei dieser zahlen reichere Länder als
Entwicklungshilfegeber in die Kasse einer internationalen Organisation (z. B. der

VN oder der EU) ein oder die Gelder gehen an eine der internationalen Entwicklungsbanken (z. B. Weltbank oder ADB, die Asiatische Entwicklungsbank). In diesen Fällen entscheidet das Bankmanagement in Zusammenarbeit mit einem oder mehreren Partnerländern über die Geldvergabe für Projekte und Programme. Die Geldgeber stehen allerdings nicht ganz außen vor, wenn es um Entscheidungen geht. Sie sind auch Teilhaber der Banken, mit Anteilen bei der Weltbank zwischen 0,19 % Prozent beim extrem armen Sahelstaat Niger oder dem zentralasiatischen Tadschikistan, 1,97 % bei den kleinen, aber wohlhabenden Niederlanden und 1,27 % bei der Schweiz sowie 10,2 % bei den USA als größtem Geber. Deutschland liegt mit 5,37 % nach Japan (8,33 %) und Großbritannien (6,48 %) bei den 189 Teilhabern der Weltbank an vierter Stelle.

Stimmrechte werden anhand des Anteils an den Banken ausgeübt, womit Deutschland allein mehr Stimmen hat als mehrere Dutzend EL zusammen. Bei den UN-Organisationen besteht dagegen das Prinzip „ein Land – eine Stimme", aber das laufende Budget der UN wird um freiwillige Zuwendungen der Mitglieder ergänzt und dabei gilt, wer das Geld gibt, bestimmt auch über dessen Verwendungszweck zumindest teilweise mit.

Es gibt eine langanhaltende Debatte zu *multilateral* versus *bilateral*. Derzeit verfolgt Deutschland überwiegend einen Weg, der auf den Vorrang der bilateralen Kooperationen setzt. Hier sei die Kontrolle der Mittelverwendung stärker möglich, die deutsche EZ sei zudem besser sichtbar als wenn sie über die VN abgewickelt werde und im Übrigen sei die Zusammenarbeit direkt mit einem Partnerland effektiver (d. h. zielführender) und effizienter (preisgünstiger) als über den Umweg einer multilateralen Organisation, so sagen die einen.

Umgekehrt spricht für die multilaterale Kooperation, dass durch das Bündeln von Gebergeld größere Programme durchgeführt werden können, die eine entsprechend größere Wirkung erzielen können. Dies vereinfache auch die Abläufe der EZ, denn statt Dutzender kleinerer Einzelmaßnahmen werde eine einzige große durchgeführt und verwaltet. Dies komme vor allem Ländern mit einer schwachen Verwaltung entgegen. Häufig wird nämlich selbst von den Gegnern der multilateralen EZ beklagt, dass die Partner in den EL bei der Vielzahl einzelner Projekte häufig völlig überfordert seien. Selbst in einem kleinen Land wie Burkina Faso kommen unter Einbeziehung von NRO-Beiträgen nämlich leicht 1000 laufende (und irgendwie zu steuernde) Projekte zusammen. Wenn davon nur die Hälfte in Kooperation mit staatlichen Stellen durchgeführt werden, kann man sich leicht vorstellen, dass auf diese Weise ganze Abteilungen der zuständigen Ministerien (besonders oft jene für Planung, Landesentwicklung, Landwirtschaft[16], Gesundheit, Bildung und Finanzen) mit nichts anderem als der Steuerung von Projekten beschäftigt sind.

Es gibt eine weitere Diskussion, die auch Unterschiede in der EZ-Politik zwischen einem reichen Land wie Deutschland und einem ebenso reichen wie Großbritannien deutlich macht: Soll die bilaterale Hilfe über einzelne Programme und Projekte abgewickelt werden oder soll sie nicht besser als *Budgethilfe* ausgezahlt werden? Budgethilfe bedeutet, dass das Partnerland die Gelder ausgezahlt bekommt und über den Staatshaushalt die vereinbarten Maßnahmen (z. B. den Bau von Schulen) finanziert. Großbritannien entscheidet sich häufig für die Budgethilfe, Deutschland hat sich von dieser fast ganz verabschiedet. Die Argumente zugunsten der Budgethilfe sind in Box 9 zusammengefasst.

Gegen die Budgethilfe spricht die Tatsache, dass trotz verabredeter und auch durchgeführter Kontrollen durch die Geberseite oft Teile der Gelder „verschwinden" können. Eine Untersuchung des Deutschen Evaluierungsinstituts bestätigt dies zumindest teilweise. Umgekehrt geht aus der Studie aber auch hervor, dass nach dem Ausstieg der Geberseite als Konsequenz aus Veruntreuungen sich die Leistungen für die arme Bevölkerung in den betroffenen Ländern signifikant verschlechtern[17].

Box 9: Budgethilfe kann langfristig Korruption offenlegen
Direktzahlungen Deutschlands in die Staatskassen seiner Partnerländer haben in den letzten Jahren eine eher geringe Bedeutung gehabt. Allerdings hat die Budgethilfe angesichts der Ergebnisse einer Vielzahl von Evaluierungen einen daraus nicht begründbaren schlechten Ruf. Einerseits kann man sich durchaus vorstellen, dass Geld, welches in den Staatshaushalt und nicht in einzelne Projekte fließt, hinsichtlich seiner Verwendung schwerer nachzuverfolgen ist. Andererseits ist, wenn z. B. bei der Förderung der Dezentralisierung vereinbart wird, 40 % der Gelder aus der Budgethilfe an die Kommunen weiterzuleiten, durchaus überprüfbar, ob das Geld auch wirklich dort ankommt. Tatsächlich belegen Evaluierungen positive Effekte der Budgethilfe, unter anderem ein Ansteigen armutsrelevanter öffentlicher Ausgaben, besonders in Bildung und Gesundheit, eine Stärkung des öffentlichen Finanzwesens sowie die Erhöhung der Transparenz im Haushaltsprozess. Zur Wirkung von Budgethilfe auf Korruption gibt es bisher keine gesicherten Erkenntnisse.

Die Budgethilfe hat den Effekt, dass der Empfängerstaat bzw. die Empfängerregierung unter Beachtung der nationalen Armutsbekämpfungsstrategien selbst entscheidet, welche Maßnahmen finanziert werden. Gleichzeitig üben die Geber durch die mit der Budgethilfe verbundenen Bedingungen und die regelmäßige Kontrolle der Umsetzung oftmals einen erheblichen Einfluss auf den öffentlichen Haushalt des Empfängerlandes aus. Auch kann durch die Budgethilfe ein politischer Dialog mit den Regierungen geführt werden, welcher z. B. einen Fokus auf die Verbesserung des öffentlichen Finanzwesens legt. Entwicklungsprojekte, die von Gebern außerhalb des Staatsbudgets des Empfängers finanziert werden, werden von der Bevölkerung dagegen oft nicht als staatliches Handeln wahrgenommen und stimmen nicht immer mit nationalen Prioritäten überein. Entsprechend gering ist das Interesse einer Regierung, diese Maßnahmen engagiert zu begleiten.

Die meisten Geber und so auch das BMZ verbinden Budgethilfe grundsätzlich mit Kontrollen, sowohl an welche Länder Budgethilfe überhaupt gegeben wird, als auch eine jährliche Leistungsbeurteilung der Budgethilfe-Empfänger. Über die Stärkung der Systeme des öffentlichen Finanzwesens und die erwähnten Kontrollen in der Umsetzung vereinbarter Ziele kann Budgethilfe langfristig Korruption offenlegen.

Magdalena Orth, DEval, 2020

Anmerkungen

1. Hier nur als Abriss dargestellt, umfassendere Diskussion der entwicklungspolitischen Konzeptgeschichte z. B. bei Nohlen/Nuscheler 1993, Nuscheler 2005 und zuletzt zu den SDG Martens/Obenland 2015 und Debiel 2018.
2. Dazu Nohlen/Nuscheler (1993: S. 58 ff.).
3. Maßgeblich ausgelöst wurde die Schuldenkrise durch drastische Erhöhungen der Leitzinsen 1974 in den USA, der sich in der Folge auch die europäischen Staaten anschlossen, wodurch auch weltweit die Zinsen und dadurch die Belastung der verschuldeten EL (also ohne deren Mitverantwortung) erheblich anstieg.
4. Vgl. Nuscheler (2005: S. 370 ff.).
5. Zu Afrika z. B. Walter Eberlei (2009).
6. Dazu Bliss/Neumann (2014: S. 45 ff.).
7. Gut dargestellt (mit einer Zwischenbilanz nach 10 Jahren) z. B. in VN (2010); dazu eine entwicklungspolitische kurze Bewertung bei Debiel (Hrsg.) (2018).
8. Debiel (2018: S. 5 ff.).
9. Siehe UN (2015: S. 12 f.).

10. Vgl. Tanja Brühl: Die Zusammenführung von Entwicklungs- und Umwelta-
    genda, in: Tobias Debiel (Hrsg.) (2018): S. 17–21.
11. Siehe auch: https://www.bmz.de/de/ministerium/ziele/2030_agenda/17_ziele/
    index.html und https://www.nachhaltigkeitsrat.de/
12. Der Tschad wurde 2011 aus der Liste der Partnerländer gestrichen und die
    offizielle bilaterale Zusammenarbeit wegen schlechter Regierungsführung ein-
    gestellt. Das hier in der Folge beschriebene Programm wurde jedoch bereits
    2002 geprüft und 2011 erfolgreich abgeschlossen. Eine Überprüfung der Funk-
    tionsfähigkeit der Handpumpenbrunnen bescheinigte dem Vorhaben 2014 sehr
    guten Erfolg (siehe siehe unser „Gutes Beispiel" in Abschn. 16.2).
13. Unter dem Titel „Sektorkonzept Wasser" fasst das Konzept Vorhaben für
    ganz unterschiedliche Maßnahmen im sogenannten WASH-Bereich *(Water,
    Sanitation, and Hygiene)* zusammen, benennt die Ziele, die mit den Maß-
    nahmen verbunden sein sollten, sowie Instrumente zur Umsetzung. Die
    BMZ-Wasserstrategie von 2017 stellt Wasser und Abwasser mit Blick auf die
    Agenda 2030 in einen größeren, gerade auch umweltpolitischen Kontext.
14. Integrierter Analyserahmen zur Untersuchung von Zielgruppen und Betroffe-
    nen in Vorhaben der Finanziellen Zusammenarbeit, Frankfurt 2012.
15. Zum laufenden Evaluierungsprogramm vgl. DEval (2018): DEval-
    Evaluierungen 2018–2020. Themenschwerpunkte, laufende und geplante
    Evaluierungen des DEval. https://www.deval.org/
16. Nationale Ministerien haben durchaus auch anderes zu tun als die Koordination
    von ausländischen Projekten. Im Rahmen des Productive Safety Net Programme
    in Äthiopien, das Menschen in von Dürre heimgesuchten Gebieten durch soziale
    Sicherungsbeiträge (z. B. Geld / Nahrungsmittel als Bezahlung für von ihnen
    durchgeführte öffentliche Arbeiten etwa im Bereich der Infrastruktur sowie
    bedingungslose Geldtransfers für erwerbsunfähige Personen), wurden in Regie
    des Landwirtschaftsministeriums zwischen 2015 und Ende 2018 rund 46.000
    Einzelmaßnahmen durchgeführt bzw. gesteuert.
17. Zu den Aufgaben und Evaluationen des Deutschen Evaluierungsinstituts siehe
    https://www.deval.org/de/evaluierungen.html [8-2020].

Zwischen UNO und Einpersonenbetrieb: Die Akteure der Entwicklungszusammenarbeit

5

Zusammenfassung

2019 wurden weltweit etwas über 150 Mrd. US\$ an offizieller Entwicklungshilfe verausgabt. Daneben kamen zwischen 15 und 20 Mrd. US\$ von privaten EZ-Organisationen hinzu. Um diese Mittel zumindest größtenteils kontrolliert für Entwicklungsmaßnahmen einzusetzen, sind allein auf der Geberseite weltweit einige Hundert staatliche Organisationen, Einrichtungen der UN und Entwicklungsbanken sowie mehrere Tausend NRO tätig. Ihre MitarbeiterInnen dürften in die Hunderttausende gehen. Zwischen einer Einrichtung wie der Weltbank mit über 10.000 oder der deutschen GIZ mit zuletzt sogar rund 17.500 Angestellten im In- und Ausland auf der einen Seite und Einpersonen-Initiativen auf der anderen gibt es fast jede denkbare Organisationsform und Struktur, die sich mit Entwicklungshilfe beschäftigt.

Schlüsselwörter

BMZ · Nichtregierungsorganisationen · NRO · NGO · UNO · Weltbank

5.1 Deutschland, Europa und die Vereinten Nationen

Im weltweiten Durchschnitt werden etwa 60 % ODA-Gelder im Rahmen bilateraler Zusammenarbeit und 40 % durch multilaterale EZ vergeben, d. h. durch die Europäische Kommission, die internationalen Entwicklungsbanken und UN-Organisationen[1]. Im Bereich der bilateralen EZ sind die USA größter Geber

weltweit, gefolgt von Großbritannien und Deutschland. Es folgen Japan, Frankreich sowie das bevölkerungsarme Schweden, das von allen Gebern mit Blick auf
den ODA-Anteil an seinem Bruttonationaleinkommen (1,41 % gegenüber 0,17 %
der USA) relativ gesehen weltweit größter Geber ist[2].

Die Organisation der Entwicklungszusammenarbeit in Deutschland
In Deutschland wird die EZ durch das Bundesministerium für wirtschaftliche
Zusammenarbeit und Entwicklung (BMZ) koordiniert. Der zuständige Minister ist
Mitglied des Bundessicherheitsrates und soll, zumindest der Theorie nach, die Kohä-
renz zwischen den verschiedenen Politikbereichen, vor allem zwischen der EZ und
der Außenwirtschaftspolitik sowie der auswärtigen Politik sicherstellen.

Die Gelder des BMZ werden unter anderem an zwei wichtige Durchführungsorganisationen weitergereicht, die beide im Besitz des Bundes sind: die Kreditanstalt
für Wiederaufbau (KfW) und die Deutsche Gesellschaft für Internationale Zusammenarbeit (GIZ; siehe Glossar am Ende des Bandes). 2020 sind im BMZ-Haushalt
für die bilaterale Arbeit der KfW und GIZ rund 4,7 Mrd. Euro vorgesehen. Im
institutionellen Rahmen der KfW ist auch die Deutsche Investitions- und Entwicklungsgesellschaft (DEG) tätig, die vor allem Unternehmensfinanzierungen betreibt,
z. B. bei der Kooperation eines deutschen Unternehmens mit einem Betrieb in einem
EL dessen Kapitalbedarf abdeckt. CIM – das Centrum für internationale Migration
und Entwicklung – kümmert sich nicht etwa um Flüchtlinge, sondern vermittelt
(deutsche) Fachkräfte in ausländische (Verwaltungs)Organisationen, die dort vor
allem technische Beratung betreiben. Und schließlich sind auch die Bundesanstalt für Geowissenschaften und Rohstoffe (BGR) und die Physikalisch-Technische
Bundesanstalt (PTB) mit Geldern des BMZ in den EL tätig. Letztere bringt Partnerorganisationen in EL, vereinfacht gesagt, messen, zählen und wiegen auf hohem
Niveau bei, d. h. es werden Normen und Qualitätsstandards und deren Umsetzung
vermittelt, ohne die ein Unternehmen in einem EL beispielsweise keine Chance auf
einen europäischen Marktzugang hat.

Daneben gibt es einige Zuwendungsempfänger des BMZ, die einen quasi-
staatlichen Charakter haben, das Deutsche Institut für Evaluierung (DEval) und
das Deutsche Institut für Entwicklungspolitik (DIE). Ersteres soll relativ unabhängig von Ministerium und Durchführungsorganisationen die deutsche staatliche
entwicklungspolitische Arbeit in den EL, aber auch in Deutschland evaluieren, d. h.
auf ihre Zielerreichung, Nachhaltigkeit, Wirkungen und die Kosteneffizienz hin
überprüfen. Das DIE ist eine auch international sehr renommierte Politik- und
Beratungseinrichtung, die einerseits zu Entwicklungsfragen forscht, andererseits
einen Ausbildungskurs für StudienabsolventInnen anbietet, die danach in den eher
staatlichen Einrichtungen der EZ arbeiten wollen.

Eine deutlich steigende Tendenz bei den Ausgaben des BMZ hat die Unterstützung privater EZ-Organisationen in Deutschland bei ihrer Arbeit in den Partnerländern. Im Haushalt 2020 waren es rund 1,31 Mrd. EUR, wobei der Löwenanteil an die Politischen Stiftungen[3] (340 Mio.) und die Entwicklungsorganisationen der Kirchen (301 Mio.) ging. Weitere 193 Mio. EUR wurden für Aktivitäten der Wirtschaft und ihrer Verbände bereitgestellt, und über „nur" 150 Mio. EUR durften die sonstigen großen und kleinen NRO in Deutschland verfügen, wobei noch einmal 61 Mio. EUR einer Sondergruppe von NRO zusätzlich bereitgestellt wurden.

Aus Sicht zahlreicher zivilgesellschaftlicher Einrichtungen in Deutschland liegt in dieser Verteilung durchaus ein Missverhältnis, da sich die beiden Kirchen und fünf politischen Stiftungen alleine 49 % der Gelder teilen dürfen und 51 % an den Rest gehen, d. h. Hunderte anderer Organisationen, zu denen auch große wie die Welthungerhilfe, die Kindernothilfe oder Oxfam Deutschland fallen. Warum ausgerechnet die wohlhabende deutsche Wirtschaft einen fast so großen Betrag wie die gesamte deutsche NRO-Szene (ohne kirchliche Träger) zusammen bekommt, ist auch eine Frage wert.

Anders als zum Beispiel das Landwirtschaftsministerium oder das Umweltministerium verfügt das BMZ über kein Bundesamt, das sich mit dem Tagesgeschäft und damit auch der Arbeit der Durchführungsorganisationen auseinandersetzt. Vielmehr müssen die BeamtInnen im Ministerium neben ihrer politischen Planungsaufgabe auch die Umsetzung von Projekten und Programmen der EZ steuern. Dies führt nach Ansicht vieler BeobachterInnen zu einer erheblichen Belastung aufgrund zu vieler Aufgaben, was wiederum zu einer im Vergleich mit anderen wichtigen Geberländern geringen „Einmischungskapazität" in politische Diskurse in den Entwicklungsländern selbst führt. Denn GIZ und KfW können als reine Durchführungsorganisationen zumindest offiziell keine eigenständigen deutschen entwicklungspolitischen Positionen vertreten: Dies kann nur das Ministerium selbst, und dem fehlen dafür die Leute. Eine Dienstreise zur Orientierung über laufende Vorhaben ist daher selbst für die LänderreferentInnen fast zur Seltenheit geworden, und wenn sie doch stattfindet, bleibt sie sehr kurz.

Dagegen bemüht sich beispielsweise die britische EZ über ihre Durchführungsorganisation DFID (Department for International Development) weltweit um die Beeinflussung des entwicklungspolitischen Tagesgeschäfts wie auch der nationalen Politiken der unterstützten EL. Auch die Weltbank (siehe unten), die für sich reklamiert, ganz auf Einmischungen in politische Fragen zu verzichten, übt alleine aufgrund ihrer extrem hohen Finanzkraft, aber auch aufgrund ihrer starken personellen Präsenz in den Hauptstädten der EL einen sehr großen Einfluss aus, der sich nicht allein in den Entwicklungskonzepten der ärmsten Länder wiederfindet, sondern durchaus auch in unterstützten Ländern mit mittlerem Einkommen.

Die Koordination durch das BMZ der unterschiedlichen deutschen staatlichen Institutionen wie auch zwischen den Durchführungsorganisationen KfW und GIZ sieht sich erheblichen Problemen gegenüber. Neben dem BMZ wurden für 2015 im 15. Entwicklungspolitischen Bericht der Bundesregierung 15 Ministerien und andere Einrichtungen gelistet, die ebenfalls ODA-Mittel vergeben. Allein das Auswärtige Amt verfügte im Berichtsjahr über fast 1,3 Mrd EUR (2020 sogar 1,64 Mrd.) für humanitäre Hilfe, das Bundesumweltministerium immerhin über 220 Mio. EUR und das Forschungsministerium über rund 150 Mio. EUR. An anderen Bundesministerien ist noch das Landwirtschaftsministerium zu nennen, ferner das Innen- und das Gesundheitsministerium mit „nur" jeweils etwa neun Mio. EUR.

Einen großen Beitrag leisten auch die Bundesländer, die 2019 auf zusammen fast 1,2 Mrd. EUR kamen. Unter den ODA-Ausgaben „sonstiger" Geber in Deutschland führt der Bericht (2015) 2,721 Mrd. EUR auf, worunter sich wahrscheinlich auch die zahllosen Städte und Gemeinden verbergen, die ebenfalls (zumeist kleinere) Beiträge vor allem für Partnergemeinden in EL aufwenden oder den lokalen fairen Handel unterstützen.

Europäische Entwicklungszusammenarbeit

Die Europäische Union (EU) hat sich im Einklang mit ihren in der „Aktionsagenda von Addis Abeba" aus dem Jahr 2015 verankerten Grundsätzen erneut dem Ziel verpflichtet, 0,7 % des BNE ihrer Mitgliedsländer für die Entwicklungszusammenarbeit bereitzustellen. Die EU ist mit 84,5 Mrd. US$ und damit 55 % aller 2019 bereitgestellten ODA-Mittel weltweit gesehen größter Geber, wobei dieser Betrag sowohl den eigenen EZ-Etat der EU umfasst wie auch die Beiträge der einzelnen Mitglieder.

Langfristig angestrebt wird dabei die nachhaltige Entwicklung mit einem Fokus auf der Beseitigung von Armut. Kernelement der Förderung ist der Europäische Entwicklungsfonds (EEF), der im Rahmen des Vertrags von Rom im Jahr 1957 eingerichtet wurde und die ehemaligen Kolonien der Mitgliedsländer (v. a. Frankreichs und Großbritanniens) in Afrika, im karibischen Raum und im Pazifischen Ozean (AKP) abdeckt. Deutschland hat 2020 im Einzelplan 23 des Bundeshaushaltes für den EEF rund 970 Mio. EUR bereitgestellt.

Heute arbeitet die EU mit etwa 160 Staaten zusammen. Der Schwerpunkt liegt auf den AKP-Staaten, ferner den Ländern, die eine Mitgliedschaft in der EU anstreben, den Partnerländern in der östlichen und südlichen Nachbarschaft und in Lateinamerika. Der derzeit laufende 11. EEF verfügt über eine Finanzausstattung in Höhe von 29,1 Mrd. EUR, darunter 24,3 Mrd. EUR für die nationale und regionale Zusammenarbeit, 3,6 Mrd. EUR für die Zusammenarbeit zwischen den AKP-Staaten und 1,1 Mrd. EUR für die AKP-Investitionsfazilität.[4]

Die EU reklamiert für sich, in Sachen Politikkohärenz eine führende Stellung einzunehmen, indem sie danach trachtet, „Entwicklungsziele in all ihren Strategien, die Entwicklungsländer betreffen, umfassend zu berücksichtigen"[5]. Das Eigenlob gerade bei der Politikkohärenz (also der Abgestimmtheit aller politischen Beiträge aufeinander zum Zwecke einer besonderen Wirksamkeit, hier bei den entwicklungspolitischen Maßnahmen) muss verwundern. Denn wenn die EU einerseits größter Geber der EZ ist, so ist sie auch angesichts ihrer Außenhandelspolitik und ihrer hohen Exportsubventionen ein großer Verursacher von Verwerfungen im Handel – und trägt damit zur Massenverarmung bei, die sie zu bekämpfen vorgibt. Wenn z. B. gefrorenes Rind- oder Hühnerfleisch aus EU-Ländern für einen einzigen Euro das Kilogramm auf die westafrikanischen Märkte geworfen wird, kann damit kein afrikanischer Bauer konkurrieren mit der Folge, dass die Menschen einheimische Produkte nicht mehr kaufen und deren ProduzentInnen ins Elend stoßen.

Auch in anderer Hinsicht wird die bilaterale EZ der EU kritisiert. Ein Gespräch mit dem Landwirtschaftsminister eines Sahellandes 2014 ergab, dass man hier die deutsche bilaterale EZ als schwerfällig empfinde, weil sie lange und komplexe Planungs- und Abstimmungsprozesse verlange. Wenn aber einmal die Planung stehe und unterschrieben sei, dann erfolge die Abwicklung reibungslos. Die EU dagegen, so der Minister, habe mindestens so komplexe und womöglich noch länger dauernde Prozesse. Wenn dann alles abgestimmt und unterschrieben sei, dann müsse trotzdem jede einzelne Teilmaßnahme innerhalb eines Programms separat von Brüssel bewilligt werden. Das überfordere seine Verwaltung über alle Maße und verzögere die Umsetzung erheblich.

Ein Teil der EU-Gelder wird nicht bilateral mit den Partnerregierungen abgewickelt, sondern länderweise über Ausschreibungen an NRO vergeben. Angeblich werden die entwicklungspolitischen Schwerpunktbereiche dieser Ausschreibungen mit den Regierungen abgesprochen und sie sollen dabei die Prioritäten der entwicklungspolitischen Konzepte der Partnerländer abbilden. Dies erfolgt in der Praxis oft nicht. Vielmehr werden die Themen nach europäischen politischen Erwägungen festgelegt. Ein weiteres Problem bei diesen Ausschreibungen sind die kurzen Bewilligungsperioden und damit Projektlaufzeiten von 18 Monaten bis maximal 36 Monaten ohne Garantie einer Verlängerung. „Spätestens alle drei Jahre wird eine neue Sau durchs Dorf getrieben, sprich nach Trinkwasser als Thema der Ausschreibung kann auf einmal Förderung der Guten Regierungsführung folgen und im nächsten Paket dann Gesundheit", so die Vertreterin einer (geförderten) NRO gegenüber dem Verfasser.

Auch die zwangsläufige Abwicklung von durch die EU geförderten Maßnahmenpaketen durch nationale NRO ist nicht immer sinnvoll, denn auf nationaler Ebene gibt es oft für die Themenfelder gar keine kompetenten NRO und auch die internationalen NRO (I-NRO) glänzen nicht immer durch Kompetenz im jeweiligen Sektor, sind aber häufig dennoch zur Abgabe von Angeboten gezwungen, um ihren MitarbeiterInnen-Apparat im Land zu erhalten. Letzteres ist durchaus sinnvoll, um nicht vor allem die nationalen MitarbeiterInnen entlassen zu müssen, nur wären diese deutlich sinnvoller in einem Themenfeld einzusetzen, in dem sie in den vergangenen Jahren erhebliche Kompetenz aufgebaut haben.

Und ein weiteres Problem hat die EU mit anderen EZ-Gebern gemeinsam, hier vor allem den internationalen Entwicklungsbanken, nämlich die geringe Verpflichtung der Partnerseite auf die Einhaltung von zuvor verabredeten *Konditionalitäten*. Einerseits wird mit allen Regierungen – besonders natürlich auch mit jenen mit schlechter Regierungsführung – im Vorhinein vereinbart, dass bestimmte politische Bedingungen einzuhalten sind, wenn sie etwa Zuschüsse zum Staatshaushalt erhalten wollen. So sollten in den Jahren nach 2010 z. B. in Tadschikistan im Staatshaushalt 40 % des Budgets für Sozialausgaben vorgesehen werden. Seit Jahr und Tag verstößt indes die Regierung gegen diese Vereinbarung – ohne dass dies jedoch Konsequenzen für die Hilfsgelder im nächsten Jahr hat. Gleiches passiert in vielen anderen Ländern und dies nicht nur bei Verstößen gegen die Abmachungen bei der Budgethilfe.

UN-Organisationen und internationale Entwicklungsbanken
Von den rund 20 Unterorganisationen der Vereinten Nationen haben fast alle in der einen oder anderen Weise auch etwas mit EZ zu tun. Einige legen sogar den Schwerpunkt auf entwicklungspolitische Zusammenarbeit. An erster Stelle steht hier das Entwicklungsprogramm der Vereinten Nationen (*United Nations Development Programme*, UNDP), dessen Direktor und damit Unter-Generalsekretär der VN mit Achim Steiner ein Deutscher ist[6]. Der Entwicklungsfonds der VN für Frauen (*United Nations Development Fund for Women*, UNIFEM) ist eng mit UNDP verbunden. Beide Organisationen gehören zusammen mit dem Kinderhilfswerk der VN *(UN Children's Fund, UNICEF)*, dem Welternährungsprogramm (*World Food Programme*, WFP) oder dem Flüchtlingskommissar der VN (*UN High Commissioner for Refugees*, UNHCR) zu den VN-Fonds und -Programmen. Deren Aufgabe ist vorrangig die Durchführung Technischer Zusammenarbeit mit den EL. Sie unterstehen dabei der Aufsicht und Steuerung der Generalversammlung der VN.

UNDP als die Entwicklungsagentur der VN versucht, oft in Konkurrenz mit der Weltbank, die nationale Entwicklungsplanung der Partnerländer zu unterstützen und zumindest die technischen Geberleistungen zu koordinieren. Das gelingt allerdings nur in einzelnen Fällen und nicht einmal bei den anderen VN-(Sonder)Organisationen. Eher führt UNDP – kaum anders als andere Geberorganisationen – einzelne Projekte durch bzw. unterstützt Vorhaben der Partnerseite.

Da UNDP stark unterfinanziert ist, bemüht sich die Organisation stets um Drittmittel, was wiederum ihre Position als Koordinierungsstelle für EZ untergräbt. Damit sinkt auch die Bedeutung des Programms als einer besonders wichtigen Entwicklungsorganisation.

Neben den erwähnten Programmen gibt es die *Sonderorganisationen* der VN, zu denen die Ernährungs- und Landwirtschaftsorganisation (*Food and Agricultural Organization*, FAO)[7] ebenso gehört wie die Internationale Arbeitsorganisation (*International Labour Organization*, ILO) oder die Weltgesundheitsorganisation (*World Health Organization*, WHO). Auch die Weltbankgruppe zählt zu den Sonderorganisationen (siehe unten). Sehr wichtig ist auch der Internationale Agrarentwicklungsfonds (*International Fund for Agricultural Development*, IFAD)[8]. Der IFAD ist auf die Armutsbekämpfung im ländlichen Raum ausgerichtet und wird wegen seiner Bedeutung für die weltweite Ernährungssicherung auch von einer Reihe von Schwellenländern, unter ihnen die Mitgliederstaaten der OPEC (Organisation der Erdöl fördernden Staaten), unterstützt.

Primäre Aufgabe letzterer Organisationen, ausgenommen die Weltbank, ist die Normensetzung und das Monitoring ihrer Einhaltung (so jetzt bei COVID-19 durch die WHO). Dabei geht es z. B. bei der WHO um die weltweiten Abstimmungen bei Schutzimpfungen, d. h. welche Impfung wo verpflichtend sein soll, um Massenerkrankungen zu verhindern. Alle leisten auch Technische Zusammenarbeit im Milliardenbereich, die unter den weltweiten ODA-Mitteln subsumiert werden. Obwohl den Vereinten Nationen vertraglich verbunden, handelt es sich bei allen Sonderorganisationen um autonome Einrichtungen, die nicht der Kontrolle der VN-Generalversammlung unterstehen[9].

Während die Sonderorganisationen der VN aus den Mitgliederbeiträgen der in der Weltorganisation vertretenen Staaten finanziert werden, zu denen freiwillige Leistungen der Mitgliedsstaaten hinzukommen können, werden die Fonds und Programme ausschließlich durch solche freiwilligen Beiträge getragen. Deutschland ist fast bei jeder wichtigen Maßnahme dabei, wobei jedoch unterschiedliche Prioritäten gesetzt werden. Daher kann auch nicht wie bei den deutschen Mitgliedsanteilen bei der Weltbank (derzeit rund 5,37 %) von einem bestimmten durchschnittlichen Prozentsatz an deutschen Beiträgen ausgegangen werden. Zudem verändert sich das Interesse an den VN-Organisationen je nach Koalitionsregierung. Dabei gilt grosso modo, dass CDU/CSU und FDP vorrangig die bilaterale EZ unterstützen und daher den VN-Organisationen oder anderen multilateralen Einrichtungen eher kritisch gegenüberstehen, während Grüne, SPD und Linke zwar auch mehrheitlich die bilaterale Zusammenarbeit unterstützen, aber den VN gegenüber großzügiger eingestellt sind.

Hinsichtlich der Bewertung der Arbeit der VN-Organisationen kann auf die Gegenüberstellung in Abschn. 4.3 zur bilateralen versus multilateralen EZ verwiesen werden. Hinzu kommt, dass die VN und ihre Organisationen als bürokratisch gelten und trotz erheblicher (zumindest rhetorischer) Anstrengungen bei der Korruptionsprävention eher unter Misswirtschaft leiden als die bilaterale Zusammenarbeit. Die Berücksichtigung aller Mitgliederstaaten, auch der kleinsten, bei der Personalpolitik führt dazu, dass nicht immer und überall auch qualifizierte MitarbeiterInnen eingesetzt werden und auch ihre Gesamtzahl die tatsächlichen Notwendigkeiten öfters überschreitet. Ein Pluspunkt ist unter Gesichtspunkten der Partizipation und Ownership dagegen die Tatsache, dass wie bei der Generalversammlung der VN selbst überall – die Weltbankgruppe ausgenommen – das Entscheidungsprinzip „ein Land, eine Stimme" gilt[10].

Internationale Entwicklungsbanken

Zu den internationalen Entwicklungsbanken (*International Finance Organizations*, IFO) gehört die Weltbankgruppe (Abb. 5.1) sowie die regionalen Entwicklungsbanken[11]. Die Weltbankgruppe *(World Bank)* besteht aus vier Banken mit unterschiedlichen Aufgaben[12]. Von der Bedeutung her ist die 1944 gegründete Bank für Wiederaufbau und Entwicklung (*International Bank für Reconstruction and Development*, IBRD) die wichtigste Teilbank. Hinzu kommen die Internationale Entwicklungsorganisation (*International Development Association*, IDA), die Internationale Finanz-Corporation (*International Finance Corporation*, IFC) und, später gegründet, die Multilaterale Investitions-Garantie-Agentur (*Multilateral Investment Guarantee Agency*, MIGA). Von entwicklungspolitischer Bedeutung und vor allem aktiv in Sachen Armutsbekämpfung sind vor allem IDA und IFC – und mit Abstrichen die IBRD.

Hauptaufgabe der IBRD ist die Förderung der wirtschaftlichen Entwicklung in Entwicklungs- und Schwellen- bzw. Transformationsländern durch „langfristige Darlehen zu marktnahen Konditionen". Die Refinanzierung der IBRD-Mittel erfolgt weitgehend über den Kapitalmarkt. Einerseits gelten bei ihren Krediten „günstige" Laufzeiten von 15 bis 20 Jahren mit drei bis fünf tilgungsfreien Jahren zu Beginn. Andererseits liegen die Zinsen kaum unter den üblichen Marktzinsen der Geschäftsbanken, sodass sich extrem arme Länder IBRD-Kredite kaum leisten können. Allerdings stellen Kritiker von Entwicklungs-„Geschenken" wie die schon erwähnte Sambianerin Dambisa Moyo (2012[2]) auch fest, dass für gute, d. h. wirklich dringliche und nachhaltige Investitionen durchaus Kredite zu Marktbedingungen aufgenommen werden können und es vor allem die geschenkten Gelder sind,

Abb. 5.1 Hauptgebäude der Weltbankgruppe in Washington. (Foto: © Frank Bliss 1989–2020)

die Entwicklung schädigen und die Korruption fördern. Von daher könnten IBRD-Kredite in Ländern mit guter Regierungsführung durchaus positive Entwicklungen fördern, unabhängig vom Armutsstatus der beteiligten Länder.

Bisher jedoch ist die 1960 gegründete IDA für die ärmeren Staaten die wichtigere Teilbank, da sie ihre Kredite weitaus günstiger als die IBRD vergibt, und zwar noch großzügiger mit Laufzeiten von 20 bis 40 Jahren bei zehn Freijahren und lediglich einer „Bearbeitungsgebühr" von 0,75 %, was bis vor wenigen Jahren noch fast als „zinslos" galt. Ziel der IDA-Beiträge ist explizit die Armutsbekämpfung in den Kreditnehmerstaaten. Im Gegensatz zur IBRD erhält die IDA ihre Gelder für Darlehen durch die Beiträge ihrer Mitglieder, aus Gewinnüberweisungen von IBRD und IFC sowie Kreditrückzahlungen der Empfängerländer. Der deutsche Anteil an den Beiträgen liegt in der Regel bei rund 6 %.

Während die IDA neben Investitionen, von denen wenigstens eine mittelbare Armutswirkung ausgehen soll, auch unmittelbar der Armutsminderung dienende Projekte finanziert, soll die 1956 auf den Weg gebrachte IFC Armut mindern helfen, indem sie Aktivitäten der Privatwirtschaft fördert und dadurch vor allem Beschäftigungs- und Einkommenssteigerungen. Wurden früher vor allem Kredite für den Aufbau und die Erweiterung von Unternehmen sowie Beteiligungen an privaten Unternehmen finanziert, so stellt die IFC heute auch Mittel für die Unterstützung kleiner und kleinster Unternehmen zur Verfügung und begleitet diese durch Technische Unterstützung (d. h. vor allem Beratung etwa bei Business-Plänen).

Neben der Weltbank als weltweit agierender Organisation existieren in Lateinamerika, Asien, Afrika und Europa regionale Entwicklungsbanken, die vergleichbare Arbeit wie die Weltbank leisten. Am bedeutendsten unter ihnen ist die Asiatische Entwicklungsbank (*Asian Development Bank,* ADB), deren Verfahren im Wesentlichen denen der Weltbank (IBRD und IDA) gleichen[13]. Während in der Weltbank die USA tonangebend sind, ist in der ADB Japan wichtigstes Mitgliedsland bzw. bedeutendster Beitragszahler. Auch Deutschland als Mitgründer der ADB ist mit einem relevanten Anteil von rund 3,75 % (sowie einem Gouverneur) vertreten und auch China wird in den Gremien der Bank immer wichtiger. Die ADB ist auf die Förderung von Infrastruktur spezialisiert, fördert zunehmend aber auch Sozialprogramme wie in Pakistan und auf den Philippinen. Hier werden Einzelmaßnahmen mit jeweils rund 400 Mio. US$ unterstützt, die ihrerseits nationale Armutsbekämpfungsprogramme im Umfang von mehr als vier Milliarden US$ auf vier Jahre mobilisieren konnten.

Weniger große Programme werden von der Interamerikanischen Entwicklungsbank (*Inter American Development Bank,* IADB)[14] und der Afrikanischen Entwicklungsbank (*African Development Bank,* AfDB)[15] unterstützt. Letztere ist bei der Abwicklung deutlich weniger professionell als Weltbank oder ADB und zudem weniger transparent. Vor allem für die Unterstützung der osteuropäischen Staaten sowie der Transformationsländer der ehemaligen Sowjetunion zuständig ist die Europäische Bank für Wiederaufbau und Entwicklung (*European Bank for Reconstruction and Development,* EBRD).[16] Im internationalen Rahmen aktiv ist schließlich auch die Islamische Entwicklungsbank (*Islamic Development Bank,* ISDB), die in großem Umfang von den Golfstaaten finanziert wird und fast ausschließlich in islamischen Ländern und Ländern mit großen muslimischen Bevölkerungsanteilen aktiv ist[17].

Relativ neu im internationalen Entwicklungsgeschäft ist die *Asian Infrastructure Investment Bank* (AIIB), die von China, als Ergänzung und sicher auch Konkurrenz zu Weltbank und ADB, 2015 unter Beteiligung von 57 Ländern gegründet wurde, darunter auch nicht-asiatische Staaten als Teilhaber. So hat sich auch Deutschland als eines der ersten OECD-Länder beteiligt und hält derzeit etwa 4,2 % Anteile an der AIIB. Da sich China seines ambivalenten Rufs als Entwicklungshilfegeber bewusst ist, wurden von Anfang an bei den Bankrichtlinien einschließlich der sozialen Standards, Safeguards und des Compliance-Systems (d. h. ein „unabhängiger" Beschwerdemechanismus) im Wesentlichen die Vorgaben der Weltbank und ADB übernommen[18]. Über die Praxis der Umsetzung liegen allerdings erst wenige Erkenntnisse vor.

Viele Fachleute und ganze I-NRO verfolgen die Arbeit der Entwicklungsbanken sehr kritisch. So wird der Weltbank, sicher zu Recht, vorgeworfen, sich zu sehr in die makroökonomischen Planungen der EL einzumischen. Während der Phase der Strukturanpassungen in den 1980er und 1990er Jahren hatte dies vor allem für die ärmeren Bevölkerungsschichten überwiegend negative Konsequenzen, weil soziale Dienstleistungen massiv abgebaut werden mussten. Gleichzeitig richtete sich die Kritik seit den 1970er Jahren verstärkt gegen die Finanzierung von Großprojekten durch die Entwicklungsbanken, bei denen teilweise Zehntausende von Menschen ihre Heimat verloren (etwa durch Großstaudämme). Noch 2015 geriet die Asiatische Entwicklungsbank unter Druck, weil in Kambodscha wegen einer Bahnlinie Hunderte von Behausungen extrem armer Familien quasi über Nacht abgerissen wurden, ohne dass ausreichende Vorkehrungen für eine sozialverträgliche Umsiedlung bzw. Entschädigung getroffen worden waren.

Dies muss jedoch zumindest in den letzten zehn Jahren als ein Ausrutscher angesehen werden, der denn auch zwischenzeitlich weitgehend durch Kompensationszahlungen „geheilt" wurde. Denn für solche Fälle gelten Schutzmaßnahmen, die unter dem Stichwort „Safeguards" bei der Weltbank seit 2001 und der ADB seit spätestens 2009 bei allen Infrastrukturvorhaben zwingend anzuwenden sind. Heute darf z. B. bei der ADB kein Bauvorhaben physisch begonnen werden, bevor nicht ein Umsiedlungsplan erstellt, Entschädigungen im Einvernehmen mit den Betroffenen festgelegt und diese sogar bereits ausbezahlt wurden (siehe Box 10)[19]. Generell gilt dabei das Prinzip, dass niemand durch eine Maßnahme schlechter gestellt werden darf, als er/sie es zuvor war. Im Gegenteil soll versucht werden, dass auch bei vollem finanziellen Ausgleich eines Schadens die Betroffenen zusätzlich die Chance erhalten, von der eigentlichen Maßnahme zu profitieren. So wurde in Ostafrika jüngst eine Stromlinie durch ein armes Gebiet durchgeführt, das nicht elektrifiziert war. Damit die Bewohner über die Entschädigung für abzugebendes Land hinaus von dem Stromprojekt auch ihrerseits profitieren konnten, wurde vorgeschlagen, alle ländlichen Zentren im Umkreis von 30 km um die neue Stromlinie herum über eine parallel verlaufende Mittelspannungsleitung an diese anzuschließen.

Box 10: Eine Hochspannungsleitung im tadschikischen Khatlon wird gebaut
Zwischen der kleinen Ortschaft Jilikul, wo eine neue Umspannstation
errichtet wurde, und dem weiter südlich gelegenen Rumi wurde mit
Finanzierung der ADB im Auftrag des Energieministeriums des zentralasiatischen Landes 2013 bis 2016 eine 220-kV-Hochspannungsleitung gebaut,
um die maroden, noch aus der Sowjetzeit stammenden bestehenden Anlagen zu ersetzen. Der Verfasser hatte dabei die Verantwortung für die
Umsetzung der ADB-Safeguards.

Zuerst wurden die vorliegenden tadschikischen Pläne für die Stromtrasse
geprüft – und schnell zu den Akten gelegt, da die Linie durch mehrere Dörfer geführt werden sollte, wobei über 100 Wohnhäuser hätten abgerissen
werden müssen. Stattdessen wurde Kilometer für Kilometer in mühsamer
Befahrung und Begehung des Geländes und auf der Basis von Luftauf-
nahmen ein Ersatzkorridor gesucht und am Ende gefunden. Dies bedeutete
mehr als 30 zusätzliche Strommasten, bei Kosten von 15–20.000 US$ das
Stück keine Kleinigkeit. Aber am Ende standen nur ein Stall und eine Hof-
mauer im nach nationalen Normen mindestens 50 m breiten Korridor der
geplanten Stromleitung.

Dorfweise fanden nach der Identifikation des Korridors Versammlungen statt, bei denen mit der Bevölkerung über die Entschädigung vor
allem die für die Masten benötigten Flächen gesprochen wurde. Dabei
handelte es sich allerdings nur um jeweils rund 50 bis 225 m^2, die alle
laufenden 200 bis 400 m pro Mast für den Ackerbau permanent verloren
gehen würden. Erst mit der Annahme des Entschädigungsplanes durch das
Energieministerium erfolgte die Zustimmung der ADB zu dem Projekt.

Allerdings ergaben sich einige Probleme bei der genauen Erfassung der
jeweiligen Besitzverhältnisse. Die tadschikische Landreform im Kontext der
Auflösung der vormaligen Staatsfarmen (Kolchosen oder Sowchosen) und
der Rückgabe des Landes an die Bauern hatte zu einer kuriosen Situation geführt: Zwar hatten die Bauern schon die Landtitel zugesprochen
bekommen, aber oft lagen die Urkunden noch im Tresor der ehemaligen
Staatsfarm. Deren Noch-Manager traten nun im Rahmen des Entschädi-
gungsverfahrens als „Betroffene" auf, was allerdings schnell auffiel. Auch
wenn es Mühe machte, die tatsächlich geschädigten Landbesitzer heraus-
zufinden – am Ende konnten diese identifiziert und ihnen die zustehenden
Entschädigungsgelder ausgezahlt werden. Erst nachdem eine Überprüfung

den Erhalt der Gelder bestätigen konnte, durfte die Baufirma mit dem Bau
von Umspannstation und Strommasten beginnen.

5.2   Private Entwicklungsorganisationen

Ein erstaunlich großer Anteil an Leistungen der internationalen EZ wird durch
private Organisationen aufgebracht. Es gibt drei sich teilweise überschnei-
dende Typen dieser Nichtregierungsorganisationen (NRO), die man auch als
Entwicklungs-NRO bezeichnen könnte: zum einen (i.) die „Nord-NRO" aus den
wohlhabenden Industrieländern, zu denen kleine Vereine gehören, die ein einziges Projekt unterstützen, aber auch große Stiftungen wie die Bill-Gates-Stiftung,
die sich weltweit mit einem Milliarden-Kapital engagiert. Diese NRO sammeln in
ihren Ländern Geld ein, mit dem sie zumeist keine eigenen Projekte durchführen,
sondern Maßnahmen von Partnerorganisationen unterstützen. Sind solche NRO in
mehreren Industrieländern vertreten und in verschiedenen EL tätig, so werden sie
auch (ii.) als Internationale NRO oder I-NRO bezeichnet.

Schließlich gibt es (iii.) die Süd-NRO, bei denen es sich um höchst unterschiedliche Einrichtungen handelt. Im besten Fall sind sie so organisiert wie eine
Nord-NRO, also z. B. als gemeinnütziger Verein nach dem jeweiligen nationalen
Recht, der sich um die Beschaffung eigener Mittel im Land selbst bemüht. Von
diesen NRO gibt es in Indien viele Hundert, die ohne Gelder aus den Industrieländern eigene Aktivitäten durchführen. Auch in Lateinamerika existieren zahllose
NRO, die ihre Projektmittel selbst beschaffen und alles andere als seltsam empfinden würden. Bei den meisten Süd-NRO, vor allem in Afrika, wird jedoch
mehrheitlich bis ausschließlich mit externen Geldern gearbeitet, die auf Zuwendungen von Nord-NRO oder sogar aus der bilateralen staatlichen EZ beruhen.
Später wird auf die problematische Seite dieser Abhängigkeiten eingegangen.

Die größeren Nord- wie Süd-NRO führen im Durchschnitt kleinere Projekte
als die staatlichen Organisationen oder gar die VN-Unterorganisationen und die
großen Entwicklungsbanken durch. Aber auch mit Vorhaben in der Größenord-
nung von unter 500.000 EUR bis gelegentlich 5 Mio. EUR oder sogar mehr
werden durch private EZ Hunderttausende von Menschen in den EL erreicht.

Aufgrund zunehmender Professionalität unterscheiden sich zumindest die
großen I-NRO heute bei der Planung und Durchführung von Projekten immer
weniger von staatlichen EZ-Organisationen wie der deutschen GIZ, der Schwe-
dischen SIDA oder der Schweizer DEZA. So werden Projekte nicht einfach

am grünen Tisch geplant, sondern intensiv mit ihren Partner-NRO und je nach ihrer Partizipationsorientierung auch mit VertreterInnen der Zielgruppen besprochen. Die Durchführung von Projekten erfolgt bei diesen NRO durch Fachkräfte mit zumeist langjähriger Projekterfahrung, und der Fortgang wird professionell durch Monitoring (d. h. ständige Soll-Ist-Vergleiche) bzw. Evaluationen (= Wirkungsanalysen) begleitet.

Die Unterschiede zwischen der Arbeit von NRO und staatlichen EZ-Organisationen liegen eher im politischen Bereich, d. h. NRO fühlen sich weniger an Vorgaben gebunden als die bilaterale EZ, und hinsichtlich ihrer Zielgruppennähe. Dadurch, dass eine NRO direkt mit einer anderen NRO im Partnerland, mit einer Kirchengemeinde oder einem anderen lokalen Partner zusammenarbeiten kann und nicht alles wie eine staatliche Entwicklungsorganisation über die Regierung des EL regeln muss, kann es in der Tat zu einer größeren Nähe zur Bevölkerung kommen. Zumindest theoretisch kann sich eine NRO viel schneller als ein staatliches Projekt an sich verändernde Umstände, neue Wünsche der Bevölkerung oder plötzlich eingetretene Notwendigkeiten anpassen. Dabei gilt allerdings, je mehr Geld die NRO selbst generieren kann (durch Spenden) und je weniger sie von staatlichen (z. B. vom deutschen BMZ) oder multilateralen (z. B. seitens der EU) Zuwendungen abhängig ist, desto schneller kann eine Anpassung ihrer Aktivitäten erfolgen (siehe Box 11).

Dennoch sind die staatlichen Einflüsse ebenso wie die Einflussnahme einzelner multilateraler Organisationen wie die der EU-Kommission auf NRO durch die hohen Zuwendungen und ggf. ihre Beendigung in der Praxis erheblich, zumal nach dem OECD-Bericht für 2018 allein aus bilateraler EZ rund 18 Mrd. US\$ oder 15 % der gesamten bilateralen EZ an NRO flossen und durch diese in Projekte umgesetzt wurden. Besonders viele staatliche Mittel wurden durch NRO in Syrien, Äthiopien, Kongo und Kenia verausgabt[20].

Box 11: Warum NRO in der Entwicklungszusammenarbeit?
Von staatlichen EZ-Institutionen unterscheidet sich eine private Entwicklungshilfeorganisation wie die Welthungerhilfe u. a. dadurch, dass wir bei der Projektauswahl keinen „übergeordneten" politischen oder wirtschaftlichen Vorgaben unterliegen. Auch bei der Teilfinanzierung von Projekten durch deutsche staatliche Stellen (z. B. das BMZ) schlagen wir eigene Projektideen vor. So sind wir mit Projekten im Sudan geblieben, obwohl das BMZ seine Aktivitäten dort wegen schlechter Regierungsführung eine Zeitlang eingestellt hatte. In diesem Fall haben wir Zuschüsse für unsere

Projekte weiter vom BMZ bekommen, aber wir hätten auch – mit Spenden-
mitteln – weitergemacht, wenn uns der Geldhahn für den Sudan zugedreht
worden wäre.

Ich habe den Eindruck, dass wir NRO mit unseren Maßnahmen näher bei
den bedürftigen Menschen sind als viele staatliche Projekte. Zum Beispiel
sind wir in Äthiopien in Gebieten präsent, in denen staatliche EZ weniger aktiv ist. Dorthin gibt es teilweise keinerlei Straßen und nicht einmal
Erdpisten. Zu manchen Dörfern müssen unsere MitarbeiterInnen zu Fuß
gehen.

Wichtig ist für uns, dass uns die Menschen vor Ort vertrauen. Wir bemühen uns daher, möglichst lange Zeit in einem Gebiet zu bleiben. Wenn
wir vom BMZ oder der Europäischen Union gefördert werden, stellen wir
jeweils einen Antrag für zwei bis drei Jahre, wissen allerdings nicht, ob
eine Maßnahme danach auch wirklich verlängert wird. Im Bedarfsfall können wir aber mit Spendengeldern weitermachen. Ohne die Gelder unserer
SpenderInnen ginge dies nicht.

Wichtig für den Aufbau von Vertrauen ist auch die Präsenz in den Partnerländern selbst. Früher wurden wir dafür kritisiert, dass wir Mitarbeiter
in einem Landesbüro z. B. in der äthiopischen Hauptstadt Addis Ababa
beschäftigten. Dies seien unnötige Verwaltungskosten, die dann nicht für
die Projektarbeit zur Verfügung stünden. Heute zeigt sich, dass durch diese
Anwesenheit z. B. nationale NRO aufgebaut und gestärkt werden konnten,
die wie ORDA in Amhara ein viel größeres Projektpaket umsetzen als wir
selbst. Auf diese Weise werden die nationalen Kapazitäten gestärkt, und zu
unserem Erfolg gehört es, dass wir uns immer mehr in den Hintergrund
begeben können.

Mathias Mogge, Generalsekretär der Welthungerhilfe, 2019

Leider gibt es keine offiziellen Zahlen zum weltweiten Gesamtumfang dessen,
was NRO an Spendengelder einwerben. Aber wer weiß, dass die Welthungerhilfe, Misereor und Brot für die Welt als große sowie die Kindernothilfe und
Oxfam als mittlere NRO 2018 zusammen rund 839 Mill. EUR an Einnahmen
verzeichnen, davon über 248 Mio. EUR allein aus Spendengeldern, kann sich
zusammenrechnen, dass neben den 165 Mrd. EUR an offizieller EH weltweit noch
einmal vielleicht 15–20 Mrd. US$ an privaten Geldern zusammenkommen[21].

Wer sind diese großen NRO und die vielen anderen, die mit teilweise mehreren Hundert bis über Tausend MitarbeiterInnen staatlichen Agenturen zwar keine

Tab. 5.1 Die Einnahmen ausgewählter deutscher NRO 2019 in Mio. EUR (gerundet)

	Welthungerhilfe	Misereor	Brot für die Welt	Kindernothilfe
Spenden	56,6	57,0	64,4	50,4
Kirchensteuer	–	7,0	58,8	–
Sonstiges	2,8	2,0	15,5	5,6
Zuschüsse	187,1	166,3	173,9	7,8
Gesamteinnahmen	**249,3**	**232,3**	**312,6**	**63,8**

Anmerkungen: Quellen: Jahresberichte der Organisationen[22]

Konkurrenz machen, aber diesen vielfach von der Bedeutung her (Personal, Gelder, Projekte, Arbeitsmethoden) sehr nahe kommen? Eine der großen deutschen NRO ist die Welthungerhilfe, die im Jahr zwischen 200.000 und 250.000 Spender zählt und zuletzt (2019) insgesamt rund 249,3 Mio. EUR einnehmen konnte. 56,6 Mill. stammen davon aus den allgemeinen Spenden (Tab. 5.1). Ein Großteil der Mittel, rund drei Viertel, kommt zudem aus zumeist öffentlichen Kassen, vor allem von den VN, der EU-Kommission oder deutschen Gebern (z. B. BMZ).

Die Welthungerhilfe (WH) hatte im Berichtsjahr 2019 von den 249,3 Mio. EUR an Einnahmen 222,2 Mio. EUR für die Förderung von Projekten ganz überwiegend im Ausland verausgabt[23], weitere 7,6 Mio. EUR wurden für die Begleitung der Projekte aufgewendet. Dies ist wichtig, um den politischen Rahmen für wirksame Projekte zu fördern. Die ständige Präsenz etwas in der äthiopischen Hauptstadt Addis Ababa sorgt dafür, dass sich die WH mit anderen privaten, aber auch staatlichen Organisationen abstimmen kann. Zudem sind große NRO wie die WH auch in Partnerschaftsausschüssen vertreten, wo z. B. die Trinkwasserpolitik in einem Land oder andere Interventionsschwerpunkte besprochen werden können. Auf diese Weise kann auch eine NRO neben den „Großen" der EZ (wie z. B. der Weltbank) mitreden und Einfluss ausüben.

Die restlichen finanziellen Mittel aus den Einnahmen der WH wurden für Kampagnen und Bildungsarbeit, Öffentlichkeitsarbeit sowie die Verwaltung verausgabt. Letztere hatte allerdings mit rund 6 Mio. EUR nur einen Anteil von 2,4 % am Gesamtbudget.

2019 wurden von der WH insgesamt 499 Projekte in 36 Ländern unterstützt, davon 39 überregionale, d. h. Maßnahmen, die zwei oder mehr Länder gemeinsam betreffen. Die meisten Projekte fanden in afrikanischen Ländern statt (287), 160 in Asien sowie 13 in Südamerika und der Karibik. 48 % der Vorhaben befassten sich mit der Unterstützung von Maßnahmen in der Landwirtschaft, Ernährungssicherung und zum Schutz der Umwelt (Abb. 5.2), weitere Projekte hatten eine

Abb. 5.2 Mitglied einer Gruppe von Bäuerinnen in einem Gemüsegarten in Burkina Faso. (Foto: © Frank Bliss 1989–2020)

Stärkung („Empowerment") von zivilgesellschaftlichen Organisationen und Gruppen zum Ziel (6 %) oder fanden im Rahmen humanitärer Hilfe statt (22 %). Bei letzterem geht es nicht um die langfristige Entwicklungsförderung, sondern in einer Notsituation (z. B. nach einem Erdbeben) um schnelle und unbürokratische (Überlebens)Hilfe. Weitere Projekte der WH betrafen Beiträge im Bereich Trinkwasser, Sanitärversorgung und Hygiene (10 %) sowie die wirtschaftliche Entwicklung (12 %), wobei vor allem die Einkommenssteigerung bei armen Haushalten im Mittelpunkt stand. Weitere zwei Prozent verteilten sich auf eine Vielzahl weiterer Förderbereiche.

Regional lag 2019 der Schwerpunkt der Arbeit der WH eindeutig in Afrika, wo in 18 Ländern insgesamt etwa 7,7 Mio. Menschen im Rahmen der genannten 287 verschiedenen Projekte Unterstützung fanden. Hierfür wurden 150,7 Mio. EUR an Fördergeldern aufgewendet. An zweiter Stelle stand Asien, wo in 13 Ländern 160 Projekte mit einer Zielgruppe von gut 2,7 Mio. Menschen durchgeführt und 63,3 Mio. EUR aufgewendet wurden. In Lateinamerika wurden 13 weitere Projekte durchgeführt mit einem Volumen von 3,6 Mio. EUR. Insgesamt geht die

WH davon aus, dass 2017 fast 12 Mio. Menschen von den Maßnahmen erreicht wurden.

Die wohl größte I-NRO weltweit ist die Bill & Melinda Gates Foundation aus den USA, die in ihrem Jahresbericht 2019 Ausgaben von über 50 Mrd. US$ seit ihrer Gründung ausweist. 2020 waren seitens der Stiftung Ausgaben von insgesamt 5,1 Mrd. US$ geplant. 2017 wurden 4,7 Mrd. US$ verausgabt nach mehr als 3 Mrd. US$ 2016. Die Stiftung ist vor allem im Bereich der Gesundheitsförderung tätig *(global health financing)* und unterstützt sowohl eigene Projekte als auch Gemeinschaftsinitiativen in Kooperation mit anderen Gebern[24]. Zusätzlich fördert die Stiftung Maßnahmen zur Gender-Gerechtigkeit und in der Landwirtschaft.

Am anderen Ende der vielen Organisationen, die sich in Sachen EZ engagieren, seien die zahlreichen schulischen Initiativen genannt, bei denen die Schülervertretung oder andere Gruppen von SchülerInnen mit unterschiedlichsten Aktionen (z. B. Pausenimbiss, Schulfesten, Sponsorenläufen usw.) Geld zusammenbringen, um diese einer NRO für deren Projekte zu spenden oder auch direkt z. B. eine Partnerschule in einem EL zu unterstützen. In einem dem Verfasser bekannten Fall wurde von einem deutschen Gymnasium im Rahmen einer „Eine-Welt-Theke", die im Tagesbetrieb in den Pausen und bei Veranstaltungen stets die Verköstigung übernahm, der Großteil des Betriebs eines Mädcheninternats in Südafrika finanziert.

Abnehmende Aktionsspielräume von Süd-NRO
Während in Deutschland und in anderen westlichen Ländern NRO beliebte Partner der staatlichen EZ sind und nicht nur finanzielle Unterstützung für ihre Projekte bekommen, sondern umgekehrt auch die Politik der Geberländer selbst zu beeinflussen suchen, scheinen immer mehr Entwicklungs- und Schwellenländer einheimische wie auch ausländische NRO als Bedrohung zu betrachten und ihren Einfluss zurückzudrängen. Dieser Trend, der im Entwicklungsenglisch als *shrinking space* für Zivilgesellschaft bezeichnet wird, äußert sich im Extremfall darin, dass alle einheimischen NRO, die ausländisches Geld erhalten, als („Einfluss)Agenten" der Geldgeber klassifiziert und ihre Aktivitäten in enge gesetzliche Grenzen gezwängt werden.

Als politisch angesehene Aktivitäten werden auch ganz verboten, so in Äthiopien bis zur Regierungsübernahme durch Abiy Ahmed 2018 alles, was sich mit guter Regierungsführung beschäftige. Hierzu gehörte z. B. die Korruptionsbekämpfung, aber auch die Forderung nach mehr Partizipation. Sogar HIV/AIDS oder Gender-Gerechtigkeit waren hier bis vor kurzer Zeit Tabuthemen.

Vor allem NRO, die sich um die Menschenrechte kümmern, werden in vielen Ländern verboten, von den nationalen Polizei- und Geheimdiensten drangsaliert

oder auch nur durch die staatlichen Bürokratieanforderungen in ihrer Arbeit eingeschränkt. Den Organisationen werden willkürlich Computer konfisziert, sie erhalten
völlig maßlose Steuerbescheide (um ihren Konkurs zu erreichen) oder ihr Leitungs-
personal wird von der Polizei bedroht oder gar immer wieder aus zweifelhaften
Gründen verhaftet.

Allerdings ist festzuhalten, dass auch einige westliche Länder bei einer solchen
Bekämpfung von Zivilgesellschaft mitmachen, so z. B. in Europa Ungarn. Erstes
Opfer ist hier die Soros-Foundation, die sich bewusst in Fragen der Regierungsführung einmischt, um z. B. Korruption aufzudecken. Weil sie politisch agierende NRO
auch in Ungarn unterstützt, hat sie sich kürzlich sogar aus dem EU-Mitgliedsland
zurückziehen müssen. Selbst Deutschland muss in diesem Kontext selbstkritisch
sein, wenn hier Gerichte nichts gegen rechtsradikale „gemeinnützige" Vereine unternehmen, aber wichtigen Advocacy-NRO wie der globalisierungskritischen ATTAC
oder der Kampagnenorganisation Campact die Gemeinnützigkeit entziehen.

Eine andere – weniger diskutierte – Gefahr droht NRO durch ihre Überschüttung
mit Geld aus den reichen Geberländern und neuerdings auch durch die Regierungen
in den EL selbst. So wurden in Äthiopien zuletzt NRO auch vom Staat selbst massiv
gefördert, was sie in finanzielle Abhängigkeiten von den Fördermaßnahmen brachte,
wobei sie allerdings zuvor häufig schon von den Zahlungen der westlichen EZ-
Geber abhängig waren. Was aber viel wichtiger ist: Haben solche NRO zuvor ihre
Arbeit als einen politischen Beitrag gesehen, der auch kritische Stimmen gegen
die Regierung beinhaltet, so nehmen sie sich selbst durch die neue Funktion als
„Sozialdienstleister" häufig jeglichen Biss und mindern damit ihren Veränderungs-
und Advocacy-Anspruch oder verlieren ihn am Ende ganz.

Nichtregierungsorganisationen und die Legitimitätsfrage
NRO sind heute im entwicklungspolitischen Kontext von großer Wichtigkeit. Sie
können zum Beispiel auch dort agieren, wo ausländische Regierungen keinen Einfluss haben bzw. mit von ihren geförderten Maßnahmen nicht hinkommen oder
nicht hinwollen, zum Beispiel, weil es sich um ein menschenverachtendes Regime
handelt oder die Bevölkerung so abgelegen lebt, dass sich dort der Aufbau einer
Unterstützungsinfrastruktur nicht „lohnt".

NRO haben oft erhebliche Erfahrungen im Umgang mit armen Menschen. Sie
arbeiten mit diesen zumeist unmittelbar zusammen und gewähren ihnen – im
Gegensatz nicht selten zu vom Partnerstaat durchgeführten Projekten – ein großes
Mitspracherecht bei den Maßnahmen (vgl. Abschn. 12.2 zur Partizipation). Einige
NRO leisten keine materielle Hilfe oder Ausbildung, sondern sie vertreten vor
allem die Interessen bestimmter, meist benachteiligter Menschengruppen durch
Information und Intervention bei staatlichen Stellen.

Allerdings muss sich die Frage stellen, ob eine NRO prinzipiell die Legitimität hat, für „die Armen" zu sprechen, denn NRO-Arbeit ist zwischenzeitlich vor allem in den EL auch zu einem wichtigen Erwerbsfeld geworden. So gründen unter anderem großstädtische, junge und gut ausgebildete Akademiker „ihre" NRO, um Aufträge der EZ an Land ziehen zu können – ohne dabei als „gemeinnützige" oder „soziale" Organisation durch Steuerforderungen ihres Staates belästigt zu werden. Häufig wird dies von den Geberorganisationen und ihren einheimischen Partnern übersehen, wenn diese z. B. NRO-VertreterInnen zu Gesprächsrunden über die Ausarbeitung von entwicklungspolitischen Konzepten und Strategien einladen. Denn nur Organisationen, die einerseits über Legitimität verfügen, andererseits über Repräsentativität (also wirklich viele Mitglieder haben), können wirklich für die Bevölkerung bzw. einzelne Bevölkerungsgruppen sprechen, nicht aber kleine Gruppen von oft nur drei oder vier Personen, die eher ein Planungs- und Dienstleistungsbüro darstellen.

Unter *Legitimität* ist zu verstehen, ob die betreffende Organisation und ihre VertreterInnen das (demokratische) Mandat haben, für eine bestimmte Gruppe innerhalb der Gesamtbevölkerung eines Landes zu sprechen. Legitimität ist dabei natürlich immer relativ, da es selbst bei einer großen Versammlung von durch einzelne soziale Gruppen legitimierten Mandatsträgern kaum gelingen dürfte, tatsächlich alle Subgruppen einer Gesellschaft zu vertreten.

Daher kommt als zweites wichtiges Kriterium die *Repräsentativität* hinzu, d. h. die Forderung nach größtmöglicher Abdeckung der Positionen sowohl innerhalb einer bestimmten Subgruppe, die durch einen zivilgesellschaftlichen Akteur vertreten wird, wie auch der Vielzahl der insgesamt vertretenen gesellschaftlichen Subgruppen. Eine zivilgesellschaftliche Mitwirkung bei der Planung eines landesweiten Entwicklungsprogramms wird also keines der beiden Kriterien erfüllen, wenn sie sich auf einige zufällig ausgesuchte Entwicklungs-NRO stützt. Umgekehrt würde ein Forum, das sich auf ein breites Spektrum von Sozialverbänden, Gewerkschaften, Berufsgruppenvertretungen, Organisationen der Wirtschaft, der Presse, der Religionen, von Kultur, Jugend und Frauen stützen kann, den beiden Kriterien Legitimität und Repräsentativität in deutlich größerem Umfang entsprechen und die Menschen eines Landes, einer Provinz oder eines Distriktes deutlich besser vertreten können als selbst ein halbes Dutzend von Entwicklungs-NRO[25].

5.3   Zwischen Fachwissen und Selbsterfahrung: ExpertInnen und AbiturientInnen

Schließlich soll auf die Frage eingegangen werden, wer sind die Menschen, die in der EZ tätig sind? Hier müssen zunächst die Fachleute in den Ministerien, den EU- und VN-Behörden sowie den staatlichen Durchführungsorganisationen angeführt werden. Bei ihnen handelt es sich zum überwiegenden Teil um AkademikerInnen, die teilweise aus dem Verwaltungsbereich, mehrheitlich aber aus entwicklungsbezogenen oder zumindest für Aufgaben im EZ-Bereich ebenfalls qualifizierenden Studiengängen kommen.

In Deutschland gibt es einige wenige Universitäten, die einen entwicklungsbezogenen Studiengang anbieten, zumeist als Aufbaustudium. So bietet das politikwissenschaftliche Seminar der Uni Duisburg-Essen über das *Institut für Entwicklung und Frieden* (INEF) zwei Master-Kurse an, die über vier Semester entwicklungsbezogene Fragen mit teilweise Schwerpunkten auf Afrika thematisieren. Einer der Kurse *(Master in Development and Governance)* ist auf internationale Beteiligung ausgerichtet und findet in englischer Sprache statt. Ein mehrmonatiges Praktikum wird gefordert, und viele Studierende gerade aus dem Ausland haben bereits zu Beginn des Studiums Erfahrungen in der EZ, einige sogar aus der Arbeit in Ministerien und Verwaltungen ihrer Heimatländer[26]. Der zweite Master-Studiengang *Internationale Beziehungen und Entwicklungspolitik* richtet sich eher an deutsche Studierende. Besonderes Augenmerk richtet der Studiengang auf Theorien von Global Governance, Friedens- und Konfliktforschung, die Nord-Süd-Beziehungen sowie die entwicklungspolitische Praxis[27].

Zwei Einrichtungen in Deutschland qualifizieren vor allem für das EZ-Management. Dies ist das *Deutsche Institut für Entwicklungspolitik* (DIE) in Bonn, dessen AbsolventInnen nach einem neunmonatigen Aufbaustudium mit entwicklungsökonomischen Schwerpunkten häufig im BMZ selbst sowie in den Apparaten von KfW, GIZ und größeren NRO Beschäftigung finden.

Eine ebenso lange, aber weniger theoretisch und ökonomisch ausgerichtete Ausbildung bietet das *Seminar für Ländliche Entwicklung* (SLE) an der Humboldt-Universität in Berlin, bei dem ein dreimonatiges Forschungspraktikum in einem EL die vorherigen, zunächst fachlich-methodischen Studieninhalte (fünf Monate) sowie die Planung und Auswertung des Auslandseinsatzes (drei Monate) ergänzt[28]. AbsolventInnen des SLE finden häufig zunächst als Junior-ExpertInnen, relativ bald anschließend als (Senior-)Fachkräfte ihr Einsatzgebiet in entwicklungspolitischen Programmen und Projekten von GIZ, NRO oder Consulting-Unternehmen. AbsolventInnen beider Einrichtungen gelingt es

auch das eine oder andere Mal, als BerufseinsteigerInnen in einer internationalen Organisation (EU, VN) Fuß zu fassen. Allerdings wird den maßgeblichen
Führungskräften in deutschen Behörden (u. a. im Auswärtigen Amt) immer wieder vorgeworfen, sich in internationalen Organisationen zu wenig für deutsche
KandidatInnen einzusetzen.

Zumindest der Theorie nach sollen schließlich *EntwicklungshelferInnen* (EH)
praktische Aufgaben integriert in die Partnerorganisationen in den EL wahrneh-
men. EH werden deutlich schlechter als die sogenannten „ExpertInnen" bezahlt
und sollen dafür schon nach wenigen Jahren und auch mit anderweitiger als
akademischer und entwicklungspolitischer Ausbildung und Berufserfahrung eingesetzt werden. Ihre Tätigkeit gilt zwar weiterhin als „Freiwilligendienst". De
facto aber werden die Aufgaben immer komplexer und das erforderliche Fachwissen steigt permanent, weswegen EH auch als Dumpingpreis-ExpertInnen
missbraucht werden.

Primär dem interkulturellen Austausch dient das Bundesprogramm „Weltwärts", das jungen Leuten anbietet, für sechs Monate bis zu zwei Jahren unter
lokalen Bedingungen in einem Entwicklungsland oder in Osteuropa in einer dortigen zumeist sozialen oder Bildungseinrichtung (z. B. einer Schule oder einem
Kinderheim) unterstützende Arbeiten zu leisten. Bisher (2019) haben rund 41.000
junge Menschen an den Maßnahmen teilgenommen, 66 % davon sind weiblich,
der Altersdurchschnitt liegt bei 19,4 Jahren[29]. Wer in dem Programm vor allem
die Chance für die TeilnehmerInnen sieht, fremde Kulturen kennenzulernen, wird
richtig liegen. Auch wird soziales Engagement gefördert und von den TeilnehmerInnen praktiziert. Ein substantieller entwicklungspolitischer Beitrag sollte in
dem Programm dagegen nicht gesehen werden, denn mit den Aufwendungen für
einen Freiwilligen, oft mehrere Tausend Euro, könnten je nach Land zwei, drei
oder mehr lokale Fachkräfte bezahlt werden.

Anmerkungen

1. Vgl. OECD (2018).
2. Vgl. BMZ (2017: S. 202).
3. Friedrich-Ebert-Stiftung (SPD), Konrad-Adenauer-Stiftung (CDU), Friedrich-
   Naumann-Stiftung (FDP), Hanns-Seidel-Stiftung (CSU), Heinrich-Böll-
   Stiftung (Grüne) und Rosa-Luxemburg-Stiftung (Linke). Die AFD streitet sich
   noch intern und mit Rechteinhabern um einen Namen. Gemeinsam haben
   alle Stiftungen, dass nicht die Armutsminderung, sondern der Aufbau zivilgesellschaftlicher und staatlicher Strukturen in den Interventionsländern im
   Mittelpunkt der Arbeit steht.

4. Zur EZ der EU siehe https://www.europarl.europa.eu/factsheets/de/sheet/163/ entwicklungspolitik-ein-allgemeiner-uberblick
5. Ebd.
6. Zur Arbeit von UNDP vgl. https://annualreport2017.undp.org/, https://annual report.undp.org/2018/
7. Details zu dieser bei der Armutsbekämpfung sehr wichtigen Organisation unter https://www.fao.org/home/en/
8. Zum IFAD siehe https://www.ifad.org/web/guest/about
9. Vergl. zu den VN-Organisationen Dieter Nohlen (Hrsg.)(1998): Lexikon Dritte Welt. Reinbek, unter den jeweiligen Abkürzungen, und BMZ (2008): Medienhandbuch Entwicklungspolitik 2008/2009. Bonn/Berlin.
10. Dazu auch Nuscheler (2005: S. 511 ff.).
11. Sehr gut zu den Entwicklungsbanken das BMZ-Medienhandbuch Entwicklungspolitik.
12. Dazu die sehr umfangreiche Homepage der Weltbank https://www.worldbank.org/
13. Siehe https://www.adb.org/
14. Siehe https://www.IADB.org
15. Siehe https://www.afdb.org/en/
16. Siehe https://www.ebrd.com/home
17. Siehe https://www.isdb.org/
18. Dazu die Homepage der AIIB unter https://www.aiib.org/en/index.html
19. Zur praktischen Umsetzung von Safeguards vgl. Frank Bliss (2019): Ethnologische Beiträge zu Infrastrukturprojekten, in: Klocke-Daffa, Sabine (Hrsg.): Angewandte Ethnologie. Perspektiven einer anwendungsorientierten Wissenschaft. Heidelberg 2019, 211–231.
20. Vgl. OEDC (2018).
21. Erwähnt werden müssen auch die ganz großen EZ-NRO wie die Gates-Foundation oder die Soros-Foundation mit Volumina von mehr als einer Milliarde US$ im Jahr. Bei vielen privaten Organisationen müssen allerdings die teilweise sehr hohen Staatszuwendungen an NRO wieder abgezogen werden, da diese bereits in den nationalen ODA-Budgets enthalten sind.
22. Die Berichte erscheinen jährlich, z. B. für 2019: Welthungerhilfe: https://www.welthungerhilfe.de/aktuelles/publikation/detail/jahresbericht-2019/ Misereor: https://www.misereor.de/ueber-uns/jahresbericht Brot für die Welt: https://shop.brot-fuer-die-welt.de/Wir-ueber-uns/Jahresberichte/jahresbericht-2019.html Kindernothilfe: https://t1p.de/h7h7or Interessant auch der Bericht von Oxfam. Die Organisation führt im Vergleich zu den anderen großen I-NRO

deutlich mehr politische Kampagnen im Inland durch: https://www.oxfam.de/system/files/oxfam-deutschland-jahresbericht-18-19-web.pdf

23. Neun kleine Maßnahmen für zusammen 600.000 EUR wurden auch in Deutschland durchgeführt.

24. Auch zur Bill & Melinda Gates Foundation der Jahresbericht mit guter Übersicht zu den verschiedenen Tätigkeitsbereichen unter https://www.gatesfoundation.org/Who-We-Are/Resources-and-Media/Annual-Reports/Annual-Report-2019

25. Zur Diskussion um Legitimität und Repräsentativität und die Praxis von Partizipation im entwicklungspolitischen Diskurs vgl. Bliss/Neumann 2007.

26. Dazu die Homepage des Studiengangs https://www.ma-dev-gov.de/

27. Hierzu siehe https://www.ib-master.de/

28. Zum SLE siehe https://www.sle-berlin.de/index.php/studium-startseite-dt/studium-a

29. Homepage: https://www.weltwaerts.de

Teil III
Die Praxis der Entwicklungszusammenarbeit

Trinkwasser und Sanitärdienste für viereinhalb Milliarden Menschen

6

Zusammenfassung

Gegenwärtig haben mehr als zwei Milliarden Menschen keinen Zugang zu sauberem Trinkwasser und noch mehr verfügen weder über geeignete Toiletten noch eine Abwasserentsorgung. Viele Länder tun selbst zu wenig, um die Versorgungslücke zu schließen, und auch die EZ könnte sehr viel mehr tun. Aber es wird auch zunehmend schwierig und teuer, dünn besiedelte ländliche Räume in die Versorgung einzubeziehen. Und es gilt, die extrem Armen mit Wasser und Sanitärdienstleistungen zu versorgen, auch wenn sie kein Geld für die Gebühren haben, die ihrerseits für den nachhaltigen Betrieb der Versorgung unabdingbar sind.

Schlüsselwörter

Entwicklungsprojekte • Trinkwasser • Abwasser • Hygienefragen • WASH

„Ist heute einer von sechs Menschen von Wasserknappheit betroffen, geht die UN nach neuesten Schätzungen davon aus, dass zur Jahrhundertmitte jeder zweite Mensch bedroht sein wird. Unverhältnismäßig stark treffen wird der Wassermangel demnach wirtschaftlich benachteiligte und marginalisierte Menschen"[1]. Hinter dieser Aussage verbergen sich zwei grundlegend verschiedene Probleme. Zum einen geht es um den Zugang zu Wasser überhaupt, ein Problem, das sich regional in den Trockenräumen der Erde angefangen von Zentralasien über den Vorderen Orient bis zur afrikanischen Sahara und Sahelzone hinzieht. Hier fehlt genügend Wasser als Ressource und zwar weitgehend noch unabhängig davon, wie es den Menschen wirtschaftlich geht, auch wenn sich Wohlhabende um Wasser an sich

Abb. 6.1 Offene Abwasserkanäle in einem palästinensischen Flüchtlingslager (Gaza). (Foto: © Frank Bliss 1989–2020)

kaum Sorgen machen müssen. Bisher aber ist unter Armutsgesichtspunkten das dringlicher zu lösende Problem bei Wasserknappheit der beschränkte Zugang armer Menschen zu Wasser selbst dort, wo dieses hinreichend zur Verfügung stehen könnte.

Unter der Abkürzung WASH *(Water, Sanitation, and Hygiene)* bemüht sich die nationale Politik in den Partnerländern wie auch die EZ um eine ganzheitliche Herangehensweise an das Wasserversorgungsproblem und schließt dabei die Abwasserfrage mit ein. Bis in die 1990er Jahre wurden Trinkwasservorhaben und Projekte im Bereich Abwasser (einschließlich Versorgung mit Toiletten bzw. Latrinen) teilweise unabhängig voneinander durchgeführt mit der Folge, dass neue Wasseranschlüsse in Wohngebäuden oder auf den Gassen zu Abwasserproblemen führten, weil es keine Kanäle zur Ableitung gab bzw. nur stinkende Gräben, die zum Hort von Krankheiten wurden (Abb. 6.1).

Mit dem WASH-Ansatz sollen heute Lösungen gefunden werden, die das gemeinsame Ziel „Gesundheitsförderung" optimal erreichen helfen. Dazu gehören neben der Wasser- und Abwasserthematik auch Hygienefragen, in diesem Fall die Sensibilisierung der WassernutzerInnen für einen guten Umgang mit

Trinkwasser und die Notwendigkeit, im Bereich Abwasser und Fäkalienentsorgung größtmögliche Sorgfalt walten zu lassen. Dies gilt für private Haushalte ebenso wie im öffentlichen Bereich, wobei vor allem Gesundheitseinrichtungen und Schulen besonderer Aufmerksamkeit bedürfen.

6.1 Wasser direkt aus der Leitung oder über Kilometer aus dem Dreckloch herbeigeschafft?

Trinkwasserversorgung bedeutet bei uns in Deutschland, und dies überall, in der Stadt und auf dem Land, nahezu grenzenloser Wasserzugang. Als in der am Rhein gelegenen Stadt Remagen bei extremer Trockenheit im Sommer 2018 für einige Tage plötzlich der Wasserdruck in den Leitungen nachließ und es in einigen Häusern höher am Hang über dem Flusstal stundenlang nur aus den Hähnen tröpfelte, war dies absolut keine Frage der allgemeinen Wasserverfügbarkeit. Vielmehr kamen ab 16.00 Uhr viele tagsüber arbeitende Menschen nach Hause und begannen zuerst einmal, die Blumen und den Rasen vor und hinter dem Haus zu sprengen, weil es ja wochenlang nicht geregnet hatte und der Rasen immer brauner wurde. Die Wassernachfrage schoss auf doppelte Höhe und mehr nach oben und damit waren sogar die durchaus auf erheblichen Mehrverbrauch ausgerichteten Pumpwerke überfordert. Indem zusätzliche Pumpen in Gang gesetzt und bestehende an die Grenzen der Leistungsfähigkeit hochgefahren werden konnten und zudem ein Appell an die Bevölkerung, ihren Rasen doch bitte nicht zu sprengen, überraschend gutes Gehör fand, normalisierte sich in kurzer Zeit der Druck in den Leitungen und auch die Hanglagen bekamen in den nächsten Tagen wieder 24 h am Tag Wasser.

Übrigens: Alles Wasser, das in Remagen und überall sonst im Land in den Häusern aus der Leitung kommt, ist hygienisch einwandfreies Trinkwasser, egal, ob die Bevölkerung es trinken, damit die Waschmaschine betreiben, das Auto putzen oder den Rasen sprengen möchte. Trotzdem laufen hier wie andernorts in Deutschland täglich Tausende von Menschen in die Supermärkte, um dort minderwertiges, ja teilweise sogar teil-demineralisiertes Wasser in PET-Einwegflaschen zu kaufen.

Anders sieht es im tschadischen Ouaddai aus, genauer gesagt bei Doroubari, nur 40 km nordöstlich der Provinzhauptstadt Abeché. Hier in der Dornbuschsavanne im Übergang zur Wüstensteppe wurden zwischen 2000 und 2011 u. a. mit deutscher Unterstützung Schwellen im Gelände angelegt, um während der Regenzeit das Wasser nicht nutzlos abfließen, sondern möglichst viel davon aufzuhalten und in den Boden einsickern zu lassen. Bis zu neun Monate fällt anschließend in diesem Gebiet gar kein Regen und die Menschen müssen sehen, wo sie ihr Wasser herbekommen. Einige Wochen lang nach der Regenzeit vermögen sich in den Dörfern die Menschen selbst zu helfen, indem sie Löcher in den Sand der nur saisonal während der Regenzeit Wasser führenden Flusstäler (sogenannte *Wadis*) schaufeln oder sich in Dorfnähe mit der Feldhacke in den Lehmboden „eingraben" und traditionelle „Brunnen" (d. h. unbefestigte Erdlöcher) herstellen. Nach zwei oder drei Monaten ist aber auch hier kein Wasser mehr zu bekommen. Ab jetzt für rund sechs Monate kann Wasser nur aus den wenigen zentralen alten, oft sogar kolonialzeitlichen Brunnen herbeigeschafft werden[2].

Für ʿUmm Mhamed („Mutter von Mohammed"), die wir an einem dieser Brunnen zusammen mit einer Hundertschaft anderer Frauen und Mädchen und sogar einigen Männern trafen, bedeutet dies, zwei Mal in der Woche von ihrem Dorf mit einem Esel 17 km zum Brunnen zu laufen und mit 80 l Wasser den Weg wieder zurückzugehen, zu Fuß, versteht sich, denn der Esel muss nun die vier Wasserkanister schleppen (Abb. 6.2). 68 km in der Woche legt ʿUmm Mhamed also zurück, dies für 160 l Wasser. Ihr Haushalt umfasst fünf Personen, die mit den 160 l eine Woche lang auskommen müssen, das sind 32 l pro Person und Woche oder 4,6 l pro Person und Tag. Dabei versteht es sich, dass die Frau einmal in der Woche auch die Wäsche der Familie mitbringt, um sie an dem Brunnen zu waschen, dass sie den Esel reichlich tränkt und nach Möglichkeit auch noch ein paar kleine Plastikbehälter füllt, die sie dann selbst auf dem Nachhauseweg trägt. Die so mühsam beschafften 4,6 l Wasser müssen zum Kochen und Trinken reichen, aber auch zur Körperpflege sollten ein paar Tropfen übrigbleiben wie auch für die Hühner und den Esel.

In Deutschland sind es dagegen durchschnittlich 127 l pro EinwohnerIn, die wir am Tag verbrauchen (und zur Verfügung stünde uns noch mehr), in den USA werden sogar rund 300 Gallonen Wasser am Tag oder etwa 1365 l verbraucht, davon 30 % allein für den Garten[3]. In ähnlicher Höhe wird auch in Israel Wasser verwendet, mit ein Grund dafür, warum sich das Land so schwertut, mit den Palästinensern auf der Westbank Frieden zu schließen, denn ein Großteil dieses Wassers wird in den besetzten Gebieten gefördert und nach Israel umgeleitet.

Dass in einer solchen Situation wie in Ouaddai Ressourcenschutz in Form von Baumanpflanzungen praktisch nicht möglich ist, vergessen Entwicklungsorganisationen übrigens immer wieder. Selbst wenn die nächste Wasserstelle nur einen oder zwei Kilometer weit entfernt ist, kann es Frauen und Mädchen – denn diese alleine müssen in den meisten EL das Wasser beschaffen – nicht zugemutet werden, auch noch monatelang für die Bewässerung neu angepflanzter Bäume das notwendige Wasser (zumeist in Krügen oder Schüsseln auf dem Kopf) herbeizuschaffen.

Abb. 6.2 Sehr tiefer (über 40 m) und stark frequentierter traditioneller Ziehbrunnen im Tschad. Die Stabilisierungsbalken an den Rändern sind durch das tausendfache Hochziehen der Seile mit den schweren Wasserbehältern ausgeschliffen. (Foto: © Frank Bliss 1989–2020)

30 Liter hygienisch einwandfreies Wasser am Tag sollte jedem Menschen in den Sahelländern zur Verfügung stehen. Im Fall von Ouaddai sind es 4,6 Liter und dieses Wasser hat mit Trinkwasser nicht im Entferntesten etwas zu tun. Wenn wie die Abb. 6.2 zeigt, fast zehn Frauen gleichzeitig Wasser ziehen und dabei verschmutzte Seile und Gefäße benutzt werden (weil sie stets auf dem Boden in den Matsch abgelegt werden), dann ist das Wasser hier schon ab Quelle sehr stark kontaminiert. Hinzu kommt, dass laufend der Abrieb von Hanf- und Plastikseilen in den Brunnen rieselt und zudem viel Wasser aus dem Brunnenumfeld, wo sich auch die Tiere aufhalten, wieder in den Brunnen zurückfließt.

Der sichtbare Schmutz lässt sich natürlich durch Filtern (z. B. durch ein Baumwolltuch) etwas reduzieren. Die Kolibakterien und andere Bakterien, die im Zweifelsfall sogar Typhus und Cholera verursachen können, bleiben aber stets im Wasser zurück. Hier würde nur ein Filter mit Tonkerzen helfen, über den aber niemand in der Region verfügt, oder ein Abkochen des Wassers. Aber die Menschen in diesem trockenen Gebiet haben schon kaum Brennholz zur Zubereitung ihres Essens zur Verfügung, wie sollen sie da noch Feuerholz besorgen, um ihr Trinkwasser abzukochen. Daher sind nicht nur hier beim Dorf Doroubari Krankheiten, die durch verschmutztes Wasser bedingt sind, die häufigsten Todesursachen für Kinder unter fünf Jahren.

Wie sieht die weltweite Trinkwasserversorgung und Sanitärsituation „offiziell" aus? Der von der WHO und UNICEF herausgegebene Fortschrittsbericht 2017 zu diesen beiden Grundbedürfnissen stellt fest, dass 2015 89 % der Weltbevölkerung zumindest über eine Basiswasserversorgung in 30 min Entfernung verfügten, aber nur drei Viertel über verbesserte Wasserquellen frei von Kontaminierung. 844 Mio. Menschen hätten dagegen nicht einmal zu einer rudimentären Wasserversorgung Zugang (wie bei unserem Beispiel aus dem Tschad). Fast alle Länder mit schlechter bis extrem schlechter Wasserversorgung liegen in Subsahara-Afrika[4]. Tab. 6.1 verdeutlicht die Unterschiede, die zwischen einem westeuropäischen Land (Österreich) mit 100 % Zugang zu hygienisch einwandfreiem Wasser und dem Tschad mit 50,8 % oder Tansania mit 55,6 % im Landesdurchschnitt liegen.

Ebenso verhält es sich mit der Versorgung mit Sanitärdienstleistungen, womit vor allem Toiletten gemeint sind. Einerseits haben 76 % der Weltbevölkerung

Tab. 6.1 Trinkwasserversorgung und Sanitärzugang in ausgewählten Ländern

Land	Zugang zu Trinkwasser in %			Zugang zu Sanitärversorgung in %		
	Stadt	Land	Gesamt	Stadt	Land	Gesamt
Äthiopien	93,1	48,6	57,3	27,2	28,2	28,0
Afghanistan	78,2	47	55,3	45,1	27	31,9
Bangladesch	86,5	87	86,9	57,7	62	60,6
Burkina Faso	97,5	75,8	82,3	50,4	6,7	19,7
Gaza-Streifen	50,7	81,5	58,4	93	90,2	92,3
Indien	97,1	92,6	94,1	62,2	28,5	39,6
Kenia	81,6	56,8	63,2	31,2	29,7	30,1
Marokko	98,7	65,3	85,4	84,1	65,5	76,7
Niger	100,0	48,6	58,2	37,9	4,6	10,9
Österreich	100,0	100,0	100,0	100,0	100,0	100,0
Tansania	77,2	45,5	55,6	31,3	8,3	15,6
Tschad	71,8	44,8	50,8	31,4	6,5	12,1

Quelle: CIA World Factbook 2019, zumeist Daten für 2015 (Schätzungen)

Zugang zu verbesserten Toiletten, die große Mehrheit davon sogar zu individuellen Einrichtungen. Umgekehrt sind es in den ärmsten Ländern und hier auf dem Land lediglich 14 %. Dabei muss man wissen, was unter einer „verbesserten Toilette" zu verstehen ist: Es handelt sich um eine Latrine („Plumpsklo"), die belüftet ist und deren Abwässer nicht in den Boden versickern. Sie muss also regelmäßig abgepumpt werden, was vielerorts schon logistisch gar nicht möglich ist, weil es weder die dafür benötigten Tankwagen gibt noch geeignete Zuwegungen, die für LKW befahrbar sind. Latrinen sollten auch relativ dunkel gehalten werden, damit keine Fliegen (oder nicht zu viele) herumschwirren, also geschlossen sein, was sie relativ teuer und für die lokale Bevölkerung damit zumeist unbezahlbar macht. Von Wasserspülung ist in den meisten Fällen nicht die Rede und auch nicht überall befindet sich in unmittelbarer Nähe eine Gelegenheit zur Handwäsche.

Die Tab. 6.1 zeigt, dass selbst eine so rudimentäre „verbesserte" Toilette in Äthiopien 72 % der Menschen nicht zur Verfügung steht, in Tansania 84,4 % der Gesamtbevölkerung und im Tschad sogar 87,9 %. Die Zahlen für ländliche Gebiete sind noch niederschmetternder: Im Tschad haben 93,5 % der Bevölkerung in den Dörfern keine verbesserten Latrinen, im Niger sogar 95,4 % und selbst in den Städten sind es immer noch 62,1 %.

Was bedeutet dies? Wer keine verbesserte Toilette hat, der verfügt vielleicht über ein ausgehobenes Erdloch, über das Knüppel gelegt sind. Schnell kann so das Sickerwasser nahe Flachbrunnen kontaminieren, aus denen die Menschen mangels Alternativen gezwungen sind, ihr Trinkwasser zu schöpfen. Viele Haushalte haben aber nicht einmal diese Erdlöcher. Ihre Angehörigen gehen in solchen Fällen irgendwohin in den Busch, Frauen aus "moralischen" Gründen oft sehr weit bis dorthin, wo sich Büsche oder Bäume befinden, nicht selten Hunderte Meter von den Behausungen entfernt. Aus Sicherheitsgründen machen sie sich vielerorts nur in Gruppen dorthin auf den Weg und zur Wahrung der „Sittlichkeit" sogar nach Möglichkeit nur vor Tagesanbruch oder nach Eintritt der Dämmerung. Männer haben dieses Sittlichkeitsproblem seltsamerweise eher selten, sodass ihre Fäkalien in nächste Umgebung der Behausungen gelangen.

Box 12 Sanitärversorgung deutlich schlechter als Zahlen bisher vermuten ließen
Nach VN-Angaben aus dem Jahre 2017 hatten 4,5 Mrd. Menschen keinen Zugang zu sicheren Toiletten. Das bedeutet, sie haben keine angemessenen Sanitäreinrichtungen, bei denen auch für die Entsorgung von Fäkalien

Vorkehrungen getroffen werden. Frühere Statistiken gingen davon aus, dass „nur" 2,5 Mrd. Menschen keinen Zugang zu sicheren Toiletten hatten. Jüngste Schätzungen weisen darauf hin, dass bessere Sanitäreinrichtungen und eine sichere Wasserversorgung jährlich das Leben von 2,2 Mio. Kindern retten könnten. Allein regelmäßiges Händewaschen mit Seife kann das Risiko von Durchfallerkrankungen um rund 45 % senken.
BMZ 2018[5]

Die negativen gesundheitlichen Konsequenzen fehlender Sanitärversorgung sind enorm und oft eng mit der Wasserproblematik verwoben. So sind es z. B. vor allem die menschlichen Fäkalien, die ganz besonders gefährlich für Brunnen sind, wenn während der Regenzeit Oberflächenwasser in die traditionellen Erdlöcher bzw. in stehende und fließende Gewässer unweit der Siedlungen gelangt, aus denen die Menschen wiederum ihr Trinkwasser schöpfen. Man kann sich auch vorstellen, dass unkontrolliert im Umfeld der Wohngebäude verteilte Fäkalien schnell von kleinen Kindern aufgenommen werden und dadurch zu schweren Krankheiten führen können. Unkontrollierte Abwässer sind unabhängig von ihren Krankheitswirkungen auch aus ästhetischen Gründen und wegen ihres Geruchs wenig angenehm. Dass in tropischen Ländern Malaria übertragende Mücken Abwasserlachen ganz besonders anziehend finden, macht diese umso gefährlicher. Eine fehlende Sanitärversorgung geht daher fast immer mit erheblichen Beeinträchtigungen der Siedlungs- und damit Lebensbedingungen einher.

Leider täuschen die oben zitierten „offiziellen" Statistiken über den tatsächlichen Versorgungsgrad vor allem bei Trinkwasser erheblich. Weltweit gerade in den ärmsten Ländern wird beim Indikator „sauberes Trinkwasser" besonders oft und übertrieben gutgerechnet: Ein mit Betonringen befestigter Brunnen gilt gemeinhin als „sichere" Wasserquelle. In der Praxis sind aber nur hermetisch geschlossene und zudem tiefe Brunnen (etwa mit Handpumpen) wirklich sicher. Offene Brunnen sind fast immer erheblich kontaminiert. Nachgemessen wird die Wasserqualität selten, schon deswegen, weil selten Labors in der Nähe zur Verfügung stehen. Wo dies aber professionell erfolgte, wurden etwa in Burkina Faso über 1000 lebende Kolibakterien in einem Milliliter Wasser festgestellt – erlaubt gemäß World Health Organization (WHO) sind dagegen maximal zehn tote Bakterien. Die Folge ist, dass dieses „Trink"-Wasser nicht einmal zum Duschen freigegeben werden dürfte.

Entsprechend sind Hinweise auf „deutliche Fortschritte" bei der Trinkwasserversorgung stets mit Vorsicht zu genießen und ein Großteil der in den letzten drei Dekaden „zusätzlich versorgten" Menschen müsste eigentlich wieder aus der Statistik gestrichen werden. Es ehrt die großen Entwicklungsorganisationen und besonders auch die deutschen, dass sie diese offenen Brunnen schon seit mehreren Jahrzehnten nicht mehr als sichere Wasserquellen einstufen und daher nur noch in begründeten Ausnahmesituationen fördern.

Schließlich gibt es zahlreiche „Phantombrunnen", die theoretisch sicher sind, aber nicht betriebsbereit. Als ein vom Verfasser mit betreutes ländliches Brunnenbohrprogramm im afrikanischen Tschad seine Arbeit begann, stellten die Planer fest, das von einem VN-finanzierten Trinkwasserprojekt in einer Präfektur 51 statistisch in den Wasserversorgungsplänen des Landes erfasste Brunnen mit Handpumpen vorhanden waren, aber nicht eine einzige Anlage noch genutzt werden konnte, da wegen fehlender Ersatzteile alle Pumpen kaputt waren. Allein diese Brunnen, wenn sie denn einmal auch nur jeweils 250 Personen gedient hätten, würden in der Statistik „sauberes Trinkwasser" für 12.750 Personen geliefert haben. Tatsächlich versorgt wurde aber zum Zeitpunkt der Untersuchung keine einzige Person mehr.

6.2 Latrinen und Hygienebewusstsein

Ein Sonderproblem in der WASH-Arbeit – und daher der letzte Buchstabe H für Hygiene in WASH – ist das sehr oft nur geringe Hygienebewusstsein der lokalen Bevölkerung in EL. Wenn man dieses Problem anspricht, muss dabei allerdings stets berücksichtigt werden, dass auch in Europa noch vor 100 Jahren die Verhältnisse in Großstädten wie London oder Paris verheerend waren und in Deutschland erst in den 1960er Jahren begonnen wurde, sich um den „dreckigen Himmel über der Ruhr" und das verseuchte Wasser im Fluss selbst zu kümmern.

Bei dem erfolgreichen Trinkwasserprojekt im Tschad, das noch einmal in Abschn. 16.2 ausführlicher vorgestellt wird, mussten die deutschen wie auch einheimischen BeraterInnen fast täglich erleben, dass sauberes Wasser an der Handpumpe keineswegs auch sauberes Wasser in den Gehöften der Bevölkerung bedeutete. Und in einigen Dörfern war das Problem eines völlig verdreckten Brunnenumfeldes trotz fast monatlich wiederholter Gespräche mit den verantwortlichen Komitee-Mitgliedern sowie ganzen Dorfversammlungen nicht in den Griff zu bekommen. Immerhin konnte durch sehr umfassende und jahrelang fortgesetzte Kampagnen unter Einbeziehung religiöser christlicher und islamischer Autoritäten der Wassertransport positiv beeinflusst werden. Immer öfter konnten die ProjektmitarbeiterInnen Frauen und Mädchen mit verschließbaren statt offenen Gefäßen an den Handpumpen antreffen, wie auch die Lagerung von Wasser in den Wohngebäuden zunehmend besser wurde. Lagerte das Wasser zuvor meist in offen belassenen Krügen irgendwo im Hof, so wurden die Gefäße mehr und mehr auf Holzkonstruktionen hochgestellt und gegen Verunreinigungen zugedeckt.

Ganz verzichtet werden musste angesichts völlig fehlender Akzeptanz bei der Bevölkerung im Rahmen des Projektes auf den Bau von ursprünglich geplanten 1200 Hauslatrinen. Hier sollten die Familien jeweils eine kostenlose Betonplattform für die Errichtung einer einfachen Latrine erhalten. Vorbedingung war lediglich, ein $3 \times 1,50$ m messendes und drei Meter tiefes Loch zu graben (natürlich nur dort, wo nahe Brunnen nicht gefährdet werden konnten). Der „Deckel" mit Abtrittloch im Wert von immerhin rund 75 EUR sollte dann kostenfrei vom Projekt geliefert werden. Mit Ausnahme von vier oder fünf Marktorten, deren Bürgermeister sofort Latrinendeckel bestellten, gab es insgesamt keine 30 Anträge seitens einer Bevölkerung von mehreren Zehntausend Haushalten, sodass das Angebot ganz eingestellt werden musste. Gründe für das Desinteresse wurden selten genannt, aber es zeigte sich wiederholt in Gesprächen mit den vor allem älteren Entscheidungsträgern in den Familien, dass eine Kausalverbindung zwischen Fäkalien und Krankheiten in ihrem Bewusstsein nicht vorhanden war. Deshalb schien die aufzuwendende Mühe für die Herstellung der Grube einfach zu groß.

Andere Projekte in Gebieten mit einer in ethnischer, religiöser und sozioökonomischer Hinsicht allerdings anders gelagerten Situation waren durchaus erfolgreicher beim Anpacken der Hygienefrage, wie der folgende Überblick über einen guten Projektansatz demonstriert. Zwei weitere Beispiele zeigen grundlegende Herausforderungen auf, denen sich eine nachhaltige Trinkwasserversorgung stellen muss.

6.3   Wasser und Abwasser in der Projektpraxis

Ganzheitlicher WASH-Ansatz in Malawi

In den ärmsten EL hatten 2015 gerade einmal 27 % der Bevölkerung grundlegende Handwaschanlagen mit Seife und Wasser, während 26 % Handwaschanlagen ohne Seife oder Wasser und die restlichen 47 % überhaupt keine Möglichkeit zum Händewaschen hatten. Dieses Problem bestand und besteht nicht nur in den Privathäusern, sondern auch in öffentlichen Gebäuden und sogar in Schulen. Gute Latrinen hier sind eine Grundvoraussetzung für vernünftige Hygiene, aber ohne Waschmöglichkeiten zumindest für die Hände sind sie überall „nur die halbe Miete". Einen ganzheitlichen Ansatz im Sinne von WASH hat die Welthungerhilfe (WH) daher bei einem Schul-Wasser- und Sanitärprojekt in Malawi gewählt:

Um an dem WASH-Paket der WH teilnehmen zu können, bedurfte es zunächst eines Antrages der Schule, bei dem sich Schulleitung und das in diesem Land sehr wichtige Eltern-Lehrer-Komitee verpflichten mussten, a) für ein bis zwei Latrinenblöcke tiefe Gruben auszuheben, b) Ziegelsteine für die spätere Fäkalienkammer(n) zu brennen, c) den Handwerkern beim Bau der Latrinen zu helfen und sich d) später um den Unterhalt der Anlagen nebst Waschmöglichkeiten für die Kinder zu kümmern.

Nach Einreichung der Erklärung wurde eine kleine Machbarkeitsstudie durchgeführt, die vor allem die Verfügbarkeit von Wasser abklärte. Wo es bisher an der Schule kein Wasser gab, wurde die Bohrung eines Brunnens mit Handpumpe vorgesehen. Parallel erfolgten die vom Eltern-Lehrer-Komitee (bereits in allen Schulen des Landes vorhanden) organisierten Ausschachtarbeiten und die Ziegelherstellung für die Latrinen, bei denen viele Eltern mitwirkten (Abb. 6.3). War beides erledigt, wurden die Fäkalienkammern und der Oberbau der Latrinen von Fachhandwerkern unter Mithilfe von Eltern errichtet. Ebenfalls gebaut wurde pro Latrinenblock (einer

Abb. 6.3 Väter helfen bei der Herstellung von gebrannten Ziegeln für einen Latrinenbau an der Schule ihrer Kinder (Malawi). (Foto: © Frank Bliss 1989–2020)

für Mädchen, der andere für Jungen) ein Wasserreservoir und ein Waschbecken mit mehreren Hähnen zum Händewaschen.

Während der geschilderten Arbeiten wurde von der Schulleitung ein Organisationsplan zur Bereitstellung von Wasser und den notwendigen Reinigungsarbeiten erstellt, der den SchülerInnen entsprechende Aufgaben klassenweise im Wechsel zuwies. So musste eine Gruppe von Mädchen und Jungen täglich die Latrinen reinigen, wofür es noch vom Projekt eine Grundausstattung mit Besen und Reinigungsmaterial gab. Ebenso wichtig war die Beschaffung des Wassers für die Handwaschanlagen, aber auch für in jeder Klasse aufgestellte Trinkwasserbehälter, ein weiterer Beitrag des Projektes zur Verbesserung der Lernbedingungen an den Schulen. Hierfür ging jeden Morgen je nach Schulgröße eine Gruppe von 10 bis 30 Kindern mit Eimern zur Handpumpe und füllte die Reservoirs auf. Gegebenenfalls musste noch einmal in der Pause nachgefüllt werden.

Der nächste Schritt bei den integrierten Maßnahmen war die Hygieneaufklärung, für die die Kinder im Rahmen des *child-to-child*-Ansatzes einerseits von extra geschulten Lehrerinnen und Lehrern Informationen erhielten, diese aber danach auch an andere Kinder weitergaben. Dies erfolgte, wie eine Evaluation zeigte, fast überall mit sehr viel Engagement. Um die Hygienewirkungen auch über die Schule hinaus in die Dörfer der Kinder und ihre Familien zu tragen, wurde das Angebot gemacht, Mütter und Väter in Hygienefragen, aber auch gesunder Ernährung fortzubilden und bei der Errichtung eigener Latrinen und Händewaschmöglichkeiten zu unterstützen.

Um die Motivation der Eltern (und auch der einflussreichen, aber oft konservativen Großmütter) zu steigern, wurden hierfür „offizielle" Kurse mit Teilnehmerkarten durchgeführt, an deren Ende die Beteiligten ein Zertifikat bekamen. Hunderte von Müttern und Großmüttern nahmen dieses Angebot wahr und fast alle, die mitmachten, sorgten auch für die Anlage zumindest einfacher Latrinen in bzw. neben ihren Behausungen. Dass dies wirklich erfolgte, konnte durch die Evaluation bestätigt werden und auch, dass viele Familien sich um Einrichtungen zum Händewaschen bemühten, zumeist in Form von „Tippi Taps":

Man nehme drei feste Stöcke von jeweils 1,20 bis 1,50 m, einen kleinen Kanister von 2–5 l Fassungsvermögen, einen Strick und noch einen kurzen Knüppel von rund 50 cm Länge, füge alles nach einem einfachen Bauplan zusammen (Abb. 6.4)– und fertig ist eine einfache Einrichtung zum Händewaschen, die jeder selbst bauen kann. Mit dem Fuß wird der an dem Strick befestigte kurze Knüppel runtergetreten, oben senkt sich der kleine Kanister und heraus kommt ein Wasserstrahl, mit dem man die ja wegen des „Fußpedals" freien Hände waschen kann. Am besten hängt man noch ein Körbchen an einen der Stöcke des Gestells und legt ein Stück Seife hinein. Zur Not tut es auch etwa Asche.

Abb. 6.4 Tippi Tap in einer Primarschule in Malawi. (Foto: © Frank Bliss 1989–2020)

Was passiert mit den Handpumpen, wenn das Projekt „zumacht"?
EZ-Maßnahmen verstehen sich – von wenigen Ausnahmen abgesehen – als zeitlich
eng befristete Unterstützung. Dies gilt umso mehr für den Bau von Infrastrukturein-
richtungen wie Brunnen und Handpumpen. Wer aber soll sich um die Handpumpen
kümmern, wenn das Projekt, sprich der Bau der Anlagen, beendet ist? Unser später
ausführlicher dargestelltes tschadisches Fallbeispiel in Abschn. 16.2 zeigt, welcher
Aufwand notwendig ist, um die Wasser-NutzerInnen dort selbst zu organisieren,
wo der Staat in ländlichen Gebieten praktisch nicht präsent oder institutionell viel
zu schwach ist. Oft wird dieser Aufwand unterschätzt oder man versucht, die hoff-
nungslos unterfinanzierten vorhandenen staatlichen Strukturen kurzzeitig technisch
„auf Vordermann" zu bringen. Letzteres kann schief gehen, weil mancher Staat seinen Institutionen die für die Wahrnehmung ihrer Aufgaben benötigten Gelder nicht
zur Verfügung stellt.

Im Falle eines großen Trinkwasserprojektes in Sambia glaubte die Geberorganisation, das Problem der nachhaltigen Wartung lösen zu können, indem man der
Provinz-Wasserbehörde drei Toyota-Pickup-Geländewagen zur Verfügung stellte,

jeweils mit Reparaturgerät für die Handpumpen ausgestattet und auch mit einigen Ersatzteilen auf Vorrat. Als der Verfasser das Projekt besuchte, waren jedoch von den erst vor zwei Jahren aufgestellten Handpumpen deutlich mehr als die Hälfte nicht betriebsbereit. Die Toyotas standen zwar noch im Hof der Wasserbehörde, aber die platten Reifen und die dicke Staubschicht zeigten, dass von hier aus zumindest schon seit langer Zeit keine Reparaturen mehr durchgeführt wurden.

Vor diesem Hintergrund erhielt der Verfasser den Auftrag, ein neues Wartungskonzept für das Trinkwasser-Programm auszuarbeiten, von dem mehr Nachhaltigkeit zu erwarten sein sollte. Die Studie ergab, dass die Betriebsmittel der sambianischen Wasserbehörde auch in Zukunft nicht ausreichen würden, um auch nur ein einziges Toyota-Fahrzeug effektiv einsetzen zu können. Weder für Benzin noch für Ersatzteile wie Reifen war ein Budget vorhanden. Also musste ein alternatives Konzept gefunden werden, das sich nicht auf den Staat stützen durfte. Dabei gab es zwei Probleme: Wer sollte die Wartung der Handpumpen zukünftig übernehmen und würde die Dorfbevölkerung willens sein, dafür zu bezahlen, ergänzt durch die Frage, wie man diese Bezahlung organisieren könnte.

Das erste Problem zumindest konnte bald gelöst werden, indem eine Reihe von lokalen Handwerkern (vor allem Fahrradreparateure, andere Handwerker gab es auf dem Land kaum) angesprochen wurde. Diese bekundeten eine erhebliche Begeisterung, die überall schmalen Einkommen durch Zusatzerlöse aus der Handpumpenreparatur vergrößern zu können, was dann auch später in der Praxis erfolgreich umgesetzt werden konnte. Dabei bildete sich sogar in einem Distrikt aus einer Frauengruppe heraus ein weibliches Reparaturteam, das wie seine männlichen Pendants einen Reparaturbezirk für rund 35 Handpumpen zugewiesen bekam und über Jahre erfolgreich bediente.

Um die Bereitschaft der Bevölkerung zu erkunden, Wassergebühren für notwendige Pumpenreparaturen zu bezahlen, wurden mehrere Hundert Haushalte befragt. Dabei wurde auch die Zahlungsbefähigung anhand von Einkommensfragen erkundet. Das Ergebnis war überall dort positiv, wo deutlicher Wassermangel herrschte und die vom Programm errichteten Handpumpen-Brunnen auch gut zugänglich waren, d. h. relativ zentral in den Streusiedlungen angelegt worden waren. In zwei Dutzend Fällen allerdings fehlte diese Zustimmung. Die Gründe hierfür wurden anschließend im Einzelnen untersucht. Dabei stellte sich heraus, dass die mangelnde Zahlungswilligkeit für damals nur Pfennigbeträge im Monat weniger an den finanziellen Mitteln der Bevölkerung lag. Vielmehr befanden sich einige Pumpen zu weit von den Siedlungen entfernt, sodass die Frauen und Mädchen sich aus nähergelegenen (allerdings kontaminierten) Wasserquellen bedienten. Dieser Situation konnte zumeist abgeholfen werden, indem zentraler gelegene Bohrungen vorgenommen und die Handpumpen umgesetzt wurden.

Andere Pumpen hatte man in Verkennung der Dorfsituation nicht im öffentlichen Bereich, sondern z. B. im Hof eines Dorfchefs errichtet. Da hier offenkundig die Bohrteams bestochen worden waren und die Aufsicht durch das Projekt nicht funktionierte, wurden in zwei Fällen die Pumpen abgebaut. In einem dritten Fall war der Dorfchef – um die Trinkwasserversorgung im Dorf zu erhalten und sich nicht den Unmut seiner Leute zuziehen zu müssen – sofort bereit, seine Gehöftmauer abzureißen und den Brunnen damit allen zugänglich zu machen.

In einigen Dörfern schien man sich allerdings auch nicht einig zu sein, ob man die Pumpe überhaupt benötigte oder eher nicht. Hier gab es offensichtlich genügend alternative Wasserquellen, die im Verständnis der Leute Wasser von hinreichender Qualität lieferten und die Dorfgemeinschaft zu nichts verpflichteten, also weder zu umfangreicheren Unterhaltsbemühungen noch zu Geldzahlungen.

Schließlich galt es noch die Frage nach den Modalitäten der Bezahlung einer Wassergebühr abzuarbeiten. Dabei standen sich die Modelle einer einmaligen Zahlung aller Haushalte im Jahr nach der Ernte oder monatliche Teilzahlungen gegenüber und die Idee, eine Familie pauschal zur Kasse zu bitten, wie auch das Prinzip, nach Zahl der erwachsenen Mitglieder des Haushaltes zu zahlen. Gewählt wurde die komplexere Lösung, nämlich monatlich durch das Nutzerkomitee jeweils kleinste Beträge einzukassieren, da man befürchtete, dass die Einmalzahlung die Leute vor den Kopf stoßen würde, auch wenn es nach heutigem Geld nur zweieinhalb Euro im Jahr waren. Als Bemessensgrundlage wählte man die Gebührenerhebung je Haushalt, was Streitigkeiten über wirklich im Dorf lebende Familienmitglieder und das Alter der Betreffenden ausschließen sollte. Offenbar funktionierte das so geschaffene Wartungsmodell, denn auf dessen Grundlage wurde eine zweite und dritte Programmphase durchgeführt.

Randnotiz: Dass auch kleine private Organisationen große Wasserprojekte durchführen können, beweist die Schweizer *Martinsstiftung* in Kamerun mit einem Trinkwasserprogramm in Otélé, wo seit 1989 über 1600 Brunnen gebohrt und mit Handpumpen ausgestattet wurden. Da die Stiftung langfristig in Otélé tätig ist, garantiert ihr Team auch die Reparatur der Pumpen, dies gegen eine Gebühr. Mehr zum Projekt unter: www.martinsstiftung.ch.

Roma-Wohngebiete bleiben außen vor

In einer größeren albanischen Stadt wollte die deutsche EZ vor etwa zehn Jahren die Trinkwasserversorgung verbessern helfen und dabei auch Gelder bereitstellen, um neue Wohngebiete an das Leitungsnetz anschließen. Im Rahmen einer Feasibility-Studie (siehe Abschn. 4.2) wurde der Verfasser beauftragt, die Zahlungswilligkeit und -befähigung der Bevölkerung für notwendig werdende höhere Wassertarife zu erkunden. Gleichzeitig wurde die bisherige Versorgungssituation der verschiedenen Stadtteile erfasst. Dabei zeigte sich, dass es zwei Roma-Siedlungen gab, die am Rande der Stadt lagen und bisher Wasser nur aus einigen Zapfstellen (hier: öffentliche Wasserhähne für jeweils mehrere Hundert Menschen) erhielten. Diese waren von einer NRO eingerichtet worden, die aber nicht für deren Unterhalt aufkam. Ein Teil der Wasserstellen funktionierte nicht mehr, weil die Hähne beschädigt waren und die Stadt deshalb das Wasser abgestellt hatte.

Im Gutachten zur bestehenden Wasserversorgung und zur Frage des Tarifs wurde festgestellt, dass die Bevölkerung nahezu einhellig für eine verbesserte Wassersituation plädierte und auch durchweg Bereitschaft bekundete, im Falle einer wirklich verlässlichen Versorgung bei guter Wasserqualität dafür zu bezahlen. Allerdings waren die Zustimmungswerte in den beiden Roma-Siedlungen geringer (schließlich gab es bisher ja kaum Wasser) und viele Familien hatten angegeben, die Gebühren auch nicht bezahlen zu können. Die Besuche der Siedlung bewiesen den Wahrheitsgehalt dieser Aussagen, denn ein Teil der Roma-Behausungen war extrem ärmlich (Abb. 6.5) und in einer Region mit Frösten im Winter fehlte bei einigen Häusern bzw. Baracken in den Fenstern sogar das Glas. Stattdessen fanden sich in die Fensterhöhlen gespannte Plastikfolien.

In der Folge des hier besprochenen und eines parallel erstellten technischen Gutachtens wurde ein Ausbaumodell vorgeschlagen, das die gesamte Stadt erfassen sollte. Für die anzuschließenden Roma sowie einen kleinen Prozentsatz extrem armer Familien in anderen Wohngebieten wurde dabei ein Sozialmodell vorgeschlagen, bei dem ein Teil der Wassergebühren durch die Stadtverwaltung übernommen werden sollte. Angesichts der Ergebnisse der Studie wie auch der bisherigen Erfahrung des kommunalen Wasserversorgers mit zahlungsunwilligen Roma weigerte sich allerdings der Bürgermeister am Ende, die beiden Siedlungen auch wirklich in das Projekt einzubeziehen.

Was kann man heute angesichts dieser Verweigerung einer Wasserversorgung für alle Menschen in einer Stadt tun? In der deutschen EZ hat sich durchgesetzt, die Verfügbarkeit von Trinkwasser als ein grundlegendes Menschenrecht zu betrachten. Damit folgt die Bundesrepublik einer Resolution der VN vom 17. Dezember 2015, der in Erinnerung ruft, „… the right to safe and clean drinking water and sanitation as a human right … is essential for the full enjoyment of life and all human rights

Abb. 6.5 Roma-Siedlung am Rande einer serbischen Stadt. (Foto: © Frank Bliss 1989–2020)

…"[6]. Daher dürfte eigentlich auch keine soziale Gruppe mehr aus einer Wasserversorgung ausgeklammert werden, wenn diese mit EZ-Mitteln finanziert wird. Im albanischen Falle gäbe es heute eigentlich daher nur die Lösung, den Anschluss auch der beiden Roma-Siedlungen an das Versorgungsnetz als Bedingung für den Zuschuss zu verlangen.

Umgekehrt müssten sich allerdings der Bürgermeister und sein Stadtrat überlegen, wie sie das Defizit des Wasserversorgers durch freie Wasserdeputate (z. B. die ersten 7,5 Kubikmeter im Monat = 50 l pro Kopf und Tag bei einer 5-köpfigen Familie) decken könnten. Denn der Versorger muss in jedem Fall seine Unkosten hereinbekommen. Bekäme er die Gebühren nicht, könnte er das System nicht nachhaltig betreiben (z. B. Personal- und Stromkosten) und Wartungen vornehmen (d. h. auch alle notwendigen Reparaturen durchführen).

Immerhin kann der Stadtrat verschiedene Möglichkeiten durchspielen und sich für eine entscheiden:

- die Subvention des Wassers aus dem städtischen Haushalt, was allerdings in den Balkanländern eine erhebliche Herausforderung darstellt;
- eine Quersubvention durch gestaffelte Wassertarife, d. h. wenn Leute z. B. mehr als 100 l Wasser pro Person und Tag verbrauchen, ein Haushalt also z. B. mehr als 15 Kubikmeter im Monat, weil die Mitglieder häufiger duschen, den Garten sprengen oder ihre Schwimmbäder füllen wollen (in der fraglichen Stadt eher selten), bezahlen sie ab dem 16. m³ Wasser mehr Geld pro Kubikmeter;
- der Versuch der Stadt, vom Zentralstaat Geld z. B. aus einem Hilfsprogramm für besonders arme Kommunen zu bekommen oder sonstige Zuschüsse; oder
- ggf. aktiv Sozialhilfeberatung betreiben, sodass bisher nicht unterstützte arme und z. b. auch alte Menschen, die sich gescheut haben, zum Sozialamt zu gehen, ihren Anspruch auf staatliche Sozialhilfe voll ausschöpfen können, um damit Geld für ihre Wasserrechnungen zu bekommen (eher nur auf dem Balkan und in Lateinamerika möglich, wo es diese Art der sozialen Sicherung gibt).

Letztere Idee hatte zum Beispiel in Serbien ein Bürgermeister, der arme Haushalte durch städtische Mitarbeiter gezielt dabei beraten ließ, ihre staatliche Sozialhilfe in maximalem Umfang in Anspruch nehmen zu können (was allerdings immer noch extrem wenig war). Wie in Kap. 11 zur sozialen Sicherung gezeigt wird, erfolgt eine bestimmte Lösung nur selten, nämlich dass ein EZ-finanziertes Wasserprojekt neben den Investitionskosten eine Zeitlang den Ärmsten auch die laufenden Wasserkosten noch bezahlt. Dieser Lösung gegenüber bestehen allerdings wegen der Nachhaltigkeitsfrage (wer übernimmt später die Kosten, damit die Versorgung nicht zusammenbricht?) durchaus berechtigte Bedenken. Eine andere Möglichkeit, nämlich den Menschen unterschiedliche Versorgungsniveaus bei Wasser in derselben Stadt anzubieten (teurere Hausanschlüsse und entsprechende Gebühren, billigere Hofanschlüsse für mehrere Familien oder noch billigere öffentliche Zapfstellen für ein ganzes Wohnviertel), ist heute nur noch in den ärmsten Ländern möglich.

Wasser aus dem Hahn für die Reichen, mit dem Eimer zur Zapfstelle für die Armen
Ragunathpur und Bolpur in Indien sind schnell wachsende Mittelstädte, die bereits über (alte) zentrale Leitungssysteme aus britischer Kolonialzeit verfügen. Auch hier sollte wie in Albanien die Wasserbereitstellung und -aufbereitung sowie das Leitungsnetz repariert und beträchtlich erweitert werden, um die zwischenzeitlich um das Dreifache angewachsene Bevölkerung versorgen zu können. Im Rahmen einer Haushaltsbefragung von zusammen fast 3000 Haushalten sowie Hunderter Gewerbebetriebe wurde auch hier erkundet, wie dringend einerseits das Wasser benötigt würde, andererseits aber auch, wie viel die Menschen bzw. Unternehmen bereit

wären, für eine gute Wasserversorgung zu zahlen, und wie viel sie würden bezahlen können. Die Ergebnisse der von Studierenden durchgeführten Befragungen waren ernüchternd, denn je weiter vom urbanen Zentrum entfernt die Leute wohnten, desto schäbiger wurden die Siedlungen und ärmer ihre Bewohner und entsprechend geringer deren verfügbare Einkommen.

Nach Auswertung der Befragungsergebnisse wurde allen Beteiligten auf indischer und deutscher Seite klar, dass nur in den unmittelbaren wirtschaftlichen Zentren der beiden Städte sowie in einigen wohlhabenderen Wohnvierteln neue Hausanschlüsse gelegt werden könnten. Im Übergang zu den armen Siedlungen wären vor allem Zapfstellen für jeweils eine Straße sinnvoll und noch weiter vom Zentrum entfernt, wo die Behausungen fast schon dörflichen Charakter hatten, sollten lediglich Brunnen gebohrt und mit Handpumpen ausgestattet werden. Wer einen Hausanschluss erhalten sollte, würde wie die bereits angeschlossenen VerbraucherInnen die Gebühren nach Kubikmetern bezahlen. Für die Zapfstellen sollte eine deutlich geringere monatliche pauschale Gebühr eingezogen werden und das Wasser aus den Handpumpen sollte gänzlich frei sein. Hierbei kam dem Programm allerdings der Umstand zugute, dass die indische Handpumpe Mark II bereits millionenfach im Land verbreitet war, Ersatzteile daher überall zu bekommen waren und dass es in West-Bengalen, also im Umland der beiden Programmstädte, völlig üblich war, dass lokale Jugendclubs die Reparatur der umliegenden Handpumpen übernahmen.

Schlussfolgerungen
Die wenigen Beispiele zeigen bereits, dass für eine nachhaltige Wasserversorgung wenigstens drei Faktoren stimmen müssen:

i. Für Gebiete mit einer ordentlichen Wasserbehörde und einem gut funktionierenden Wasserwerk oder in Situationen, wo die Bevölkerung selbst ihre Wasserversorgung managen muss, gilt: Stets ist zum Zwecke der Nachhaltigkeit der Versorgung der Aufbau eines funktionierenden Betriebs- und Wartungssystem zwingend notwendig;

ii. Zu einem nachhaltigen Betriebs- und Wartungssystem gehören kostendeckende Wassergebühren (Tarife). Diese Gebühren müssen mit Blick auf extrem arme Bevölkerungsgruppen jedoch nicht zwangsläufig (allein) durch diese aufgebracht werden;

iii. Um die gesundheitspolitischen Ziele der Trinkwasserversorgung zu erreichen, ist stets auch auf eine gute Sanitärversorgung zu achten, zu der vielerorts eine umfassende Hygieneaufklärung treten muss. Möglichkeiten zum Händewaschen im Umfeld von Latrinen sind dabei ein Muss, wozu dann wieder eine gute Wasserbereitstellung gehört.

Hinsichtlich der Wirkungen von Trinkwasserprojekten muss an dieser Stelle mit einer Fehleinschätzung aufgeräumt werden: Es geht bei der Versorgung mit hygienisch einwandfreiem Trinkwasser primär um die Gesundheit der Menschen. Es geht (leider) nicht primär um Arbeitserleichterung für Frauen, auch wenn dies immer wieder in Projektplanungsberichten behauptet wird. Im Gegenteil kann eine Handpumpe im Vergleich mit einem einfachen Ziehbrunnen sogar Mehrbelastung bedeuten. Frauen finden nicht selten eine schlechtere Wasserquelle deutlich näher an ihrer Wohnstätte als eine Handpumpe oder eine Zapfstelle, die ja für eine Mindestzahl von einigen Hundert Personen errichtet werden muss. Dagegen kann vielerorts ein einfaches Brunnenloch bei niedrigem Grundwasserstand theoretisch in jedem Hof gegraben werden, sodass Frauen und Mädchen mit den schweren Wasserbehältern hier sehr viel weniger Zeit und (bei oft 30 l schweren Transportbehältern) Mühen aufwenden müssen[7].

Auch stimmt es nicht, dass sauberes Wasser statt Wasser aus einfachen traditionellen Brunnen immer und überall Gesundheitsausgaben einsparen hilft. Extrem arme Menschen haben oft kein Geld für medizinische Versorgung übrig und können dadurch, dass sie nicht zum Arzt gehen, entsprechend nichts einsparen. Im Gegenteil, wenn sie Umlagen für Trinkwasser bezahlen müssen, so geht dies möglicherweise sogar auf Kosten anderer wichtiger Bedürfnisse. Allerdings besteht kein Zweifel daran, dass eine gute Trinkwasserversorgung eine der wichtigsten Grundbedingungen für Entwicklung und Armutsminderung ist, nur müssten die Ärmsten das Recht auf Wasser in jedem Fall eingelöst bekommen, unabhängig davon, ob sie dafür bezahlen können oder nicht.

Anmerkungen

1. Aus: So geht Nachhaltigkeit! Deutschland und die globale Nachhaltigskeitsagenda. Berlin/Bonn/Frankfurt 2018, S. 47.
2. Ein alter, aber leider die Wasserversorgung vielerorts auch über 100 Jahre später immer noch gut darstellender Beitrag stammt aus dem Jahre 1912 von Arthur Haberlandt unter dem Titel „Die Trinkwasserversorgung primitiver Völker" (Ergänzungsheft Nr. 174 von Petermanns Mitteilungen, Gotha).
3. Zu Deutschland vgl. https://www.ea-tut.de, zu den USA https://www.phila.gov
4. WHO/UNICEF (2017): Progress on drinking Water, Sanitation and Hygiene. 2017. Update and SDG Baselines.
5. Siehe https://www.bmz.de/de/themen/wasser/sanitaerversorgung/index.html
6. United Nations „Resolution adopted by the General Assembly on 17 December 2015" (A/RES/70/169). New York.
7. Vom Verfasser bereits 2006 so explizit vertreten, vgl. „Trinkwasserversorgung und Armut in Sub-Sahara-Afrika", in: Aus Politik und Zeitgeschichte 32–33, S. 15–20.

Bildung und Basisgesundheit

Zusammenfassung

Zu den Ursachen für Armut gehören auch mangelnde Bildung und fehlender Zugang zu Gesundheitsdienstleistungen. Auch hier ist die EZ gefragt, weil eine Reihe von Staaten selbst zu wenig für ihre Bevölkerung tun. Aber auch dort, wo Basisbildung und Basisgesundheitsversorgung von den Regierungen engagiert gefördert werden, können mit den Erfahrungen der EZ die Systeme effektiver gemacht werden. Zudem ermöglicht die finanzielle Zusammenarbeit den Aufbau der Basisgesundheitsdienste auch in der Fläche. Dort schließlich, wo die Regierung jegliches Engagement für ihre Bevölkerung verweigert, sind EZ-Mittel oft die einzige Lösung für die betroffenen Menschen.

Schlüsselwörter

Entwicklungsprojekte • Bildung • Gesundheit • Schulen • Schulspeisung

7.1 417 Kinder in einer Klasse

417 Kinder in einer einzigen Schulklasse ist selbst in Malawi, einem der ärmsten EL, eher eine Ausnahme. Bei einem Besuch von einem Dutzend Schulen vor wenigen Jahren musste der Verfasser jedoch feststellen, dass es durchaus Schulen gab, die eine Klassenbelegung von durchschnittlich mehr als 110 Kindern hatten. Entsprechend bekamen viele SchülerInnen kaum mit, was sich vorne an der Tafel abspielte, d. h. in den Klassen, wo es überhaupt eine vernünftige Tafel gab. Das war aber auch nicht die Regel, denn sehr oft war schon in den ersten Reihen kaum etwas von dem zu lesen, was die Lehrerinnen und Lehrer mit Kreide auf

© Der/die Autor(en), exklusiv lizenziert durch Springer Fachmedien Wiesbaden GmbH, ein Teil von Springer Nature 2021
F. Bliss, *Armutsbekämpfung durch Entwicklungszusammenarbeit*,
https://doi.org/10.1007/978-3-658-32805-4_7

die abgewetzten Holzbretter an der Stirnwand der Klasse schrieben. Oder es gab weder eine Klasse noch eine Tafel. Die Kinder saßen hier auf Steinen im Schatten eines Baumes. Leider war dies weder in Malawi eine Ausnahme noch im Tschad, und auch heute noch ist eine ähnliche Situation in abgelegenen Gebieten von Burkina Faso, Mali oder dem Niger anzutreffen. Dort können die Kinder bereits von den schulischen Voraussetzungen her kaum etwas lernen, selbst wenn sie regelmäßig zu Schule gehen würden (Abb. 7.1).

Viele Kinder, leider unter ihnen besonders viele Mädchen, gehen aber gar nicht zur Schule oder verlassen diese bereits vor Abschluss der Grundklassen. In einem Land wie dem Jemen, wo die religiöse Tradition die Zwangsverheiratung schon von neunjährigen Mädchen möglich macht, sind vor allem Frühehen ein wichtiger Grund für den Schulabbruch. Überall in den EL wie auch in einer Reihe von Schwellenländern gibt es zudem selbst in scheinbar wohlhabenden Städten und Landgemeinden „Armutsnischen", wo Menschen auf Dauer leben, die so arm sind, dass ihre Kinder von frühester Kindheit an anfangen müssen zu arbeiten

Abb. 7.1 Kinder in einer Grundschulklasse in Malawi, es fehlen Stühle und Tische. (Foto: © Frank Bliss 1989–2020)

und deshalb nicht in die Schule können. Aber selbst, wenn sie mit sechs oder sieben Jahren noch nicht arbeiten müssen, haben die Eltern oftmals kein Geld, um sie zur Schule zu schicken. Dies liegt auch daran, dass Schulen vielleicht theoretisch keine Gebühren erheben, aber bereits die Schulkleidung sowie einige Hefte und Stifte für extrem arme Familien nicht zu bezahlen sind.

> Viele Heranwachsende in EL sind nicht in der Lage, zu lesen oder auch nur einfache Rechenaufgaben zu lösen, selbst wenn sie die Grundschule besucht haben. „Eine Schule besuchen ist eben nicht dasselbe wie lernen. … Mangelernährte Kinder aus armen Familien sind körperlich und geistig nicht in der Lage, dem Unterricht zu folgen: Lehrer sind schlecht ausgebildet, unterbezahlt und bleiben öfter dem Unterricht fern; es fehlen Bücher und Computer; die Schulen werden schlampig geführt."
> *Gesine Kauffmann, in: Welt-Sichten 2-2019*[1].

Wirklich kostenlose Schulen und kostenloser Unterricht sind aber auch in Ländern mit freier Schulbildung keineswegs die Regel. Sehr oft stellt der Staat nur ein Basisgebäude zur Verfügung mit einer kleinen Kernmannschaft von LehrerInnen und verlangt vor allem auf dem Lande von den Dorfgemeinschaften, selbst weitere Klassenräume zu bauen und sogar weitere Lehrer auf eigene Kosten einzustellen. Um dieses Modell der „Gemeinschaftsschulen" (in Sahel-Afrika im Französischen bezeichnet als *écoles communautaires*) umsetzen zu können, müssen natürlich von den Eltern einerseits Arbeitsleistungen eingefordert werden, aber eben auch regelmäßige Geldumlagen. Diese mögen im Halbjahr nur fünf bis zehn Euro betragen, sind aber für arme Familien und Subsistenzbauern, die das ganze Jahr kaum über Bargeld verfügen, sehr oft unerschwinglich. Auch dies führt dazu, dass viele Kinder keine Schule besuchen können oder bei einem wirtschaftlichen Problem ihrer Eltern die Schule abrupt verlassen müssen.

Weitere, zumeist hausgemachte Schwierigkeiten kommen hinzu, die eine gute Breitenbildung verhindern. Eine ist das geringe Ausbildungsniveau des Lehrpersonals und der generelle Lehrermangel. So wird in vielen EL wenig in die LehrerInnenausbildung investiert, was die Qualität der Ausbildung niedrig hält. Zudem gibt es fast überall zu wenige Ausbildungsplätze für LehrerInnen, sodass der Bedarf an Lehrkräften mit einem qualifizierten Abschluss nicht gedeckt werden kann. Entsprechend wird improvisiert und es werden HilfslehrerInnen eingestellt. Dies sind nicht selten Schülerinnen und Schüler, die gerade Abitur gemacht haben oder sogar nur über einen mittleren Abschluss verfügen.

Schlecht ausgebildete LehrerInnen können einerseits den Schulkindern wenig vermitteln, zudem sind sie wegen dieses Mangels aber auch selbst frustriert. Andererseits bekommen LehrerInnen in fast allen EL so niedrige Gehälter, dass auch dies zu Frustration und entsprechend zu Demotivation führt. Häufiges Zuspätkommen oder ganz der-Arbeit-Fernbleiben sind die Folgen. Überall in den Sahelländern erhalten deswegen LehrerInnen an Schulen, die maßgeblich von den Eltern mitfinanziert werden, eigenes Ackerland geliehen, damit sie nach der Arbeit selbst für ihren Unterhalt sorgen können. Damit wird dazu beigetragen, dass einerseits die Löhne niedrig bleiben können, aber andererseits die Lehrer motiviert werden, überhaupt (zumindest, bis sie etwas Besseres finden) im Dorf zu bleiben.

Auch die klimatischen Bedingungen spielen eine Rolle, wenn Schule ausfällt. In Kambodscha konnte der Verfasser selbst erleben, dass während der Regenzeit Lehrer erst morgens um 10.00 Uhr kamen und nicht, wie eigentlich verpflichtend, um 7.00 Uhr. Die Gründe waren plausibel, denn die Pisten waren wirklich so aufgeweicht, dass man mit dem Motorrad kaum vorwärts kam. Aber trotz des späten Schulbeginns verließen die Lehrer ihre Schule wieder „pünktlich" um 12.00 Uhr, dem offiziellen Ende des Unterrichts. 20 bis 30 Mal sei dies schon im laufenden Jahr 2017 passiert, berichtete ein Elternvertreter dem Verfasser im Juni. So kann über Monate hinweg natürlich kein vernünftiger Unterricht erfolgen[2].

Die geringen Gehälter des Lehrpersonals führen auch dazu, dass von den Eltern der Kinder Zusatzgelder verlangt werden. In Form bezahlter Nachhilfe wird dann zum Beispiel in Ägypten in allen Schultypen und Klassen das nachgeholt, was während der Schulstunden nicht vermittelt wurde. „Freiwillige" Beiträge der Eltern vor Prüfungen in Ländern mit besonders schlechter Regierungsführung (sprich: Korruption) erhöhen die Kosten zusätzlich, die der eigentlich kostenlose Schulunterricht mit sich bringt.

Nur noch ein weiteres Problem sei angesprochen, das in erheblichem Umfang bereits das Niveau der Grundbildung in vielen Ländern beeinträchtigt die Unterrichtssprache. Diese ist beispielsweise in Malawi nicht etwa eine im ganzen Land weit verbreitete Bantu-Sprache, sondern das Englische. In Burkina Faso wird nicht etwa auf Gurmantsché unterrichtet oder auf Moré, das immerhin rund die Hälfte der Bevölkerung spricht, sondern auf Französisch. Wenn schlecht, teilweise überhaupt nicht ausgebildete Lehrerinnen und Lehrer, die selbst Französisch nur oberflächlich beherrschen, diese Sprache Kindern beibringen und gleichzeitig alle Fächer in dieser Sprache unterrichten sollen, die kaum ein Kind bisher kennt, dann ist das verheerend schlechte Ergebnis vorprogrammiert.

Vor diesem Hintergrund wundert sich der Beobachter fast schon, dass es am Ende doch eine relativ große Zahl von Kindern schafft, einen „richtigen" Schulabschluss in der Oberstufe zu machen. Dies ist allerdings oft nicht das Verdienst des staatlichen Schulsystems, sondern beruht auf dem Engagement religiöser Bildungsträger, in deren Schulen zumindest teilweise auch Kinder aus armen Familien unterkommen, wie auch auf den Bildungsangeboten erwerbsorientierter Privatschulen, die dann aber fast nur SchülerInnen aus wohlhabenden Haushalten zugutekommen.

So wie weltweit zahlreiche Regime Kindern in ihrem Land kein vernünftiges Bildungssystem anbieten, so bleibt auch der Bevölkerung vielfach das Grundrecht auf medizinische Versorgung vorenthalten. *Ländliche Gesundheitszentren* in EL haben sehr viel mit den oft nebenan stehenden Schulen gemeinsam: Die Gebäude befinden sich nicht selten in einem ruinösen Zustand, im Inneren ist die Ausstattung alt und auf einige einfache Geräte beschränkt. Vielleicht ist ein gasbetriebener Kühlschrank vorhanden, aber selbst dies kann nicht überall erwartet werden, und dort, wo ein Gerät vorhanden ist, kann das Geld für den Kauf von Gasflaschen fehlen, sodass Impfstoffe oft nur zu bestimmten Zeiten, wenn landesweite Kampagnen unter VN- oder dritter Geberfinanzierung durchgeführt werden, zur Verfügung stehen.

Was für die Schulen zutrifft, nämlich dass die Kinder oft kilometerlange Wege durch die schattenlose Dornbuschsavanne oder während der Regenzeit auf schlammigen Trampelpfaden zu ihnen laufen müssen, gilt umso mehr für Gesundheitszentren. Während es Grundschulen, wenn auch in fraglichem Zustand, oft noch in jedem größeren Dorf gibt, müssen die Gesundheitszentren fast immer eine große Bevölkerung versorgen, nicht selten 15.000 Menschen und mehr. Dies bedeutet, dass viele Menschen 20, 30 oder mehr Kilometer (nicht selten zu Fuß) zurücklegen müssen, bis sie ein Gesundheitszentrum erreichen.

Sind sie dort angekommen, so ist nicht sichergestellt, dass die Einrichtung auch geöffnet ist, oder die einzige ausgebildete Gesundheitsfachkraft ist gerade auf „Urlaub" und kümmert sich um ihre eigenen Geschäfte[3]. Vielfach sind auch nur gering qualifizierte MitarbeiterInnen anwesend, die einen Verband anlegen können oder eine Wunde nähen, aber Diagnosen nur in ganz offensichtlichen Krankheitsfällen anzustellen vermögen. Und selbst wenn sie die richtige Diagnose getroffen haben, dann ist keineswegs sicher, dass auch die benötigten Medikamente in der kleinen Apotheke des Zentrums vorhanden sind.

Wo immer es geht, suchen die Menschen daher nach Alternativen, die beispielsweise im Gang zu traditionellen HeilerInnen liegen können. Diese in Afrika, aber auch in Asien und Lateinamerika gebräuchliche Praxis verspricht durchaus

Heilungschancen bei Krankheiten, und auch bei der Versorgung von Verletzungen mögen viele HeilerInnen Hervorragendes leisten. Aber bei vielen handelt es sich eher doch um Wunderdoktoren, die mit ihren traditionellen Zeremonien bei ernsthaften Erkrankungen kaum Hilfe bringen können.

Neben diesen HeilerInnen gibt es, mit Ausnahmen im ländlichen Raum des subsaharischen und zentralen Afrikas und in abgelegenen Gebieten einiger anderer Länder, natürlich fast überall auf der Welt auch geschultes privates Gesundheitspersonal. Wer durch Südostasien fährt, wird selbst noch in größeren Dörfern Schilder mit der Aufschrift „Clinic" finden und in einer thailändischen, vietnamesischen oder kambodschanischen Stadt reihen sich oft private Arztpraxen, die genannten *Clinics* und Apotheken aneinander. Hier finden viele PatientInnen deutlich näher als beim zuständigen staatlichen Gesundheitszentrum schnelle und vielleicht sogar auch gute Hilfe, die allerdings etwas kostet, mitunter viel Geld. Allerdings macht Angus Deaton darauf aufmerksam, dass sich im privaten Gesundheitsbereich auch viele Quacksalber tummeln und von ihm interviewte „Privatärzte" im indischen Rajasthan zum Teil nicht einmal einen Highschool-Abschluss hatten[4].

In seinem Buch „Der große Ausbruch" geht Deaton im Detail auf den Zusammenhang zwischen Gesundheitsversorgung und Sterblichkeit ein. Beides, die nur subjektiv bestimmbare Lebensqualität der Menschen wie auch ihre in objektiven Zahlen vorliegende Lebenserwartung, hängt von der Qualität dieser Gesundheitsversorgung ab. Vor allem Gesundheitskosten sind es jedoch, die bisher schon arme Menschen vollends ins Elend stürzen können, etwa in eine Verschuldung, aus der sie niemals im Leben wieder herauskommen und die mitunter auch im 21. Jahrhundert immer noch in die Sklaverei führen kann. Selbst wer normalerweise nicht arm ist, kann durch einen Unfall oder einen schweren Fall von Erkrankung in der Familie sehr schnell verarmen, wie denn auch überall in Ländern, in denen die Masse der Menschen nicht krankenversichert ist, Krankheiten einer der häufigsten Gründe für unverschuldete Armut sind.

Es steht also sehr schlecht in vielen Ländern um die öffentliche (Grund)Bildung wie auch um die Basis-Gesundheitsversorgung. Vielfach bieten dort, wo die Regierungsangehörigen sich nur um die eigenen Konten kümmern, nicht aber um die Bevölkerung ihres Landes, im Gesundheitsbereich Entwicklungsorganisationen die einzigen verfügbaren Ersatzleistungen für den abwesenden oder sich verweigernden Staat an. Unter diesen finden sich zahlreiche kirchliche Einrichtungen und viele I-NRO.

7.2 Engagierte Beiträge zur Bildungspolitik

Die Allgemeine Menschenrechtserklärung der VN legt fest, dass die Grundbildung überall auf der Welt zu den elementaren Menschenrechten (MR) gehört. Aus Sicht des BMZ bedeutet dies, dass Menschen, denen der Zugang zu Bildung verweigert bzw. nicht ermöglicht wird, ein elementares MR vorenthalten bleibt. Im Rahmen der Bildungsstrategie des Ministeriums kündigte das BMZ 2015 an, seine Förderungen auf jährlich mindestens 400 Mio. EUR aufzustocken, wobei Grundbildung, die berufliche Bildung und auch die Hochschulbildung im Mittelpunkt stehen sollten[5]. Interessant ist zudem der Verweis auf den Ausbau der nicht-formalen Grundbildung, also Angebote für Erwachsene, die bislang keine Schule besuchen konnten. Wichtig ist dem BMZ bei seiner Bildungskonzeption auch die Gender-Politik. Hintergrund hierbei ist die Tatsache, dass weiterhin Mädchen weltweit bei der Schulbildung benachteiligt werden. In einigen Ländern wie Afghanistan oder Nigeria sind Mädchenschulen sogar zunehmend gezielten Angriffen religiöser Extremisten ausgeliefert, die Bildung generell als Teufelswerk ansehen.

Im Folgenden werden einige Beispiele für deutsche und internationale Ansätze vorgestellt, die eine überdurchschnittliche Armutsorientierung haben bzw. sich in besonderem Umfang mit den sozio-kulturellen Gegebenheiten in den Partnerländern beschäftigen:

Non-formale Ausbildung von BauarbeiterInnen

Im südost-asiatischen Myanmar gibt es ein außergewöhnliches Angebot für BauarbeiterInnen. Die deutsche GIZ bietet hier Abendkurse an, bei denen Personen, die seit Jahren Erfahrungen im Bau gesammelt haben, aber aufgrund ihrer nicht vorhandenen Schul- und Berufsausbildung keinerlei Chance auf einen Aufstieg haben, FacharbeiterInnen oder sogar Poliere werden können. Anknüpfend an ihr bestehendes großes Wissen werden die Lücken fehlender Alphabetisierung geschlossen, zugleich aber auch theoretische und praktische technische Fähigkeiten vermittelt, die gemeinsam zu einem staatlich anerkannten Facharbeiter-Zertifikat führen. Wer dieses Papier nachweisen kann, hat große Chancen, eine sehr viel besser dotierte, oft sogar feste Anstellung zu bekommen. Das bedeutet, nachhaltig aus der Armut herauszukommen, in der fast alle am Programm teilnehmenden ArbeiterInnen vorher leben mussten.

Schulbauten als Voraussetzung für guten Unterricht

In mehreren Partnerländern Afrikas oder z. B. im zentralasiatischen Tadschikistan werden ebenfalls mit deutschen Geldern ländliche Schulen rehabilitiert, ausgebaut oder neu errichtet. Dabei werden häufig partizipative Modelle angewendet. So haben diejenigen Dörfer oder Landstädte Priorität bei der Unterstützung, die ein Bau- und Betriebskonzept vorlegen können. Dabei spielt auch die eingeplante Eigenleistung bei der Bewertung von Anträgen eine wichtige Rolle. Mehr als bisher müsste aber darauf geachtet werden, dass die Schulen nicht später von den Eltern unterhalten werden müssen und dass stets zuvor vertraglich gesichert ist, dass die jeweilige Schule auch genügend und hinreichend qualifizierte LehrerInnen haben wird.

In Tadschikistan geht die Mitwirkung der Eltern und Lehrer beim Schulbau besonders weit. Um der im Land verbreiteten Korruption im Bauwesen entgegenzuwirken, werden für jede Gemeinde, die eine neue oder rehabilitierte Schule erhalten soll, Eltern-Lehrer-Komitees gegründet, denen ein Teil der Bauaufsicht übertragen wird. Eine Schule gilt erst dann als fertiggestellt und der Bau technisch als abgenommen, wenn das Komitee dem zustimmt. Eine Untersuchung der Wirkungen unter Beteiligung des Verfassers und eines tadschikischen Soziologen 2016 konnte die außergewöhnlichen Wirkungen dieses Modells nachweisen. So hatte z. B. in einem Ort das Komitee einen ausgebildeten Hochbauingenieur zu seinem Vorsitzenden gewählt, der fast täglich den Bauleuten über die Schulter schaute und die Qualität der Baustoffe und sowie der erstellten Arbeiten überprüfte. So verschwand nicht ein Sack Zement von der Baustelle, die Wände waren gerade, die Fenster dicht, und als die Schule eingeweiht wurde, betrachteten Lehrer und Eltern die Schule als ihr eigenes Projekt.

Noch ein Jahr später hatte der Schulleiter Mühe, mit den Bewerbungen klarzukommen, die laufend von Lehrern anderer Schulen bei ihm eingingen. Denn anders als bei den meisten Schulen, wo die Lehrer sich bemühten, möglichst bald wegzukommen, galten Schule und Schulleben hier als so positiv, dass man gerne an dieser Schule unterrichten wollte, und das trotz des gleichen Gehalts wie überall sonst[6].

Die Sprache der Kinder wird Unterrichtssprache

Dem oben genannten Problem, dass fachlich schlecht ausgebildete Lehrer, die selbst die Unterrichtssprache nur schlecht beherrschen, Kinder, die bisher kaum ein Wort Französisch gehört haben, von der ersten Klasse an in dieser Sprache unterrichten sollen, wurde in Mali mit einer Umstellung der Unterrichtssprache in einem Teil der Grundschulen begegnet. Das bisher allein gelehrte Französisch sollte hier zur ersten Fremdsprache werden und die Kinder mit ihrer Muttersprache Bambara beginnen dürfen. Dafür musste allerdings zunächst eine Menge getan werden. Es galt vor allem, neue Curricula zu erarbeiten und zahlreiche Lehrerinnen und Lehrer vor einem Beginn des neuen Lehrplans auf dessen Grundlage auszubilden.

Ein wesentliches Problem besteht in diesem Zusammenhang natürlich im fast immer kompletten Fehlen von Unterrichtsmaterial in den Landes- bzw. Regionalsprachen. So müssen zumindest für die ersten beiden Jahre, eher aber für vier Jahre sämtliche Lesebücher gänzlich neu erstellt werden und für mindestens die ersten beiden Schuljahre auch alle anderen Unterrichtsmaterialien. Ganz schwierig wird es, wenn eine Sprache bisher selten oder gar nicht verschriftlich ist bzw. wie in Marokko die beiden wichtigsten Berbersprachen nur über ein eingeschränktes eigenes Alphabet verfügen, das vor allem auch nicht auf längere Texte ausgerichtet ist. In solchen Fällen muss nicht allein das Unterrichtsmaterial erstmals erstellt werden, es müssen zuerst auch Sprachstandards erarbeitet und praktisch eingeführt werden. Die Aufwendungen zahlen sich allerdings angesichts der deutlich größeren Lernerfolge der Kinder durch muttersprachlichen Unterricht aus. Zudem ist ein wichtiger Baustein für den Erhalt der kulturellen Vielfalt im Lande gelegt.

Schulspeisung – „Home Grown School Feeding"
Es gibt einen erheblichen Zusammenhang zwischen Armut, Ernährungszustand und Schulerfolg. Schulspeisung ist in sehr armen Ländern fast eine Grundbedingung für die Einschulung und ein Schulverweilen. Hier wie auch in Ländern mit mittlerem Einkommen stellt die Schulspeisung zudem einen Beitrag dazu dar, dass Kinder gern in die Schule gehen, sie dort besser lernen können („mit vollem Bauch studiert sich besser"), mit Erfolg die Abschlüsse machen und zumindest teilweise auf die höhere Schule überwechseln. Dies gilt insbesondere für Mädchen, die fast überall in den EL bei familiären Problemen schneller aus der Schule genommen werden als Jungen.

Als der Verfasser 2014 im Osten des Tschad die Evaluation eines Investitionsprogramms u. a. für Schulbauten durchführte, fand er von fünf Schulen zwei ganz verlassen und eine dritte Schule nahezu leer vor. Hier hatte das VN-Kinderhilfswerk UNICEF bislang die Schulkinder im Rahmen eines Schulspeisungsprogramms versorgt, das aber Anfang 2014 ausgelaufen war. Dies hatte zur Folge, dass in dem extrem armen Savannengebiet die Kinder von ihren Eltern nicht mehr zur Schule geschickt wurden, weil dort kein Essen mehr ausgeteilt wurde. Ohne Schulspeisung mussten die Kinder ihr Essen fortan wieder selbst verdienen, als Hirten die Jungen oder die Mädchen, indem sie wieder Holz und Wasser beschaffen mussten, anstatt zur Schule gehen zu dürfen.

Schulspeisung kann also für den Schulbesuch sehr wichtig, ja sogar entscheidend sein. Ein ganz besonders erfolgreiches Beispiel ist in diesem Zusammenhang das „Home Grown School Feeding" Programm in Kambodscha, welches das sonst oft gescholtene Welternährungsprogramm (World Food Programme, WFP)[7] bisher noch koordiniert und finanziert. Ab 2021 soll die Maßnahme aber ganz vom

kambodschanischen Staat übernommen werden. Im Rahmen des schon wiederholt erwähnten INEF-Forschungsvorhabens wurde vom Verfasser anhand von 18
Schulen eine Teilmaßnahme des Programms untersucht, die im Mai 2017 zunächst
84 von 1200 geförderten Schulen umfasste und die Besonderheit aufwies, dass
die für die Schulspeisung benötigten Nahrungsmittel alle ohne Ausnahme lokal
beschafft wurden. Bis 2020 nahmen über 120 weitere Schulen an dem Programm
teil (Abb. 7.2).

Auch wenn die Untersuchung keine Gesundheitsdaten zu den beteiligten Kindern
erheben konnte, so ergaben die Gespräche mit allen Beteiligten doch ein deutliches
Erfolgsbild: Auf der schulischen Ebene wurde von einem deutlich regelmäßigeren
Schulbesuch seit Einführung der Schulspeisung berichtet. Vorher „verschwanden"
bis zu einem Drittel der Kinder täglich einfach aus dem Unterricht, weil sie Hunger
hatten, denn in kaum einer Familie erhielten die Kinder morgens zu Hause vor der
Schule ein Frühstück, und Geld für Snacks in den Pausen hatten die meisten Eltern

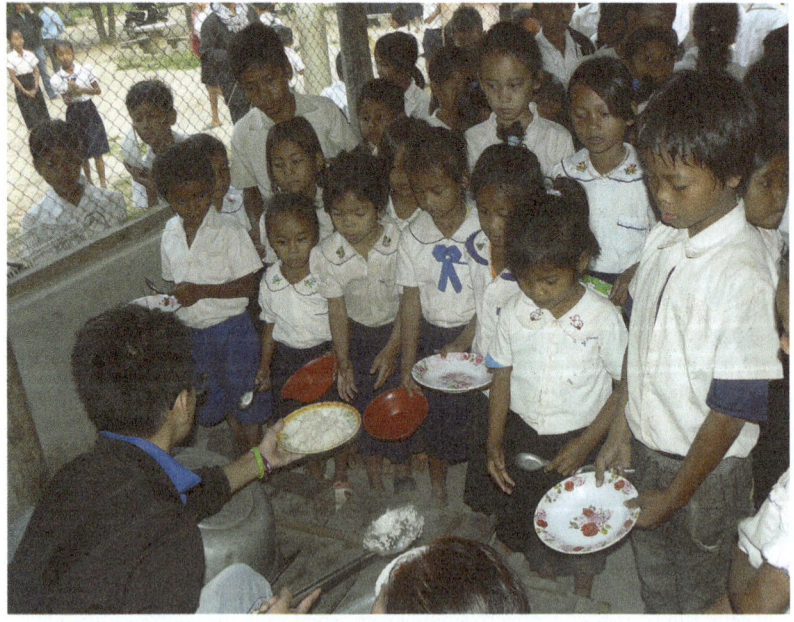

Abb. 7.2 Essensausgabe im Rahmen des Schulspeisungs-Programms des WFP in Kambodscha. (Foto: © Frank Bliss 1989–2020)

nicht. Die Kinder seien nun durch das warme Frühstück morgens gesünder, konzentrierter beim Unterricht und die Wiederholungsquote sei in den Klassen sei deutlich zurückgegangen, zudem werde kaum noch ein Kind vor dem Grundschulabschluss aus der Schule genommen, so unisono die Kommentare von SchulleiterInnen, LehrerInnen wie auch der Eltern.

Ebenso deutlich zeigten sich die wirtschaftlichen Wirkungen durch die lokale Beschaffung. Durch die Kaufkraftzunahme und die konkrete Nachfrage nach hochwertigen Lebensmitteln (Gemüse, Fisch, Fleisch und Eier) wird vor allem Gemüse vermehrt in den Dörfern der Schulstandorte angebaut, wobei deutlich mehr und ernährungsphysiologisch gehaltvollere Sorten als früher gepflanzt werden. Die Zahl der beteiligten ProduzentInnen ist erheblich. Sie beträgt z.B. in einer der untersuchten Kommunen mit vier beteiligten Schulen bis zu 200 Haushalte, die Reis, Gemüse oder andere Bestandteile der Schulspeisung liefern. Zudem gewinnt überall die Zusammenarbeit zwischen LehrerInnen, Eltern und VertreterInnen der Gemeinden an Bedeutung, was wiederum dem Schulleben zugutekommt[8].

> Zahlreiche Projektbeispiele aus dem Bildungsbereich finden sich auf den Homepages des BMZ (www.bmz.de), der KFW (www.kfw.de), der GIZ (www.giz.de), ferner auf den Seiten großer NRO (Misereor, Brot für die Welt, Kindernothilfe u. a.) sowie international natürlich auf den Seiten der UNESCO, der United Nations Educational, Scientific and Cultural Organization. Auch UNICEF ist eine gute Referenz für EZ-Bildungsmaßnahmen.

7.3 Kostenlose Gesundheitsversorgung für die Armen[9]

Auch das Recht auf Gesundheit gehört zu den elementaren Menschenrechten und Staaten erfüllen ihre menschenrechtlichen Verpflichtungen nicht, wenn sie arme und benachteiligte Menschen von essenziellen Gesundheitsdiensten ausschließen. Während die Verweigerung von Bildungsmöglichkeiten eher die Weiterentwicklung einer Persönlichkeit und die Wahrnehmung von Chancen behindert, also auch der, aus eigener Kraft aus Armut herauszukommen, wirkt das Vorenthalten von Gesundheitsdienstleistungen unmittelbar auf die Existenz eines Individuums bis hin zu seiner physischen Vernichtung.

Ohne Bildung gegen Gesundheit ausspielen zu wollen, ist ein Basisgesundheitsdienst möglicherweise neben der Trinkwasserversorgung das Wichtigste überhaupt und das Dringlichste, was ein Staat im Rahmen seines Auftrages zu leisten hat. Mit anderen Worten: Wenn eine Regierung nicht alle Anstrengungen unternimmt, im Rahmen ihrer Möglichkeiten Gesundheitsdienstleistungen anzubieten, handelt sie unverantwortlich, ja geradezu verbrecherisch. Vor diesem Hintergrund ist das Engagement der EZ im Gesundheitsbereich zu sehen: Einerseits entlässt es den Staat aus seiner (menschenrechtlichen) Verpflichtung, andererseits trägt es dazu bei, dass Menschen überleben können, die von ihrem eigenen Staat (sehr oft vorsätzlich) übersehen werden.

Neben der staatlichen EZ engagieren sich NRO stark in der Basisgesundheitsversorgung in ihren Partnerländern. Das im vorangegangenen Kapitel erwähnte Schul-Projekt der Welthungerhilfe in Malawi ist ein Bildungsprojekt, ein Trinkwasser- und Sanitärprojekt, aber eben auch ein Gesundheitsprojekt, da es dazu beitragen soll, Kinder und ihre Familien vor wasserbezogenen Erkrankungen zu schützen. Andere NRO sind sogar ganz überwiegend oder nur im Bereich der Gesundheitsförderung tätig. Medico International oder die Ärzte ohne Grenzen sind die vielleicht bekanntesten unter ihnen, die in zahlreichen Ländern und sogar in fragilen Staaten in Konfliktsituationen unterwegs sind.

Auch die bilaterale deutsche EZ engagiert sich in einer Vielzahl von Ländern innerhalb dieses Schwerpunktbereiches. Wichtige Ziele sind dabei eine gerechte Gesundheitsversorgung, die gerade auch Frauen und benachteiligte Bevölkerungsgruppen erreicht und einbezieht. Die Verfügbarkeit von Gesundheitsangeboten, auch und gerade auf dem Lande, sind dabei wichtige Subziele. Zu diesen gehört nicht zuletzt die Unterstützung der Wahlmöglichkeiten von Frauen im Hinblick auf Verhütung und Schwangerschaft, denn überall, wo diese fehlen, werden Frauen ganz besonders unterdrückt bzw. benachteiligt. Neben der Verfügbarkeit spielt auch die Förderung der Qualität von Gesundheitsleistungen in der deutschen EZ-Konzeption eine große Rolle[10].

Innerhalb der internationalen Zusammenarbeit werden prinzipiell alle denkbaren Bereiche der Gesundheitsversorgung unterstützt, angefangen von der Gesundheitsaufklärung über den Bau von Einrichtungen, ihre Ausstattung, die Versorgung mit Medikamenten und die Beratung des Staates beim Aufbau von Sozialen Sicherungssystemen im Gesundheitsbereich (siehe auch Kap. 11). Hierzu bieten die zum Bildungsschwerpunkt erwähnten Homepages ebenfalls einen Überblick. In der Folge seien daher nur einige wichtige, aber in der allgemeinen Darstellung oft nur am Rande berücksichtigte Projekte bzw. Maßnahmentypen angeführt, die zugleich die Breite des Gesundheitssektors in der EZ beleuchten.

Generika für Mali

Ein sehr wichtiges Programm wurde in den 1990er Jahren von der deutschen EZ in Mali durchgeführt. Ausgangsproblem waren die wenigen auf dem freien Markt und in den Gesundheitseinrichtungen verfügbaren Medikamente, die zudem im Vergleich mit der Kaufkraft der Menschen und den Budgets der Gesundheitsbehörden durchgängig extrem teuer waren. Nahezu alle Erzeugnisse kamen aus den Industrieländern und ein Großteil davon aus Frankreich.

Um diesen Originalpräparaten eine deutlich billigere Alternative gegenüberzustellen, wurden im Rahmen einer Studie die rund 100 wichtigsten Wirkstoffe identifiziert, die in Mali benötigt wurden, um den Großteil aller auftretenden Krankheiten abdecken zu können. Auf der Grundlage der Wirkstoffe wurde eine Liste mit Generika, also Nachahmerprodukten mit fast identischen Wirkstoffen wie in den Originalmedikamenten, zusammengestellt. Im Rahmen einer Ausschreibung erfolgte schließlich die Beschaffung der Medikamente und ihre Verteilung an Hunderte von Gesundheitseinrichtungen im ganzen Land. Hier gab es jetzt deutlich mehr Medikamente, die zudem mehr Krankheiten abdeckten als zuvor, nun allerdings nicht mehr in 10-Tabletten-Blisterverpackungen, sondern mit 100, 500 oder sogar 1000 Tabletten in der Plastikdose zu einem Preis, der oft bei nur 10 % der Kosten für die „Originale" lag. Allerdings schien sich später die französische Arzneimittellobby durchgesetzt zu haben, sodass die billigen Produkte mehr und mehr in den Gesundheitszentren verschwanden und stattdessen die französischen „Originale" in den nun wieder spärlich bestückten Regalen standen.

High-Tech-Ausstattung für Provinzkrankenhäuser in Usbekistan

Während das Basisgesundheitsprogramm in Mali längst ausgelaufen ist und sich die malische Regierung hat überreden lassen, zu den teuren „Originalen" aus Frankreich zurückzukehren, hat ein ganz anders gelagertes Programm in Usbekistan gerade erst begonnen. Während die deutsche EZ zumeist eher die medizinische Grundversorgung unterstützt, wird in den wenigen Provinzkrankenhäusern des zentralasiatischen Landes die High-Tech-Diagnose-Medizin gefördert, die bisher nicht vorhanden war. So standen im ganzen Land kaum Geräte zur Verfügung, die über Röntgenuntersuchungen hinaus präzise Diagnosen liefern konnten. Die gesamte staatliche Erwachsenenmedizin des Landes verfügte vor Projektbeginn zum Beispiel lediglich über zwei Kernspintomographen, von denen manche deutsche Röntgenpraxis allein ebenso viele besitzt. Zudem fand die Projektprüfung heraus, dass viele Diagnostikgeräte in den usbekischen Krankenhäusern noch aus den Jahren vor 1965 stammten. Wer es sich daher leisten konnte, flog zu entsprechenden Untersuchungen nach Russland, und wer wirklich reich war beispielsweise nach Deutschland, das am internationalen Medizintourismus aus EL und Schwellenländern sehr gut verdiente.

Um die Situation zu entschärfen, unterstützt die KfW daher mit Geldern des BMZ die Ausstattung der Provinzkrankenhäuser mit modernem Gerät. Jedes Krankenhaus, das oft für Gebiete von der Größe Bayerns zuständig ist, soll u. a. mit einem modernen Kernspintomographen ausgestattet werden. Auch wird die sichere und umweltgerechte Entsorgung von gefährlichen und infektiösen Krankenhausabfällen durch die EZ unterstützt werden. Hinzu kommt die Aus- und Fortbildung des Personals in Betrieb und Wartung der Anlagen. Dabei steht auch das Thema Telemedizin, also Diagnostik und Therapie mittels Telekommunikation, auf dem Lehrplan. Bedingung für die Unterstützung des usbekischen Gesundheitssektors auf diesem medizintechnisch hohen Niveau ist allerdings, dass die Geräte allen Menschen unabhängig von ihrem Status und Einkommen zur Verfügung stehen.

Der Health Equity Fund in Kambodscha

Durch ID Poor, ein umfassendes Methodenset, werden derzeit in Kambodscha (extrem) arme Haushalte in einer möglichst transparenten Weise identifiziert. Damit wird die Grundlage für konkrete Maßnahmen zugunsten der erfassten armen Haushalte bzw. Einzelpersonen des Landes geschaffen. Die Ergebnisse dieses „Targeting"-Systems sollen für alle nationalen Bereiche der sozialen Sicherung wie auch für Geber-finanzierte Projekte als Grundlage für die Auswahl der zu begünstigenden Menschen dienen[11]. Besonders wichtig ist ID Poor für die Inanspruchnahme eines landesweiten Beitrages zur sozialen Sicherung: Hierbei handelt es sich um den kambodschanischen Gesundheitsfonds für Arme (Health Equity Fund, HEF), der seit einigen Jahren rund drei Millionen als extrem arm eingestuften Menschen, d. h. etwa 20 % der Gesamtbevölkerung des Landes, eine kostenfreie Gesundheitsversorgung auf verschiedenen Ebenen ermöglicht. Der über den HEF finanzierte Service beginnt bei den Leistungen lokaler Gesundheitszentren *(Health Centers)* (Abb. 7.3) und führt über Distrikt- und Provinzkrankenhäuser *(referral hospitals)* (Abb. 7.4) bis hin zur Spezialbehandlung in einem Fachhospital in der Hauptstadt Phnom Penh.

Die im Rahmen einer Studie 2017 vom Verfasser koordinierten Befragungen in insgesamt 28 Gesundheitseinrichtungen und bei zahlreichen Akteuren in deren Umfeld bestätigen die positiven Wirkungen des HEF-geförderten Versorgungssystems auf die armen PatientInnen. Einerseits suchen sehr viele Personen, die zuvor aus Mangel an finanziellen Mitteln gar keine medizinische Versorgung in Anspruch genommen haben, nun die staatlichen Einrichtungen auf. Zudem sind die dort angebotenen Leistungen im Vergleich zu früher in den letzten Jahren deutlich verbessert worden. Dies liegt auch daran, dass ein Teil der Zahlungen aus dem HEF (60 % der Erstattungsbeträge, die die Gesundheitseinrichtungen von dem Fonds erhalten) an das Personal geht, dessen Motivation auf diese Weise deutlich gesteigert wird[12].

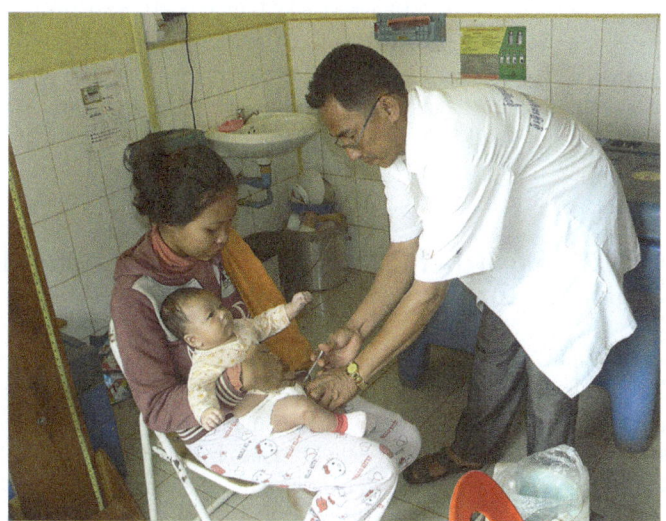

Abb. 7.3 Impfen eines Babys in einem ländlichen Gesundheitszentrums in Kambodscha. (Foto: © Frank Bliss 1989–2020)

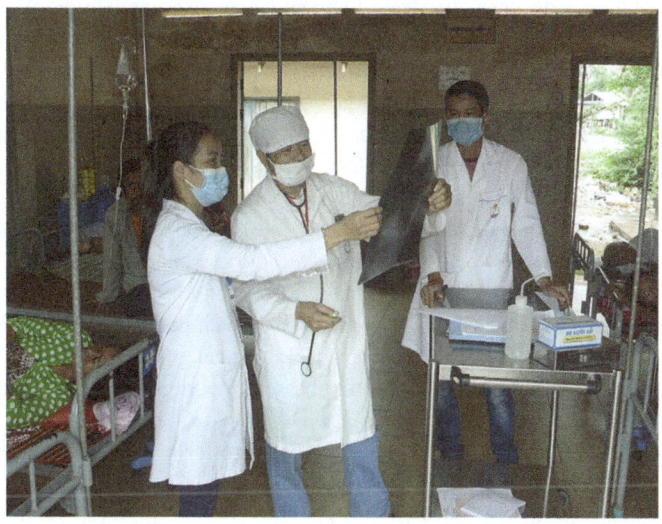

Abb. 7.4 Röntgen-Diagnose in einem ländlichen Krankenhaus *(referral hospital)* in Kambodscha. (Foto: © Frank Bliss 1989–2020)

Besonders profitieren vom HEF werdende Mütter z. B. in Form von kostenfreien Geburten in qualifizierten Gesundheitseinrichtungen, ferner Frauen mit Kleinkindern, die eine umfassende Nachbetreuung erhalten, die auch eine Ernährungsberatung umfasst und damit das Problem weit verbreiteter Mangelernährung in Kambodscha gerade bei Kindern angeht.

7.4   Ernährungssicherheit und Ernährungsberatung als Voraussetzung für Gesundheit

Häufig werden die Ernährungssicherungsproblematik und die damit verbundene entwicklungspolitische Frage der Ernährungsberatung bei gesundheitspolitischen Themen ausgeklammert. Dabei sind weiterhin mindestens 815 Mio. Menschen weltweit von Unterernährung (= zu wenig Nahrung) betroffen und viele mehr von Mangelernährung (= zu wenige bestimmte wichtige Nahrungselemente). Einige Quellen gehen hier von bis zu zwei Milliarden Betroffener aus, darunter sehr viele Kinder. Unter- und Mangelernährung sind Ursachen für viele Krankheiten und zumindest die Unterernährung ist eine unmittelbare Folge von extremer Armut. Allerdings zeigen Studien auch, dass Mangelernährung eine Folge von Armut sein kann, aber nicht sein muss. In vielen Ländern haben sich nämlich die Armenanteile an der Bevölkerung in den letzten Dekaden stark reduziert, während die Zahl der mangelernährten Menschen deutlich langsamer zurückgegangen ist bzw. in einigen Ländern sogar wieder ansteigt.

Wir haben es also bei der Ernährungsproblematik mit zwei unterschiedlichen, sich allerdings oft auch überschneidenden Problembereichen zu tun. Um die *Unterernährung* zu beseitigen, müssen wir Armut mit allen verfügbaren Mitteln bekämpfen, um damit zugleich auch alle Menschen gemäß der Agenda-2030-Ziele vor Hunger zu bewahren. *Mangelernährung* muss wie Unterernährung zum einen dadurch reduziert werden, dass arme Menschen Zugang zu besseren Nahrungsmitteln erhalten. Sie muss zugleich aber auch durch umfassende Ernährungsberatung angegangen werden, denn viele mangelernährte Menschen hätten eigentlich die finanziellen Mittel für eine bessere Versorgung mit Nahrungsmitteln.

Mangelernährung entsteht dadurch, dass die Betroffenen nicht alle vom Körper benötigten Nahrungselemente zu sich nehmen. Hiervon ist übrigens die Fehlernährung abzugrenzen, die durch zu viele „falsche" Nahrungsmittel, vor allem den übermäßigen Genuss bestimmter Dinge wie Zucker und/oder tierischem Fett entstehen kann. Mangelernährung entsteht übrigens auch durch die Benachteiligung, der in einigen Gesellschaften bestimmte Familienmitglieder bei den täglichen Speisen ausgesetzt sind. Mädchen und Frauen sind hiervon besonders betroffen, wobei kulturelle Verhaltensmuster ausschlaggebend sind, d. h. sie beispielsweise nach den Männern und Jungen essen müssen, wenn die besten Teile des Essens bereits verspeist sind. Andernorts bestehen offenbar unerklärliche Nahrungstabus fort, etwa wenn in Laos ausgerechnet schwangere Frauen und Frauen nach der Geburt ihrer Kinder bestimmte besonders nahrhafte und andernorts sogar dringend empfohlene Dinge wie Huhn und Eier nicht essen sollen (bzw. dürfen).

Es gibt aber auch Mangelernährung dort, wo bestimmte sozio-ökonomische Veränderungen in massiver Weise eingetreten sind. So hat die Fabrikarbeit etwa in Südostasien das Speiseverhalten Hunderter Millionen von Menschen verändert. Wenn morgens die Arbeit früh begonnen werden muss, gibt es zumeist zu Hause kein Frühstück mehr. Dafür werden tagsüber Snacks gekauft, die aber relativ teuer und vom Nährwert her ganz überwiegend schlecht sind. Auch psychologische Phänomene mögen wirksam sein. So hat die Zeit des Völkermordes unter den Roten Khmer 1975–1979 in Kambodscha z. B. eine kleine Schale Reis zu einem Luxus werden lassen. Wenn heute selbst gut situierte KambodschanerInnen übermäßig viel Reis essen, dazu aber wenig Gemüse und tierisches Eiweiß, so mag dies auch durch die Erfahrung der alles überragenden Bedeutung von Reis zum Überleben bedingt sein. Das Narrativ der Großelterngeneration über diese Zeit setzt sich dabei in erstaunlichem Umfang auch bei den Jüngeren fort.

Kochgruppen im westafrikanischen Benin
Durch Ernährungsberatung im Rahmen der Schwangeren- und Kleinkinderbetreuung versucht man heute, gerade in den ersten 1000 Tagen im Leben der Kinder, eine regional an die vorhandenen Lebensmittel angepasste gute Ernährung zu propagieren. Darüber hinaus wird dort, wo die Mangelernährung besonders geballt auftritt, etwa im Norden der westafrikanischen Republik Benin, in den Dörfern zusammen mit der Bevölkerung mit verbesserten Kochrezepten experimentiert (Abb. 7.5).

Hier ist weniger der Zugang zu Grundnahrungsmitteln an sich das Problem, sondern die Mangel- und Fehlernährung aufgrund der extrem geringen Kaufkraft der meisten Haushalte und zu geringer Eigenproduktion höherwertiger Nahrungsmittel. Besonders betroffen sind Kinder. Ernährungsmängel finden sich vor allem im ländlichen Raum, und so interveniert ein deutsches Vorhaben der Technischen Zusammenarbeit in fünf Gemeinden im Departement Atacora im nördlichen Benin. In 61 Dörfern werden auf der Grundlage anthropometrischer Kenndaten, die mangelernährte Kinder identifizieren helfen (d. h. Gewicht und Oberarmumfang), gezielte Maßnahmen umgesetzt, in deren Mittelpunkt eine verbesserte tägliche Ernährung von allem von Kleinkindern steht.

Abb. 7.5 Freiwillige junge Männer und Frauen im Rahmen einer Fortbildung für Dorfkoch-
kurse im Norden Benins. (Foto: © Frank Bliss 1989–2020)

Die Grundpraktiken hierfür werden mithilfe freiwilliger GemeindehelferInnen
und basierend auf dem Ansatz der „positiven Abweichung" (franz. *déviation posi-*
tive) den Müttern aus armen Haushalten auf sehr praktische Weise nahegebracht: In
einer Gruppe von gleichermaßen sehr armen Menschen in einem Dorf gibt es doch
den einen oder anderen Haushalt, dessen Kinder erkennbar gesünder sind (z. B. nicht
untergewichtig und weniger krankheitsanfällig) als der Durchschnitt aller Kinder
der Gruppe. Nachdem herausgefunden wurde, woran dies liegt (z. B. nur sauberes
Trinkwasser genutzt oder eben bessere Ernährung), werden um die „positiv abwei-
chenden" Mütter herum Kochgruppen gebildet, die mit Unterstützung des Projektes
in zwei Wochen in praktischen Kochaktionen jeweils einem Dutzend armer Frauen
zeigen, wie mit einfachsten Mitteln und fast ohne zusätzliche Kosten nahrhaftere
Speisen auf den Tisch kommen können. Schon nach diesen zwei Wochen zeigen
sich gute Erfolge, und so ist zu erwarten, dass ein Großteil der rund 2000 im Jahr
erreichten Frauen das Gelernte auch weiterhin im Interesse ihrer Kinder anwenden
wird.

Unterrichtsmaterial zur verbesserten Ernährung

Vor allem das Kinderhilfswerk der Vereinten Nationen UNICEF, aber auch andere Geber wie die deutsche GIZ unterstützen die Behörden weltweit in den Partnerländern bei der Erstellung von Unterrichtsmaterial, das möglichst bebildert und in verständlicher lokaler Sprache für eine verbesserte (Kinder)Ernährung wirbt. In Benin hat sich die GIZ sogar an ein heißes Eisen gewagt, die Frage der Geschlechterrollen beim Kochen. Dabei ist es den freiwilligen GemeindehelferInnen gelungen, auch Männer für das Kochen und die Weitergabe der Rezepte zu begeistern (Foto 5). So ermutigt hat man einen Comic erstellen lassen, in dem die bisherige Regel, dass nur Frauen kochen, über den Haufen geworfen wird. Im letzten Bild des Comics fragt die Tochter nicht ihre Mutter wie bisher üblich, sondern ihren Vater „Papa, was werden wir heute essen?" (Abb. 7.6)

Text des 5. Bildes: *„Fani, warum kommst du nicht, um das Essen zu kochen? Lass sie! Sie hat Schularbeiten zu machen. Ah, Es sind Papa und Tinwa. die das Essen zubereiten."*

Text des 6. Bildes: *„Bei uns beteiligen sich auch die Männer an Haushaltsarbeiten. Papa, was essen wir heute? Bohnenpüree. Es ist sehr einfach, das zuzubereiten."*

Quelle: GIZ Projekt Sécurité Alimentaire, Benin 2018.

Anmerkungen

1. Aus: „Die Bildungs-Geber", in: Welt-Sichten 2-2019, S. 19.
2. Eine auch in anderen Ländern nicht ungewöhnliche Situation. So waren bei einer Studie in Indien 25 % aller PrimarschullehrerInnen während der Erfassung abwesend (vgl. Chaudhury, Nazmul et al. 2006: Missing in Action: Teacher and Health Worker Absence in Developing Countries, in; Journal of Economic Perspectives 20(1), 91–116).
3. Ebd. in Chaudhury (2006) mit noch höheren Abwesenheitsquoten als für die erfassten LehrerInnen (40 % am Erhebungstag in Indien und in Indonesien). Die willkürliche Abwesenheit von Gesundheitspersonal und Lehrern ist auch eine der Hauptkritiken von Wirtschafts-Nobelpreisträger Angus Deaton (2017: 164 ff.).
4. Ebd. Angus Deaton, S. 166.
5. Vgl. „BMZ-Bildungsstrategie (2015): Gerechte Chancen auf hochwertige Bildung schaffen". BMZ-Papier 7/2015. Bonn.
6. Dazu umfassender Bliss, Frank/Lashkariev, Amrisho (2020): Storyline „Mitbestimmung am Bau". Wie in Tadschikistan neue Schulen entstehen unter aktiver

Abb. 7.6 Comic erstellt durch GIZ

Teilhabe der Eltern. KfW Materialien zur Entwicklungsfinanzierung Nr. 4, 16. April 2020. Frankfurt. Auch unter: https://t1p.de/tzav [9-2020].

7. Die Kritik richtet sich dagegen, dass das WFP Nahrungsmittelgeschenke seiner Geberländer annimmt (oder auf deren Drängen annehmen muss) und diese als Nahrungsmittelhilfe an Länder mit Nahrungsbedarf weiterleitet, obwohl die „geschenkten" Nahrungsmittel überhaupt nicht in den jeweiligen kulturellen Speisekontext passen. So versuchen z. B. die USA dem WFP je nach Überschusslage im eigenen Land massenhaft Mais aufzudrängen auch für Gegenden, in denen vor allem Reis oder Hirse gegessen wird. Oder arme Länder werden im Rahmen dieses Überschussabbaus etwa mit US-Sojaöl und/oder Weizen überschwemmt, obwohl es im Empfängerland selbst eine eigene Öl- und/oder Weizenproduktion gibt. Auch verteilt das WFP zuweilen importierte Lebensmittel, obwohl es besser wäre, den Hungernden Geld zu geben, damit diese lokale Produkte kaufen und damit auch den ProduzentInnen in der eigenen Region helfen, die sonst wegen der Armut der Bevölkerung ihre Erzeugnisse trotz eines immensen Nahrungsbedarfs nicht loswerden.

8. Dazu vom Verfasser die beiden Beiträge „Kambodscha: Schulspeisung mit lokaler Beschaffung" (INEF Good Practice Reihe 03) und „Home-Grown School Feeding as a ‚Good Practice' for Poverty Alleviation and Nutrition Security in Cambodia" (AVE Studie 4/2017) beide unter https://www.uni-due.de/inef/projekt_ave.php.

9. Daten zur weltweiten Gesundheitssituation unter WHO (2018).

10. Vgl. hierzu das BMZ-Sektorkonzept „Gesundheit in der deutschen Entwicklungspolitik" (Bonn 2009) und das BMZ Spezial 162 „Gesundheit und Menschenrechte" (Bonn 2009).

11. Dazu im Detail ein Bericht des BMZ (2017): Leave no one behind: Insights from Cambodia's national poverty identification system. German Health Practice Collection. Bonn; sowie Bliss, Frank/Hennecke, Rosa (2018): Wer sind die Ärmsten im Dorf? Mit dem ID-Poor-Ansatz werden die Armen in Kambodscha partizipativ und transparent identifiziert. AVE-Studie 9/2018. Duisburg (INEF).

12. Vgl. Frank Bliss (2018): Gesundheitsfürsorge für die Ärmsten: Der „Health Equity Fund" (HEF) in Kambodscha. AVE-Studie 11/2018. Duisburg (INEF).

Landwirtschaft und Forst

8

Zusammenfassung

In vielen Entwicklungsländern leben noch über drei Viertel der Menschen auf dem Land und selbst im urbanen Umfeld betreiben viele Haushalte weiterhin Landwirtschaft. Daher ist die Unterstützung vor allem der besonders häufig armen Kleinbauern und Kleinbäuerinnen ein wichtiger, wenn nicht der wichtigste Entwicklungspfeiler. Dabei gilt es, gegenläufigen Tendenzen wie der Förderung industrieller Landwirtschaft und damit verbundenen Enteignungen von bisher in Kleinbauernhand befindlichen Ackerflächen entgegenzuwirken. Allerdings muss angesichts des Bevölkerungswachstums vor allem im subsaharischen Afrika ein Ziel der Unterstützung auch die Steigerung der landwirtschaftlichen Produktivität und damit der Einkommen gerade bei den kleinen und kleinsten bäuerlichen Betrieben sein. In extremen, kaum mehr für die Landwirtschaft haltbaren Standorten müsste die gezielte Abwanderung gefördert, gleichzeitig aber auch ein Teil der im Gebiet bleibenden Haushalte beim Erhalt der natürlichen Ressourcen finanziell und technisch unterstützt werden. Hierfür sollten auch dauerhafte konditionierte Geldzahlungen an die ärmsten Haushalte in Erwägung gezogen werden.

Schlüsselwörter

Entwicklungsprojekte • Ernährung • Kleinbauern • Landrecht • Landwirtschaft

© Der/die Autor(en), exklusiv lizenziert durch Springer Fachmedien Wiesbaden GmbH, ein Teil von Springer Nature 2021
F. Bliss, *Armutsbekämpfung durch Entwicklungszusammenarbeit*,
https://doi.org/10.1007/978-3-658-32805-4_8

8.1   Nahrung für alle – auch und gerade durch kleinbäuerliche Betriebe

„Bevölkerungsexplosion und Lebensmittelverknappung: Welt verliert Kampf um lebenswichtiges Gleichgewicht".
New York Times 14. August 1974.
„Welternährungskrise: Lebensqualität vor Umwälzung durch chronische Verknappungen".
New York Times 5. November 1974.

Hunger, der nicht von fehlender Nahrung kommt
Weltweit hungern viele Menschen. Geschätzt sind es derzeit rund 815 Mio., die nach Angaben der Welternährungsorganisation (FAO) 2017 unterernährt waren. Allerdings kommen Hunderte Millionen weiterer Personen hinzu, die fehlernährt sind, und noch mehr Menschen vor allem auf dem Land sind extrem anfällig für Krisen im Kontext etwa des Klimawandels. So erwartet z. B. die Afrikanische Entwicklungsbank (AfDB) bis 2025 alleine auf dem afrikanischen Kontinent angesichts des extremen Bevölkerungswachstums eine Zunahme von über 300 Mio. unterernährten Personen[1].

Angesichts dieser Situation glauben viele, dass wir schon jetzt, zumindest aber in naher Zukunft nicht mehr genügend Nahrungsmittel produzieren, um alle hinreichend ernähren zu können. Schockmeldungen wie in den 1970er Jahren fehlen derzeit zwar, aber die Lobby der Gentechnikindustrie verkündet weiterhin eindringlich den Bedarf an „grüner Gentechnik", um die Ernährungssicherheit auch für die Zukunft zu garantieren. Darin ist die unmissverständliche Drohung enthalten, dass es ohne Einsatz von Gentechnik bei der Nahrungsmittelproduktion in jedem Fall ein Hungerproblem geben werde.

Allerdings, was 1980 bereits in dem entwicklungspolitischen Klassiker von Joseph Collins und Frances Moore Lappé festgestellt wurde, dass die Geschichte von fehlenden Nahrungsmitteln als Ursache für Hunger nämlich nur ein Mythos ist[2], gilt auch heute, fast 40 Jahre danach, weiterhin und wird sicher auch noch in 10 oder 20 Jahren zutreffen, obwohl sich die Menschheit seit 1980 von „nur" 4,453 Mrd. Menschen auf heute (2018) 7,510 Mrd. um rund 70 % vergrößert hat und bis 2030 im Vergleich zu 1980 sogar verdoppelt haben wird.

Das Problem der Unterernährung so vieler Menschen ist zumindest derzeit nämlich nicht die fehlende Produktion von Nahrungsmitteln und deren Verfügbarkeit, um die Weltbevölkerung satt zu bekommen. Selbst in Äthiopien gab es zum Beispiel während der „Ernährungskrise" 2000, bei der angeblich 2,8 Mio. Menschen vom Hungertod bedroht gewesen sein sollen, in den beiden Hauptkrisengebieten Amhara und Oromiya einen Getreideüberschuss von 1,1 Mio. Tonnen[3]. Damit hätten deutlich mehr als die hungernden Personen ernährt werden können. Das Problem war und ist vielmehr, dass die betroffenen Menschen dort kein Geld hatten, wie auch die meisten Hungernden weltweit bis heute nicht die Mittel haben, um sich von den fast überall reichlich verfügbaren Lebensmitteln auf den Märkten das Benötigte kaufen zu können. Dabei sprechen wir nicht von unseren überquellenden Warenkörben, sondern von schlichten Grundnahrungsmitteln wie Weizenmehl, Hirse, Mais oder lokalen Produkten wie Yams (Abb. 8.1), Kassava/Maniok (Abb. 8.2) oder dem südamerikanischen Quinoa.

Der Zugang zu Nahrungsmitteln ist aber nicht allein eine Frage der Kaufkraft. Um preiswerte und zugleich nahrhafte Produkte auf den Markt zu bringen, bedarf es auch einer entsprechenden, auf optimalen Nutzen bei maximaler Nachhaltigkeit ausgerichteten staatlichen Agrarpolitik. Die staatliche Landwirtschafts- und Ernährungspolitik geht dagegen derzeit in vielen Ländern in die völlig entgegengesetzte Richtung. Während Regierungen einerseits die industrielle Produktion fördern, unter anderem durch die oben kritisierte Vergabe von kommerziellen Landkonzessionen an Großbetriebe zulasten der bisherigen LandbesitzerInnen, unterstützen sie andererseits die Produktion von Nahrungsmitteln, die in der Region bisher nicht oder

Abb. 8.1 Frauen und Kinder verkaufen an einer Straße im Norden Benins Yams-Knollen. (Foto: © Frank Bliss 1989–2020)

Abb. 8.2 Anbau von Maniok im Zentrum von Burkina Faso. (Foto: © Frank Bliss 1989–2020)

kaum vorkamen, die einen geringeren Nährwert haben, aber als modern gelten und möglicherweise Devisen beim Export einbringen könnten.

Hinzu kommt, dass solche Nahrungsmittel zumeist auch in der Produktion aufwändiger und daher teurer sind als die traditionellen Erzeugnisse. Dies gilt ganz besonders für Reis in Westafrika. Dieser wurde bis vor einer Generation kaum gegessen und in Mali, im Niger oder Senegal nur von der Anrainerbevölkerung einiger Flüsse angebaut. Stattdessen bevorzugten die Menschen in den genannten Ländern den Anbau der eher trockenheitsresistenten Hirse[4]. Anderswo ersetzt Weizenmehl (z. B. als Baguette) zunehmend die traditionellen Knollenfrüchte wie Maniok oder Yams, oder der den Boden stark auslaugende Mais wird an Stelle von Hirse oder Knollenfrüchten angebaut. Fast überall ist die Folge, dass vor allem die arme ländliche wie auch städtische Bevölkerung immer mehr Geld für Grundnahrungsmittel ausgeben muss, und, weil sie die Mittel dafür nicht hat, unter Fehl-, Mangel- und sogar Unterernährung leiden muss.

Begrenzte Wünsche gegen den Hunger

Was würde sie (eine junge Frau auf dem Lande im Sahelland Niger) sich wünschen, wenn ein Zauberer käme, der ihr jeden Wunsch erfüllen könnte? „Ich wünsche mir eine Kuh, die viel Milch gibt", diese Milch könnte sie dann verkaufen und von dem Geld Krapfen backen, die sie wiederum auf dem Markt anbieten würde, so die Frau.

Hatte sie die Frage falsch verstanden? Was würde sie sich denn wirklich wünschen? Der Zauberer könnte ihr jeden Wunsch erfüllen, egal welchen. „Wirklich jeden? ... dann „Zwei Kühe vielleicht? ... Dann müsste ich nie mehr Hunger leiden".

Martín Caparrós, argentinischer Schriftsteller und Journalist (2017: 8).

8.2   Kleinbäuerinnen und -bauern könnten genug produzieren

Wenn Collins/ Lappé damals eine bessere Verteilung von Nahrung forderten, so gilt dies heute weiterhin. Um dem Problem des ungerechten Zugangs zu Nahrungsmitteln jedoch strukturell begegnen zu können, muss darüber hinaus gedacht werden. Dabei geht es um die Forderung nach besserer Kontrolle des Produktionsprozesses und um eine klare Beantwortung der Frage, wer an der Produktion von Nahrungsmitteln teilnehmen und diese kontrollieren darf. Um die Hungernden der Welt wirklich nachhaltig satt zu bekommen, können die Antworten nur wie folgt lauten:

- Da gegenwärtig immer mehr Ackerland, das bislang von Kleinbäuerinnen und Kleinbauern genutzt wird, dem *„Land grabbing"* zum Opfer fällt, müssen überall auf der Welt die Besitz- und Eigentumsrechte der Bäuerinnen und Bauern sehr viel besser geschützt werden. Für industrielle Landwirtschaft widerrechtlich enteignete Flächen, oft in der Hand großer ausländischer Konzerne, darunter in einigen Ländern auffallend viele in chinesischem Besitz, müssen ihren EigentümerInnen zurückgegeben werden.
- Die zunehmende Zweckentfremdung von Ackerland für Biotreibstoffe, aber auch für Rohstoffe der europäischen Lebensmittelindustrie, die auf der Zerstörung der Natur (z. B. von Regenwald) beruhen wie Palmöl oder Soja aus Brasilien, muss gestoppt werden. Eine Kombination von Renaturierung, wo

nötig, und Rückübertragung des Landes an bäuerliche Betriebe, wo sinnvoll, wäre wünschenswert.

- Die landwirtschaftliche Produktion muss wieder deutlich stärker an den lokalen Bedingungen orientiert werden, auf lokale, verbesserte Sorten zurückgreifen dürfen, und deshalb sollte ihr Saatgut der Kontrolle von monopolmäßig tätigen Firmen wie Bayer-Monsanto entzogen werden.

- Wo zweckentfremdetes Land für die bäuerliche Landwirtschaft „zurückerobert" wird, ohne dass dies unmittelbar früheren BesitzerInnen zugerechnet werden kann, sollten Klein- und Kleinstbäuerinnen und -bauern sowie LandarbeiterInnen hinreichend große Flächen kostenlos erhalten, um langfristig wirtschaftlich tragfähige Betriebe aufbauen zu können[5].

Noch 2017 wurde in Deutschland in Kreisen der entwicklungspolitischen Landwirtschaftsforschung einer kleinbäuerlichen Landwirtschaft in EL von vielen Beteiligten kaum eine Zukunftschance eingeräumt. Allenfalls für die Eigennutzung (Subsistenz) ländlicher Familien selbst werde diese noch eine Rolle spielen, hieß es oft. Möglicherweise könnten Kleinbetriebe auch in der Nische ökologischer Produktion überleben. Für die Ernährung der steigenden Weltbevölkerung sei dies aber wegen der geringen Produktivität keine Lösung.

Stattdessen wurde die Gründung großer Betriebe (auch und gerade durch Auflösung der kleinbäuerlichen Produktionseinheiten) propagiert – im Verein oft mit umfassender Mechanisierung – also quasi eine industrielle Landwirtschaft, wie sie in den USA, Brasilien und zunehmend auch in Europa oder China praktiziert wird. Eine Reihe von Beteiligten vertrat zudem die Auffassung, dass nur durch die verstärkte Hinwendung zur Produktion genmanipulierter Pflanzen die Ernährung der schnell wachsenden Bevölkerung gesichert werden könne.

Heute, nur wenige Jahre später, ist ein gewisses Umdenken spürbar. Bereits im Rahmen der Fachkonferenz „Food 2030" im September 2018 in Hohenheim schien eine Mehrheit zumindest der aktiv Diskutierenden die Losung „auch Kleinbauern haben eine Zukunft" zu unterstützen. Es wurden auch konkrete Fakten dazu vorgetragen: So hätten zahlreiche Studien belegt, dass Großbetriebe pro Flächeneinheit überhaupt nicht produktiver seien als kleine und kleinste Einheiten. Vor allem wurde darauf verwiesen, dass bei den Produktionszahlen gerne gut geführte Agrargroßbetriebe in Gunstzonen, die Düngemittel und andere Agrarchemie optimal einsetzten, verglichen würden mit kleinbäuerlichen Farmen mit schlechten Böden und wegen des Geldmangels extrem geringem Agrarchemieeinsatz.

Ein durchschnittlicher Großbetrieb weise dagegen im Vergleich mit einem „normalen" Kleinbetrieb mit Land ähnlicher Qualität bezüglich der Erträge kaum

Unterschiede auf. Im Vergleich eines sehr gut geführten Kleinbetriebes mit einem durchschnittlichen Großbetrieb würde sogar ersterer besser abschneiden. Da viele Großbetriebe, gerade auf „geraubtem" Land, sehr extensiv arbeiteten und sich kaum um die Pflege der Böden kümmerten, schnitten diese sogar deutlich schlechter ab als ein durchschnittlicher Kleinbetrieb. Hinzu käme, dass viele Großbetriebe in EL auf eine schnelle Verwertung des Landes aus seien und nach wenigen Jahren unfruchtbares Ödland zurückließen[6].

Lediglich mittlere Betriebe zeigten eine gewisse Tendenz, sich von den beiden anderen Gruppen positiv abzuheben. Bei diesen würde sich gutes Management oft mit der finanziellen Möglichkeit vereinigen, Inputs (also vor allem verbessertes Saatgut sowie Düngemittel) nach Bedarf einzusetzen. Dabei müsse allerdings berücksichtigt werden, dass in zahlreichen afrikanischen Ländern nur ein kleiner Teil dieser mittleren Betriebe aus gewachsenen Kleinbetrieben entstanden sei. Die Mehrzahl sei im Besitz von besser bezahlten FunktionärInnen, die oft nicht einmal im Dorf ansässig seien. Bei der Masse der kleinbäuerlichen Betriebe fehlten dagegen die vergleichbaren finanziellen Mittel. Würden diese dagegen ebenso wie die Mittelbetriebe besseres Saatgut und Düngemittel finanzieren können, so würde sich der Vorsprung der Mittelbetriebe gegenüber den Klein- und Kleinstbetrieben aufheben.

Mit anderen Worten, Know-how und Engagement ist bei Kleinbäuerinnen und -bauern in der Regel hinreichend vorhanden, nur ist es besonders häufig die Armut, die sie davon abhält, mehr aus ihrem Land zu machen und die Flächenproduktivität deutlich zu erhöhen. Hier kommt allerdings schnell das Argument, dass die Qualität ihrer Böden im Vergleich zu der von Großbetrieben oft gering sei und deshalb auch mehr Inputs keine Wunder bewirkten. Dieses Argument wiegt tatsächlich schwer, denn die geringe Qualität vieler von Klein(st)betrieben bestellter Ackerböden lässt sich nicht verleugnen und vielerorts besteht die Tendenz der weiteren Verschlechterung durch Bodenauslaugung.

Projektberichte aus Äthiopien, aber auch aus Kenia, Benin und Burkina Faso zeigen, dass dies keineswegs so sein muss. Studien des INEF-Forschungsteams belegen, dass auch hier eine Vielzahl von Lösungen offenstehen. Ganz wichtig ist (i.) die Landsicherheit für die Bäuerinnen und Bauern. Denn wenn ihnen ihr Grund und Boden aufgrund der gesetzlichen Bestimmungen (alles Land gehört dem Staat) oder aufgrund des von korrupten Politikern geförderten *Land grabbing* jederzeit weggenommen werden kann, wird niemand in „sein" Land investieren. Umgekehrt erhöhen sichere Landtitel einer bäuerlichen Familie, am besten auf den Namen des Mannes und seiner Frau zusammen eingetragen, die Verantwortung für das dauerhaft „eigene" Land erheblich (siehe Abb. 8.3 als gutes Beispiel einer privaten Landterrassierung in Äthiopien).

Abb. 8.3 Sehr aufwendige Terrassierung eines Hanges in Tigray (Äthiopien). (Foto: © Frank Bliss 1989–2020)

Und damit sind wir beim nächsten sehr wichtigen Schritt: Wo (ii.) Land nicht enteignet werden kann oder allenfalls gegen angemessene Entschädigung, dort investieren die Eigentümer freiwillig und oft mit großem Arbeitseinsatz und Aufwand in den Bodenschutz und halten damit die Erosion auf oder drängen sie sogar zurück. Wenn sie dies dann noch mit wasserkonservierenden Maßnahmen kombinieren (die das Regenwasser im Boden halten und langsam während des Pflanzenwachstums abgeben), können auch bisher (scheinbar) geringerwertige Böden nach einiger Zeit relativ hohe Erträge liefern.

Wo Landsicherheit herrscht und die Bäuerinnen und Bauern entsprechend bereit sind, in ihr Land zu investieren, dort macht (iii.) eine Unterstützung der landwirtschaftlichen Produktion durch die EZ besonderen Sinn. Zuvor müssten sich EZ-Beiträge eher auf die Förderung des Landzugangs bzw. die Absicherung der Eigentumsrechte von Bäuerinnen und Bauern konzentrieren sowie auf den Ressourcenschutz.

8.3 Sicherung von Landeigentum ermöglicht nachhaltige Land- und Forstwirtschaft

Im Bereich des Landrechts kann EZ allerdings nur bedingt Beiträge leisten, dies vor allem dort, wo die Staaten selbst ein Interesse an gerechtem Umgang mit Land haben. Hier können durch technische Beratung (z. B. Erfassung von Landflächen auf der Basis von GPS-Daten) die Voraussetzungen für ein modernes Kataster geschaffen werden. Dabei muss ein Mittelweg gefunden werden zwischen der Wahrung traditioneller Nutzungsrechte und sozial und Gender-gerechten Landzuteilungen. Äthiopien ist hier zumindest bezüglich der Gender-Gerechtigkeit ein Wegbereiter in Afrika, denn die einmal identifizierten Titel werden stets einem Ehepaar, also Mann und Frau gemeinsam, zugeteilt. Im westafrikanischen Benin werden derzeit ebenfalls unter Wahrung traditioneller Nutzungsrechte Titel eingetragen, jedoch fast überall alleine auf den Namen des Mannes, da nach traditionellem Recht nur dieser Landeigentum haben darf.

Aber rechtlich abgesichertes Landeigentum über den Eintrag der Titel in das Landkataster darf nicht dazu führen, dass Land auch sofort immer und überall handelbar wird. Die Idee auch der deutschen staatlichen EZ, Investitionen in die Landwirtschaft über Kredite zu unterstützen, bei denen Land den Banken als Sicherheit angeboten werden darf, geht in einer Reihe von Ländern in eine falsche Richtung. Nicht nur im Umland von Burkinas Hauptstadt Ouagadougou sind in kürzester Zeit für die Expansion der Stadt von Landmaklern Hunderte Hektar Ackerland den Bauern abgekauft worden, um dann zum zehn- bis hundertfachen Preis als Bauland weitergereicht zu werden. „Die Menschen haben gedacht, sie wären reich danach und haben sich sofort vor allem Motorräder gekauft. Nach weniger als einem Jahr war bei den meisten das Geld weg und durch den vorherigen Verkauf des Landes auch ihre einzige wirtschaftliche Existenzgrundlage. Nun leben viele ehemalige Bauern mit ihren Familien in Armutsvierteln der Stadt und versuchen sich über Gelegenheitsarbeit über Wasser zu halten", so M. Ouédraogo, der Chef einer Umwelt-NRO, die mit dem „Grünen Zentrum *(Eco-Centre)* unweit der Hauptstadt vor allem bei Kindern und Jugendlichen Bewusstsein für den Naturschutzgedanken schaffen möchte.

Beispiele zeigen, dass in Staaten mit einer schlechten Regierungsführung und einem korrupten Justizsystem vor allem Kleinbäuerinnen und -bauern, die meistens keine Beziehungen zur Machtelite haben, dort, wo Land ohne Einschränkung handelbar ist, häufig aus fadenscheinigen Gründen entschädigungslos um ihr Land gebracht werden. Dies erfolgt auch im Falle von Kreditaufnahmen, die den LandeigentümerInnen gewährt werden, ohne dass man sie darauf hinweist, dass sie im Falle eines Kreditausfalls ihr Land an die Bank verlieren könnten.

Landvergabe an arme Tagelöhner in Kambodscha

Im Rahmen sogenannter Sozialer Landkonzessionen (*social land concessions*, SLC) wurden in dem südostasiatischen Land in den letzten Jahren 10.273 Hektar Ackerflächen an 3150 extrem arme Familien verteilt. Die Landvergabe an diese Haushalte erfolgte in den beteiligten Provinzen dezentral durch die jeweilige Kommunenverwaltung. Antragsberechtigt waren grundsätzlich vor allem arme und landlose Familien, die aus Dörfern innerhalb der Kommune stammten. In einem Losverfahren erhielten sie je nach der Qualität der zu verteilenden Flächen sowie der Haushaltsgröße zwischen unter zwei und bis zu dreieinhalb Hektar vormaliges Buschland.

Die Zuteilung von (vorläufigen) Landtiteln im Rahmen der SLC wurde in den Jahren 2008 bis 2015 durch das Weltbankprogramm *Land Allocation for Social and Economic Development* (LASED) gefördert, das vor allem die Vergabeverfahren unterstützte sowie sich an der Erstellung einer Basisinfrastruktur in einigen der Neulandgebieten beteiligte. Allerdings stellte sich bald heraus, dass viele Familien auch monate- bis jahrelang nach Zuteilung ihrer Flächen nicht in die Neulandgebiete gezogen waren, weil sie als (extrem) Arme und damit Familien ohne jede Ersparnis nicht die Möglichkeit hatten, die Zeit bis zu den ersten Erträgen auf dem Neuland (oft erst im 2. Jahr möglich) zu überbrücken. Vielmehr mussten sie ihre Lohnarbeit fortsetzen und hatten keine Zeit für die Bearbeitung des zugeteilten Landes, das oft auch gar nicht für den Ackerbau vorbereitet war (weil noch nicht gerodet und planiert). Damit drohte die Idee der Sozialen Landkonzessionen zu scheitern.

Um dies zu verhindern und den sinnvollen Ansatz der kostenlosen Landverteilung an arme Familien an sich retten zu helfen, engagiert sich die deutsche Gesellschaft für Internationale Zusammenarbeit (GIZ) in Absprache mit den beteiligten kambodschanischen Ministerien sowie den Entwicklungspartnern seit 2015 im Rahmen des Überbrückungsprogramms *Improving Livelihoods and Food Security Project* (ILF) zu Gunsten der Neulandsiedler. Im Rahmen der ILF-Maßnahmen erhalten die Neulandbauern eine Überbrückungshilfe vor allem in Form von Nahrungsmitteln, als Aus- und Fortbildung in Landwirtschaftstechniken, durch die Förderung einkommensschaffender Maßnahmen und nicht zuletzt die Bereitstellung der notwendigen Technik, um die schlecht vorbereiteten Buschlandflächen in ebene Felder verwandeln und damit für den Anbau nutzen zu können (Abb. 8.4). Bis heute sind durch die Unterstützung seitens des Programms rund 90 % der Familien, die einen vorläufigen Landtitel erhalten hatten, auch tatsächlich in die Neusiedlergebiet gezogen und bebauen ihr Land regelmäßig. Das bedeutet, sie erhalten gegenwärtig auch ihre endgültigen Landtitel im Kataster eingetragen.

Abb. 8.4 Handtraktor in einem Neusiedlerdorf in Kambodscha. (Foto: © Frank Bliss 1989–
2020)

Aus den Lehren der Art und Weise, wie die Sozialen Landkonzessionen an die
ausgewählten Familien übergeben wurden, ist zunächst die wichtigste Schlussfolgerung zu ziehen, dass im Rahmen von Landreformen die Vergabe von Land
an extrem arme Haushalte zwingend mit Überbrückungsgeldern, mindestens aber
Nahrungshilfe zu kombinieren ist. Optimal wäre allerdings der vietnamesische
„Sparbuchansatz" (siehe nächstes Projektbeispiel). Hierbei erhalten die Familien
Geldbeträge auf Konten, auf die sie so lange zurückgreifen können, bis sie ein Einkommen aus den Erträgen des eigenen Landes erzielen können. Zudem müssten
die zugeteilten landwirtschaftlichen Flächen sofort für den Anbau nutzbar sein und
nicht erst mühsam durch die neuen Besitzer gerodet werden müssen. Daneben ist
es wichtig, dass die Neusiedlerfamilien das benötigte Fachwissen für eine eigenständige Landwirtschaft situationsangemessen (u. a. bezogen auf die jeweiligen
Potenziale der verteilten Flächen) vermittelt bekommen.

Ebenso müssen zwei Bereiche der Infrastruktur zwingend vor Übersiedlung
erstellt werden, (i.) im wirtschaftlichen Bereich ganzjährig befahrbare Zugangswege, die auch für die Vermarktung der Agrarerzeugnisse der Neulandbauern
wichtig sind, und (ii.) im sozialen Bereich ein Minimum an Schulangeboten sowie
eine Basis-Gesundheitsversorgung vor Ort.

Staatsland in Vietnam zum Nutzen armer Landbevölkerung teilprivatisiert
Durch den Vietnamkrieg wurden in Vietnam sehr viele Wälder, vor allem im Norden des Landes, durch US-Flächenbombardements zerstört. Bevölkerungsdruck, Brandrodung und illegaler Holzverkauf haben auch in den Jahren nach 1975 den Wald weiter schrumpfen lassen. Mitte der 1990er Jahre veranlasste die kommunistische Regierung des Landes eine drastische Wende, indem sie den Wald nicht nur vielfach unter Schutz stellte, sondern auch Aufforstungsmaßnahmen einleitete. Das hat zwischen 2000 und heute zu einer geradezu revolutionären Entwicklung geführt, die sich etwas verlangsamt bis heute fortsetzt. Von einem Anteil von weniger als 27 % teilweise sehr stark degradiertem Wald an der vietnamesischen Landfläche hat sich der Waldbestand des südostasiatischen Landes zwischenzeitlich nahezu verdoppelt (Abb. 8.5)[7].

Vor allem im Norden Vietnams sowie in Zentral-Vietnam in Quang Nam, Quang Ngai, Binh Dinh und weiteren (zusammen 14) Provinzen wurde das Land dabei durch die deutsche FZ und TZ im Rahmen eines umfangreichen Forstprogramms unterstützt. Die Grundidee war, in hügeligen Zonen, die durch den Vietnam-Krieg teilweise komplett entwaldet worden waren, wieder aufzuforsten. Dies sollte aber

Abb. 8.5 Aufforstung in privater Hand mit Akazien im Norden Vietnams. (Foto: © Frank Bliss 1989–2020)

nicht durch den Staat erfolgen, sondern als Beitrag zur Armutsminderung in ländlichen Gebieten durch die AnwohnerInnen selbst. Deshalb wurde interessierten
Haushalten im Projektgebiet jeweils mindestens zwei Hektar Land zugeteilt, das
sie aufforsten sollten. Dafür bekamen sie das Land auf der Basis von langfristigen
Nutzungszertifikaten, die auch vererbt werden konnten und den Familien durch diese
„Teilprivatisierung" ein Höchstmaß an Sicherheit boten, zur Verfügung gestellt und
hatten so den Anreiz, in das Land zu investieren und es zu schützen.

Da Wald auch im tropischen Vietnam Zeit benötigt, um wirtschaftlich verwertbar
zu werden, die armen Familien aber wegen der Aufforstungs- und Pflegearbeiten
nicht anderweitig arbeiten konnten und trotzdem die ersten Jahre auf Einnahmen aus
ihrem Wald warten mussten, erhielten sie in Form eines Sparbuches einen Geldbe-
trag zugeteilt. Auf dieses Konto konnten sie im ersten Jahr stärker, in den Folgejahren
in abnehmender Höhe zurückgreifen, während sie die Bäume pflanzten, pflegten und
ab dem dritten Jahr auch nutzen, d. h. Forstprodukte (zunächst Brennholz und dün-
neres Stangenholz) verkaufen konnten. Ab etwa dem siebten Jahr konnte dann auch
Rundholz für gutes Geld verkauft werden. In 144 Dörfern erhielten im Rahmen
der ersten Phasen des Programms zunächst fast 15.000 Familien und Dorfgemeinschaften auf diese Weise Landnutzungszertifikate. Direkt wurde durch deutsche
Gelder dabei die Aufforstung von rund 48.600 ha unterstützt. Während die Kreditanstalt für Wiederaufbau (KfW) die Aufforstungsarbeiten finanzierte und mit
dem „Sparbuchansatz" den Waldbauern und -bäuerinnen half, in den ersten Jahren
finanziell über die Runden zu kommen, unterstützte die Gesellschaft für technische
Zusammenarbeit (GTZ) während dieser Zeit die vietnamesische Regierung bei der
Ausarbeitung eines neuen Forstgesetzes, das die Landvergabe an private Haushalte
erst legalisierte.

Da in Vietnam gute Ideen von der Regierung durchaus auch ohne fremde Finanzierung aufgegriffen bzw. weitergeführt werden, beteiligten sich nach den ersten
Erfolgen auch weitere Provinzen an den Maßnahmen. Dabei wurde das Modell der
deutschen Zusammenarbeit übernommen und den Familien ebenfalls jeweils ein
langfristiges Landzertifikat ausgestellt. Landesweit sollen durch diesen sehr erfolgreichen Ansatz bis heute rund 140.000 Haushalte erreicht worden sein und (Anfang
2020) etwa 130.000 Hektar offiziell aufgeforstet.

Eine Evaluation der KfW im Jahr 2013 stellte übrigens fest, dass im Rahmen der
Förderzeit die Menge der vorgesehenen Aufforstungsflächen deutlich übertroffen
wurde und dass viele Bauern begonnen hatten, unabhängig vom Förderprogramm
weitere Flächen aufzuforsten. Seitdem werden die Maßnahmen auch nur noch teilweise aus deutschen Mittel finanziert und ein Teil der ODA-Mittel wird nicht
mehr als Zuschuss, sondern lediglich als günstiger Entwicklungs-Kredit vergeben.
Hinzugekommen ist außerdem ein nationales Programm, das aus einer nationalen

Umlage aus der Stromversorgung Vietnams die Bevölkerung dafür finanziell entschädigt, dass sie die Waldflächen oberhalb der großen Stauseen des Landes, die für die Stromproduktion essenziell sind, nicht mehr für den (bereits vorher illegalen) Holzeinschlag verwenden, sondern im Gegenteil schützt und pflegt.

Ein weiterer Effekt des Forstprogramms und seiner nationalen vietnamesischen Erweiterungen sollte nicht unerwähnt bleiben, wenn von den Armutswirkungen der Maßnahmen die Rede ist: die Nutzung von Forstnebenprodukten. So haben die Einnahmen aus der Verwendung von Nichtholzerzeugnissen der aufgeforsteten Waldstücke wie auch aus der Nutzung des der dörflichen Verantwortung unterstellten Schutzwaldes in den letzten Jahren erheblich zugenommen. Hierbei handelt es sich einerseits um Pilze, Beeren, Nüsse, Honig oder medizinische Pflanzen, die vor allem den ärmeren AnwohnerInnen des insgesamt mehr gewordenen und zudem aufgewerteten Waldes ein gutes Nebeneinkommen ermöglichen. Hinzu kommen andererseits in Wert gesetzte scheinbare „Abfallprodukte" der neu gepflanzten und verwerteten Bäume wie Rinden, aus denen medizinisch nutzbare Stoffe gewonnen werden (Abb. 8.6), und vor allem in der ersten und zweiten Projektphase bei den damals aufgeforsteten Pinien deren Harz. Letzteres wird für die Herstellung von Kolophonium verwendet und ist daher ein teurer und gewinnbringender Rohstoff[8].

Kommunale Landtitel für Indigene in Kambodscha
Rund drei Viertel aller Familien in Kambodscha leben mit und von der Landwirtschaft. Folglich sind der Zugang zu Ackerland und die Verfügbarkeit von

Abb. 8.6 Verarbeitung der Rinde von Bäumen für medizinische Zwecke in Zentral-Vietnam. (Foto: © Frank Bliss 1989–2020)

sicheren Landtiteln extrem wichtig. Einschneidende historische Ereignisse haben dazu geführt, dass sich die Landbesitzstruktur durch die Kolonialzeit, die kurze, aber verhängnisvolle Phase der Roten Khmer, die vietnamesische Besatzungszeit und zuletzt durch die Landgesetzgebung von 2001 im wiedererrichteten Königreich von Kambodscha erheblich geändert hat. Neben bäuerlichen, eher kleinen Flächen von durchschnittlich 1,6 Hektar existieren zahlreiche große „Ökonomische Landkonzessionen" (teilweise über 10.000 ha groß) sowie Großfarmen in ähnlichem Umfang im Besitz von höheren Staatsfunktionären bzw. Militärs. Teilweise entstanden diese Konzessionen durch *Land grabbing*, bei dem die bisherigen NutzerInnen von ihrem Grund und Boden vertrieben wurden. Dies hat den Zugang zu Land für die Masse der bäuerlichen Bevölkerung erheblich verschlechtert, sodass 29 % aller landwirtschaftlich ausgerichteten Familien heute gar kein Land (mehr) besitzen.

Besonders unter dem *Land grabbing* litt die indigene Bevölkerung, also Angehörige rund eines Dutzend ethnischer Gruppen vor allem in Nordost-Kambodscha, die grenzübergreifend zu Vietnam und Laos leben und dort als Ureinwohner des Gebietes gelten. Um diesen Menschen zu einem wirtschaftlichen Überleben zu verhelfen und sie vor weiterem Landraub zu schützen, wurde hier mit ebenfalls ausländischer Unterstützung ein Programm zur Sicherung sogenannter „Kommunaler Landtitel" durchgeführt. Rund 300 indigene Dorfgemeinschaften profitieren gegenwärtig von dem Bestreben, ihre Landflächen zu identifizieren, zu kartographieren und im Namen der jeweiligen Gemeinschaft in das nationale Landkataster als Eigentum einzutragen.

Ein solcher kommunaler oder kollektiver Landtitel ist einerseits notwendig, um das sozio-ökonomische Gefüge und die sozio-kulturelle Identität der indigenen Dorfgemeinschaften langfristig erhalten zu können. Denn zerbricht diese, so kann es schnell zu Landverlusten (Enteignungen), Verarmung der Familien und erheblicher Verschlechterung der in der Indigenen-Landwirtschaft im Landesvergleich überdurchschnittlich guten Ernährungssituation kommen. Die Kommunalen Landtitel tragen also quasi zum Überleben der Kultur und Tradition der indigenen Gemeinschaften bei. So werden z. B. die wichtigen Ahnenwälder auf diese Weise erhalten und damit auch die für die Menschen weiterhin bedeutsamen Grabstätten im Wald.

Andererseits geht es bei der Titeleintragung um den Schutz des Landes an sich vor *Land grabbing*, denn die Erfahrungen zeigen, dass kommunale Titel für die Menschen sicherer sind als individuelle, zudem nicht die einzelne Familie bei Eingriffen z. B. von Holzräubern ihr Land verteidigen muss, sondern ein ganzes Dorf dies gemeinsam macht.

Das kambodschanische Gesetz, das es indigenen Gemeinschaften ermöglicht, einen kollektiven Landtitel für ihre Dörfer zu erlangen, ist ein sehr wichtiger

Beitrag und die Voraussetzung für die Bestimmung, Zuteilung und verbindliche Registrierung der Kommunalen Landtitel im Lande. Der Prozess zwischen Antrag und Titeleintrag in das Landkataster ist allerdings extrem langwierig. So müssen die Richtlinien von gleich drei verschiedenen Behörden (Ministerium für Land -Management, Innenministerium und Ministerium für ländliche Entwicklung) über die Landtitelvergabe beachtet werden. Verschiedene Nichtregierungsorganisationen mit zeitweiser Hilfe u. a. der deutschen EZ unterstützen daher die Dorfgemeinschaften in diesem Prozess.

Zuerst muss sich die Dorfgemeinschaft als eine indigene Gruppe registrieren lassen. Dann gilt es, das Land des Dorfes zu erfassen und gegenüber dem Territorium anderer Dörfer abzugrenzen. Mit den im Konsens mit den Nachbarn zu erarbeiteten Plänen erfolgt dann die eigentliche Antragstellung, die von den drei Ministerien und dem Gouverneur der Provinz zu bearbeiten ist. Da dies weitgehend sukzessive erfolgt, können dabei drei und mehr Jahre vergehen. Aus diesem Grund sind schon eine Reihe von Dörfern vom laufenden Verfahren abgesprungen mit der Folge, dass ihr Land zersplittert wurde und im schlimmsten Fall zumindest Teile einer Ökonomischen Landkonzession zugeschlagen wurden. Um dies zu verhindern, helfen die NRO bei den einzelnen Schritten mit Fachleuten und allgemeiner Beratung der Dorfgruppen. Zudem werden die Haushalte auch durch entwicklungsfördernde Begleitmaßnahmen unterstützt, um den Durchhaltewillen zu fördern. Dabei werden z. B. Hausgärten angelegt, die Kleintierhaltung wird unterstützt und die Trinkwasserversorgung verbessert.

Am Ende des Prozesses steht die Urkunde (Abb. 8.7), die den Eintrag des Kommunalen Landtitels für das jeweilige Dorf dokumentiert. Die Menschen sind hierdurch sicher zunächst noch nicht aus ihrer Armutssituation befreit, aber für sie besteht nun die Chance, Arbeit und auch Kapital in *ihr* Land zu investieren und dieses mittelfristig in Wert zu setzen mit deutlich höheren Ertragsmöglichkeiten als bisher. Und was ganz wichtig in Kambodscha ist, wo illegaler Tropenholzeinschlag praktisch zum Alltag gehört: Sie können nun ihren Wald auch effektiv schützen.

8.4   Weitere erfolgreiche Maßnahmen zugunsten von Kleinbäuerinnen und Kleinbauern

Besser (an das Klima) angepasste Sorten verwenden
Nicht zuletzt durch den Klimawandel, der sich in vielen Ländern vor allem durch immer unregelmäßiger werdende Niederschläge und dadurch kürzere „sichere" Wachstumszeiten bemerkbar macht, ist es besonders wichtig, besser an diese

Abb. 8.7 Vertreter einer Indigenen-Dorfgemeinschaft im Norden Kambodschas zeigen stolz die neuen kommunalen Landeigentumsurkunden für ihr Dorf. (Foto: © Frank Bliss 1989–2020)

Umstände angepasste Getreidesorten auszusäen. Für Hirse hat das in Bamako (Mali) beheimatete Internationale Getreide-Forschungsinstitut für die semi-ariden Tropen (International Crops Research Institute for the Semi-Arid Tropics) jahrelange Versuche mit besonders trockenresistenten Sorten gemacht, die vor allem schneller reifen. Diese wurden zusammen mit Bäuerinnen und Bauern unter verschiedenen Bedingungen intensiv getestet und dann in größerem Umfang ebenfalls durch diese vermehrt und als Saatgut in den Handel gebracht. Allerdings lassen sich nicht alle Basistypen anpassen, weswegen das Zentrum empfiehlt, in besonders trockenen Gebieten keine Kolbenhirse (Setaria italica) mehr anzubauen, sondern Rispenhirse (Sorghum), deren Reifezeit deutlich kürzer ist und die auch schon einmal zwei Wochen ohne Regen überstehen kann.

Allerdings ergeben sich hier möglicherweise kulturelle Probleme. Während in Westafrika Sorghum gerne gegessen wird, betrachten die Menschen zum Beispiel im Sudan in der besonders durch Dürren gefährdeten Provinz Darfur diese Hirsesorte als Tierfutter und als allenfalls zum Bierbrauen geeignet, aber in keinem Fall als menschliche Speise. Viele Menschen kamen während der großen Dürre 1985–1987 dort um, weil sie sich weigerten, selbst im zweiten Dürrejahr auf ihren Feldern Kolbenhirse durch Sorghum zu ersetzen. Ebenso waren die Menschen im Pamirbezirk von Tadschikistan in der Zeit des Bürgerkrieges 1992 bis 1997 nicht bereit, Weizen(mehl) für Brot gegen Kartoffeln zu tauschen und deshalb mehr Kartoffeln anzubauen. Dabei waren die Kartoffeln damals bereits seit 75 Jahren durch die Russen eingeführt und auch aus Sicht der Leute sehr gut geeignet für die Suppe *(shurpo)* als Gemüse, nur eben nicht als Hauptnahrungsmittel. Hätten sie frühzeitig statt Weizen zu säen mehr Kartoffeln gepflanzt, so hätte die Bevölkerung den dreifachen Nährertrag pro Hektar erzielen können und deutlich weniger gehungert.

Nachernteverluste reduzieren
Da weltweit im Durchschnitt je nach Definition zwischen 15 und 30 % aller auf dem Feld erzeugten Nahrungsmittel bereits während der Ernte bzw. Erstverarbeitung (Drusch) verloren gehen oder wenn sie transportiert und gelagert werden, sind Maßnahmen gegen diesen *Nachernteverlust* für die Welternährung extrem relevant[9]. Das World Food Programme (WFP) geht derzeit von jährlichen Verlusten von 1,3 Mrd. Tonnen Nahrungsmitteln aus. Bis die verarbeitete Nahrung die Haushalte erreicht, könnten es sogar bis zu 40 % Verlust von dem sein, was auf den Feldern wächst und reift. In vielen Ländern ist daher zunächst der Einsatz verbesserten Saatguts besonders wichtig. In Benin wurde z. B. durch ein deutsches Projekt die traditionell verwendete Soja-Saat, deren Kapseln vielfach bereits während der Ernte aufsprangen, durch eine Varietät ersetzt, bei der dieses Problem deutlich weniger eintritt (Abb. 8.8). Allein dadurch können die Bauern heute bereits 20 bis 30 % größere Erträge einbringen. Zusätzlich kommt eine größere Erntemenge durch den höheren Ertrag per Pflanze dazu, sodass je nach Bodenqualität und Düngung jetzt zwischen 50 und 100 % mehr Sojabohnen pro Hektar eingefahren werden können.

Ein weiterer wichtiger Beitrag mit gleich doppeltem Nutzen ist die Herstellung von sicheren Lagerhäusern für die geernteten Lebensmittel. Erster Nutzen ist die Sicherung der Ernte gegen Ungeziefer und Schadnager, fast überall in den EL ein großes Problem für die Landwirte. Zwar versuchen sich die Bäuerinnen und Bauern beispielsweise durch speziell zur Mäuse- und Rattenabwehr errichtete traditionelle Speicher aus Lehm und Stroh gegen die Schadnager zu schützen, das hilft aber nicht wirklich effektiv. In einigen Ländern kommt zudem die Gefahr von Buschfeuern hinzu, die etwa im östlichen Tschad in jedem Jahr Hunderte Dörfer abbrennen lassen und mit ihnen die gesamten Vorräte der Menschen.

Ein zweiter Nutzen von sicheren Lagerhäusern entsteht der bäuerlichen Bevölkerung dadurch, dass diese nicht gezwungen ist, ihre Überschüsse sofort nach der Ernte zu verkaufen, wenn die Preise absolut niedrig sind, weil ja alle zur selben Zeit die gleichen Erzeugnisse auf den Markt bringen. Nur drei Monate nach der Hauptsaison können beispielsweise im Sahelland Tschad die Hirsepreise auf das

Abb. 8.8 Erntereife Soja-Pflanzen aus verbessertem Saatgut im Norden Benins. (Foto: ©
Frank Bliss 1989–2020)

Doppelte steigen, und fünf Monate nach der Ernte sind gut gelagerte Zwiebeln das
Fünf- bis Zehnfache des Anfangspreises wert.

Viele Projekte angefangen von kleinen NRO bis zur Weltbank engagieren sich
daher beim Bau von Lagerhäusern. Diese verlangen aber nach Ende eines Projektes
ein gutes Management, damit die Einlieferer sicher sein können, dass ihre Vorräte
sicher aufbewahrt werden. Zudem müssen die Gebäude unterhalten werden, was
Arbeitskraft und auch Geld (vor allem für den Ersatz der zumeist notwendigen
Metalldächer) erforderlich macht. Daher ist der Bau eines Lagerhauses wichtig,
ebenso wichtig ist aber auch die Gründung und laufende Arbeit eines motivierten
Verwaltungskomitees, das Buch über die Einlagerung führt, Gebühren einzieht und
mit diesen notwendige Ausbesserungen der Gebäude bezahlt. Ist dieser Betrieb gut
organisiert, so können die Verluste um rund 98 % reduziert werden, wie das WFP
nach der Auswertung einer Testmaßnahme zur guten Lagerhaltung in Indien mit
93.000 Bäuerinnen und Bauern bestätigt.

Maniok: die Wiedereinführung eines zeitweise aufgegebenen wertvollen Grundnahrungsmittels

In Zentral- bzw. Nord-Burkina Faso wird durch ein Projekt der Welthungerhilfe, gefördert auch mit Geldern der britischen EZ, erfolgreich die Wiedereinführung des Anbaus von *Maniok* (auch *Cassava* im Englischen oder *Yuca* im Spanischen) betrieben. Aufgegeben wurde der Anbau dieser als Grundnahrungsmittel vormals wichtigen Pflanze vor einigen Jahrzehnten, weil die Maniokfelder durch die Herden der in jedem Jahr wieder durchziehenden Fulbe-Halbnomaden immer wieder verwüstet wurden. Diese leben zwar seit Hunderten von Jahren mit den Bauern in einer gewissen Symbiose, indem die Herden die Felder der Bauern nach der Ernte abgrasen und dafür ihren Dung zurücklassen. Weil aber der Bewegungsraum der Hirten und ihrer Herden durch Klimawandel und Ausweitung der landwirtschaftlichen Flächen zulasten der Weiden immer mehr eingeschränkt wird und zudem die Hirten aus verschiedenen Gründen immer jünger werden und dabei die Tiere weniger verantwortungsvoll hüten, fielen die Rinder zunehmend in die Maniok-Felder der sesshaften Bevölkerung ein. Dadurch wurde deren Arbeit immer wieder zunichtegemacht, sodass diese vor rund einer Generation ganz mit dem Maniokanbau aufhörte.

Das Kernproblem war also bei diesem Beispiel der nicht mögliche Schutz der Felder durch die Dorfbevölkerung. Genau dieses Problem wurde durch das Projekt angegangen, indem – durchaus mit hohem Kostenaufwand – Tausende laufender Meter Gitterdraht gekauft und an Gruppen von Bäuerinnen und Bauern verteilt wurden. Diese errichteten mithilfe des Materials feste Zäune, die jeweils ein oder zwei Hektar umschließen, und bauen hier heute im fünften Jahr Maniok an, sehr erfolgreich. Ein Besuch des Verfassers Anfang 2019 ergab, dass im Durchschnitt 30 t frischer Maniok pro Hektar und Jahr geerntet werden konnten. Auf über 65 Hektar ernteten mehr als 1500 beteiligte Bäuerinnen und Bauern in rund 60 Gruppen also rund 1950 t Maniok im Jahr. Dies ist eine Menge, deren Vermarktung durchaus interessant ist, aber damit nicht genug, denn seit 2018 werden die Knollen auch lokal zu *gari* (Maniokgries) verarbeitet. Damit erhöht sich der Wert der Produktion beträchtlich und es wird eine relativ große Anzahl von Arbeitsplätzen gerade auch für Frauen geschaffen.

Eine Hauptsaison gibt es bei Maniok nicht, da die Knollen über neun bis 14 Monate wachsen, dann mindestens weitere neun Monate im Boden bleiben und dabei jederzeit geerntet werden können. Auch danach ist Maniok noch verwendbar, auch wenn die Knollen zunehmend verholzen. Insgesamt ist daher bei diesem Produkt das Risiko von niedrigen Saisonpreisen und Nacherntverlusten relativ gering. Hinzu kommt eine beträchtliche Gender-Wirkung, denn die Gruppen bestehen mindestens zur Hälfte aus Frauen (mindestens also 13 Frauen pro Gruppe mit 25 Mitgliedern) und fast alle ArbeiterInnen bei der Maniok-Verarbeitung sind ebenfalls Frauen, die auf diese Weise zu einem zusätzlichen Einkommen gelangen können.

Wertschöpfungsketten „verlängern"

Mit dem Begriff der Wertschöpfungskette (WSK) und der Förderung von WSK wird ein Prozess und dessen Unterstützung zusammengefasst, der mit der Gewinnung, Herstellung bzw. im Landwirtschaftsbereich dem Wachsen, Reifen und Ernten eines Produktes (z. B. Soja) auf dem Acker und den dabei benötigten „Inputs" beginnt. Anschließend umfasst er die physische Bewegung des Produktes über den teilweise mehretappigen Weg der Verarbeitung bis zum Verhandeln und letztendlich Erwerb durch einen Kunden. Da nur allzu oft Bäuerinnen und Bauern wegen Geldnot ihre Produkte unmittelbar nach der Ernte verkaufen müssen, ist die WSK hier zu oft noch extrem kurz, denn im Dorf bleibt außer dem Verkaufserlös beispielsweise von Sojabohnen an HändlerInnen nichts an Wert hängen bzw. es erfolgt kein Wertzuwachs. Dieser tritt allerdings auch dann nicht ein, wenn die Sojabohnen ohne Verarbeitung im Land der Produktion direkt exportiert werden.

Aus diesem Grund ist die Landwirtschaftspolitik und damit auch EZ weltweit bemüht, WSK zu „verlängern" bzw. bestehende Glieder zu stärken. Im westafrikanischen Benin unterstützt vor allem die deutsche EZ bestimmte WSK, zu denen auch Soja gehört. Dabei wird sowohl die Produktivität im Anbau wie bei der Verarbeitung der Sojabohnen erhöht, wodurch die Einkommen der ProduzentInnen gesteigert werden sollen. Dies wie auch die verstärkte Verwendung von Soja als wertvollem Nahrungsbestandteil bei der Bevölkerung trägt zu einer Verbesserung der Ernährungssituation der Bevölkerung und damit auch ihrer Lebensbedingungen bei.

Das Armutsforschungsprojekt des INEF hat auch diese WSK genauer untersucht und erhebliche Wirkungen feststellen können. Während bei der Produktion von Soja Männer und Frauen beteiligt sind, als vorherrschende Landeigentümer im westafrikanischen Benin wirtschaftlich aber vor allem die Männer von den Verbesserungen im Sojaanbau profitieren, sind es bei der Weiterverarbeitung von Soja mehrheitlich Frauen, die durch die Unterstützung einen zum Teil erheblichen Mehrertrag erwirtschaften können und zugleich in ihren Gender-Rollen gefördert werden. In ihrer Mehrzahl verarbeiten Frauen Sojabohnen zu Mehl bzw. zu Soja-Käse (Tofu), das in Benin als billiger Ersatz für tierischen Käse weite Verbreitung hat, ferner zu Soja-Milch (Abb. 8.9), Soja-Joghurt, zu Keksen, Kuchen usw. Obwohl im Rahmen der INEF-Untersuchung keine statistisch signifikanten Zahlen erhoben werden konnten, ist aufgrund der erfassten Fallstudien und der Aussagen vieler Beteiligter davon

Abb. 8.9 Soja-Milch zum Verkauf in kleinen Supermärkten als Ergebnis der verlängerten Wertschöpfungskette der *filière* Soja in Benin. (Foto: © Frank Bliss 1989–2020)

auszugehen, dass dieser Mehrertrag und entsprechende Einkommenssteigerungen vielen Haushalten auch einen nachhaltigen Weg aus der Armut eröffnet[10].

Fairer Handel hilft Kleinbäuerinnen und Kleinbauern enorm

Armutsminderung im ländlichen Raum kommt in vielen Ländern vor allem Subsahara-Afrikas ohne Entwicklungszusammenarbeit kaum aus. Auch und gerade die Menschen in den westlichen Industrieländern können allerdings zusätzlich zur Stärkung von Kleinbäuerinnen und -bauern beitragen, und zwar als KäuferInnen von fair produzierten Agrarerzeugnissen. Viele landwirtschaftlichen Produkte aus EL sind allerding absolut unfair gehandelt, die ProduzentInnen werden ausgebeutet und alles geht auf Kosten der Natur. Ganz besonders trifft dies z. B. auf Schnittblumen zu, die z. B. in Äthiopien oder Kenia in großen Mengen angebaut werden. Die Menschen verdienen wenig, müssen oft eine gesundheitsschädliche Arbeit leisten und haben fast immer keinerlei soziale Sicherung, selbst wenn die nationale Gesetzgebung dies theoretisch vorschreibt.

Die Produkte kommen auch keineswegs immer von dort, wo man dies vermutet. In einem Beitrag zum Quinoa-Anbau in Peru und Bolivien zeigt die Autorin Hildegard Willer auf, dass die Masse dieses ehemaligen und in Deutschland so beliebten

„Indio-Korns" längst nicht mehr von Kleinbauern und auch nicht einmal mehr aus den Andenländern stammt, sondern vermehrt aus Indien und selbst in Frankreich angebaut wird. Auch das Quinoa verwandte Amarant stammt heute vor allem aus Indien[11].

Wer Entwicklung durch Handel unterstützen will, tut gut daran, auf Fairtrade-Erzeugnisse zu achten, am besten solche, die zusätzlich mit einem Ökosiegel versehen sind. Beides zusammen bedeutet, dass die Menschen, die beispielsweise den Kaffee, den Kakao oder den Tee produzieren, etwas mehr als der Durchschnitt ihrer KollegInnen aus der „normalen" Produktion verdienen, möglichst so viel, dass sie mit ihrem Lohn eine Familie landesüblich ernähren können. Dabei wird das Erzeugnis auf eine umwelt- und Konsumenten-verträgliche Weise angebaut, also in der Regel ohne Agrarchemie, vor allem ohne Pestizid- und Herbizideinsatz und möglichst natürlich gedüngt. Ein fair produziertes (und natürlich möglichst auch fair gehandeltes) Produkt muss übrigens keineswegs teuer sein. Bei Tee oder Kaffee liegt der Unterschied oft lediglich bei 10 bis 20 %.

So verhält es sich z. B. mit dem schwarzen und grünen Tee, der von einer Tee-Produktions- und Verarbeitungsgenossenschaft am Mount Kenya hergestellt und zum Teil nach Deutschland exportiert wird. Auch das Fairtrade-Siegel an der Fabrik stammt aus Deutschland. Beim Besuch des Verfassers 2014 wurde gerade auf den umliegenden Feldern Tee gepflückt, der auf einigen Hundert Hektar am Fuße des höchsten afrikanischen Berges auf rund 1200 m Höhe angebaut wird. Eine Familie, oft auch im Nebenerwerb, hat in der Regel einen halben Hektar mit Tee bepflanzt (Abb. 8.10). Am Besuchstag, einem Sonntag, war die ganze Familie einschließlich zweier 12 und 14 Jahre alter Mädchen bei den Pflückarbeiten. Sie täten dies heute für vielleicht zwei Stunden, erzählten sie in gutem Englisch, das hier Schulsprache ist. Tee- oder Kaffeepflücken, und zwar ganztags, mindestens sechs Tage die Woche, wäre in Afrika vielerorts ein üblicher Erwerb für Kinder dieses Alters. Hier ist es glücklicherweise eher ein Sonntagsvergnügen, denn die Woche über gehen diese Kinder sonst zur Schule und haben nichts mit dem Tee zu tun.

Der gesammelte Tee eines Tages wird für einige Familien zusammen abwechselnd von den Nachbarn mit einem Motorrad in die nahegelegene Teefabrik gebracht. Während die Familien alle auf Privatland eigenständig arbeiten und ihr Produkt auch einzeln verkaufen, gehört die Teefabrik einer Kooperative, an der alle TeepflanzerInnen beteiligt sind, also auch vom Gewinn profitieren. In der Anlage arbeiten rund 80 Männer und Frauen ganzjährig. Die Produktion ist halbautomatisiert mit zwei Verarbeitungsbahnen. Die Bezahlung entspricht der vergleichbarer Betriebe in der Privatindustrie, dazu kommen aber die Gewinnanteile, die ungefähr 20–30 % Lohnzuschlag ergeben. Dies ist auch in etwa der Bonus, den die EigentümerInnen der

Abb. 8.10 Oberschülerin am Wochenende bei der Tee-Ernte in einer Hanglange des Mount Kenya. (Foto: © Frank Bliss 1989–2020)

Teepflanzungen durch das Fairtrade-Programm erhalten, allerdings ist der abgelieferte Biotee bereits rund 50 % teurer als der konventionell hergestellte, sodass am Ende im Vergleich zu den „normalen" Teefarmen der Ertrag um 70 bis 80 % höher liegt. Das muss aber die europäischen VerbraucherInnen mit Blick auf die eigene Geldbörse keineswegs erschrecken.

Für diese nämlich ergibt sich pro Kilo ab Fabrik gekaufter Tee je nach Sorte lediglich ein Zuschlag von rund 1,20 bis 1,50 EUR. Dies erklärt, warum – vorausgesetzt, auch der Handel mit dem Produkt ist fair – sozialverträglich und biologisch hergestellter Tee so wenig teurer ist als das Normalprodukt. Es kommt also absolut nicht auf den Endpreis an, den ein Kilo Tee, ein T-Shirt oder ein Paar Turnschuhe in Deutschland im Laden kosten, sondern darauf, wie hoch der Anteil für die ProduzentInnen im Vergleich mit „normaler" Ware ist. Ein unfair in Vietnam hergestelltes T-Shirt kostete beim Besuch des Verfassers in der Fabrik genau 1,10 US$ ab Werk, wovon rund 10 Cent als Lohn an die Arbeiterinnen gingen. Wären dies nur 20 Cent, so wäre das T-Shirt sozial fair hergestellt und könnte für 3,20 EUR statt wie bisher für 2,99 EUR verkauft werden. Wer deshalb verlauten lässt, ein fair produziertes T-Shirt unter 29,90 EUR sei unmöglich anzubieten, denkt sicher mehr an den Profit des Importeurs, des Label-Eigentümers (der lediglich sein Emblem aufbügelt und coole Werbung macht) und des Ladens in Deutschland als an die Arbeiterinnen in Vietnam.

Weitere Stichworte im Kontext guter landwirtschaftlicher Projekte

Kleinbewässerung

Bewässerungsvorhaben der 1970er und 1980er Jahre sind häufig gescheitert, weil sie zu groß angelegt waren und weder die sozialen Fragen (nicht oder kaum Kleinfarmen) noch die ökologischen Fragen (z. B. Verhinderung von Versalzung) berücksichtigt haben. Ein sehr erfolgreiches Projekt der EZ ist „Kleinbewässerung am Mount Kenya", das den Großteil der Bevölkerung eines Dorfes – heute eine Kleinstadt – durch den Anbau der in Kenia sehr gesuchten Banane aus der Armut geführt hat (Abb. 8.11)[12]. Der Erfolg ist begründet durch die Tatsache, dass fast ausnahmslos alle Haushalte des Dorfes einbezogen wurden und niemand zurückgelassen wurde.

Überwiegend erfolgreich sind auch mehrere derzeit in Burkina Faso von der Weltbank bzw. der deutschen EZ (unter anderem von der Welthungerhilfe, der KfW, GIZ und der Dreyer-Stiftung) unterstützte Programme zur Inwertsetzung von bisher wenig genutzten sumpfigen Niederungen (franz. *basfonds*), wo mit wenigen baulichen Maßnahmen Bewässerungslandwirtschaft entstand und Reisanbau betrieben werden kann.

Abb. 8.11   Bauern aus Mitunguu am Fuße des Mount Kenya warten auf die Abholung ihrer Bananenernte. (Foto: © Frank Bliss 1989–2020)

Zwei Bewässerungsprojekte zugunsten von Kleinbäuerinnen und Kleinbauern in Südamerika wurden 1992 als die besten armutsorientierten Vorhaben der deutschen staatlichen EZ bewertet.

Landwirtschaftliches Kreditwesen

Viele Bäuerinnen und Bauern überall in EL bleiben arm, weil sie zwar Land besitzen und dafür ggf. sogar langfristig Rechtssicherheit haben, sie aber zu arm sind, um sich zu Beginn der Anbausaison gutes Saatgut und Düngemittel kaufen und – bei intensiveren Kulturen – LohnarbeiterInnen engagieren zu können. Dies wäre anders, wenn sie unkomplizierten Zugang zu Finanzdienstleistungen, sprich Krediten hätten. Bis heute jedoch weigern sich selbst entwicklungsorientierte Kreditorganisationen häufig, landwirtschaftliche Kredite an Kleinbäuerinnen und -bauern zu geben. Solche Kredite würden aber nicht nur – so die Einschätzung der MitarbeiterInnen der Banken – von wenig zahlungskräftigen Haushalten benötigt, die als Sicherheiten selten mehr als nur ihr Stückchen Land besäßen. Kleinbäuerinnen und -bauern wollten auch stets noch längerfristig laufende Kredite, nämlich mindestens für sechs Monate, besser sogar neun Monate, um ihre Produkte erst bei steigenden Preisen verkaufen zu können[13].

Daher fokussieren sich viele Banken statt auf die Unterstützung der landwirtschaftlichen Produktion eher auf den Handel und damit auf zumeist nur sehr kurze Kreditlaufzeiten. Bei diesen bedeutet nämlich auch der Anteil der Abschlussgebühren noch ein zusätzliches Geschäft, wenn z. B. ein Kredit schon nach sechs Wochen zurückgezahlt wird und das Geld neu vergeben werden kann, gegen erneute Gebühr natürlich. Hinzu kommt, dass aufgrund bestehender Landrechtsvorgaben bäuerliche Betriebe in einigen Ländern ihr Land den Geldinstituten überhaupt nicht als Sicherheit überschreiben dürfen.

Daher sind staatliche wie auch EZ-geförderte Programme sehr gefragt, die gerade die Unterstützung von Bäuerinnen und Bauern mit mittelfristigen Krediten zum Ziel haben. Diese werden z. B. verstärkt an kleine Gruppen von Bäuerinnen und Bauern vergeben, die sich gegenseitig Bürgschaften leisten können oder nur einen Teil der Ernte, nicht aber das Land verpfänden müssen. In Benin z. B. ließen sich nach den im Beobachtungszeitraum 2017 und 2018 festgestellten Zahlen durch eine ähnliche Kreditvergabe und mit aus den Geldern bezahlten Inputs und entlohnten Arbeitskräften die Erträge und damit auch Erlöse der begünstigten Betriebe fast verdoppeln.

Landwirtschaftliche Beratung

Grundsätzlich ist die landwirtschaftliche Beratung von Kleinbäuerinnen und -bauern nichts Neues. Nachdem aber vor allem unter Druck der Weltbank und anderer Geber in vielen armen Ländern die staatliche Beratung im Zuge von Strukturanpassungsmaßnahmen und zwecks Einsparungen im Staatshaushalt eingeschränkt oder ganz eingestellt werden mussten, merken Geber und Partnerländer inzwischen, dass ohne Beratung Ressourcenschutz, verbesserte Kulturtechniken und die angesprochene Verlängerung von Wertschöpfungsketten kaum möglich ist. In vielen Projekten werden daher die landwirtschaftlichen Betriebe wieder in Beratungsmaßnahmen einbezogen und einige Länder bauen derzeit ihre Beratungssysteme wieder auf. Neue Methoden sind hinzugekommen, wobei z. B. die „Bauernschule" *(farmer's school* oder *farmer field school)* an die Stelle vormals oft zu theoretischer Beratung getreten ist. Bei einem Projekt der Dreyer-Stiftung in Burkina Faso z. B. lernen Bäuerinnen und Bauern auf einem Lehranbaufeld so für die Reisproduktion etwa zwei Wochen vor dem eigenen Anbau in kleinsten Schritten das, was sie danach auf ihren Feldern machen können, um einen optimalen Ertrag zu erzielen.

Normierung und Qualitätsstandards

Um z. B. in Länder der Europäischen Union verarbeitete landwirtschaftliche Erzeugnisse (z. B. Bio-Öle oder getrocknete Bio-Mangostreifen) exportieren zu dürfen, müssen Qualitätsvorgaben eingehalten werden. Hierfür unterstützt auch die deutsche EZ eine Reihe von EL beim Aufbau von Prüflabors und Zertifizierungsstellen, um z. B. Betrieben für ihre Produkte das Siegel „Bio" verleihen zu können. Eine erfolgreiche Unternehmerin aus Burkina Faso kann so seit 2016 jährlich allein rund 100 t getrocknete Bio-Mangos nach Deutschland exportieren zu einem Preis, der mehr als doppelt so hoch wie für „normale" Mango ist. Bei diesem Beispiel wird aus EZ am Ende normaler Wirtschaftsverkehr ohne jegliche Subvention.

Anmerkungen

1. Eine gute Zusammenfassung der aktuellen Situation sowie der Prognosen vor allem für Afrika findet sich bei Jörg Lichter unter dem Titel „Afrika: Wie bekommen wir zwei Milliarden Menschen satt?", Analyse des Handelsblatt Research Institute vom 26.10.2018.
2. Joseph Collins und Frances Moore Lappé (1980): Vom Mythos des Hungers. Die Entlarvung einer Legende: Niemand muss hungern. Frankfurt.
3. Vgl. Michel Chossudovsky (2002): Global Brutal. Der entfesselte Welthandel, die Armut, der Krieg. Frankfurt.
4. Vgl. William G. Moseley (2018–19): Städter wollen keine Hirse, in: Welt-Sichten 12–2018/1–2019, 12–17.
5. Zur stärkeren Berücksichtigung der Landsicherheit gibt es seitens der FAO bereits seit 2012 die „Voluntary Guidelines on the Responsible Governance of

Tenure of Land, Fisheries and Forests in the Context of National Food Security", die, wie der Name sagt, nicht verpflichtend sind, aber in der Entwicklungspolitik zunehmend als zu beachtendes Regelwerk anerkannt sind. Die Bedeutung der Kleinbäuerinnen und Kleinbauern für die Ernährung in den EL wurde zudem 2014 vom Committee of World Food Security in den „Principles for Responsible Investment in Agriculture and Food Systems" explizit anerkannt.

6. So auch die Einschätzung der Kolleginnen Karin Gaesing und Anika Mahla, die als Vertreterinnen des INEF-Forschungsteams an der Tagung teilgenommen hatten.

7. Durch die Forcierung des Kaffeeanbaus (Vietnam hat sich in nur zehn bis fünfzehn Jahren zum größten Kaffee-Exporteur weltweit entwickelt) wurden allerdings weite Gebiete eher minderwertigeren Forstes ganz gerodet, um für den Kaffeeanbau genutzt werden zu können, was die positive Ökobilanz aus den Aufforstungen teilweise konterkariert.

8. Zum Forstprogramm der deutschen EZ in Vietnam siehe auch: Bliss, Frank (2020): Forstprogramm Vietnam. Ressourcenschutz in enger Verbindung mit nachhaltiger Armutsbekämpfung. Good Practice Reihe 23. Duisburg.

9. Vgl. FAO (2019); detaillierter am Beispiel des Sahellandes Burkina Faso zu verschiedenen Grundnahrungsmitteln vgl. FAO (2019): Analyse des pertes alimentaires: causes et solutions. Etude de cas sur le sorgho, le maïs, le niébé au Burkina Faso. Rome. Je nach Anbausorte (sorgho = Sorghum-Hirse, niébé = Kuhaugenbohnen) und Ernte-, Transport- und Lagerbedingungen sind hier im Rahmen detaillierter Untersuchungen Verluste von unter 10 % bei dem Grundnahrungsmittel Sorghum über knapp 30 % bei Mais bis zu über 45 % bei den Bohnen erfasst.

10. Vgl. Frank Bliss (2019): Das Beispiel Soja. Die Förderung einer Wertschöpfungskette in Benin. AVE-Studie 14/2019 und ders. (2019): BENIN: Das Beispiel Soja (Good Practice Reihe 13) (siehe unter https://www.uni-due.de/inef/projekt_ave.php (Forschung – Aktuelle Projekte).

11. Vgl. Hildegard Willer (2018–19): Der Aufstieg zum Wunderkorn, in: Welt-Sichten 12–2018/1–2019, 35–37.

12. Vgl. Frank Bliss (2017): Kenia: Mitunguu Smallholder Irrigation Project. Good Practice Reihe 01. Duisburg (INEF).

13. Die Begriffe kurz-, mittel- und langfristig entsprechen hier oft nicht unseren europäischen Vorstellungen von Kreditlaufzeiten. Wo eine Bank oder eine Mikrofinanzorganisation neben einem Basar Handelskredite vergibt, sind Laufzeiten von 7, 14 oder 30 Tagen durchaus üblich. Wer Geld auf drei Monate erhalten möchte, bekommt hier nach den Vorstellungen der Finanzdienstleister bereits einen Kredit mit überdurchschnittlich langer Laufzeit, und was bei uns

ein mittelfristiger Kredit wäre, etwa auf drei Jahre für den Kauf eines Traktors, wäre hier oft schon nicht mehr machbar.

Ressourcenmanagement als Umweltschutz und Produktionsmotor

9

Zusammenfassung

Der Klimawandel betrifft fast alle Länder der Welt. Besonders leiden unter seinen Folgen jedoch zahlreiche ressourcenarme subtropische und tropische Länder, wo Dürren zunehmen und die Niederschläge immer unregelmäßiger fallen. Über globalen Klima- und Umweltschutz darf deshalb nicht länger nur diskutiert werden. Es bleibt allerdings die Frage nach dem „Was genau tun?" und „Wie etwas tun?". EZ kann hier zusammen mit globaler Umweltpolitik helfen, die Folgen des Klimawandels einzudämmen und die Widerstandskraft (Resilienz) der Menschen gegen extern verursachte Schocks zu stärken, darüber hinaus beim Thema Umweltschutz aber auch die „kleinen" Selbstverständlichkeiten wie eine geregelte Müllentsorgung zu unterstützen.

Schlüsselwörter

Entwicklungsprojekte • Nachhaltigkeit • Ressourcenmanagement • Umweltschutz

9.1 Entwaldung, Erosion, Klimawandel – eine unheilige Allianz

Im Ahrtal, unweit des Wohnortes des Verfassers, wurden in den 1980er Jahren sogenannte Flurbereinigungen durchgeführt. Ein Teil der uralten Weinbauterrassen im mittleren Ahrtal, deren Ursprünge auf römische Zeit zurückgehen, wurde dabei zusammengelegt, die Mauern entfernt und recht steile, aber durchgehende

© Der/die Autor(en), exklusiv lizenziert durch Springer Fachmedien
Wiesbaden GmbH, ein Teil von Springer Nature 2021
F. Bliss, *Armutsbekämpfung durch Entwicklungszusammenarbeit*,
https://doi.org/10.1007/978-3-658-32805-4_9

Felder hergestellt, die sich nun leichter bearbeiten ließen. Hochgradig subventioniert kostete dies neben den beteiligten Bauern auch die Steuerzahler eine Menge Geld.

Schon bald zeigte sich der landwirtschaftliche und umweltpolitische Unsinn dieser Maßnahmen, denn die Terrassen hatten Hunderte von Jahren ihren Sinn gehabt, nämlich die Verhinderung von Erosion. Ein Starkregen schwemmte dagegen wenige Monate nach Abschluss der Flurbereinigung tonnenweise den Humus von den Hängen, der durch die Bundesstraßenverwaltung und kommunale Reinigungsfahrzeuge von den Straßen unterhalb der Weinberge entfernt werden musste. In den Folgejahren versuchten die Weinbauern, das Problem dadurch zu begrenzen, dass sie die Hänge nicht mehr komplett pflügten, sondern zwischen den Reben die Gras- und Krautnarbe wachsen ließen. Direkt an den Reben wurde gemulcht, d. h. Biomasse liegen gelassen.

Für viele Winzer wurde diese Notwendigkeit eine vorher fast undenkbare Station auf dem Wege zum deutlich natürlicheren Weinbau, zumindest, was die Bodenbearbeitung nun erstmals ohne Unkrautvernichtungsmittel betrifft. Man erwartete geringere Erträge angesichts der Nahrungskonkurrenz von Weinstöcken mit dem „Unkraut", was bei den tiefwurzelnden Reben allerdings schon nach wenigen Jahren kaum mehr ein Problem darstellen sollte. Für die Existenz der Weinberge war der Schritt eine zwangsläufige Maßnahme, denn sonst hätten die Hänge bei den nächsten Starkregenereignissen ihren Humus noch stärker verloren.

Was im Ahrtal eine Ausnahme sein sollte und mit Blick auf Starkregenereignisse und dadurch verursachte Schäden in der Landwirtschaft hoffentlich nicht zur Regel wird, ist in vielen Ländern des Südens bereits zur Normalität geworden: eine Übernutzung der Böden durch schädigende Bearbeitung, die Nutzung zu steiler Lagen und das Ausbleiben der Brache. Letzteres ist aber nicht oder zumindest nicht überwiegend auf ein Unvermögen der Bäuerinnen und Bauern oder der HirtInnen zurückzuführen, sondern fast überall einem Bevölkerungsdruck auf die Ackerflächen und zu vielen Weidetieren geschuldet. Zusammen mit den Auswirkungen des Klimawandels potenziert sich diese Behandlung des Bodens allerdings zu einer sich anbahnenden Katastrophe.

In einigen Gebieten ist diese Katastrophe bereits teilweise bis nahezu flächendeckend eingetreten: Die Rede ist von der zunehmenden Unfruchtbarkeit von Feldern mit fallenden Erträgen, vielfach zu beobachtender Entwaldung und als Folge hiervon erheblicher Bodenerosion schon bei durchschnittlichen Niederschlägen, umso mehr bei Starkregen. Hierdurch verstärken sich die Folgen der immer wieder in Afrika, in Zentralasien oder in Südasien auftretenden Dürren, die zunehmen und, da sich die Vegetation nach einer Dürrephase heute nicht mehr wie früher regenerieren kann, zum „Normalzustand" werden (Abb. 9.1).

Abb. 9.1 Erhebliche Bodenerosion mit tiefer Rinne *(gully)* in Amhara (Äthiopien). (Foto: © Frank Bliss 1989–2020)

So sind in Äthiopien zwischenzeitlich rund die Hälfte aller Landkreise *(Woredas)* zu Dürregebieten und Zonen chronischer Ernährungsunsicherheit erklärt worden, weil Dürren heute hier inzwischen in drei von fünf aufeinanderfolgenden Jahren eintreten. In vielen Gebieten Indiens sieht es ähnlich aus (siehe Box 13).

Box 13: Das größte Problem ist der unregelmäßige Regen
Afrika kennt schwere Dürren seit langer Zeit. Anfang der 1970er Jahre und zwischen 1983 und 1985 waren sie so schwer, dass in vielen Teilen Sahel- und Westafrikas praktisch kein einziger Mais- oder Hirsekolben reifen konnte und große Teile der Viehbestände verendeten. Bauer Guush Kundu im zentralen indischen Bundesstaat Maharashtra kennt Dürren ebenfalls. Seit der 65-Jährige sich erinnern kann, gab es mindestens sechs Dürreperioden mit starken Ernteausfällen. „Aber es gab auch gute Perioden, manchmal fast ein ganzes Jahrzehnt".

Aber seit zwei bis drei Jahrzehnten ist es anders. Der mit rund drei Hektar Landbesitz nicht einmal arme Bauer bemerkt eine grundsätzliche Wetteränderung: „Fast jedes Jahr beginnt der Monsun zu einem anderen Zeitpunkt, manchmal volle vier Wochen später als üblich. Man kann sich aber nicht einmal dann auf den Regen verlassen. Ich hatte vor zwei Jahren bereits Weizen gesät, dann aber regnete es drei Wochen lang gar nicht mehr und mein Saatgut war umsonst ausgebracht. In einem anderen Jahr hörte es sechs Wochen zu früh auf zu regnen und ich konnte kaum die Hälfte der normalen Weizenernte einbringen".

Was Guush Kundu in Maharashtra erlebt, ist auch in Afrika und Teilen Lateinamerikas zum Problem geworden. Aber nicht immer ist es der wenige Regen oder zu unregelmäßige Regenfälle. Auch das Gegenteil passiert zunehmend. Es geht zu viel Regen auf einmal oder innerhalb kurzer Zeit nieder, sodass ganze Teile des Landes unter Wasser stehen und die Saat ausgeschwemmt wird oder schon gewachsene Pflanzen verfaulen[1]. Zu viel Regen auf einmal bedeutet auch Erosion, d. h. zu viel Wasser wäscht den fruchtbaren Humus aus und übrig bleiben nackte Felsen- oder Lateritflächen.

9.2 Mit Ressourcenmanagement gegen die Auswirkungen von Dürren

„Anpassung an die Folgen des Klimawandels", überall in den EL firmieren derzeit unter diesem Titel zahlreiche Projekte. Dabei geht es im Wesentlichen um zwei wichtige und miteinander verwobene Ziele. Es sollen (i.) die Böden gegen die Auswirkungen des Klimawandels, vor allem zunehmende Starkregenfälle, geschützt werden und (ii.) darauf aufbauend die landwirtschaftlichen Erträge trotz der widrigen Klimabedingungen möglichst stabilisiert oder im günstigeren Fall auf den Stand früherer Jahre zurückgeführt oder gar erhöht werden. Die (Wieder)Inwertsetzung der Böden betrifft auch nicht-landwirtschaftliche Flächen wie Weiden und Buschland, vor allem aber die zunehmend erodierenden Hänge. Hier wird bei relativ unberührter Natur das Regenwasser gespeichert, das nach den Regenfällen monatelang in die Grundwasserhorizonte der Ebenen sickert, wo die Anrainerbevölkerung Landwirtschaft betreibt (Abb. 9.2).

Wegen des Landmangels gehen die Bäuerinnen und Bauern jedoch zunehmend mit neuen Feldern in die leichten Hanglagen, auf denen sie zunächst den Bewuchs

Abb. 9.2 Im Rahmen von *cash-for-work* arbeiten hier Männer und Frauen an der Terrassierung (Amhara, Äthiopien). (Foto: © Frank Bliss 1989–2020)

roden. Wenn dies nicht für die Ernährung und das Einkommen ausreicht, werden auch die steilen Hänge unter den Pflug genommen, mit der Folge, dass die ihrer Vegetation beraubten Hänge deutlich weniger Wasser speichern können und, wenn diese nicht oder kaum terrassiert sind, bei den starken tropischen Regenfällen die Böden der Erosion ausgesetzt werden. So kann ein Hang bei einem einzigen starken Regenfall pro Hektar 20, 30, 50 und mehr Tonnen an Humus verlieren, bis oft nur der nackte Fels übrigbleibt.

Drei der weltweit möglicherweise umfassendsten Beiträge zum Erosionsschutz wurden bzw. werden interessanterweise ohne oder allenfalls mit nur geringfügigen entwicklungspolitischen Beiträgen durch die Regierungen von EL selbst durchgeführt. So hat in den 1960er bis frühen 1970er Jahren der tunesische Staatspräsident Habib Bourghiba ein Beschäftigungsprogramm veranlasst, bei dem jahrelang Zehntausende von Männern und Frauen in Zentraltunesien Hügel und Berghänge terrassiert und mit trockenresistenten Nadelhölzern bepflanzt haben. EZ-ExpertInnen, die zwei Jahrzehnte später deutsche und internationale Beiträge zum Ressourcenmanagement in Tunesien durchführten, beklagten sich häufig über den unzureichenden Schutz tunesischer Wälder. Kaum jemandem war indes dabei bewusst, dass es sich nicht um den Rückgang des natürlichen Bewuchses handelte, sondern um den teilweisen Raubbau an der zwischenzeitlich wieder hergestellten Vegetation. Hätte Bourghiba seine Aufforstungen nicht durchgeführt, wären viele EZ-Vorhaben zum Waldschutz späterer Jahre kaum möglich gewesen, weil zwischenzeitlich das Land bereits vollständig zur Wüste geworden wäre.

In Algerien wurde in den frühen 1970er Jahren das große Aufforstungsprojekt „Grüner Schutzwall" gegen die Sahara begonnen, das zu rund 300.000 Hektar Baumanpflanzungen vor allem an den Südhängen des Sahara-Atlas führte, aber am Ende wegen bürokratischen Durcheinanders auslief. Das im internationalen Vergleich trotzdem immer noch halbwegs erfolgreiche Vorhaben (die Sahara wurde nicht „zurückgedrängt", aber 3000 km^2 vormals degradierter Flächen sahen danach doch wieder wie Wald aus) wird allerdings in der Literatur wenig gewürdigt, möglicherweise, weil bei der allein aus algerischen Mitteln finanzierten Maßnahme keine EZ beteiligt war[2].

Dagegen erhielt große Vorschusslorbeeren eine Zweitauflage der Schutzwall-Idee, die unter dem Titel *Great Green Wall of the Sahara and Sahel Initiative* im Januar 2007 von der Afrikanischen Union aus der Taufe gehoben wurde. Hier sollte gleich auf 7800 km Länge zwischen Atlantik und Indischem Ozean und quer durch 12 beteiligte Länder ein jeweils 15 km breiter Grünstreifen gegen die Sahara geschaffen werden. Da allerdings die Wüste kein Lebewesen ist, dass sich von einem „Wall" beeindrucken und abhalten lässt, wurde bald die Unsinnigkeit des Projektes erkannt. Stattdessen werden heute – mehr oder weniger effektiv – in konventioneller Weise in Einzelprojekten Schutzmaßnahmen für degradierte Flächen ergriffen.

In jüngerer Zeit erzielt dagegen bemerkenswerte Erfolge ein international ebenfalls wenig beachtetes Großprojekt zum Ressourcenschutz: Hierbei werden im äthiopischen Bundesstaat Tigray (weniger effektiv auch in den Bundesstaaten Amhara und Oromiya) Zehntausende von Hektar Hangflächen terrassiert, um für die Landwirtschaft Verwendung zu finden oder aber, bei weniger ertragreichen Böden, um wieder aufgeforstet zu werden. Diese Maßnahmen erfolgen teilweise auch mit internationaler Unterstützung, zu Großteilen aber in Eigenregie der Bevölkerung, wobei allerdings alle erwachsenen Männer und Frauen in einer Art von „Zwangsfreiwilligkeit" einen Tag im Monat Schutzmaßnahmen in ihren Dörfern durchführen müssen. Die Maßnahme wird in ganz Äthiopien, also auch in Tigray, allerdings auch im Rahmen des Productive Safety Net Programme (PSNP), einem Arbeitsbeschaffungs- und Sozialhilfeprojekt für von Dürre heimgesuchte Landkreise in Äthiopien, gefördert. Hierbei erhalten die Beteiligten eine mäßige Entlohnung in Geld oder in Form von Lebensmitteln.

Abb. 9.3   Kleine Steinwälle sowie Gruben zur Förderung der Wasserinfiltration auf einem Acker in Amhara (Äthiopien). (Foto: © Frank Bliss 1989–2020)

Alle Terrassier- und Aufforstungsvorhaben haben ein Ziel gemeinsam, den Schutz der Böden gegen Erosion und bei Ackerböden zusätzlich die Wiederher-stellung der Bodenfruchtbarkeit. In beiden Fällen werden neben dem Bau von Terrassen auch Wasser-infiltrierende Maßnahmen ergriffen (Abb. 9.2 und 9.3). Dabei wird mithilfe zusätzlicher Steinreihen auf den Konturlinien, ausgehobener Gräben oder vertiefter Pflanzlöcher versucht, abfließendes Regenwasser aufzuhal-ten und verstärkt in den Boden einsickern zu lassen. Hierdurch können Bäume angepflanzt werden oder aber der tiefgründig feuchte Boden liefert im Rahmen des kapillaren Aufstiegs wieder hinreichend Wasser für einige Monate zusätz-lichen Ackerbaus. In bestimmten Wassereinzugsgebieten wird auch angestrebt, oberflächennahe Grundwasserhorizonte auf diese Weise zu speisen, sodass die ländliche Bevölkerung in ihren Brunnen wieder ganzjährig Wasser vorfindet.

Ein sehr erfolgreiches Vorhaben mit Unterstützung der deutschen EZ im indischen Bundesstaat *Maharashtra* sowie in drei weiteren Bundesstaaten des Sub-kontinents ist das *Indo-German Watershed Development Programme* (IGWDP), das in modellhafter Weise und im engen Zusammenwirken von Staat, Ent-wicklungsbanken und freien Trägern (NRO, dörfliche Basisgruppen, kirchliche christliche und ghandianisch-hinduistische Organisationen) über 20 Jahre lang umgesetzt wurde. Ziel der Maßnahmen war die Verhinderung zukünftiger Erosion, die mögliche Rückgewinnung bereits leicht degradierter Flächen, die Stabilisierung der Grundwasserhorizonte und die Inwertsetzung der so behandelten Flächen, um der Bevölkerung zu höherem Einkommen zu verhelfen.

Damit staatlicher Einfluss gering gehalten und das Programm in der Ownership der Bevölkerung durchgeführt werden konnte, war nicht der indische Staat Maßnahmenträger, sondern die Bevölkerung der jeweiligen Wassereinzugsgebiete, vertreten durch ein Management-Komitee. Mit der Finanzierung der Maßnahmen und der Finanzkontrolle wurde eine indische ländliche Entwicklungsbank, die NABARD, beauftragt. Da die Bevölkerung selbst zunächst organisiert und auch für die Maßnahmen technisch ausgebildet werden musste, bekam jedes Wassereinzugsgebiet, d. h. ein oder mehrere Dörfer, einen „Paten" zur Seite gestellt. Dabei handelte es sich jeweils um eine lokale oder nationale NRO, die selbst im Bereich des Ressourcenschutzes Erfahrungen nachweisen musste. Insgesamt wurden im Rahmen des IGWDP rund 300.000 ha in 300 Einzelprojekten (Wassereinzugsgebieten) mit einem Kostenaufwand von gut 70 Mio. EUR sowie unzähligen Arbeitsstunden der AnwohnerInnen selbst geschützt und in Wert gesetzt.

Ein geradezu ideales Programm zum Umwelt- und Ressourcenschutz ist das bereits erwähnte und seit über 20 Jahren mit Unterstützung der deutschen EZ in Vietnam durchgeführte Aufforstungsprogramm durch private Haushalte. Ideal ist das Projekt aus zwei Gründen: Einerseits findet die Umsetzung der Maßnahme nicht durch den Staat statt, sondern durch mehrheitlich arme Familien, sodass nicht der Staat, sondern die Haushalte vom Holzertrag profitieren und dadurch ein signifikanter Beitrag zur Armutsbekämpfung geleistet wird. Zweitens besteht durch die private Umsetzung ein Interesse der Bevölkerung an der Erhaltung der Aufforstungen, d. h. die Flächen werden nicht nur gegen Waldraubbau geschützt, sondern auch langfristig gepflegt. Damit ist das Programm nachhaltig und trägt langfristig zum Klimaschutz bei.

Dass es auch anders, d. h. deutlich schlechter gehen kann, zeigen unzählige Aufforstungsprojekte in den Sahelländern. In Mali wurden in den 1970er und 1980er Jahren Tausende Hektar Savanne durch den Staat aufgeforstet. Als die Kollegin Karin Gaesing und der Verfasser 1991 die Flächen im Rahmen eines Forschungsprojektes besuchten, konnte man die Aufforstungsgebiete deutlich von den nicht von teuren Anpflanzungen berührten kommunalen Flächen unterscheiden: Auf letzteren Flächen, die intensiv genutzt wurden, sah es nicht gut aus, denn zu viele Menschen und Tiere ließen der Natur wenig Chance, sich zu regenerieren. Allerdings war noch ein Teil der alten Baumbestände intakt, auch wenn wegen der vielen Ziegen kaum neue nachwuchsen. Auf den Aufforstungsflächen sah es dagegen deutlich schlimmer aus. Hier war die Vegetation fast ganz verschwunden, denn die Leute aus den umliegenden Dörfern hatten das „herrenlose" Staatsland komplett ausgeplündert und alles, was sich zu Bauholz, Brennholz oder Holzkohle machen ließ, eingeschlagen und weggeschafft.

Die hieraus zu ziehenden Lehren sind weltweit gültig: Vorhaben, die den Menschen nichts nützen bzw. deren Nützlichkeit sie nicht einsehen, scheitern, außer, sie werden mit großem Aufwand „verteidigt"; im Falle der Aufforstungen in Mali wären dies Zäune, Stacheldraht und (bewaffnete) Wächter gewesen. Wo dagegen die Maßnahme den Menschen nützt, d. h. sie nachhaltig Gewinn daraus ziehen können, dort hat Ressourcenschutz fast immer eine Zukunft. Dies gilt nicht allein für privat genutzte Flächen, sondern auch für Land, das einer konkret abgegrenzten Gemeinschaft, etwa der Bevölkerung eines Dorfes oder einer Gruppe von Bäuerinnen und Bauern, kollektiv übereignet wird. Unzählige Fallbeispiele weisen nach, dass überall die Menschen in der Lage sind, sich zu organisieren und die Nutzung kommunaler Flächen nachhaltig zu managen – sofern sie nicht mit Gewalt daran gehindert werden. Dafür ist aber eine Voraussetzung wichtig: die umfassende Bevölkerungsbeteiligung *(Partizipation)* an Entscheidungen, angefangen von der Festlegung der Schutz- und Nutzungsziele über die Mitbestimmung bei der Wahl der Mittel bis zum späteren Management der Flächen (dazu mehr in Abschn. 12.2).

Wichtig ist stets die Freiwilligkeit der Beteiligung an einer ressourcenschützenden Maßnahme. So hat in Burkina Faso eine nationale NRO, *Tiipaalga* (= „Neuer Baum"), ein offenes Programm sowohl für einzelne Bäuerinnen und Bauern wie auch bäuerliche Gruppen im Angebot. Wer relativ viel Land hat, bekommt Unterstützung bei der Einzäunung von einer Fläche von drei Hektar. Dabei verpflichten sich die Eigentümer gegenüber Tiipaalga, zwei Hektar im Inneren des Grundstücks sich selbst zu überlassen, wohingegen ein Streifen von zusammen einem Hektar umliegender Fläche landwirtschaftlich bestellt werden kann. Dafür stellt die NRO Zaundraht, den allerdings der oder die BesitzerIn des Grundstücks selbst montieren muss. Mit diesem Ansatz werden gleich zwei Fliegen mit einer Klappe geschlagen: Im Inneren stellt sich schon nach kurzer Zeit eine deutliche Regeneration des Landes ein, indem Büsche und Bäume nachwachsen. Durch den umlaufenden Ackerstreifen wird erreicht, dass sich Buschfeuer leichter abhalten lassen und die Vegetation im Inneren des Grundstücks nicht gefährden.

An andere Gruppen von Bäuerinnen und Bauern, die jeweils nur kleine Ackerflächen besitzen, richtet sich das zweite Angebot von Tiipaalga, ihnen beim Schutz ihrer Äcker gegen Erosion zu helfen und dabei kostenfrei ertragreiche Baumsetzlinge zur Verfügung zu stellen. Dabei müssen sich die Gruppenmitglieder untereinander darauf einigen und sich der NRO gegenüber verpflichten, innerhalb von drei Jahren 30 und von fünf Jahren 60 Bäume auf einem Hektar Land nachzuweisen, ob selbst gepflanzt oder in Folge natürlicher Vermehrung spielt dabei keine Rolle. Gruppen, die bei diesem Programm mitmachen, können für ein oder mehrere Grundstücke Setzlinge des Affenbrotbaumes (Baobab) oder des Moringa-Baumes erhalten. Beide Bäume spielen für die Ernährung eine wichtige Rolle. Ein weiterer Anreiz, Bodenschutzmaßnahmen selbst durchzuführen, ist zudem die Unterstützung durch Tiipaalga bei der Anlage von Steinreihen. Dabei stellt die NRO den LKW, der die von den Leuten selbst zusammengetragenen Lateritbrocken zu den Feldern fährt, wo diese wiederum von den Gruppenmitgliedern unter Anleitung von Tiipaalga-MitarbeiterInnen zu kleinen Dämmen verbaut werden, die das Regenwasser auf den Felder zurückhalten.

9.3   Bauern und Bäuerinnen für den Ressourcenschutz bezahlen

In Europa erhalten landwirtschaftliche Betriebe schon für minimale ökologisch positive Maßnahmen erhebliche Subventionen[3]. Zuschüsse aus Steuergeldern werden bis heute sogar unabhängig von der wirtschaftlichen Lage der Betriebe gezahlt und oft auch unabhängig von einer ökologisch angepassten Bewirtschaftung der Flächen. Wer eine eigentlich ökologische Selbstverständlichkeit beachtet, wie einen kleinen Randstreifen seiner Ackerflächen in Form einer natürlichen Hecke zum Schutz für Tiere freizulassen, bekommt zusätzliche EU-Gelder ausgezahlt, ob er sie benötigt oder nicht. Andernorts, in den mittleren Lagen der Gebirge, werden z. B. in der Schweiz Bauern dafür bezahlt, dass sie die Hänge weiterhin als Weiden bewirtschaften und damit die Landschaft pflegen und eine drohende Erosion verhindern. Bauern werden hier quasi zu Berufs-NaturschützerInnen.

In vielen EL und ganz besonders in der afrikanischen Sahelzone leben die Menschen in sogenannten Grenzertragsstandorten, d. h. in ökologischen Zonen, in denen Ackerbau wegen der schlechten Böden und der Wetterbedingungen gerade noch möglich und sinnvoll ist, d. h. wenn es klimatisch ein „normales" Jahr gibt. Wollen die Menschen nicht verhungern, so müssen sie ihr Land hier bis über die ökologische Verträglichkeit hinaus nutzen. Wollen sie Essen kochen, müssen sie vielleicht sogar die letzten Bäume abholzen. Mit der Zeit droht in diesen Fällen die Verwüstung ganzer Gebiete und die „Zwangsabwanderung" der Bevölkerung in die Slums der Städte[4].

Vor diesem Hintergrund muss die Frage erlaubt sein, warum die betroffenen Länder selbst, mit Unterstützung durch die reichen Länder im Rahmen der EZ, nicht auch, wie die EU oder die Schweiz, ihren Bauern und Bäuerinnen in ökologisch schwierigen geografischen Lagen mit Unterstützungszahlungen helfen, die Natur zu erhalten. So könnten sie dafür bezahlt werden, ökologisch heikle Zonen nicht mehr zu bestellen, was die Erosion stoppen könnte. Ebenso könnten sie die Mittel bekommen, Brennstoff zu kaufen (z. B. in Form von Gasflaschen), sodass sie nicht mehr gezwungen sind, die letzten Baumbestände abzuholzen.

Man könnte die bäuerliche Bevölkerung auch im Sinne des Schweizer Modells dafür bezahlen, dass sie aktiv Landschaft schützt, beispielsweise die degradierte Savannenlandschaft wieder aufforstet und wasserkonservierende Maßnahmen (Kleinstdämme, Terrassierungen, Gräben) durchführt. Möglicherweise schaffen sie es dadurch sogar, das Land wieder ökonomisch nutzbar zu machen.

In Äthiopien, Kenia und anderen Ländern werden derartige Maßnahmen im Rahmen von Armutsbekämpfungsprogrammen durchgeführt. Damit werden zwei Ziele gleichzeitig erreicht: Extrem arme Menschen, die von ihrer Landwirtschaft nicht überleben können, erhalten erstens durch „Geld und / oder Lebensmittel für Arbeit"-Maßnahmen („*cash / food for work*") zusätzliches Einkommen. Zweitens profitiert der Ressourcenschutz von diesen Programmen, weil bei ihnen oft die genannten boden- und wasserkonservierenden Maßnahmen bewusst in den Mittelpunkt gestellt werden.

Das Problem ist allerdings häufig, dass wegen der beschränkten Gelder bisher diese sinnvollen Maßnahmen oft nur in Krisensituationen (vor allem während Dürreperioden) durchgeführt werden. Wenn man in sensiblen klimatischen Zonen und in Gebieten mit problematischen Böden solche Programme grundsätzlich einführen würde, könnte man dagegen vielfach Dürresituationen und damit Hungerkrisen im Vorhinein verhindern.

Zudem ist die notwendige Dimension des Ressourcenschutzes zu beachten. Eine Terrassierung hier, eine Aufforstung dort werden ein Wassereinzugsgebiet kaum nachhaltig schützen bzw. rehabilitieren können, geschweige denn substantielle Teile der Sahelzone. An Stelle der vielen kleinen Programme und Tausender von punktuellen Maßnahmen müssten ganze degradierte und von Dürren heimgesuchte Zonen in Großmaßnahmen einbezogen werden, was sicher viel Geld kostet. Aber wahrscheinlich wäre es unter dem Strich langfristig sogar billiger, einige Millionen von Sahelbauern nach europäischem Modell für den Umweltschutz zu bezahlen, als sich mit den Kosten der millionenfachen Migration dieser Menschen in absehbarer Zeit in die bereits explodierenden Städte und sicher irgendwann auch weiter durch die Welt befassen zu müssen[5].

9.4   Das Müllproblem endlich anpacken

Zwischen Nord-Mazedonien und Albanien liegt der Ohrid-See, der zweitgrößte See des Balkans, dessen tiefblaues Wasser schon zur sozialistischen Zeit in beiden Ländern in jedem Jahr Zehntausende von TouristInnen angezogen hat. Weltweit nur hier existiert die Ohridforelle *(Salmo ohridanus)*. Bei „reise-geheimtipp.de" heißt es: „Der Ohrid-See ist ein wahrer Geheimtipp … Europaweit ist der See noch nicht so bekannt – hat aber das Zeug dazu, bald ein Publikumsmagnet zu werden". Das Problem war leider vor zehn Jahren, dass der See zumindest auf albanischer Seite als Publikumsmagnet längst weitgehend passé war. Auch die nord-mazedonische Seite war auf vielen Kilometern alles andere als zum Verweilen einladend. Das Problem war die Vermüllung des Sees vor allem durch Plastikabfälle sowie das Fehlen von Kläranlagen für die Anrainergemeinden.

Obwohl die Hotelinfrastruktur auf der albanischen Seite gut aussah, gerade im dortigen Hauptort Pogradec eine neue Seepromenade gebaut worden war und zahlreiche Restaurants mit typischem Balkan-Grill einluden, waren kaum Feriengäste zu sehen. Im Auftrag der deutschen KfW sollte der Verfasser 2009 deshalb das Interesse der Bevölkerung in Pogradec an Umweltschutzmaßnahmen erkunden. Um das Abwasserproblem anzugehen, wurde mit der Unterstützung der deutschen KfW in Pogradec bereits begonnen, eine moderne Kläranlage zu errichten, die eventuell auch die umliegenden Dörfer würde abdecken können. Aber wären die Anlieger dort auch bereit, sich an einen Kanal anschließen zu lassen und würden sie für die Abwasserentsorgung auch Gebühren zahlen wollen? Nur dann wäre die Maßnahme nachhaltig, denn ohne kostendeckende Gebühren wäre es für die Stadtwerke von Pogradec kaum möglich, die Kläranlage auf Dauer zu betreiben.

Die Untersuchungen in Albanien fanden zu einer Zeit statt, als die Umweltprobleme am Ohrid-See gerade unter der Bevölkerung aufkochten bzw. kurz vor der Eruption standen. So hatten Gastwirte, Hoteliers und zahlreiche andere Personen, die vom Tourismus lebten, der Dorfbevölkerung an den Bachläufen oberhalb von Pogradec bereits Prügel angedroht, wenn sie nicht sofort aufhörten, ihre Abwässer und ihren Müll in eben diese Bäche zu leiten bzw. abzukippen (Abb. 9.4). Haushaltsbefragungen in den Dörfern oberhalb von Pogradec – möglicherweise vor dem Hintergrund der täglichen Diskussionen um die einfach nicht wegzudiskutierenden Umweltprobleme – ergaben eine unerwartet große Bereitschaft der Betroffenen, sich an das Kanalnetz anschließen zu lassen. Auch die Frage nach der Bereitschaft, Abwasser- und Müllgebühren zahlen zu wollen, wurde ganz überwiegend positiv beantwortet. So konnte zunächst entsprechend die Erweiterung des Abwassernetzes vorgenommen werden. Hinsichtlich der Müllproblematik

Abb. 9.4 Müll in einem Bach oberhalb des Ohrid-Sees (Albanien). (Foto: © Frank Bliss 1989–2020)

ergab sich sogar die vehemente Forderung der DorfbewohnerInnen nach ihrer Einbeziehung in das städtische Sammelsystem von Pogradec.

Wie letzteres Problem am Ende gelöst wurde, entzieht sich der Kenntnis des Verfassers. Allerdings war schon zu dem damaligen Zeitpunkt klar, dass Müll halbwegs effektiv sammeln noch nicht bedeutet, dass der Müll auch sicher deponiert werden kann. Anstelle sicherer Deponien sind in Albanien weiterhin oft Steinbrüche im Gebrauch, wo der Müll unabhängig von seiner Zusammensetzung von den kommunalen Entsorgungsbetrieben einfach abgeladen wird. In vielen albanischen (und nord-mazedonischen, kosovarischen, bosnischen usw.) Dörfern überall auf dem Balkan ist zudem eine geregelte Müllabfuhr auch heute noch nicht flächendeckend eingeführt und viel Müll landet weiterhin in Bachläufen und anderswo in der Landschaft.

Was in den Ländern des Balkan, die immerhin über ein mittleres Einkommen verfügen, immer noch ein Kernproblem darstellt, ist in EL und ganz besonders in den ärmsten Ländern der Erde bisher oft nicht einmal provisorisch in Angriff genommen. Auch wenn in Ouagadougou (Burkina Faso), in Cotonou (Benin), in Phnom Penh (Kambodscha), in San Pedro Sula (Honduras) oder in Duschanbe (Tadschikistan) eine halbwegs funktionierende Müllabfuhr tätig ist, so bedeutet dies nicht, dass der Müll dort auch in sicheren Deponien landet, und in den meisten Dörfern und selbst in Kleinstädten dieser Länder gibt es gar keine geregelte Müllabfuhr. Die Menschen graben flache Gruben und verbrennen hier täglich oder mehrfach im Monat ihren Müll, und zwar einschließlich der immer mehr zunehmenden Plastikanteile, oder der Müll landet einfach am Dorfrand in der Landschaft bzw. in einem Bach- oder Flussbett, um später in Seen und das Meer zu gelangen.

Die Folge ist, dass z. B. am Atlantikstrand von Cotonou die Wellen Massen von Plastikmüll und anderes schwimmfähiges Material wieder an Land spülen. Vor allem auf jenen rund 10 km westlich von Cotonou, auf denen gerade eine teure Strandpromenade errichtet wurde, mit der das Tourismusministerium hofft, ausländische Badegäste anzulocken, sieht es jeden Morgen verheerend aus (Abb. 9.5) Werden kleine Strandabschnitte der ersten hier errichteten (noch sehr kleinen) Hotels oder Restaurants gereinigt (was stündlich erfolgen muss), landet der hier aufgelesene Müll bisher hinter dem Strand in Gruben, wo er verbrannt oder auch ins Hinterland geweht wird.

Eine andere Folge vor allem der exzessiven Verwendung von Plastiktüten, die überall in EL – von wenigen Ausnahmen wie Ruanda und neuerdings Kenia (hier herrscht absolutes Plastiktütenverbot) abgesehen – zu Millionen in der Landschaft herumfliegen, sowie von Papier-Plastikgemengen (z. B. Tetrapacks): sie sind absolut tödlich für grasende Tiere. Wenn vor allem Rinder und Ziegen die Plastiktüten beim Fressen mit aufnehmen oder Tetrapacks mit ihren inneren Plastikfolien sogar gerne gezielt fressen, ballen sich die nicht verdaulichen Plastikteile, die sie nicht mehr ausscheiden können, im Magen der Tiere zusammen, mit der Folge, dass weltweit täglich Tausende von Tieren auf diese Weise qualvoll verenden müssen.

Eine Lösung kann hier nur im Aufbau eines effektiven Müllabfuhrsystems liegen, das aber nicht nur die Küstenstädte umfassen darf, sondern auch die Anlieger aller in das Meer mündenden Flüsse und Bäche bzw. mit Blick auf den Plastikmüll in der Landschaft auch das gesamte Land. Dies ist eine Aufgabe, die derzeit weder von Benin noch den meisten anderen afrikanischen Ländern sowie den ärmeren Ländern Asiens und Lateinamerikas allein gestemmt werden kann. Wer derzeit ernsthaft von einer Verminderung bzw. Verhinderung von Plastikmüll in den Ozeanen der Erde spricht, muss also wissen, was dabei auf die wohlhabenderen Industrieländer an finanziellen Anforderungen zukommen würde.

Abb. 9.5 Jede Welle spült neuen Plastikmüll an der Atlantikküste an (bei Cotonou, Benin). (Foto: © Frank Bliss 1989–2020)

Ein weiteres Müllproblem in der Dritten Welt könnten die Regierungen und Parlamente bei uns allerdings in kürzester Zeit lösen, die Folgen des exzessiven Müllexports aus Europa vor allem nach Westafrika. Um die steigenden Entsorgungskosten bzw. die Ausgaben für ein umweltpolitisch begrüßenswertes Pflicht-Recycling von Elektroschrott in Europa zu sparen, werden bekanntlich containerweise Elektrogeräte z. B. nach Ghana verschifft, wo sie unter umweltpolitisch, aber auch sozial- und gesundheitspolitisch untragbaren Umständen „verarbeitet" werden; d. h. die wertvollen Bestandteile werden ausgebaut, was keinen Wert hat, wird in die Landschaft geworfen oder wie Isolierkabel usw. einfach verbrannt, um an das innenliegende Kupfer zu gelangen. Eine schnelle und effektive Lösung wäre hier ein absolutes Exportverbot von Müll jeglicher Art in Länder, die über kein nachgewiesenes umweltverträgliches Recyclingsystem verfügen.

Für den eigenen (Plastik)Müll existieren in vielen EL aufgrund der noch billigen Arbeitskraft allerdings auch große Potenziale im Recycling-Sektor. Hier wäre eine Unterstützung bei der Selbstorganisation der fast nur im informellen Sektor ohne jeden sozialen und Arbeitsschutz tätigen Beteiligten wichtig. Ein weiteres Feld für Fördermaßnahmen wäre die genossenschaftliche Vermarktung des wiederverwerteten Materials. Ebenso gefördert werden müsste der Zugang zu Krediten für die Anschaffung eigener einfacher Transportmittel und Verarbeitungsmaschinen, zum Kauf eines Minimums an Schutzkleidung und zur Anmietung vernünftiger Lager- und Arbeitsflächen. Nicht zuletzt wäre die medizinische Betreuung der Beteiligten ein wichtiger Beitrag des Staates und der Gebergemeinschaft, um aus einem Leben in Armut und Müll für die involvierten Männer und Frauen ein einträgliches und dabei nachhaltiges Gewerbe etablieren zu können.

Anmerkungen

1. Der Verfasser konnte dies bereits 1991 bei einem Gutachtereinsatz in Tunesien erleben, als es auch in Südtunesien drei Tage lang fast unaufhörlich regnete. Mehr als 17.000 Gebäude, zumeist aus Lehm gebaut, stürzten ein und auch das 800 Jahre alte, aus Lehmziegeln errichtete Minarett der Hauptmoschee in der Oase Tozeur. Noch nie, seitdem gemessen wurde, gab es so viel Regen innerhalb kurzer Zeit.
2. Einige der wenigen rückwirkenden Berichte und fast ausschließlich in französischer Sprache z. B. von der FAO 2003 unter https://www.fao.org/3/xii/0301-b3.htm, eine neuere (um 2010) bebilderte Präsentation unter https://t1p.de/eax8 und bei Wikipedia https://fr.wikipedia.org/wiki/Barrage_vert
3. Landwirtschaftliche Betriebe in Europa erhalten erhebliche Subventionen, ohne dass sie sich um ökologische Dinge kümmern müssen. Der Gesamtetat für Agrarsubventionen in Europa betrug 2017 58 Mrd. EUR. Davon gingen 6,5 Mrd. an Deutschland und hier alleine 86 Mio. EUR an nur 15 Großbetriebe. Lediglich ein Bruchteil der Subventionen dient dem Ressourcenschutz und wird z. B. für die Anlage tierfreundlicher Randstreifen an den Feldern ausgezahlt. Vgl. https://www.weltagrarbericht.de/aktuelles/nachrichten/news/de/33228.html. Die 2021 beschlossene „Reform" der Agrarpolitik für die Jahre bis 2027 soll erst ab 2023 greifen und wird auch weiterhin den Großteil der Agrarsubventionen unabhängig von der Wirtschaftsweise der Betriebe verteilen. Unter dem Strich sollen dabei lediglich 23% der Gelder nach ökologischen Kriterien vergeben werden.
4. Mit der internationalen Wirtschaftsmigration oder -flucht haben diese armen Menschen praktisch nichts zu tun, denn niemand in dieser Lage hat das notwendige Geld, um die mehreren Tausend Euro für die Flucht nach Europa bezahlen zu können.

5. Dazu eine Ausarbeitung im Rahmen des INEF-Projektes, die unter dem Titel „Deutsches und Schweizer Modell übertragen: Bauern im afrikanischen Sahel für den Ressourcenschutz bezahlen" derzeit vorbereitet wird.

Ohne angemessene Infrastruktur geht nichts

10

Zusammenfassung

Ohne Straßen und Verkehrsmittel, ohne Strom, ohne Krankenhäuser und ohne Schulen ist soziale und wirtschaftliche Entwicklung im Sinne der Agenda 2030 kaum denkbar. Daher ist eine gute und an die jeweiligen Bedingungen angepasste Infrastruktur überall eine elementare Voraussetzung für jede Entwicklung. Dies gilt auch und ganz besonders für eine Entwicklung, die vorrangig qualitative Ziele verfolgt und nicht ausschließlich auf nominelles Wachstum setzt. Die Herstellung einer adäquaten Infrastruktur, und zwar landesweit, ist dabei eine ureigene Aufgabe der nationalen Regierungen, die allerdings oft an diese Verpflichtung erinnert werden müssen, teilweise mit Unterstützung durch die EZ.

Schlüsselwörter

Entwicklungsprojekte • Infrastruktur • Straßenbau • Stromversorgung

10.1 Wirtschaftliche und soziale Infrastruktur sind gleichermaßen wichtig

Unterstützung der Infrastruktur umfasst in der Entwicklungszusammenarbeit sowohl den (eher) sozialen wie auch den (vorrangig) wirtschaftlichen Bereich, wobei beides allerdings streng genommen physische Infrastruktur darstellt. Zur sozialen Infrastruktur zählen vor allem Bildungseinrichtungen (Gebäude und Inventar) und alle Investitionen, die der Bereitstellung von Gesundheitsdienstleistungen dienen, also angefangen von Krankenhäusern über kleinere ländliche und städtische Gesundheitszentren bis hinunter zu dörflichen Sanitätsposten inklusive allen Mobiliars und der medizinischen Geräte. Und natürlich gehört auch der gesamte Bereich der Trinkwasserversorgung und der Abwasserentsorgung, soweit letztere die privaten Haushalte betrifft, zur sozialen Infrastruktur.

Daneben gibt es die wirtschaftliche Infrastruktur, die eine Grundvoraussetzung ist, um Wirtschaft oberhalb des Niveaus einer lokalen Subsistenzproduktion aufzubauen und am Leben zu erhalten. Hierzu gehören vor allem Straßen, die in vielen EL vor allem in Form von Pisten existieren, während Asphaltstraßen vorrangig große Städte miteinander und diese mit Häfen oder wichtigen Rohstoffvorkommen verbinden. Im ländlichen Raum ist man oft bereits zufrieden, wenn die Pisten vom Staat unterhalten werden und ganzjährig, also auch während der Regenzeit, befahren werden können. Straßen, ob Pisten oder mit fester Decke ausgebaut, benötigen ferner Brücken, in sehr schwierigen Situationen auch in armen Ländern Tunnel. So wäre beispielsweise die Provinz Sughd, eine vor allem auch wirtschaftlich wichtige Provinz des zentralasiatischen Tadschikistan, rund sechs Monate im Jahr wegen verschneiter Pässe (3373 m Höhe) vom Hauptteil des Landes komplett abgeschnitten geblieben, wenn nicht mit iranischer Hilfe der 5050 m lange Anzob-Tunnel gebaut worden wäre[1].

Box 14: Ohne Marktzugang keine Produktion

Die Ernährung Hunderter Millionen zusätzlicher Menschen bedarf, wie in Kap. 8 zur Landwirtschaft angesprochen wurde, einer deutlichen Erhöhung der Produktivität, d. h. es müssen auf ein und derselben Fläche zukünftig höhere Erträge erwirtschaftet werden. Dies gilt überall auf der Welt auch für kleinbäuerliche Betriebe. Aber zahlreiche Landwirte in vielen Teilen Afrikas oder Asiens haben derzeit kaum einen Anreiz, mehr zu produzieren, da sie aufgrund fehlender oder maroder Straßen ihre Erzeugnisse, ob Mais, Hirse, Weizen, Knollenfrüchte usw., nicht zum nächsten Markt bringen können. So ist nur ein Drittel der Dörfer in Afrika an eine befestigte, d. h. ganzjährig befahrbare Straße angeschlossen.

Fast überall dagegen, wo der Staat eine Ersterschließung abgelegener Gebiete in die Wege leitet und auch Betrieb und Wartung von Verkehrswegen nachhaltig sicherstellt, erhöhen sich die Einkommen der meisten Menschen schlagartig und es sind sogar signifikante Armutswirkungen erkennbar. So konnten einige Bezirke von Bangladesch nur fünf Jahre nach Bau einer Erschließungsstraße aus der Liste der extrem armen Regionen des Landes gestrichen werden[2].

Zur wirtschaftlichen Infrastruktur zählen natürlich auch alle Anlagen zur elektrischen Energiegewinnung und -verteilung, also Kohle-, Schweröl-, Wasser- und neuerdings zunehmend Wind- und Solarkraftwerke (Marokko ist hier bei letzteren der Vorreiter in Afrika). Für die Bevölkerung ebenso wie für Industrie und Handel wichtig sind wie erwähnt Straßen und Pisten (Abb. 10.1), aber ebenso der öffentliche oder private Transport, der zum Beispiel durch die Eisenbahn, LKW, Busse oder z. B. Fähren angeboten werden kann. Auf dem Land schließlich sind Speicherhäuser zur sicheren Lagerung von Ernteerzeugnissen besonders wichtig, denn bis zu einem Drittel aller Nahrungsmittel (vor allem Getreide, Bohnen, Erdnüsse usw.) werden nach der Ernte durch Schädlinge vernichtet. Zur wirtschaftlichen Infrastruktur gehören ferner Häfen am Meer und an großen Seen oder Bootsanlegeplätze an Flüssen und ggf. auch Marktgebäude, Busbahnhöfe usw.

Die Bereitstellung sowohl der sozialen wie auch der wirtschaftlichen Infrastruktur ist vorrangig eine staatliche Aufgabe, auch wenn in den letzten Dekaden

Abb. 10.1 Verkehrsstau in einer der Hauptstraßen von Manila (Philippinen). (Foto: © Frank Bliss 1989–2020)

die privatwirtschaftliche Bereitstellung von wichtiger Infrastruktur wie Eisenbahnen und Straßen und sogar der Trinkwasserversorgung ganzer Großstädte propagiert wurde. Fast immer war und ist dies, wie Erfahrungen auch in Deutschland zeigen, mit katastrophalen Folgen für den Zustand der Infrastruktur und damit auch die Qualität des damit verbundenen Services verbunden.

Im entwicklungspolitischen Diskurs wird daher zunehmend wieder davon ausgegangen, dass zumindest Kernelemente der Infrastruktur vom Staat garantiert werden müssten und dies auch in den ärmeren EL. Aus diesem Grunde unterstützen sowohl die bilaterale EZ wie auch und besonders die großen Entwicklungsbanken in vielen Ländern den notwendigen Infrastrukturausbau durch Kredite und / oder Finanzierungsbeihilfen. Dies reicht jedoch nicht aus, zusätzliche Investitionen innerhalb des Bereichs der wirtschaftlichen Infrastruktur sind notwendig, die auf dem freien Kreditmarkt oder beschränkt z. B. für Häfen oder Flughäfen auch durch Investoren beschafft werden müssen[3].

10.2 Nicht um jeden Preis investieren – Prioritäten setzen

Im Folgenden geht es zunächst um die wichtige Rolle der wirtschaftlichen Infrastruktur auch und gerade für die Armutsminderung. Aber darf Infrastruktur zu jedem Preis aufgebaut werden? Am 2. September 2018 verkündete China auf einem afrikanischen Entwicklungstreffen in der Republik Südafrika, es wolle in den drei Folgejahren 2019 bis 2021 60 Mrd. US\$ (51,7 Mrd. EUR) in Afrika investieren, vor allem in die Infrastruktur. Von diesem Geld wurden 11 Mrd. US\$ als „Hilfe" deklariert einschließlich zinsloser Kredite, wie sie auch die deutsche und internationale EZ zu diesen Bedingungen bereitstellt, alles „ohne politische Bedingungen". Schon zuvor hatte Afrika Milliarden US\$ aus China auf Kredit oder als Zuschuss erhalten. Davon wurden Eisenbahnen und Flughäfen gebaut, Raffinerien, Sportstadien, Konferenzzentren und Regierungspaläste, Kasernen, Brücken und Straßen.

China ist aber alles andere als der Weihnachtsmann. Von den versprochenen 60 Mrd. US\$ werden also 49 Mrd. US\$ Kredite zu wohl marktüblichen Bedingungen vergeben, die die Länder allerdings auf dem freien Kreditmarkt angesichts ihrer geringen Kreditwürdigkeit nur selten erhalten würden. An eine Rückzahlung der Kredite denkt eine Regierung jedoch nicht immer und noch weniger häufig an die Kontrolle der Qualität der zu leistenden Arbeiten. Mangels hinreichender Labore und anderer Prüfeinrichtungen wäre dies vielerorts auch kaum möglich.

Umweltauflagen der Empfängerstaaten der Kredite spielen bei chinesischen Projekten allenfalls ein Nebenrolle[4]. Im zentralasiatischen Tadschikistan wurde zum Beispiel die Fahrbahndecke einer Sowjetstraße, in die noch massenhaft Teer verbaut worden war, von der chinesischen Baufirma mit Bulldozern einfach in den benachbarten Fluss geschoben, um anschließend durch eine neue Bitumendecke ersetzt zu werden. Dagegen werden in Deutschland und in der EU selbst kleinste Teerreste im Straßenbauaushub als Sondermüll behandelt, weil sich im Wasser hochgiftige und krebserregende Stoffe lösen[5]. Im tadschikischen Fall ist das Flusswasser des Warzob damit auf Jahrzehnte verseucht und dies sogar oberhalb der tadschikischen Hauptstadt Duschanbe nahe gerade der Stelle, an der das Trinkwasser für die Stadt abgezweigt wird.

Seit 2008 gingen auch 21 % aller chinesischen Waffenexporte nach Afrika und nicht mit jedem Projekt sind auch Arbeitsplätze verbunden. China schickt selbst Tausende von ArbeiterInnen nach Afrika (und in den Rest der Welt, wo immer auch chinesische Firmen bauen). Oft werden selbst einfachste Bauarbeiten von ChinesInnen erledigt, sodass für AfrikanerInnen allenfalls das Straßenkehren übrigbleibt. Das Kernproblem aber sind die selten transparenten Bedingungen für chinesische Kredite und Investitionen. In Tadschikistan, wo u. a. zwei Straßen, mehrere große Umspannstationen, ein Heizkraftwerk und diverse Starkstromleitungen von China finanziert und durch eigene Firmen gebaut wurden, sind die Kreditkonditionen nicht einmal allen Ministern bekannt. Gemunkelt wird deshalb, dass das kaum rückzahlungsfähige ärmste zentralasiatische Land als Gegenleistung für die genannten Kredite China einige Tausend Hektar eigenes Land an der chinesischen Grenze „geschenkt" habe. Die Landabtretung ist eine bekannte Tatsache und wird kaum noch geleugnet, über die Gründe herrscht dagegen weiterhin Unklarheit.

Den Regierungen der afrikanischen Länder sollte der absolut einzigartige Fall einer Landabtretung jedenfalls zu denken geben. Die Frage ist auch, ob es einem afrikanischen Land langfristig guttut, wenn es wie Djibouti ausländischen Militärs Marinebasen verkauft oder verpachtet. Auch hier hat sich China bei den USA und Frankreich eingereiht, die von ihren ebenfalls in Djibouti gelegenen Militärbasen durchaus auch in anderen Ländern intervenieren. Frankreich hat sich mit seinen Militärbasen etwa im Tschad in der Hauptstadt N'Djaména und in Abeché an der Grenze zum Sudan bereits mehrfach in die inneren Angelegenheiten des „Gastlandes" eingemischt, zuletzt im April 2021 nach dem Tod des Präsidenten Deby. Auch dieses Beispiel eines Geschäfts „Geld / Infrastruktur gegen Militärstützpunkte" sollte die Regierungen nicht nur in Afrika zum Nachdenken bringen.

Nachdem große Staudämme in der EZ etwas außer Mode gekommen sind, ist die Diskussion um die Rolle der wirtschaftlichen Infrastruktur innerhalb der EZ deutlich entspannter geworden und auch viele NRO sehen heute durchaus ein, dass eine Straße oder eine Bahnlinie ein guter erster Beitrag zur mittelbaren Armutsminderung sein kann. Die nächsten Abschnitte beschäftigen sich entsprechend mit Maßnahmen, die eine solche Wirkung zumindest anstreben, und beschreibt die Ausgangslage, die damit verbundenen Ziele und die Projektpraxis.

10.3   Auf Straßen und Brücken zum Markt und zur Arbeit

Mindestens vier Monate im Jahr abgeschnitten

Das deutsche Handpumpenprojekt der Jahre 2004 bis 2011 in Mayo Kebbi (Tschad) mit Standort in der Provinzhauptstadt Pala war nur über 140 km Piste zu erreichen, dies nach schon 300 km sich langsam auflösender Asphaltstraße von der Hauptstadt N'Djaména aus nach Süden (siehe Abschn. 17.2). Mindestens vier Monate im Jahr mussten während der Regenzeit im Sommer alle Arbeiten im Projekt eingestellt werden, weil viele Dörfer in der Region mit dem Fahrzeug nicht zu erreichen waren (Abb. 10.2). In diesen Monaten ließen sich ganze Unterpräfekturen mit jeweils 20, 30 oder mehr Dörfern allenfalls mit dem Fahrrad erreichen,

Abb. 10.2   Erstmals nach der Regenzeit mit einem Fahrzeug befahrene „Hauptpiste" in Mayo Kebbi (Tschad). (Foto: © Frank Bliss 1989–2020)

das aber immer wieder durch Bachläufe auf der Schulter getragen werden musste. Eine Reihe von Dörfern waren wegen der hohen Wasserstände in den Bach- und Flussläufen wochenlang gar nicht zu erreichen. Während dieser Zeit war es nahezu unmöglich, Lasten, die nicht auf der Schulter getragen werden konnten, von und zu den betroffenen Siedlungen zu transportieren. Wer während dieser Zeit erkrankte, hatte kaum eine Chance, in die entfernten Département-Krankenhäuser zu gelangen.

Auch außerhalb der Regenzeit konnte eine Vielzahl von Dörfern nur mit dem Geländewagen und auch dann nur mit Mühen angefahren werden. Einmal im Jahr bahnte sich vielleicht ein LKW den Weg in diese Zonen, um die dort ange-baute und gesammelte Baumwolle abzuholen. Zuweilen musste dem LKW erst ein Raupenschlepper vorausfahren, um Büsche wegzureißen und den Weg für den einmaligen Zugang zu ebnen.

Noch schwieriger erreichbar sind große Teile der DR Kongo, die noch stär-ker von der Welt abgeschnitten sind und zu denen man ganzjährig nur zu Fuß oder mit einem kleinen Flusskahn gelangen kann. Auch im zentraläthiopischen Gebirgsland, wo die deutsche Welthungerhilfe Beiträge zur Ernährungssicherung leistet, müssen die MitarbeiterInnen zuweilen fünf, zehn oder mehr Kilometer zu Fuß zurücklegen, um einzelne Projektdörfer zu erreichen.

Die so abgeschnittenen Menschen leben hier ohne Zugang zu sauberem Trinkwasser, zu Bildung oder Basisgesundheitsversorgung. Während in Europa Menschen mit der Spracherkennungs-App in ihrem Smartphone kommunizieren, gibt es hier nicht einmal stundenweise elektrischem Strom. So ist es einsichtig, dass ein junger Mensch sich mit Grausen von diesem „Landleben" abwendet und sein Heil in der nächstgelegenen Stadt oder besser noch in der Hauptstadt des betreffenden Landes sucht. Wer aber hierbleibt, hat kaum eine Chance, aus der Subsistenzwirtschaft und damit häufig verbunden tiefer Armut herauszukommen, auch weil er oder sie keinen Zugang zum Markt hat, selbst wenn die Acker-böden verkäufliche Überschüsse hergeben würden. Hier würde auch noch so gute Beratung in landwirtschaftlichen Techniken nicht helfen, weil die Bäuerinnen und Bauern ohne Marktzugang schlichtweg nichts verkaufen können, um Geld einzu-nehmen, und auch kaum etwas davon kaufen könnten, was ihre Landwirtschaft produktiver machen würde, weil sie es nicht in die Dörfer transportiert bekom-men. Abgeschnittensein vom Markt bedeutet Verstetigung von Armut und zudem die Unmöglichkeit, durch EZ die wirtschaftliche und soziale Entwicklung der betroffenen Menschen zu fördern.

Pisten, Furten und Brücken

Voraussetzung für die soziale und wirtschaftliche Entwicklung ist also die verkehrsmäßige Erschließung eines Gebietes, wozu mindestens der ganzjährig mögliche Transport über eine Piste zählt. Ganzjährig befahrbar schließt auch ein, dass die Piste ggf. stundenweise nach Regenfällen gesperrt bleibt, damit die Fahrdecke nicht zerstört wird, oder der Verkehr warten muss, bis das Wasser eines Baches nach einigen Stunden weitgehend abgeflossen und eine Furt wieder befahrbar ist (Abb. 10.3). Solche Pisten, bei der Erschließung größerer Gebiete auch Asphaltstraßen, werden im Rahmen zahlreicher EZ-Vorhaben unterstützt. So hat die deutsche EZ jahrelang beispielsweise in Simbabwe, Sambia oder dem Tschad den Pistenbau unterstützt und fördert dies gegenwärtig unter anderem in Kambodscha, in Laos bzw. in Myanmar.

Allerdings ist der Pistenbau (geschweige denn der Bau von Asphaltstraßen) sehr kostenintensiv, denn unterstützt werden vor allem solche Länder, in denen

Abb. 10.3 Ein Flusslauf blockiert die Verbindungsstraße (Tschad). (Foto: © Frank Bliss 1989–2020)

die klimatischen Bedingungen extrem sind. So muss selbst in den Trockenzonen des Sahels während der wenigen Regenmonate stets mit Starkregenfällen gerechnet werden, bei denen innerhalb weniger Stunden 200 bis 300 l Wasser pro Quadratmeter Boden niedergehen, was in kürzester Zeit einen kaum rinnenden Bach zu einem reißenden Strom werden lässt. Von daher muss die Fahrbahn einer Piste nicht nur stark verdichtet sein, was nur mit großen Maschinen funktioniert, sondern auch gut ausgebaute Furten haben oder sogar Brücken.

Ein großes Problem kommt hinzu: die Frage des späteren Unterhalts der Pisten, die anders als eine Asphaltstraße ja aus einem wasserempfindlichen Material, etwa beispielsweise aus kompaktiertem Lateritschotter und Lehm, bestehen. So muss fast jede Piste nach der Regenzeit „geschoben" werden, d. h. ein Raupenschlepper muss Unebenheiten abschieben und Löcher füllen, am besten gefolgt von einer schweren Walze, die das lose Material wieder verdichtet. Der Pistenbau eignet sich also nur sehr bedingt für Beschäftigungsprogramme, bei denen die lokale Bevölkerung eingestellt wird und mit einfachem Gerät Pisten baut bzw. repariert. Dies wird nicht immer so gesehen, mit der Folge, dass auf diese Weise weniger solide hergestellte Pisten und Furten schon nach kürzester Zeit nicht mehr befahrbar sind.

Aber auch solide mit adäquatem Gerät gebaute Pisten bedürfen eines ständigen Unterhalts. Wie beim Bau von Pisten kann auch bei deren Unterhalt die lokale Bevölkerung nur bedingt Verantwortung übernehmen. Vielmehr muss bereits bei der Planung eines Pistenbaus durch eine EZ-Maßnahme absolut klar sein, wer später für den Unterhalt zu sorgen hat. Bleibt dies nebulös und sehen die Planungen und Durchführungsverträge keine ausreichenden Budgets für den Unterhalt und notwendige Instandsetzungsarbeiten einer Piste vor, müsste eigentlich auf deren Bau verzichtet werden. Was hier für Pisten gilt, muss sich auch auf Asphaltstraßen beziehen. Hier ist der Unterhaltungsbedarf vielleicht nicht sofort gegeben, aber sobald das erste Schlagloch entsteht, besteht zwingender Handlungsbedarf, soll die teure Straße nicht in kürzester Zeit von schweren LKW „zerpflügt" werden.

Ein Verzicht auf die Projektdurchführung erfolgt aber in der Praxis sehr oft nicht und damit ist die Dauerhaftigkeit der Wirkungen bereits mehr als nur zweifelhaft. Ein extremes Beispiel ist erneut der Tschad. Hier wurde die erste längere Asphaltstraße des Landes von der Hauptstadt N'Djaména aus nach Süden in Richtung Moundou um das Jahr 2000 mit ausländischen Geldern über einer vormaligen Piste errichtet. Als der Verfasser mit einem Kollegen zusammen 2002–2003 das Trinkwasserprojekt in Mayo Kebbi plante, bestanden lange Abschnitte der Piste bereits aus einer Anreihung von Schlaglöchern. 2004 oder 2005 fanden wir dann während der Durchführung des Trinkwasserprojektes eines Tages die

ersten Bauteams damit beschäftigt – erneut mit Geldern aus internationaler EZ
– die Straße zu erneuern.

Als das Projekt 2011 beendet wurde, fuhr unser Team bereits wieder von einem
Schlagloch zum nächsten. 2014 schließlich, im Rahmen einer Evaluation, konnte
der Verfasser dann wieder mit Tempo 100 über die Straße „rasen", denn zum
dritten Mal war mit EZ-Geldern diese wichtige Verkehrsachse von Grund auf neu
gebaut worden. Hätte der tschadische Staat seit 2000 auch nur ein Minimum an
Instandhaltungsarbeiten geleistet, hätte man vermutlich auch 2014 noch zügig auf
der ersten Straße fahren können. Dass es auch anders geht, zeigt das nordafri-
kanische Tunesien, wo vergleichbare Straßen zumeist eine Nutzungsdauer von
30 Jahren und mehr haben.

Ist dagegen der nachhaltige Betrieb auch nur einer Piste gesichert, so kann
diese Garant für die langsame, aber langanhaltende und nachhaltige Entwicklung
des durch die Zuwegung erschlossenen Gebietes werden. Eine ganzjährig nutzbare Zuwegung erlaubt i) den Zugang zum Markt und damit den Verkauf von
Agrarprodukten oder ggf. anderen Waren wie Handwerkserzeugnissen. Zweitens
ii) ermöglicht sie die Beschaffung von Waren für die Landwirtschaft wie Düngemittel oder Gerätschaft. Ferner ist eine (befahrbare) Piste iii) Voraussetzung dafür,
dass die Menschen zu sozialen Dienstleistungen gelangen, etwa Gesundheitseinrichtungen, oder besser noch, dass iv) diese zu den Menschen selbst kommen in
Form von LehrerInnen, MitarbeiterInnen im Gesundheitswesen, AgrarberaterInnen usw. Eine gute Zuwegung ist auch v) die Voraussetzung, zur Arbeit gelangen
zu können, und vi) bietet sie die Möglichkeit, jederzeit einen Ort verlassen zu
können und wieder zurück zu kommen, womit sie auch ein gutes psychologisches
Mittel gegen die Abwanderung darstellt.

In den Städten zur Arbeit kommen, Waren durch das Land transportieren
Die kenianische Hauptstadt Nairobi ist bei internationalen Entwicklungsfach-
kräften wie auch Wirtschaftsmanagern verrufen, weil man auf dem Weg vom
internationalen Flughafen in das nicht weitab gelegene Stadtzentrum durchaus
drei bis vier Stunden benötigen kann, davon 90 % der Zeit mit Stillstand im Stau.
In Manila, der Hauptstadt der Philippinen, wird einem Gast geraten, von seinem Hotel im Zentrum wegen der täglichen Verkehrsstaus für die nur 10 km bis
zum Flughafen drei Stunden einzuplanen. Mehr als zwei Termine am Tag in der
Stadt sind kaum möglich und ein Mitglied des Gouverneursrates der Asiatischen
Entwicklungsbank berichtete dem Verfasser vor zwei Jahren, er wohne „sehr nahe
gelegen", kaum einen Kilometer vom Bankgebäude entfernt. Das seien 15 min zur
Fuß und „nur 45 min mit dem Auto", jedenfalls während der Hauptverkehrszeiten.

Die in Stuttgart, Köln, Paris oder London beliebten Gesprächsthemen Verkehr, Staus, Smog oder Großstadt-Stress sind also auch in ärmeren Ländern durchaus bekannt, möglicherweise ist es dort sogar noch viel schlimmer. Dies liegt an der mangelhaften Infrastruktur sowohl für den in den letzten 20 Jahren überall geradezu explodierenden Individualverkehr wie auch an den zumeist schlechten bis nicht existenten öffentlichen Transportsystemen. Die Folgen dieser gerne „Verkehrsinfarkt" genannten Resultate sträflicher Fehlplanungen der öffentlichen Hand (als ob sie aus heiterem Himmel als Ereignis höherer Gewalt kämen!) treffen vor allem die ärmeren Bevölkerungsschichten.

Die Urbanisierung weltweit hat zur Folge, dass sich die städtischen Zentren „modernisieren", d. h. die Behausungen der AltbewohnerInnen abgerissen und durch luxuriöse Repräsentationsbauten und Wohnpaläste ersetzt werden. Die ehemaligen BewohnerInnen erhalten als Entschädigung im günstigsten Fall ein „Apartment" in einem Plattenbau weitab vom Zentrum, dort, wohin auch die armen AbwanderInnen aus den Dörfern hinziehen und in Billigbauten bzw. Slums ihre städtische Existenz zu begründen versuchen. Arbeitsplätze indes finden sich eher in den urbanen Zentren, nicht nur als Dienstmädchen für die Reichen, sondern weil hier auch das überwiegende Wirtschaftsleben, d. h. Produktion, Handel und Verwaltung, stattfindet. Wie aber sollen arme ArbeitnehmerInnen zu ihren Arbeitsplätzen kommen, wenn es keinen billigen öffentlichen Personennahverkehr (ÖPNV) gibt?

In Manila ist ohne die Hochbahn, die tagsüber alle zwei bis drei Minuten fährt, ein Erreichen des Arbeitsplatzes kaum möglich. Angesichts des Bevölkerungszuwachses der Metropole, die allein das Zentrum „Metro Manila" auf fast zwei Millionen EinwohnerInnen hat ansteigen lassen, dies in einem Konglomerat von zwölf zusammengewachsenen Städten mit zusammen 13 bis 14 Mio. EinwohnerInnen, ist aber auch hier die Kapazitätsgrenze längst erreicht. Wenn um 18.00 Uhr die Menschen aus dem Zentrum der Stadt zu ihren oft 10 bis 15 km entfernten Wohngebieten fahren, stehen Warteschlangen 200 m und mehr von der Straße über die vier Treppen bis zum Hochbahnsteig. Obwohl sich die Bahn wirtschaftlich zu tragen scheint und von daher nichts gegen einen Ausbau sprechen würde, steht die Stadtverwaltung vor dem Problem, dass jeder Quadratmeter in Metro Manila zwischenzeitlich bebaut ist und daher für einfache Erweiterungen der Bahn kaum Platz vorhanden ist.

In anderen Städten wie Johannesburg in Südafrika, der tadschikischen Hauptstadt Duschanbe oder zahllosen Städten anderswo in EL gibt es aber nicht einmal einen rudimentären ÖPNV, von ein paar klapprigen alten Bussen vielleicht abgesehen, die mit Blick auf die Zahl der möglichen Fahrgäste allenfalls Symbolcharakter haben. Der ganz überwiegende Teil des öffentlichen Transports wird in dieser Situation durch private Taxis und Taxibusse ersetzt, die relativ preisgüns-tig Menschen zur Arbeit oder zum Einkaufen fahren, die aber natürlich ebenso lange wie die privaten Fahrzeuge im Stau stecken. Zudem sind selbst „preisgüns-tige" Taxis für die in den randstädtischen Bezirken lebenden Menschen mit ihren geringen Arbeitslöhnen oft fast unbezahlbar.

So beträgt in Duschanbe die Fahrt in einem Taxibus für eine Strecke „gera-deaus" (bis zu 10 km) derzeit nur etwa 0,30 EUR, also 0,60 EUR am Tag und bei 22 Arbeitstagen im Monat 13,20 EUR. Das ist bei den schmalen Löhnen im Land von oft nur 45 EUR im Monat jedoch nicht selten ein Drittel des Ein-kommens – und jeder zweite Taxinutzer kommt nicht mit nur einem Bus aus, er muss oft in einen zweiten Bus umsteigen, was auch die Kosten verdoppelt. Ist um 20.00 Uhr der Berufsverkehr vorbei, so fahren nur noch Individualtaxis, und die kosten auf 10 km gut und gerne vier Euro für eine einzige Fahrt. Wer in der Vor-stadt lebt, kann also keine Arbeit mit unregelmäßiger Präsenzpflicht im Zentrum der Hauptstadt annehmen, weil sein Lohn nicht einmal für die An- und Abreise zur Arbeit ausreichen würde. Vertreibung aus einer Wohnung im Stadtzentrum bedeutet damit oft automatisch der Fall in tiefste Armut.

In Tunis hat man relativ frühzeitig das Problem erkannt und nicht gewartet, bis der Straßenverkehr zusammenbricht. Mit Finanzierungsbeiträgen der deutschen EZ über die KfW-Entwicklungsbank wurde eine sogenannte Stadtbahn begründet, d. h. eine „Kreuzung" aus Straßenbahn und S-Bahn, die auf dem Straßenniveau, aber auf separaten Fahrbahnen und mit nur wenigen Kreuzungen die Vororte mit dem städtischen Zentrum verbindet. Der Vorteil der Stadtbahn ist, dass sie in der Herstellung sehr viel billiger als eine U-Bahn ist und daher für ein EL eher zu finanzieren als der Bau einer U-Bahn, bzw., dass mit dem gleichen Geld je nach Schwierigkeit der Trasse beim Bau die drei- bis fünffache Strecke hergestellt werden kann.

Waren in Tunis die zahlreichen Taxifahrer zuerst massiv gegen den Bau der Stadtbahn, so hat sich der Protest mit der Zeit gelegt, als die Beteiligten erkannten, dass man von den Haltepunkten der Bahn durchaus noch hinreichend Ersatzfahr-gäste finden konnte. Vor allem profitieren heute von der seit Fertigstellung des ersten Bauabschnitts weit in die Vororte ausgeweiteten Stadtbahn Zehntausende von einfachen ArbeiterInnen und Angestellten, die zu günstigen Ticketpreisen (es gibt vor allem auch sehr preiswerte Zeitkarten) zur Arbeit fahren können. Damit ist die Investition in ein Infrastrukturprojekt wie die Stadtbahn von Tunis ein zumindest indirekter Beitrag zur Armutsminderung, denn viele der tägli-chen BahnnutzerInnen wären wirklich arm, wenn sie die Kosten eines täglichen privaten Transports zur Arbeit von ihrem Einkommen abziehen müssten.

10.4   Strom als Motor für Entwicklung

Ein in der Armutsdebatte eher vernachlässigtes Thema ist die Stromversorgung auf dem Lande. Befragungen des Verfassers u. a. in Tadschikistan, in Kambodscha und Marokko ergaben, dass das Fehlen von Strom gerade für jüngere Leute ein noch stärkerer Grund ist, in eine Stadt zu ziehen, als das Fehlen von Trinkwasser oder einer guten Gesundheitsversorgung. Fehlender Strom oder Strom, der extrem teuer ist und daher von kaum jemandem bezahlt werden kann, stellen ein Hemmnis für die wirtschaftliche Entwicklung dar, selbst in armen ländlichen Gebieten. Auch hier wäre es wichtig, dass landwirtschaftliche Geräte geschweißt, Bewässerungspumpen betrieben und Kühlschränke in Krankenstationen aufgestellt werden können.

Umgekehrt kann durch die zumindest zeitweise Stromversorgung wenigstens durch Solarzellen abends nicht nur Fernsehen gesehen werden. Kinder, die im elterlichen Betrieb mithelfen müssen, und Mädchen, denen die Trinkwasser- und Feuerholzversorgung der Familie aufgetragen wird, machen abends Schulaufgaben, wenn elektrisches Licht vorhanden ist – mit der positiven Konsequenz, dass in diesen Fällen die Schulerfolge deutlich größer sind als bei der Abwesenheit von Strom und Licht (Abb. 10.4). Zudem profitieren Mädchen ganz besonders, weil sie Chancen zum Lernen besser nutzen als Jungen, zumindest wurde dies

Abb. 10.4   Schulkinder in Zentralmarokko können Dank der neuen Stromanbindung ihres Hauses am frühen Abend ihre Schulaufgaben machen. (Foto: © Frank Bliss 1989–2020)

in Marokko von Eltern und LehrerInnen bestätigt. In der Konsequenz, so wurde auch angegeben, würden Mädchen wegen ihrer guten Schulerfolge längere Jahre zur Schule geschickt, als wenn sie nur mäßige Leistungen erbringen würden. Man nehme sogar in Kauf, sie zu Verwandten in eine Stadt zu schicken, damit sie das Gymnasium besuchen könnten.

> **Box 15: Das Handy als Motor für die Elektrifizierung**
> In jüngster Zeit hat sich der Besitz zumindest eines einfachen Handys in Kambodscha auch auf dem Land und selbst in entlegenen Gebieten so weit verbreitet, dass das Fehlen eines Mobiltelefons als Kriterium für extreme Armut nicht mehr gelten kann. Schließlich kann man ein gebrauchtes Motorola oder Nokia für weniger als zwei US\$ auf jedem Markt kaufen und

Abb. 10.5 Mit einem privaten Generator werden in Kambodscha gegen Gebühren Auto-Batterien aufgeladen, die für einige Stunden abends Fernsehen ermöglichen, eine sehr teure Investition für arme Haushalte. (Foto: © Frank Bliss 1989–2020)

selbst ein neues Smartphone aus China, zumeist eine Raubkopie bekannter Marken, ist bereits für 20 US$ zu erhalten.

Die Abdeckung Kambodschas durch die dortigen Netzanbieter ist vielfach besser als in Deutschland mit seinen Funklöchern, nur gab es auf dem Lande bis vor wenigen Jahren ein erhebliches Problem: woher mit dem Ladestrom? Das gleiche Problem bestand für den Betrieb der zuletzt ebenfalls rasant sich verbreitenden Fernsehgeräte. Schnell hatte der lokale Unternehmergeist daher dazu geführt, das selbst in kleinen Dörfern jemand einen Generator kaufte und ein Aufladen von PKW-Batterien für die Unterhaltungselektronik und über Stabilisatoren auch für Handys anbot (Abb. 10.5). Das Geschäft ging zunächst gut, aber nach der ersten Euphorie ging der Umsatz zurück, weil der Strom einfach zu teuer war. Mit rund einem US$ pro Kilowattstunde erwies sich vor allem der TV-Betrieb per Batterie als für viele Haushalte unbezahlbar, und für das Aufladen von Handys lohnte sich das Anwerfen eines Generators nicht. Auch für andere Kunden der kleinen StromproduzentInnen, etwa Tischlereien oder Schweißbetriebe, erwiesen sich die Stromkosten als zu hoch, um rentierlich arbeiten zu können.

Entsprechend groß wurde der Druck auf Lokal- und Regionalpolitiker, sich für eine Elektrifizierung der Dörfer einzusetzen. Deutlich schneller als durch die Regierung zunächst geplant kam es daher zu einer breiten Elektrifizierung in Kambodscha, die heute fast den gesamten ländlichen Raum abdeckt. Durch die Einbindung auch von mittleren und sogar kleineren Dörfern in das nationale Stromleitungsnetz ist zudem der Tarif deutlich billiger geworden. Ein Teil des rasanten wirtschaftlichen Wachstums im Lande und auch der erheblichen Armutsminderung in der letzten Dekade ist sicher diesem richtigen Schritt der Regierung hin zu einer schnellen ländlichen Elektrifizierung zu verdanken.

Im Rahmen einer Begleitstudie zum Bau von Hochspannungsleitungen in den drei ostafrikanischen Ländern Burundi, Ruanda und Tansania hatte der Verfasser den Auftrag, die eventuellen Schäden durch den Leitungsbau zu erfassen und ihren Wert abzuschätzen, um den Beteiligten entsprechende Kompensationen vorschlagen zu können. Zusätzlich stellten Weltbank und Afrikanische Entwicklungsbank die Frage, in welcher Weise man den von den Leitungen berührten Distrikten noch helfen könne, denn diese sollten zwar die Leitung durch ihr Gebiet akzeptieren, würden aber selbst nicht Ziel der Stromversorgung werden. Zur Beantwortung dieser Frage wurde für eine Zone von jeweils bis zu 30 km beidseitig der geplanten Leitungstrasse eine sozioökonomische Untersuchung durchgeführt. Die Studie, bei der sämtliche wirtschaftliche Aktivitäten der Zone sowie die bisher nicht genutzten Potenziale erfasst wurden, kam zu dem Ergebnis, dass der Grundgedanke für die Stromleitungen geändert werden müsse, diese Gebiete nämlich ganz von der Stromversorgung unberührt zu lassen. Rund zwei Dutzend ländliche Zentren würden dagegen von einer Mittelspannungsleitung, abgezweigt von den drei Haupttrassen, so sehr profitieren, dass die Mehrkosten sich unbedingt lohnen würden.

So könnten mit wenig Aufwand zahlreiche Schulen und Gesundheitszentren angeschlossen werden. Weil sich die ländlichen Zentren, auch wenn hier nur 1500 bis 3000 Menschen lebten, jeweils als wirtschaftlicher Mittelpunkt riesiger Gebiete mit vielen Dörfern erwiesen, würde der vom Strom ausgehende wirtschaftliche Impuls zudem enorm sein, denn schon während der Untersuchungen wurde das Befragungsteam überrascht von der Menge kleiner und kleinster handwerklicher Betriebe, Mühlen, Läden usw., die in den Zentren beheimatet waren und täglich zahlreiche Menschen aus den umliegenden Dörfern anzogen. Zudem war die Liste bereits geplanter wie auch zusätzlich denkbarer wirtschaftlicher Aktivitäten enorm, die bei einem Anschluss an das Stromnetz entstehen könnten, angefangen von der Milchverarbeitung über kleine Textilbetriebe hin zu Läden mit Kühlmöglichkeiten, von denen es in bereits mit Strom versorgten Zentren gleicher Größe jeweils mehrere Dutzend gab. Strom in den Dörfern entlang der Stromtrassen würde also Tausende von neuen Arbeitsplätzen schaffen und zur Stabilisierung des ländlichen Raumes beitragen.

Anmerkungen

1. Der Tunnel war 2006 erst im Rohbau als Straßentunnel fertig, nachdem er – bereits zu Sowjetzeiten begonnen – mehrere Dekaden lang immer wieder nur stückchenweise vorangetrieben, aber nie wirklich fertiggestellt wurde. Trotz des unfertigen Zustandes wurde der Tunnel 2006 für den Verkehr freigegeben, weil er (abgesehen von wenigen Flügen) für die Verbindung zwischen Nord- und Südtadschikistan extrem wichtig war, z. B. für die Bereitstellung von Treibstoff im größeren südlichen Landesteil. Bis zur endgültigen Fertigstellung 2016 fehlten im Tunnel noch eine feste Fahrbahndecke sowie die Entwässerung, es gab keine Beleuchtung und keine Abluftanlage (auch heute noch nicht), weswegen die Anlage als gefährlichster Tunnel der Welt galt – aber dennoch trotz der Risiken wegen seiner eminenten Bedeutung benutzt wurde.

2. Gespräch des Verfassers 2017 in Washington mit dem zuständigen Berater der Weltbank für Armutsminderung in Bangladesch.

3. Das gilt allerdings nicht für den Bereich der sozialen Infrastruktur und auch für Teile der wirtschaftlichen Infrastruktur nur bedingt. Großbritannien hat verheerende Erfahrungen mit privaten Investoren u. a. im Bahnbereich gemacht (vgl. John McDonnell in „The Independent" vom 6.6.2017) und in Deutschland ist die Privatisierung etwa der städtischen Trinkwasserversorgung von Berlin mehr als schief gelaufen (vgl. Hans-Werner Krüger, Die Privatisierung der Wasserversorgung in Deutschland und ausgewählten Ländern, in: J.L.H. Lozán et al. (Hrsg.) (2011): Warnsignal Klima: Genug Wasser für alle? 3. A. Hamburg, S. 568–580). Der Skandal um die Verträge zur 1991 bis 2005 privat gebauten deutschen Ostseeautobahn beschäftigt auch 2021 noch die Tagespresse.

4. Allerdings nur im Ausland, denn in China selbst werden in jüngster Zeit bei neuen Infrastrukturprojekten teilweise extrem strenge Auflagen erteilt. Der Verfasser hatte Gelegenheit, mit einem chinesischen Provinzgouverneur zu sprechen, der erklärte, er müsse in drei Jahren bei allen Bewässerungseinrichtungen in seinem Gebiet sowohl 10 % Energie einsparen als auch die genutzte Energie um 10 % effizienter einsetzen. Eines seiner Projekte war der Ankauf von 5000 sogenannten Hydraulischen Widdern, die alleine durch Wasserkraft betrieben werden können und mit denen in etwa die gleiche Zahl von Dieselpumpen ersetzt werden würde.

5. Der „Leitfaden zum Umgang mit teerhaltigem Straßenaufbruch" des baden-württembergischen Umweltministeriums von 2010 behandelt altes Straßenbaumaterial, das mehr als 0,1 % an Teermasse enthält (v. a. Phenole, polyzyklische aromatische Kohlenstoffe), bereits als stark wassergefährdenden kanzerogenen Sonderabfall, der mit Sondergenehmigung und ohne Zwischenlagerung zu einer Entsorgungsstelle gebracht werden muss. Bei mit deutschen EZ-Geldern finanzierten Vorhaben wäre angesichts verpflichtender Umwelt- und Sozialverträglichkeitsprüfung ein Fall wie in Tadschikistan eher ausgeschlossen.

Soziale Sicherung für alle – Sozialhilfe für die ärmste Viertelmilliarde

11

Zusammenfassung

Es ist unsinnig, zu jungen, sehr alten oder behinderten und damit arbeits- und erwerbsunfähigen armen Menschen zu einer nachhaltigen Erwerbsbasis verhelfen zu wollen. Wo keine Chance einer Hilfe zur Selbsthilfe besteht, sind alle derartigen Versuche abzubrechen. Die Regierungen sowie die Entwicklungswelt sollten sich stattdessen zum Prinzip der (bedingungslosen) sozialen Sicherung bekennen und diese überall in den EL zügig einführen. Der beste Weg dazu ist die Einrichtung von Sozialversicherungen, vor allem einer Kranken- und Altersversorgung für jedermann. Parallel dazu müssen den Menschen, die nicht arbeiten können, die Mittel zu einem würdigen Überleben durch Geldtransfers (Sozialhilfe) zur Verfügung gestellt werden, auch in den ärmsten EL. Fast alle Staaten könnten dies mittelfristig finanzieren, wenn sie nur wollten. Viele Länder benötigen hierfür allerdings Beratung, einige zudem eine Zeitlang auch externe Unterstützung bei der Finanzierung sozialer Sicherungssysteme.

Schlüsselwörter

Cash-for-work • Entwicklungsprojekte • Geldtransfers • Soziale Sicherung • Sozialhilfe

Es gibt weltweit nach Schätzungen des INEF-Untersuchungsteams mindestens 250 Mio. Menschen, die in Haushalten leben, in denen sich nicht eine einzige erwerbsfähige Person befindet, zum Beispiel Haushalte nur mit alten Menschen oder Familien, in denen die einzige erwachsene Person eine (Körper)Behinderung hat oder chronisch erkrankt ist. Andere Quellen sprechend von mehr als 300 Mio.

© Der/die Autor(en), exklusiv lizenziert durch Springer Fachmedien Wiesbaden GmbH, ein Teil von Springer Nature 2021
F. Bliss, *Armutsbekämpfung durch Entwicklungszusammenarbeit*,
https://doi.org/10.1007/978-3-658-32805-4_11

Menschen, vielleicht sogar 400 Mio. In einem solchen Fall, wo keinerlei Arbeitskapazitäten bestehen, würde weder ein Kredit helfen (Wie sollte das Geld beschafft werden, um den Kredit zurückzuzahlen?) noch die kostenlose Verteilung von Tieren (Wer sollte sie hüten?) oder von Arbeitsgerät (Wer sollte damit den Boden bestellen oder ein Handwerk betreiben?) noch die Beratung beim Aufbau und der Ausübung eines Gewerbes (Wer sollte es denn ausüben?).

Diese Gruppe der sogenannten *Ultra-Armen*[1] kann nur unterstützt werden, indem der Staat bzw. staatlich finanzierte Einrichtungen ihnen Wohnung, Kleidung und Nahrung kostenlos zur Verfügung stellen, besser noch, ihnen bedingungslos Sozialhilfegelder zukommen lässt, um diese Dinge selbst kaufen und bezahlen zu können. Letzteres ist die für die öffentliche Hand billigere Lösung, sie unterstützt das Selbstwertgefühl der Begünstigten und hat den positiven Nebeneffekt, dass lokale Geschäfte und Dienstleistungsbetriebe hiervon ebenfalls profitieren können. Diese Zahlungen müssen dabei solange erfolgen, bis sich die Situation der Betroffenen nachhaltig geändert hat, z. B. indem Kinder älter werden, die Schule absolviert haben und damit arbeitsfähig werden und ein eigenes Einkommen erzielen können.

Arbeitsunfähige Ultra-Arme müssen auch kommunale Dienstleistungen wie Trinkwasser, Sanitärversorgung, Bildung und Gesundheitsversorgung entweder kostenlos bekommen oder sie müssen das Geld erhalten, um diese Leistungen wie alle anderen auch bezahlen zu können. Eigenleistungen finanzieller Art oder in Form von Arbeitsbeiträgen können von ihnen sicher nicht eingefordert werden.

Etwas anders sieht es mit Blick auf eine zweite Gruppe Ultra-Armer aus, bei denen innerhalb der Familie vielleicht noch eine Arbeitsleistung erbracht werden kann, z. B. sich eine alleinerziehende Mutter, Großmutter oder sogar ein Elternpaar für den Haushalt abrackern, die es aber wegen ihrer absoluten Marginalisierung – oder weil es in der Region schlichtweg keine besser bezahlte Arbeit gibt – einfach nicht schaffen, sich aus dem absoluten Elend zu befreien. Weil schon die Kinder in frühestem Alter mitarbeiten müssen, bleiben sie ohne Schulbildung, verharren immer an der untersten Stufe von Beschäftigung und Entlohnung und „erben" quasi damit den Armutsstatus der Familie. Frustration und Mutlosigkeit tragen dann dazu bei, dass Resignation auch noch dazu führt, dass die wenigen sich vielleicht dennoch bietenden Chancen im Leben auf eine Verbesserung der sozio-ökonomischen Lage eben nicht ergriffen werden und sich die Familie oder Einzelperson in ihrer Armutslage quasi einigelt. Auch bei diesen Menschen, die in einer Situation leben, die man als „Kultur der Armut" bezeichnen könnte[2], handelt es sich um viele Millionen, die durchaus auch dort leben, wo die Mehrheit der Wohnbevölkerung keineswegs extrem arm ist.

In ihrer Situation wird das Angebot, ein selbstständiges Gewerbe zu beginnen, eine kleine Landwirtschaft aufzubauen oder durch eine Qualifizierungsmaßnahme einen besseren Job bekommen zu können, zunächst wenig nutzen, zumindest nicht alleine. Hier muss die Politik der Staaten und die EZ sehr viel differenzierter ansetzen und die Menschen zunächst „bei der Hand nehmen", um ihnen durch erste Schritte ihr Selbstbewusstsein zurückzugeben und langsam den Wiedereinstieg in die Gesellschaft zu ermöglichen. Auch dabei wird eine Zeitlang neben individueller Betreuung ein Sozialtransfer notwendig sein, der allerdings anders als bei den arbeitsunfähigen Personen eine Hilfe zur Selbsthilfe werden und am Ende ganz auslaufen sollte.

Warum aber spielt beides, der bedingungslose Sozialhilfetransfer für die arbeitsunfähigen Menschen und eine gezielte kombinierte Unterstützung jener Familien und Einzelpersonen mit zumindest einer Selbsthilfeperspektive, bisher in der EZ eine so geringe Rolle?

11.1 Warum bisher noch zu oft am Problem vorbei „entwickelt" wurde

Wie in Kap. 4 dargestellt, betreibt die internationale EZ, angeführt von der Weltbank, durchaus eine sehr umfangreiche Datenerhebungs- und Analysearbeit, sowohl was die sozio-politische und sozio-ökonomische Gesamtsituation der Partnerländer betrifft, wie auch die einzelnen Entwicklungssektoren (z. B. Gesundheits- oder Bildungssituation). Man weiß also durchaus, zumindest ungefähr, wie viele Menschen arm sind und was die wesentlichen Gründe für Armut sind und wo die Armen überwiegend leben. Aber offensichtlich gehen selbst hier, wo hohe Geldbeträge für statistische Erhebungen aufgewendet werden, die Untersuchungen nicht weit genug ins Detail.

So ist z. B. allseits bekannt, dass eine Region X im südostasiatischen Laos oder afrikanischen Mali extrem arm ist. Mit dieser Erkenntnis lässt sich natürlich ein armutsorientiertes Projekt in X immer rechtfertigen. Die PlanerInnen schauen aber viel zu wenig hin, unter welchen Bedingungen die völlig unterschiedlichen Gruppen von Menschen leben, denen man helfen will. In den armen Gebiet gibt es möglicherweise Landwirtschaft, Forstwirtschaft, es gibt Viehhaltung, vielleicht Nomaden und sesshafte Tierhalter, es existieren hier Fischergemeinschaften, Menschen betreiben Bergbau, Handwerk und Handel, es gibt in X unterschiedliche ethnische und religiöse Gruppen, vielleicht auch (Binnen)Flüchtlinge. Viele Haushalte in jeder dieser Gruppen sind arm, eine Reihe ist ultra-arm, einer bedeutenden Minderheit geht es aber durchaus gut.

Armut in X hat also sehr verschiedene Ausprägungen, was ihre Gründe betrifft, die individuellen Bedingungen, unter denen die betroffenen Menschen leben, ihr soziales Umfeld usw. „Die Armen" gibt es also auch im „armen X" nicht und deshalb gehen auch einheitliche Unterstützungsangebote und -leistungen zur Armutsminderung hier möglicherweise fehl. Dies kann sowohl die Maßnahmen der laotischen oder malischen Regierung selbst wie auch die Beiträge der internationalen EZ in X betreffen.

Wichtig wäre es also bei der Planung von armutsmindernden Maßnahmen, die wirklich bedürftigen Menschen innerhalb ihrer Lebensmilieus so differenziert wie möglich zu identifizieren. Dabei tut sich ein grundsätzliches Problem auf: Extrem arme Menschen sind oft gesellschaftlich ausgeschlossen und sie werden aus ethnischen, religiösen oder anderen Gründen diskriminiert. Einerseits sind sie sehr gut sichtbar, wenn sie abgerissen über die Gassen gehen, im Müll der Wohlhabenden wühlen oder unter irgendwelchen Unterständen kampieren. Andererseits sind sie aber auch oft genau dann „unsichtbar", wenn es um die Identifizierung armer Personen oder Gruppen von Personen als Zielgruppe einer EZ-Maßnahme geht, weil niemand aus der Mehrheitsgesellschaft sie im Rahmen des Identifikationsprozesses erwähnt und / oder weil sie sich selbst nicht trauen, sich zu Wort zu melden[3].

Selbst wenn die Verantwortlichen eines EZ-Vorhabens partizipativ vorgehen und Planungen in größtmöglicher Öffentlichkeit betreiben, kann es passieren, dass die wirklich Bedürftigen außen vor bleiben. Dies kann einerseits daran liegen, dass die Mehrheitsgesellschaft Minderheiten von einer Partizipation ausschließt, beispielsweise im indischen Kastensystem, aber auch in Afrika dort, wo zwischen Autochthonen (= Landbesitzer, Rechteinhaber) und Zugewanderten („Gästen") unterschieden wird. Da durch ein Projekt in der Regel ja Güter oder andere Vergünstigungen angeboten und verteilt werden, ist es durchaus logisch, anzunehmen, dass jene, die die Macht haben, die einen einzubeziehen und die anderen jedoch auszuschließen versuchen.

Andererseits kommt es durchaus auch vor, dass die wirklich Armen sich die Teilnahme an zumeist lang dauernden öffentlichen Planungssitzungen gar nicht leisten können. Wer von der Hand in den Mund lebt, wird sich entscheiden müssen: als TagelöhnerIn vielleicht ein paar Rupien verdienen oder in der gleichen Zeit an der Planungsrunde teilnehmen, aber den Kindern abends nichts zu essen geben zu können.

Erst durch ein umfassendes, transparentes und nach Möglichkeit auch unabhängiges *Targeting* (siehe Abschn. 12.2) lassen sich arme Menschen identifizieren und möglicherweise bereits mit Blick auf ihre Bedürfnisse einstufen. Dies kann im Kontext von einzelnen Projekten und Programmen erfolgen, besser und eine

Grundbedingung für den Aufbau sozialer Sicherungssysteme wäre es, wenn ein *Targeting* Armer landesweit und als permanenter Prozess eingeführt würde.

Box 16: Inkompetenz, Bürokratie, Gedankenlosigkeit?

Als der Verfasser 2014 im Südsudan in der Stadt Yei eine Untersuchung zur Sanitärversorgung durchführte und im gesicherten EZ-Camp wohnte, musste er mehrmals am Tag am „Haus der Behinderten" auf der gegenüberliegenden Seite der Piste vorbei. Es war Ende der Regenzeit und noch standen überall Wasserlachen, so auch um das „Haus der Behinderten" herum. Jemand hatte einige Ziegelsteine besorgt und mit etwas Mühe und Geschick konnte man von Stein zu Stein springend trockenen Fußes in das Gebäude gelangen. An der Piste standen einige Motorräder, es mussten also MitarbeiterInnen des VN-finanzierten Projekts im Haus sein. (Geh)Behinderte waren sicher aber seit Monaten nicht hinein gelangt, denn weder mit einem Rollstuhl (es gab immerhin einige in der Stadt) noch mit Krücken wären die 30 m Sumpfzone bis zum Gebäude überquerbar gewesen, auch wenn danach jemand einem Gehbehinderten die wenigen Stufen hinauf in das Gebäude geholfen hätte.

Ganz offenkundig haben wir es hier mit einer teuren Fehlplanung an den Bedürfnissen der betroffenen Menschen vorbei zu tun, gepaart mit Unverständnis hinsichtlich der eigenen Aufgaben. Man hätte ja während der in jedem Jahr auftretenden Regenzeit einen vielleicht provisorischen, aber zugänglicheren Ort zur Betreuung behinderter Personen auswählen können. Man hätte aber noch besser mit geringen Kosten das Gebäude selbst durch die Herstellung eines vielleicht 50 cm hohen aufgeschütteten Weges seinem eigentlichen Zweck zuführen können. Fehlende Kompetenz? Bürokratie? Oder nur Gedankenlosigkeit?

11.2 Bedingungsloser Geldtransfer für die Ultra-Armen auf Grundlage eines guten Targeting

Bei der Forderung nach dem Aufbau sozialer Sicherungssystems in EL wird zumeist sofort (von den jeweiligen Regierungen ganz besonders schnell) auf die fehlenden finanziellen Mittel verwiesen. Sozialversicherungen und vor allem Sozialhilfezahlungen könnten sich nur die wohlhabenden Industrieländer leisten, heißt es dann. Die Zahlen scheinen dieser Sichtweise Recht zu geben, denn weltweit hatten im Jahr 2014 nur rund 27 % der Weltbevölkerung Zugang zu umfassenderen sozialen Sicherungssystemen, die übrigen 73 % nur zu unzureichenden oder zu gar keinen Systemen. In den EL sind es in der Regel zwischen 10 und 30 %, die Zugang haben, vor allem beschränkt auf staatliche BeamtInnen und Angestellte und ggf. formell Beschäftigte in einzelnen Industriebranchen. Meistens handelt es sich dabei nur um die Altersversorgung, deutlich seltener um Krankenversicherungen und noch viel weniger um Versicherungen gegen Arbeitslosigkeit.

Der Bericht der International Labour Organization (ILO) für die Jahre 2014–2015 stellt deshalb zum wiederholten Mal fest, dass in vielen Ländern der Welt und für die große Mehrheit der Bevölkerung das Menschenrecht auf soziale Sicherung nicht eingelöst wird. Der gleiche Bericht hebt jedoch ebenso deutlich hervor, dass die Einführung grundlegender sozialer Sicherungssysteme keineswegs unmöglich ist und nur eine kleine Zahl von Ländern dabei mittelfristig von externer Unterstützung abhängig ist[4].

In dem ILO-Bericht wird die Bedeutung sozialer Sicherungssysteme also unter Menschenrechtsgesichtspunkten und keineswegs unter Mildtätigkeit abgehandelt. Darüber hinaus betont die VN-Organisation, dass soziale Sicherung auch die mittel- und langfristige ökonomische Entwicklung fördert. Wer bezüglich seines Einkommens (auch unter Berücksichtigung der Altersversorgung) und mit Blick auf die Gesundheitsfürsorge abgesichert sei, werde auch seine wirtschaftlichen Chancen besonders gut nutzen. Soziale Sicherung mindere zudem die soziale Ungleichheit, was wiederum der wirtschaftlichen Entwicklung eines Landes zugutekomme.

In seinem 2016 erschienenen Buch „Armut in Deutschland" geht der frühere Generalsekretär des Deutschen Caritasverbandes, Georg Cremer, auch auf die Maßstäbe für soziale Sicherungsbeiträge ein. Ihr Ziel muss es sein, so der Autor, den HilfeempfängerInnen ein Mindestmaß an sozialer Teilhabe zu ermöglichen. Die Höhe der Hilfe dürfe aber nicht willkürlich bestimmt werden. Da Arme auf die Solidaritätsbereitschaft der Mitte der Gesellschaft angewiesen seien, müsse ein breiter Konsens über die sozialstaatlichen Sicherungen erzielt werden, also die Höhe der Hilfe quasi politisch ausgehandelt werden.

Es ist interessant, dass die Grundidee des Konsenses auch bei dem kambodschanischen Identifikationssystem für Arme, dem ID Poor-Prozess, eine wichtige Rolle spielt (siehe Abschn. 17.1). Hier ist eine gewählte Arbeitsgruppe aus dem Dorf oder Stadtviertel für die Bestätigung des Armutsstatus' einer Person oder einer Familie verantwortlich und alle im Dorf erfahren genau, warum eine Familie auf die Liste der Armen gekommen ist und eine andere Familie nicht. Auch dies dient dem gesellschaftlichen Konsens über die soziale Sicherung.

Wenn im Folgenden von sozialen Sicherungssystemen in der EZ gesprochen wird, handelt es sich allerdings primär um die direkten Transfersysteme, bei denen arme und ultra-arme Personen und Haushalte konditionierte oder unkonditionierte Geldzuweisungen erhalten. Andere Elemente sozialer Sicherung wie Renten-, Kranken- und Arbeitslosenversicherungen bleiben dabei ausgeklammert, auch wenn sie in den wohlhabenderen Ländern der Erde die Regelsysteme darstellen, während die Sozialhilfe trotz ihres erheblichen Umfangs hier eher als Ausnahme betrachtet wird. Dass mittelfristig in allen EL vor allem Rentenversicherungen und natürlich eine alle Menschen in einem Land erfassende Krankenversicherung Normalität und Sozialhilfe-Transfers auch hier die Ausnahme werden sollten, wäre ein mittel- bis langfristiges Ziel.

> **Box 17: Ultra-Arme und nicht-arbeitsfähige Menschen in der deutschen Entwicklungszusammenarbeit**
>
> Das BMZ fördert den Aufbau grundlegender sozialer Infrastruktur (z. B. Grundbildung, Basis-Gesundheitsdienstleistungen, Wasserversorgung etc.) in Regionen, die besonders stark von Armut betroffen sind. Mit der der Sonderinitiative „EINEWELT ohne Hunger" wird ein Fokus auf den ländlichen Raum gelegt, wo die Armutsraten häufig besonders hoch sind und viele Menschen von der Subsistenzwirtschaft leben.
>
> Wenn Menschen nicht arbeitsfähig sind, sind Systeme sozialer Sicherung besonders wichtig. Sie sind eine Voraussetzung für die Umsetzung des Anspruchs der Agenda 2030, niemanden zurückzulassen. Sie wirken dreifach stabilisierend (sozial, ökonomisch und politisch) und sind eines der effektivsten Instrumente, damit sich Menschen nachhaltig aus der Armut befreien können. So unterstützt das BMZ beispielsweise in Malawi ein Cashtransfer-Programm, das sich gezielt an Haushalte richtet, die z. B. aus Gründen von Krankheit, Alter, Behinderungen etc. nicht arbeitsfähig und besonders arm sind.[5]
>
> *Dr. Maria Flachsbarth, Parlamentarische Staatssekretärin im BMZ, 2020*

Zentrale Voraussetzungen für Soziale Geldtransfers umsetzen

Um Soziale Sicherungssysteme in größerem Maßstab und weltweit auch in den ärmeren EL erfolgreich einzuführen, müssen fünf Grundpfeiler errichtet werden:

I.   Erstens muss die politische Entscheidung getroffen werden, ob und in welcher Weise finanzielle Transfers konditioniert oder nicht konditioniert erfolgen sollen;

II. zweitens müssen umfassende (also landesweit alle potentiell Armen erfassende), transparente, partizipative *Targeting*-Systeme zur Identifikation der armen Bevölkerungsgruppen und Individuen eingeführt werden;

III. drittens ist es wichtig, die wirklich Armen auf die Listen der EmpfängerInnen von Unterstützung zu bekommen, ohne dass zu viele Menschen ungerechtfertigt aufgenommen werden (= Inklusionsfehler) oder zu viele Menschen, die eigentlich zuwendungsbedürftig sind, ausgeschlossen bleiben (= Exklusionsfehler);

IV. viertens müssen Zahlungswege gefunden werden, die sich der Korruption entziehen und die den Armen dort zugänglich sind, wo diese leben (also nicht nur in den Städten, sondern auch überall in den ländlichen Gebieten);

V.   fünftens sollten umfassende Beschwerdemechanismen und Härtefallregelungen etabliert werden, die es bei *Targeting*-Prozessen unberücksichtigt gebliebenen, aber dennoch zuwendungsbedürftigen Personen ermöglichen, auch unabhängig von periodischen Erhebungen zur Armutslage der Bevölkerung Vergünstigungen erhalten zu können.

Pfeiler I: Konditionierte oder nicht-konditionierte Transfers?

Zuerst muss sich stets die Frage nach den Bedingungen von Geldtransfers stellen. Auf den Philippinen z.B. (siehe unten) existiert ein relativ gut ausgebautes Basisschulangebot. Ebenso stehen einfache, aber überall präsente Gesundheitsdienstleistungen zur Verfügung. Folglich kann man den Schulbesuch oder die Vorsorgeuntersuchungen im Kontext von Schwangerschaften und Geburten zur Voraussetzung für eine als Sozialhilfe verstandene Geldauszahlung an extrem arme Familien machen. Im zentralafrikanischen Tschad würde es dagegen keinen Sinn machen, Zahlungen vom regelmäßigen Besuch werdender Mütter in Gesundheitszentren abhängig zu machen oder dem Schulbesuch der Kinder. Es gibt in vielen Zonen des Landes weder das eine, noch ist das andere immer möglich. Hier wären bedingungslose Zahlungen an arme Haushalte die einzige Lösung.

Mit Blick auf die oben genannten Gruppen unter den Ultra-Armen, die keinerlei Möglichkeiten der Selbsthilfe haben, ist eine Konditionierung der Sozialtransfers aus den genannten prinzipiellen Gründen wenig hilfreich. Zahlreiche Erfahrungen zeigen, dass mit einer Sicherung der Existenz einer Familie ohnehin die Einschulungsrate deutlich ansteigt und wer nicht ständig ums Überleben kämpfen muss, dürfte auch die Zeit haben, unentgeltliche Gesundheitsdienstleistungen in Anspruch zu nehmen.

Pfeiler II – III: Targeting: Die richtigen Personen identifizieren

Zu den Pfeilern II und III gehören Überlegungen, wie den hier formulierten Herausforderungen am besten entsprochen werden kann, und das in Ländern mit geringen logistischen Kapazitäten sowie erheblichen Governance-Problemen. Identifikationsverfahren für Arme mit Kosten von über 120 Mill. US$, wie sie in Pakistan oder den Philippinen im Rahmen großer Sozialprogramme durchgeführt werden, sind sicher für die meisten Länder zu teuer. Außerdem reicht es angesichts erheblicher Fluktuation bei den Armen nicht, alle vier bis sieben Jahre arme Haushalte zu identifizieren, ohne dass es eine landesweite Härtefallregelung für die Zeit zwischen den Erhebungsrunden gibt.

Für eine Identifikation extrem Armer bietet sich das kambodschanische *ID Poor*-Verfahren an, ein relativ preiswertes und vor allem partizipatives System, das u. a. mit Unterstützung der deutschen EZ ausgearbeitet wurde und bis heute regelmäßig alle drei Jahre im gesamten Land umgesetzt wird. Hierbei wird in jedem Dorf bzw. Stadtteil ein Komitee mit der Datenerfassung der als arm bekannten Haushalte betraut. Die Bevölkerung führt also das *Targeting* selbst durch. Wer nicht auf die Liste kommt, kann sich beschweren. Erst der öffentlich debattierte zweite Entwurf der Liste geht an die Verwaltung, wobei auch jetzt noch innerhalb einer Frist Nachmeldungen möglich sind. Erst danach wird die definitive Liste in die Hauptstadt Phnom Penh geschickt, von wo die Bestätigung der ID Poor-Klassifizierung der angeführten Personen bzw. Haushalte kommt. In der Zwischenzeit bis zur nächsten ID Poor-Runde gibt es eine Möglichkeit der Nachmeldung von Personen, die bei der normalen Erfassung, aus welchen Gründen auch immer, unberücksichtigt geblieben sind. Bei *ID Poor* werden die Armen in einem relativ transparenten Prozess identifiziert und auch den nicht als arm eingestuften Familien wird dabei deutlich, dass und warum andere ärmer sind als sie selbst. Das schafft eine gewisse Akzeptanz für Transferleistungen an ausgewählte Gruppen auch seitens der Nichtbegünstigten, was selbst im gut ausgestatteten deutschen Sozialsystem immer wieder ein Problem darstellt (d. h. verbreiteter „Sozialneid"). Ab 2021 soll ID Poor nicht mehr in dreijährigen Zyklen durchgeführt werden, sondern die Komitees zusammen mit der Kommunalverwaltung sollen Anträge auf die Einstufung einer Person als arm jederzeit entgegennehmen können.

Wer nach diesem Verfahren als arm eingestuft wird, erhält eine entsprechende Karte (Abb. 11.1) und kann damit z. B. kostenlose Gesundheitsleistungen in Anspruch nehmen. Um dies zu finanzieren, wurde ein nationaler Gesundheits-Fonds gegründet *(Health Equity Fund, HEF)*, der derzeit auch mit Mitteln des BMZ durch

Abb. 11.1   Eine Frau in einem kambodschanischen Dorf mit der ID Poor-Karte der Familie. (Foto: © Frank Bliss 1989–2020)

die deutsche KfW mitfinanziert wird (siehe Abschn. 7.3). Das System funktioniert vor allem auch deswegen gut, weil sogar Menschen, die (noch) keine *ID Poor*-Karte haben, aber zum Zeitpunkt der Erkrankung oder des Unfalls zu arm sind, um die Leistungen selbst bezahlen zu können, nach einer zügigen Prüfung durch die Gesundheitsverwaltung in die kostenfreien Leistungen einbezogen werden.

Um das Verfahren aus dem Gesundheitsbereich herauszulösen und auf alle angebotenen sozialen Leistungen beziehen zu können, wird gerade ein allgemeines *Targeting on demand* erprobt, also eine jederzeit in Notlagen zu beantragende Armutsüberprüfung[6]. Arme Einzelpersonen oder Familien, die bei den offiziellen *Targeting*-Runden u. a. aus den genannten Gründen übersehen wurden, können sich dabei jederzeit bei der für sie zuständigen Kommunalverwaltung melden und werden dann nach den jeweils gültigen Kriterien überprüft. Offenbar bestehen derzeit Planungen, die landesweiten Erfassungsrunden Armer ganz durch dieses permanente *Targeting on demand* zu ersetzen.

Pfeiler IV: Targeting: Die Leistungen auch wirklich an die richtigen Personen bringen

Aber wie kommt das Geld in einem Land mit endemischer Korruption auch bei den richtigen Haushalten an? Im zentralasiatischen Tadschikistan beispielsweise soll ein Drittel der Bevölkerung seit 15 Jahren Kompensationszahlungen für steigende Energiepreise erhalten. Untersuchungen zeigten jedoch, dass kaum ein Haushalt diese Vergünstigung tatsächlich erhält.

Jedes Transfersystem muss also, um wirksam werden zu können, von Anfang an einen sicheren Zahlungsweg aufbauen. Wenn die Listen der für Zahlungen ausgewählten Personen in regelmäßigen Abständen durch Nachfrage bei diesen EmpfängerInnen von Zahlungen gegengeprüft werden, sollte zumindest zwischen Staatskasse und den Auszahlungsstellen kein Geld verschwinden.

Wo Kredit- bzw. Geldkarten bereits genutzt werden können, kann durch die Ausgabe solcher Karten eine digitale Aufladung durch die Zahlstelle relativ sicher erfolgen. In der Türkei wurden solche Zahlkarten bei syrischen Flüchtlingen durch die VN und auch mit Unterstützung durch die deutsche EZ mit Erfolg eingesetzt.

Schwieriger ist es, Korruption im Falle der Etablierung von Zahlstellen, die die Sozialhilfe bar auszahlen, zu vermeiden. Umgekehrt ist es aber auch wichtig, dass es möglichst viele und jederzeit durch die EmpfängerInnen erreichbare Zahlstellen gibt. Kontrollen sind hier eher nur mit erheblichem Aufwand möglich. Eine Studie des INEF in Kenia hat z. B. ergeben, dass mit den Auszahlungen beauftragte HändlerInnen mitunter versuchen, bei den EmpfängerInnen eine kleine, allerdings illegale zusätzliche „Servicegebühr" einzubehalten. Hier kann nur eine optimale Informationspolitik helfen, d. h. die Begünstigten müssen stets über die Höhe der ihnen zustehenden Zahlungen informiert sein.

Sozialtransferüberweisungen können allerdings inzwischen auch über den Mobilfunk per Handy erfolgen, wodurch Unterschlagungsmöglichkeiten zumindest auf der untersten Ebene entfallen. Dies wird z. B. in Kenia mit dem Transfersystem *M-Pesa* seit über zehn Jahren erfolgreich praktiziert. Weitere Modelle werden derzeit weltweit untersucht. Es wird allerdings einige Zeit dauern, die jeweils angepasste Lösung zu finden, da z. B. derzeit einer der wichtigsten Indikatoren für extreme Armut einer Familie gerade das Fehlen eines Handys zu sein scheint.

Soziale Benachteiligung existiert nicht nur innerhalb der Gesellschaft, sondern setzt sich ggf. auch in den Familien fort. Daher muss als Gegenmaßnahme frühzeitig geklärt werden, an wen genau die Transferzahlungen gehen sollen, um eine gute Wirkung zu erzielen (pauschal an „den Haushalt" oder nicht besser an Mütter, die damit primär die Ernährungssicherung ihrer Familie sicherstellen).

Pfeiler V: Beschwerde- und Härtefallregeln

Kein *Targeting*-System kann perfekt funktionieren, zumal wenn es partizipativ durch die Bevölkerung selbst, also durch fachlich nur angelernte Akteure, betrieben wird. Aber auch durch nationale Organisationen bis in den Haushalt selbst durchgeführte Erhebungen bergen stets das Risiko von Inklusions- und Exklusionsfehlern in sich. So seien nach Aussagen eines Weltbankspezialisten dem Verfasser gegenüber 20 % Fehlerquote durchaus üblich, was darunter liege, sei wirklich gut. Daher sind Beschwerdemechanismen und Härtefallregelungen wichtig, und zwar solche, die nicht erst einen langwierigen Rechtsweg erfordern und auch von Menschen begangen werden können, die weder lesen noch schreiben können. Denn: Wer aufgrund eines unvorhergesehenen Ereignisses in Armut geraten ist bzw. bei der zuletzt durchgeführten Identifikationsrunde übersehen wurde, kann kaum warten und muss eine Möglichkeit zur Soforterfassung mit folgender Soforthilfe erhalten.

Im dargestellten ID Poor-*Targeting*-System in Kambodscha sind Beschwerdemechanismen bereits in der landesweit alle drei Jahre durchzuführenden Identifikationsrunde Armer vorgehen, die jeweils mindestens einen Monat lang allen Betroffenen offenstehen. Zudem kann durch das *Targeting on demand* de facto täglich eine Härtefallregelung in Anspruch genommen und eine Nachidentifikation beantragt werden. Sollte sich das Verfahren bewähren (eine Überprüfung der Testphase findet derzeit statt), könnte es als Modell auch für andere Identifikationssysteme Armer verbreitet werden. Andere Modelle wären Ombudspersonen in den Stadtverwaltungen und Büros der Landgemeinden, die eine Nachidentifikation veranlassen oder selbst übernehmen könnten. Dies aber setzt voraus, dass sie speziell hierfür geschult werden und nicht erst auf Fachleute aus Manila, Delhi oder Islamabad warten müssen.

11.3   Praktische Beispiele für Soziale Sicherungssysteme

Das Productive Safety Net Programme in Äthiopien

Bei dem *Productive Safety Net Programme* (PSNP) handelt es sich um ein System der Sozialen Sicherung für derzeit rund acht Millionen extrem arme und ernährungsunsichere Menschen in von Dürre besonders betroffenen *Woredas* (Landkreisen) in Äthiopien. Primär werden öffentliche Arbeiten im Rahmen von *food/cash for work* gefördert (Abb. 11.2). Die gleichermaßen von Männern und Frauen geleisteten Arbeiten fokussieren sich vor allem auf boden- und wasserkonservierende Maßnahmen. Hinzu kommen unkonditionierte Geldzahlungen oder Nahrungsmittelzuteilungen *(direct support)* für Menschen, die nicht arbeitsfähig

Abb. 11.2 Nivellierarbeiten zum Bau von Terrassen gegen die Bodenerosion in einem *cash-for-work*-Programm in Äthiopien. (Foto: © Frank Bliss 1989–2020)

sind, sowie in bisher geringem Umfang nichtrückzahlbare finanzielle Zuwendungen für die Existenzgründung. Die Geld- bzw. Nahrungstransfers werden begleitet durch zahlreiche Beratungsleistungen wie etwa die Vorbereitung der Haushalte auf landwirtschaftliche oder auf die Viehzucht ausgerichtete kleine Investitionen und den entsprechenden Zugang zu Bankkrediten.

Das wiederholt in diesem Buch zitierte INEF-Armutsforschungsprojekt hat die Praxis des PSNP 2018 in drei äthiopischen Provinzen hinsichtlich der Wirkungen des Programms und bestehender Herausforderungen untersucht. Dabei stellt sich das PSNP einerseits als ein gutes Beispiel für Soziale Sicherung dar. Ziele, Struktur, die umfassende Implementierungsorganisation auf Ebene der *Woredas* und auch das *Targeting* der bedürftigen Menschen sind mustergültig und können als ein Modell für andere Länder dienen. Für Millionen armer und ernährungsunsicherer Haushalte ist das Programm eine wichtige Überlebenshilfe.

Andererseits ist dagegen die finanzielle Ausstattung des u. a. vom äthiopischen Staat, der Weltbank und einem Dutzend weiterer Geber getragenen Programms völlig unzureichend. Aus Geldmangel kann weder die Mehrheit aller extrem armen und ernährungsunsicheren Menschen auf dem Lande in die Maßnahmen einbezogen werden, noch sind die individuellen Geldzahlungen hinreichend, um die begünstigten Familien nachhaltig aus der Vulnerabilität herauszuführen. Letzteres gelingt nur bei denjenigen, die die größeren Einmalzahlungen erhalten und mit dem Geld sowie zusätzlichen Krediten geschickt investieren und wirtschaften. Immerhin ist das PSNP das zweitgrößte soziale Sicherungsprogramm in Afrika (nach einem Programm in der Republik Südafrika). Würde es finanziell besser ausgestattet, was im Rahmen der neuen äthiopischen Regierungspolitik durchaus erwartet werden kann, wäre es durchaus ein Vorbild für viele andere extrem arme Länder, insbesondere auch in der ökologisch sensiblen Sahelzone.

Das Pantawid Pamilyang Pilipino Program auf den Philippinen

Eines der weltweit größten mit EZ-Mitteln geförderten Sozialprogramme wurde 2010 in Kooperation mit der Asiatischen Entwicklungsbank (ADB) auf den Philippinen auf den Weg gebracht, das *Pantawid Pamilyang Pilipino Program (PPPP)*[7]. Mit einer Kreditsumme von 400 Mio. US$ und einer nationalen Beteiligung aus dem Staatsbudget von 484,2 Mio. US$ sollten auf vier Jahre extrem arme Familien Zuschüsse zum Lebensunterhalt erhalten, wenn sie zwei Bedingungen erfüllten: erstens regelmäßiger Schulbesuch der Kinder und zweitens regelmäßige Mütter- und Kinder-Gesundheitsvorsorge. Die sehr hohe Kreditsumme wurde mit den nationalen Vorleistungen begründet, die die Ernsthaftigkeit der Regierung beim Aufbau eines sozialen Sicherungssystems dokumentierten. So habe man aus Eigenmitteln seit 2007 zuerst in einem Pilotprogramm 6000 Haushalte, bereits 2009 aber über ein laufendes Programm rund eine Million armer Haushalte erreicht.

2016 wurde das vierjährige Programm um den gleichen Zeitraum verlängert und noch einmal mit 401 Mio. US$ durch die ADB co-finanziert. Zu diesem Zeitpunkt betrug der Eigenanteil des Staates bereits 5,309 Mrd. US$, weitere 450 Mio. EUR kamen von der Weltbank hinzu. Damit war ein praktisch alle extrem armen Haushalte des Landes umfassendes Sozialhilfeprogramm etabliert, das ab 2020 fast ausschließlich aus Eigenmitteln weitergeführt werden sollte.

Praktisch arbeitet das Programm mit monatlichen Geldzuwendungen an Familien in Höhe von jeweils 16 bis 20 US$. Die Zahl der Zuwendungsempfänger ist zwischenzeitlich von einer Million auf 4,4 Mio. angewachsen. 2016 war PPPP damit das größte konditionierte Geldtransferprogramm in einem EL Asiens außerhalb von China. Die Erfolge zeigen sich vor allem bei der Einschulungsrate von Kindern zwischen 6 und 11 Jahren, die landesweit von 92 auf 98 % angestiegen ist. In der Gruppe der Kinder zwischen 12 und 15 Jahren waren die Kinder aus begünstigten Familien bereits im Jahre 2013 um 6 % mehr in der Schule vertreten als Kinder aus Familien, die knapp oberhalb der Armutsgrenze lebten und die Zuwendungen daher nicht bekommen hatten. Und ein weiterer Erfolg muss erwähnt werden, die deutlich gesunkene Rate an Kinderarbeit in den vom Programm erreichten Haushalten.

Kostenlose Gesundheitsdienstleistungen in Kambodscha und Indien
Ein gutes Beispiel für soziale Sicherungsbeiträge für extrem Arme im Gesundheitsbereich ist der *Health Equity Fund* in Kambodscha, der dort rund drei Millionen betroffene Menschen im Krankheitsfalle offensteht, das sind 18,8 % der heutigen Bevölkerung (siehe Abschn. 7.3).

Zwischenzeitlich hat auch Indien ein „Nationales Krankenversicherungsprogramm" *(Rashtriya Swasthya Bima Yojana)* aufgebaut, das auf einer Smartcard für jeweils bis zu fünf Personen pro Familie beruht, die lediglich den symbolischen Betrag von 0,40 EUR kostet. Allerdings werden die Karten nur einmal im Jahr an Arme ausgegeben. Wer sie indes bekommt, kann ein Jahr lang alle anfallenden Kosten bis zu einer Höhe von ca. umgerechnet 360 EUR abrechnen. 2017 sollen bereits 41 Mio. Familien oder 134 Mio. Personen von dem System profitiert haben.

Im September 2018 erklärte Premierminister Modi mit Blick auf die im April 2019 anstehenden Parlamentswahlen, er wolle das System auf 100 Mio. Familien oder eine halbe Milliarde Menschen ausweiten[8]. Problem ist bei diesem Programm allerdings, dass der öffentliche Gesundheitsbereich in Indien weiterhin einen äußerst schlechten Ruf genießt und einer Studie aus dem Jahre 2017 zufolge daher für private Dienstleistungen 24-mal so viel ausgegeben wurde wie für die öffentliche Versorgung. Bei der bisherigen Auswahl der Begünstigten soll es zudem zu erheblichen Unregelmäßigkeiten gekommen sein, weil das *Targeting* für die Zuteilung der Versicherungskarte wenig transparent gewesen sei.

11.4 Auch die deutsche Politik denkt um – aber nur langsam

Zwar gab es schon 1996 ein erstes BMZ-Konzept zur „Entwicklung und Aufbau von sozialen Sicherungssystemen in den Entwicklungsländern", jedoch ging es inhaltlich dabei vor allem um die Diskussion einer Übertragung der klassischen europäischen Sozialversicherungen in EL. Sozialhilfe wird in dem Konzept in einem kurzen Abschnitt thematisiert, aber zugleich die Frage gestellt, ob es wirklich viele Menschen in den EL gäbe, die auf Sozialhilfe angewiesen seien. Als konkrete Maßnahmen werden lediglich Sozialinvestitionsfonds diskutiert. Eine deutsche Beteiligung an Sozialhilfeprogrammen wird nicht erwähnt[9]. Konkreter wird das Thema aufgegriffen in einem Antrag von CDU und SPD im Deutschen Bundestag 2008, in dem die Bundesregierung aufgefordert wird, das deutsche Engagement im Bereich der sozialen Sicherung zu verstärken.

Dieser Antrag fällt denn auch zusammen mit einer Phase verstärkter TZ in diesem Bereich, die z. B. in Vietnam und anderen Partnerländern beim Aufbau von Sozialversicherungen berät. Die Beteiligung an Fonds, die Sozialhilfezahlungen in EL finanzieren, steht aber von Ausnahmen abgesehen weiterhin aus. Während ADB und die Weltbank über die Beispiele Pakistan und Philippinen hinaus heute einen erheblichen Umfang ihres Portfolios für die Finanzierung sozialer Sicherungssysteme aufwenden, sind die deutschen Beiträge an einer Hand abzuzählen. Allerdings wurde 2016 die Diskussion im Deutschen Bundestag wieder aufgegriffen und 2017 die Regierung per Parlamentsbeschluss vom 1. Juni 2017 aufgefordert, „unter Berücksichtigung des bestehenden finanziellen Handlungsrahmens" soziale Basisschutzsysteme zu unterstützen. In der Beratungsvorlage wird dabei erstmals explizit die Mitfinanzierung von Sozialtransfers benannt. Allerdings lief diese Forderung größtenteils ins Leere, wie die Grünen feststellten, da keine zusätzlichen Geldmittel für diese Transfers bereitgestellt würden[10].

Will die deutsche Entwicklungspolitik nicht länger hinter dem „Mainstream" internationaler Sozialpolitik zurückbleiben, müsste allerdings im BMZ eine kleine „Haushaltsrevolution" stattfinden und ein Vielfaches der bisherigen Mittel für die Finanzierung von Sozialtransfers bereitgestellt werden – und dies nicht, wie bisher immer wieder geschehen, zulasten anderer ebenso wichtiger Förderbereiche.

Anmerkungen

1. Als ultra-arm werden Personen oder Haushalte bezeichnet, die entweder nur rund 50 % des Einkommens extrem Armer haben (also die Hälfte der 1,90 US$ p.c./p.d. zu Kaufkraftparität) und/oder unter 80 % der notwendigen Energie in Form von Lebensmitteln zu sich nehmen können und /oder 80 % ihres Einkommens für Nahrungsmittel ausgeben müssen; vgl. Michael Lipton 2009: Seasonality and Ultrapoverty, in IDS Bulletin 17(3), 4–8.
2. Zu den sogenannten „Kulturen der Armut" vgl. die Beiträge von Heinz, Hahn, Schönhuth und de Jong in Entwicklungsethnologie 23. und 24. Jg. (2016–2017), 11–83.
3. Dazu umfassend Bliss/Heinz (Hrsg.) (2010).
4. Vgl. ILO (2014a) und (2014b).

5. Mehr Informationen zu diesem und weiteren Vorhaben unter: https://t1p.de/gino, https://www.kfw.de/stories/society/social-cohesion/social-cash-malawi/, https://health.bmz.de/ghpc/case-studies/Cashing_in/index.jsp

6. Zu ID Poor vgl. Frank Bliss (2018): Cambodia: Who are the poorest in the village? Experience with the ID Poor approach. Good Practices Series 07. Duisburg (INEF), und: ders./Hennecke, Rosa (2018): Wer sind die Ärmsten im Dorf? Mit dem ID Poor-Ansatz werden die Armen in Kambodscha partizipativ und transparent identifiziert. AVE-Studie 9/2018. Duisburg (INEF). Siehe auch OECD (2018): Case Studies on Leaving No One Behind: A companion volume to the Development Co-operation Report 2018, Paris.

7. Alle Dokumente dazu bis auf die internen Board of Directors-Unterlagen unter https://adb.org/projects/43407-013/main

8. Auch diese Ankündigung mag zum Wahlerfolg der Hindu-Nationalisten der BJP beigetragen haben, die im Vergleich zu 2014 6,5 % hinzugewannen und mit 37,8 % deutlich vor der Kongresspartei mit nur 19,7 % lagen.

9. Vgl. BMZ aktuell Nr. 070, Juli 1996. Bonn.

10. Vgl. Deutscher Bundestag – 18. Wahlperiode, Drucksachen 18/8862 und 18/11.650.

Gender, Bevölkerungsbeteiligung und die Berücksichtigung der Kultur der Menschen

12

Zusammenfassung

Entwicklung vollzieht sich einerseits in Sektoren (Bildung, Gesundheit, Infrastruktur usw.), vor allem aber ist sie eine soziale und sozio-kulturelle Herausforderung. Mindestens so wichtig wie gute technische Planung ist bei jeder Projekt- und Programmvorbereitung die Einbeziehung der betroffenen Menschen in Entscheidungen, die ihre Zukunft betreffen. Dabei muss es sowohl um die Partizipation bei der Bestimmung der Entwicklungsziele gehen (Was wollen die Leute?) wie auch um die Wege dazu (Wie kann dies erfolgen?). Die Rechte und Wünsche von Frauen und Mädchen müssen dabei im Rahmen von Gender-Ansätzen in gleicher Weise einbezogen werden wie die von Männern und Jungen. Um sowohl die Partizipation gerade auch der Ärmsten zu ermöglichen wie auch Gender-Aspekte erfolgreich einbeziehen zu können, muss jede Maßnahme die sozio-kulturellen Bedingungen berücksichtigen, unter denen die jeweilige Bevölkerung lebt.

Schlüsselwörter

Entwicklungsprojekte • Gender • Partizipation • Sozio-kulturelle Aspekte von Entwicklung

© Der/die Autor(en), exklusiv lizenziert durch Springer Fachmedien Wiesbaden GmbH, ein Teil von Springer Nature 2021
F. Bliss, *Armutsbekämpfung durch Entwicklungszusammenarbeit*,
https://doi.org/10.1007/978-3-658-32805-4_12

12.1 Vom Nähzeug für Frauen zur Gleichberechtigung der Geschlechter

Männer bekommen Ackergeräte, Frauen Nähzeug

Als der Verfasser zusammen mit Karin Gaesing 1990 vom BMZ den Auftrag bekam, der Frage hinsichtlich der Rolle von Frauen bei Ressourcenschutzprojekten nachzugehen, sprach noch kaum jemand in Deutschland in der EZ von *Gender* (siehe Box 18)[1] und auch nicht von einem *empowerment* von Frauen und Mädchen. Vielmehr hatte man gerade erst erkannt, dass Frauen und Mädchen in vielen deutschen Projekten als aktive Kräfte von Entwicklung bislang keine relevante Rolle spielten, dass umgekehrt aber durch eine stärkere Einbeziehung von Frauen die „eigentlichen Projektziele", z. B. der Schutz natürlicher Ressourcen durch die Wiederaufforstung in der Sahelzone Afrikas, gefördert werden könnten. Oder besser gesagt, man hatte diese Vermutung, denn empirische Grundlagen dazu lagen noch nicht vor. Immerhin war bekannt, dass Frauen zumindest in der Landwirtschaft Afrikas den Löwenanteil aller Arbeiten erledigten[2].

Das Forschungsteam untersuchte daraufhin die Rolle von Frauen in EZ-Projekten allgemein und insbesondere in Forstvorhaben[3]. Die Ergebnisse waren wie erwartet eher ernüchternd. Selbst in agroforstwirtschaftlichen Projekten, d. h. in Vorhaben, bei denen Bäume zusammen mit Ackerbau eine wichtige Rolle spielten und Frauen in der Praxis HauptakteurInnen waren (was vor allem ihre Arbeitsleistung betraf, siehe auch Abb. 12.1), wurden diese selten bei Aus- und Fortbildungsmaßnahmen oder bei der Bereitstellung von Gerätschaft etwa für die Verarbeitung von Forstnebenprodukten berücksichtigt und in einigen Fällen nicht einmal als Akteurinnen wahrgenommen. Als lediglich „arme Nebenfiguren" versuchte man ihnen beispielsweise mit Näh-, Strick- oder Hauswirtschaftskursen eher einen kleinen Gefallen zu tun als sie in die „normalen" Projektaktivitäten einzubeziehen.

Umgekehrt konnte das Forschungsteam sehr deutlich erkennen und im Rahmen der Untersuchungsergebnisse herausarbeiten, dass Frauen gerade beim Management natürlicher Ressourcen und damit in Sachen Schutz oder Schädigung der natürlichen Umwelt in ihren Dörfern eine extrem wichtige Rolle spielten und zwar (i.) sowohl als Verursacherinnen von Schäden (z. B. durch die Beschaffung von Feuerholz aus der Natur, und zwar nicht allein von „trockenem Totholz") wie auch (ii.) als Opfer der Ressourcenzerstörung (weil Männer z. B. massenweise den Busch abholzen, um Holzkohle herzustellen, und die Frauen deshalb immer weitere Wege laufen mussten und heute umso mehr müssen, um noch irgendwo Feuerholz zu finden), aber auch und vorrangig (iii.) als Umweltschützerinnen, indem sie z. B. zu verhindern suchten, dass wertvolle Bäume wie Néré (Parkia biglobosa) oder Karité (Butyrospermum parkii) überhaupt abgeholzt wurden.

Die Studie zeigte auch, dass Land, das von Frauen bearbeitet wurde, in der Regel in besserem Zustand als das Ackerland von Männern war. Frauen beschafften z. B. vorrangig Totholz aus dem Buschland und ließen auf ihren Äckern Bäume stehen, während die Männer oft frische Äste schlugen oder ganze Bäume auf ihrem Land abholzten. Obwohl Frauen in vielen Gesellschaften Subsahara-Afrikas keine Bäume pflanzen durften (weil Baumpflanzen mit Landeigentumserwerb verbunden ist und Frauen als zumeist „eingeheiratete" Personen in den Dörfern ihrer Männer kein Land erhalten), versuchten sie sogar, Büsche und bestimmte Gehölze anzupflanzen, die lokal nicht als Bäume galten. Sehr häufig waren es in Aufforstungsprojekten daher allein die Frauen, die dafür sorgten, dass Bäume in und neben den Dörfern überlebten.

Box 18: Gender und Geschlecht

Der Begriff Gender wurde 1991 in Deutschland breiter bekannt durch das Buch von Judith Butler „Das Unbehagen der Geschlechter". Darin vertritt die US-amerikanische Autorin die Ansicht, dass Menschen nicht unveränderlich ein Geschlecht besitzen, sondern im Alltagshandeln erst die Vorstellungen von „Männlichkeit" und „Weiblichkeit" schaffen. Gender ist als im Gegensatz zum englischen Begriff ‚sex' das *soziale Geschlecht*. Dieses soziale Geschlecht und seine Bestimmung sind nicht frei wählbar, sondern ein Konstrukt, das von der Gesellschaft und ihren diskursiven Praktiken beeinflusst ist[4].

Aber Vorsicht: Die soziale Lage kann durchaus je nach Kontext auch wichtiger sein als das Geschlecht und die in einer Gesellschaft vorherrschenden Geschlechterrollen. Wer wegen seiner sozialen, religiösen oder politischen Anschauungen oder auch seines Bildungsgrades benachteiligt ist, für den kann die Geschlechtszugehörigkeit eventuell eine weniger wichtige Bedeutung haben. Anders formuliert: Reiche, sozial etablierte, gut gebildete Frauen sind (mit Ausnahme vielleicht von Saudi Arabien und anderen vergleichbaren islamisch-fundamentalistischen Ländern) Männern mit weniger Geld, geringerem sozialem Status und wenig Bildung gegenüber wahrscheinlich eher bevorzugt.

In den meisten Kontexten unserer Betrachtung potenziert sich jedoch Armut und Gender-Ungerechtigkeit.

Die Ergebnisse der 1991 vorgelegten Studie überzeugten nicht nur die zwischenzeitlich für die „Frauenförderung" im BMZ benannten MitarbeiterInnen, sondern auch die zuständigen EntscheidungsträgerInnen im Ministerium, sodass das Thema „Frauen und Entwicklung" weiter intensiv verfolgt wurde. So erhielten die VerfasserInnen 1993 einen weiteren Auftrag, bei dem es um eine Bestandsaufnahme zur Frauenförderung in nationalen und internationalen Entwicklungsorganisationen allgemein ging. Auf der Grundlage der Analyse erfolgte die Ausarbeitung von Empfehlungen für die zukünftige Berücksichtigung von Frauen und Mädchen in der deutschen staatlichen EZ, die dann 1994 nach Jahren der „Frauenförderung" erstmals in einen Gender-Ansatz gekleidet wurde[5].

Die Studie, von der eine Zusammenfassung 1995 auf der Weltfrauenkonferenz in Peking vorgestellt wurde, diente auch als Grundlage für das erste Gender-Konzept des BMZ, dass fortan nicht mehr von einer isolierten Förderung von Frauen sprechen sollte, sondern von der Stärkung der Gender-Rollen von Frauen unter Berücksichtigung auch der Rolle von Männern im jeweiligen (Projekt)Kontext. Auch ein Empowerment von Frauen war nunmehr vorgesehen, zu dem die deutsche EZ substantiell beitragen wollte[6]. Eine Zeitlang hatte ein Gender-Referat im BMZ sogar die Kompetenz, jeden neuen Projektvorschlag im Ministerium zurückzuweisen, bei dem eine im Projektkontext den Frauen gebührende Rolle nicht hinreichend berücksichtigt worden war.

Generell ist allerdings bei der Gender-Politik in der EZ, und nicht nur von deutscher Seite, eine gewisse Zurückhaltung geboten: Wie bei der Bevölkerungsbeteiligung (Partizipation, siehe folgender Abschn. 12.2) schneiden wir in unserem Land in Sachen Gendergerechtigkeit und deren Förderung keineswegs immer optimal ab. So liegen die Einkommen von Frauen bei gleicher Tätigkeit immer noch 20 % hinter denen der Männer und trotz Frauenanteilen von 54 % bei der Linken und 58 % bei den Grünen im Bundestag betrug dessen gesamter Frauenanteil im Jahre 2019 gerade einmal 30,7 %, das ist weltweit etwa Platz 20 bis 25. Dagegen sitzen im Parlament des ostafrikanischen Ruanda 61,3 % Frauen und im Parlament Kubas 53,1 %. Das bedeutet allerdings nicht, das in Ruanda oder Kuba generelle Gender-Gerechtigkeit herrschen würde und die EZ deshalb das Thema hier vergessen könnte.

Gender-„Mainstreaming" und die Realität
In den letzten 20 Jahren wird nur noch selten explizit von *Frauenförderung* in Projekten und Programmen gesprochen, sondern von der *Berücksichtigung von Gender-Aspekten* bei deren Planung und Durchführung. Dies erfolgt vor dem Hintergrund der nach den großen Weltkonferenzen zu den Millennium Development Goals und den Sustainable Development Goals nun auch „offiziellen" Erkenntnis, dass die

Gleichstellung der Geschlechter und dabei vor allem die Stärkung der Angehörigen des benachteiligten Geschlechts nicht nur ein eigenständiges Entwicklungsziel ist. Vielmehr ist ihre Gleichstellung – zumeist also ein Empowerment von Frauen und Mädchen – eine Voraussetzung dafür, dass Armut überhaupt überwunden werden kann und damit die Ziele der VN-Erklärungen erreicht werden können.

Allerdings gibt es in den Institutionen der EZ kaum noch MitarbeiterInnen, die explizit die Berücksichtigung von Gender-Aspekten *kontrollieren* oder, höflicher formuliert, die MitarbeiterInnen in den Einrichtungen diesbezüglich *beraten*. Man geht davon aus, dass dies unnötig sei, da die Berücksichtigung von Gender längst überall zur Regel geworden sei. Geschlechtersensible Perspektiven seien bereits in allen gesellschaftlichen Bereichen, also auch in der EZ berücksichtigt, geschlechtsspezifische Ungleichheiten würden aufgezeigt und es würden überall Maßnahmen ergriffen, um die Gleichstellung von Frauen und Männern zu fördern. Mit anderen Worten, es herrsche *Gender-Mainstreaming*[7].

Nach Vorgaben der OECD/DAC werden EZ-Vorhaben in staatlicher Verantwortung gegenwärtig trotzdem in sogenannte Gender-Kategorien eingestuft, bei denen GG-0 bedeutet, dass die Maßnahme keine Gender-Wirkungen hat, also das Verhältnis der Geschlechter zueinander nicht beeinflusst. Bei GG-1 sind Gender-Wirkungen beabsichtigt, bei GG-2 stehen sie sogar im Mittelpunkt der Maßnahmen. Schon die Einführung und Beibehaltung dieser Kategorien zeigt, dass es mit dem Mainstreaming doch nicht so weit sein kann. Warum sonst sollte man etwas angeblich Selbstverständliches sonst so akribisch für jedes geplante Projekt einfordern?

Die internationale Praxis zeigt zudem, dass die Einstufungen oft wenig reflektiert sind, d. h. bei GG-1 und selbst bei GG-2 kaum oder gar keine Gender-Wirkungen zu erwarten oder eingetreten sind. Aus politischen Gründen – um in Sachen Gender zu glänzen – werden Vorhaben gerne als GG-1 eingestuft, schon deswegen, weil man sich nicht dem Vorwurf aussetzen möchte, Gender-Aspekte vergessen zu haben, sich andererseits aber auch nicht der Mühe unterziehen will, ein Vorhaben wirklich auf Gendergerechtigkeit hin auszurichten.

Dies kann in einer Reihe von Partnerländern vor allem in der MENA-Region (= *Middle East and North Africa*) in der Tat überaus aufwändig sein und die „Abwicklung" einer Maßnahme erheblich hinauszögern. Weiterhin zeigt die Praxis auch, dass im Verlauf einer Projektdurchführung häufig selbst bei anfänglicher Berücksichtigung von Gender-Aspekten das Thema zunehmend in Vergessenheit gerät. Gerade Agrarprojekte, die eigentlich Frauen als wichtigste Arbeitskräftegruppe in den Mittelpunkt der zu unterstützenden Maßnahmen stellen müssten, richten sich bei der Umsetzung der konkreten Aktivitäten am Ende doch oft immer noch prioritär an die Männer[8].

Abb. 12.1   Auf durch Vermittlung eines Projektes erhaltenem Land kann eine Frau in Burkina Faso Gemüse anbauen, von dem sie einen Teil auf dem Markt verkaufen wird. (Foto: © Frank Bliss 1989–2020)

Nicht nachvollziehbar ist in diesem Zusammenhang die Tatsache, dass sich die internationale EZ relativ wenig mit Landrechten von Frauen beschäftigt, oder – wenn Analysen gemacht werden – die Ergebnisse von Studien kaum die Projektaktivitäten beeinflussen. Dabei zeigte der *Social Institution and Gender Index* (SIGI) der OECD, der diskriminierende soziale Normen und Institutionen weltweit erfasst, in seinem Bericht für 2014, dass von den 108 EL, für die SIGI-Daten vorlagen, beschämende 102 Staaten Frauen den Landbesitz durch diskriminierende Gesetze oder tolerierte traditionelle Praktiken zumindest teilweise vorenthalten[9]. Dabei gibt es gute Gegenbeispiel, etwa Äthiopien, dessen Regierung mit dem neuen Landrecht einen radikalen Weg gegangen ist. Hier wurden sämtliche Landtitel „reformiert", indem die traditionellen Titel auf ihre NutzerInnen hin überprüft wurden, und wenn sie einem verheirateten Mann zugeordnet werden konnten, dann erfolgte die Titeleintragung in das Landregister auf den Namen des Mannes und den seiner Frau. Rechtliche Konsequenz einer Scheidung wäre in diesem Fall, dass die eingetragenen Flächen geteilt würden. Im Falle des Todes des Mannes fällt das Land an seine Witwe, bei deren Tod zu gleichen Teilen an die gemeinsamen Kinder. Allerdings liegen noch nicht hinreichend Praxisberichte vor, die bestätigen können, dass diese Vorgaben auch durchgängig befolgt werden.

Good Practice in Benin trotz diskriminierenden Landrechts

Das Projekt *Bodenschutz und Bodenrehabilitierung für Ernährungssicherung* der GIZ im westafrikanischen Benin, dort in Abkürzung der französischen Projektbezeichnung kurz ProSOL genannt, wird über das nationale Ministerium für Landwirtschaft, Viehhaltung und Fischerei (MAEP) in den beiden Regionen Zou-Collines und Borgou-Alibori implementiert. Die Beratung der Bauern und Bäuerinnen in Sachen Bodenschutz erfolgt jedoch über lokale NRO. ProSOL gründet seine Aktivitäten auf den Erfahrungen aus früheren Projekten, die im Ressourcenmanagement tätig waren, sowie auf einer Reihe fundierter Studien, die vor Projektbeginn durchgeführt wurden. Hinzu kommt projektbegleitende Forschung, vor allem im Bereich Bodenschutz und Bodenfruchtbarkeit.

In den Projektdörfern werden jeweils Gruppen mit 30 Mitgliedern, davon mindestens neun Frauen, fünf Tage lang in Kulturtechniken fortgebildet, die dem Boden- und Wasserschutz dienen. Dazu gehören Mulchen, die Anlage einer Zwischenkultur z. B. mit Leguminosen, die Nutzung von Kuhdung, die Errichtung von Steinreihen auf den Konturlinien und andere Maßnahmen, die zum einen den Niederschlägen ermöglichen, möglichst langsam und gleichmäßig in den Boden zu infiltrieren, und zum anderen die Bodenfruchtbarkeit wiederherstellen. Das Vorhaben kann als *Good Practice* bezeichnet werden, weil es mit seinen Maßnahmen nachweislich dazu beiträgt, die Menschen aus Armut und Ernährungsunsicherheit herauszuführen – und es ist ein gutes Beispiel dafür, dass auch in einem Landrechtssystem, das Frauen extrem diskriminiert, Ansätze, die zu einem Wandel beitragen, möglich sind.

Karin Gaesing vom Duisburger Armutsforschungsteam hat ProSOL 2017–2018 genauer untersucht. Die Wirkungen auf die Ernteerträge bei Mais, Sorghum und anderen Kulturen seien beträchtlich, so ihr Bericht[10]. Die Bauern und Bäuerinnen verzeichneten mindestens das Doppelte ihrer vorigen Erträge. Bereits wegen Bodenerosion und -auslaugung „verloren geglaubte" Äcker könnten zudem teilweise wieder bewirtschaftet werden. Vor allem Frauen, denen oft von ihren Männern minderwertige Felder zur Bearbeitung überlassen würden, profitierten von den Maßnahmen (Abb. 12.2). Das erwirtschaftete Einkommen werde vor allem in die Ernährung der Familie investiert, in den Schulbesuch der Kinder, den Hausbau oder dessen Renovierung sowie in landwirtschaftliche Inputs für die nächste Anbausaison.

Das Projekt würde allerdings den Frauen nur geringe Unterstützung zukommen lassen können, wenn Männer und Frauen nach ihren heute bestellten Ackerflächen gleich behandelt würden. Dann würden sicher 90 % des aufgewerteten Landes von

Abb. 12.2 Eine Frauengruppe im Norden Benins kann erstmals auf eigenem Land Reis anbauen. (Foto: Frank Bliss 1989–2020)

Männern und nur 10 % von Frauen bestellt werden. Deshalb hat man die Vorgabe gemacht, dass mindestens 50 % der Flächen des durch Fördermaßnahmen betroffenen Landes von Frauen bearbeitet sein sollen. Was anfangs die meisten BeobachterInnen für unmöglich gehalten hatten, wurde 2018 zum Zeitpunkt der INEF-Studie tatsächlich umgesetzt und dient nun als Modell für ähnliche Maßnahmen z. B. im benachbarten Burkina Faso.

12.2 Partizipation ist Mitbestimmung

Gabriele Beckman et al., die am Seminar für Ländliche Entwicklung der Berliner Humboldt-Universität junge StudienabsolventInnen im Rahmen eines praxis-orientierten Aufbaustudiengangs in entwicklungspolitischen Fragen ausbilden, betonen im Rahmen einer Metastudie, die Dutzende von früheren Untersuchungen auswertet, die erhebliche Bedeutung von Partizipation für die Wirksamkeit und Nachhaltigkeit von EZ-Projekten im ländlichen Raum. Mehrfach wird hier auch die Wichtigkeit einer Berücksichtigung der kulturellen Bedingungen von Entwicklung betont[11].

Am Anfang von Bevölkerungsbeteiligung steht das Wollen

Wenn die Menschen nicht wollen, was ihnen einheimische und/oder ausländische Entwicklungsfachleute andienen möchten, dann dürfte der Erfolg einer noch so teuren Maßnahme in der Regel ausbleiben. Der Verfasser selbst konnte im zentralafrikanischen Tschad und in der westafrikanischen Côte d'Ivoire, in der zentralasiatischen Republik Kirgistan, in Indien oder auch in den Balkanstaaten immer wieder erleben, wie gerade neu gebaute Fabriken leer standen, Trinkwassersysteme nach kurzen Gebrauch defekt waren oder Bewässerungsanlagen für die Landwirtschaft nahezu ungenutzt von Unkraut überwuchert wurden. Fast immer war hierfür eine folgeschwere Unterlassung der PlanerInnen von EZ-Maßnahmen verantwortlich, nämlich der Bevölkerung, um die es doch eigentlich geht, die Frage nach dem *Wollen* bzw. dem *Was tun* zu stellen, d. h. nach dem, was die Menschen selbst für wünschenswert halten und von einem ihnen zugedachten Vorhaben erwarten (Abb. 12.3).

Aber auch, wenn etwas durchaus gewünscht wird wie sehr oft eine verbesserte Trinkwasserversorgung, dann funktioniert diese, einmal „hingestellt", nach kürzester Zeit oft trotzdem nicht mehr. In solchen Fällen wurde sehr oft die zweite Frage nicht gestellt, nämlich die nach dem *Wie*. Man kann Trinkwasser wie bei uns in Deutschland mit Rohrleitungen individuell ins Haus legen. Man kann aber ebenso, wie in Marokko, Tunesien oder Indien oft erfolgt, einen Wasseranschluss in einem Hof gemeinsam für mehrere Haushalte einrichten, was dann pro Haushalt deutlich billiger wird. Man kann auch das Wasser durch öffentliche Zapfstellen inmitten eines Wohnquartiers bereitstellen (= Wasserhähne z. B. in einem kleinen Häuschen oder Unterstand). Es gibt auch noch billigere Lösungen, nämlich die Menschen das Wasser durch Handpumpen selbst fördern und zu ihren Wohnungen tragen zu lassen. Jede dieser Möglichkeiten bietet einen anderen Service – und hat einen unterschiedlichen Preis. Nach der gewünschten und bezahlbaren Technik gefragt, werden die betroffenen Familien in ihr Portemonnaie schauen und danach die jeweilige Antwort geben. Werden sie dagegen nicht nach ihrer Zahlungsbereitschaft und -befähigung gefragt, so kann es passieren, dass sie später überhaupt nicht bereit und in der Lage sind, die notwendigen Wassergebühren zu bezahlen. Es kommen dann kaum oder gar keine Gebühren herein und die Systeme gehen kaputt, denn es fehlt das Geld für Betrieb und Unterhalt.

Abb. 12.3 Frauen und Männer in einem kambodschanischen Dorf diskutieren über die Wirkungen eines Projektes. (Foto: © Frank Bliss 1989–2020)

Genau aus diesem Grunde ist Partizipation, verstanden als Mitsprache und Mitentscheidung der Beteiligten, so wichtig. Eine frühzeitige Mitsprache – zumindest in ihrer Form der Konsultation – kann, wie die beiden Beispiele der Box 19 zeigen, eine Fehlentscheidung und damit eine Geldverschwendung verhindern.

Box 19: Geplant, gefragt, umgeplant

In den beiden indischen Städten Bolpur und Ragunathpur sollte das Trinkwassersystem mit Unterstützung der deutschen EZ ausgebaut werden, möglichst als flächendeckende Versorgung mit Hausanschlüssen (siehe Abschn. 6.3).

Die Ergebnisse von Untersuchungen durch den Verfasser unter Einbeziehung von rund 3700 Haushalten warfen die gesamten Planungen um. Über 2/3 aller Haushalte hatten gar nicht das Geld, um einen Hausanschluss und

Abb. 12.4 Eine Frau schöpft Wasser aus einer mitten in der Stadt gelegenen Quelle (Sambia).
(Foto: © Frank Bliss 1989–2020)

die laufenden Kosten dafür bezahlen zu können. Es war also zwingend notwendig, umzuplanen: für die Ortskerne und „bessere" Wohngebiete nach dem bisherigen Plan die Hausanschlüsse, für die Wohnquartiere der „einfachen" Leute vor allem gut erreichbare Zapfstellen und in den Randgebieten der Städte Brunnen mit Handpumpen. Letztere werden in Indien anders als in vielen Teilen Afrikas durch die lokalen Behörden oder sogar durch örtliche Jugendclubs gewartet, sodass das Wasser oft ganz kostenfrei abgegeben werden kann und damit auch die Ärmsten der Armen erreicht.

Auch in Mwene Ditu, einer schnell wachsenden Stadt im Süden der Republik Kongo mit rund 400.000 Einwohnern, sollte das bestehende Wasserleitungssystem ausgebaut werden, da viele Wohnquartiere bislang nicht über eine hygienisch akzeptable Wasserversorgung verfügten (vgl. Abb. 12.4). Zu Beginn einer Untersuchung fand eine Versammlung aller

Chefs der Wohnquartiere der Stadt statt. Rund 50 meist ältere Männer sowie zwei Frauen fanden sich im Büro des Bürgermeisters ein. Nach eingehender Diskussion der Wünsche aus der Runde war klar: die VertreterInnen der Bevölkerung wollten vor allem Hausanschlüsse bekommen. Wie im indischen Fall wurde jedoch auch hier auf Betreiben der KfW als Geldgeber eine Haushaltsbefragung durchgeführt, und zwar unter Regie eines deutschen Sozialwissenschaftlers durch ein Dutzend OberschülerInnen eines Gymnasiums, die eifrig bei der Sache waren und (fast immer) sorgfältig ausgefüllte Fragebögen ablieferten.

Nach schneller Auswertung der Fragebögen wurde eine zweite Versammlung mit den Honoratioren der Stadt einberufen. Zwischenzeitlich lag auch eine erste Kostenkalkulation für die Hausanschlüsse sowie den späteren Wasserpreis vor, zu berechnen nach dem Verbrauch in Kubikmetern. Die Befragung ergab sehr deutlich, dass die errechneten Kosten für wenigstens drei Viertel der Bevölkerung nicht tragbar sein würden. Der Bürgermeister verkündete daraufhin eine Auszeit und zog sich mit seinen Lokalchefs zur Beratung zurück. Nach 30 min wurde die Versammlung weitergeführt und der Älteste der Chefs verkündete, man werde den Projektverantwortlichen vorschlagen, nur einen Teil der Stadt mit Hausanschlüssen zu versorgen, mehrheitlich aber Zapfstellen in den Wohnquartieren einzurichten.

In beiden Fällen wurde die anfängliche Planung in der Konsequenz revidiert und eine Lösung umgesetzt, die den Wünschen der befragten Haushalte entsprach. Da die Haupt- und Nebenwasserleitungen in allen untersuchten Städten auch für die billigere Lösung mit Zapfstellen benötigt wurden, konnte im Übrigen später der eine oder andere Haushalt doch noch individuell an das Leitungsnetz angeschlossen werden.

Was ist Partizipation und wer soll partizipieren?
Über Partizipation wird in der Praxis der deutschen EZ viel diskutiert. Für die staatlichen EZ wurde 1999 ein Partizipationskonzept verabschiedet, für das der Verfasser zusammen mit den KollegInnen Karin Gaesing und Stefan Neumann die Vorarbeiten leisten durfte. Das Konzept unterscheidet bei Partizipation zwischen verschiedenen Stufen:

i. *Information und Konsultation:* Die Bevölkerung wird hierbei über ein EZ-Vorhaben informiert, wie intensiv dies erfolgt, bestimmen aber die Projektverantwortlichen. Nur bei einer ebenfalls angesetzten *Konsultation* werden auch Meinungen eingeholt – und mehr oder weniger in die Planungen einbezogen. In Deutschland ist dies in der Raum- und Bebauungsplanung die häufigste Form der „Bürgerbeteiligung", die aber entgegen anderen Verlautbarungen nichts mit *Mitbestimmung* zu tun hat. Am Ende entscheiden hier immer die Projektverantwortlichen.

ii. *Mitwirkung:* Hier haben die Menschen zwar nicht das letzte Wort, aber ihre Meinungen werden in die Planungen ernsthaft einbezogen. Wie weit ggf. aber auch Wünsche unberücksichtigt bleiben oder andere Wege gegangen werden, liegt nicht in der Verantwortung der Betroffenen.

iii. *Mitentscheidung:* Die Bevölkerung entscheidet gleichberechtigt mit und ihre eigene Bewertung ist mitentscheidend für die Gesamtbewertung und -planung. Gegen den Willen der Betroffenen werden keine Maßnahmen durchgeführt. Diese Form der Partizipation, die vom BMZ je nach Situation überall in den EL ausdrücklich gefordert wird, ist allerdings in Deutschland selbst quasi nicht existent. Selbst über Annahme der Ergebnisse von Volks- oder Bürgerentscheiden – oder deren Ablehnung – können in den meisten Bundesländern am Ende die Landes- oder Kommunalparlamente entscheiden.

iv *Eigenverantwortung und Selbstbestimmung:* Die EZ bietet hier der Bevölkerung lediglich ihre Unterstützung an. Über Ziele und Wege zu deren Erreichung bestimmen die Menschen selbst, die allerdings dann auch die Verantwortung hierfür tragen[12].

Wenn von Bevölkerungsbeteiligung bei Entscheidungen über Entwicklungsziele und Wege (= Entwicklungsmaßnahmen) die Rede ist, stellt sich die Frage, wer denn genau beteiligt werden sollte. Am besten, würde man sagen, alle, die von einer möglichen Maßnahme betroffen sind und hinsichtlich einer Mitwirkung entsprechenden Bedarf äußern. Dies geht allerdings nur in einem überschaubaren Rahmen. Bei dem Fallbeispiel „Wasser für Mayo Kebbi" (Abschn. 17.2) ist es in der Tat die „gesamte Bevölkerung eines Dorfes", die darüber abstimmen sollte, ob die Bewohnerschaft eine Handpumpe haben wollte (mit allen Konsequenzen wie der Pflicht zur Gebührenzahlung für deren Unterhalt) oder nicht. In Versammlungen trafen oft mehrere Hundert Männer (und deutlich weniger Frauen) auf dem Dorfplatz zusammen und stimmten ab, ja zur Pumpe oder nein.

Bei einer Maßnahme, die eine ganze Stadt mit 400.000 Einwohnern betrifft (Beispiel der Box 19), ist dies so natürlich nicht möglich. Hier waren es die von den Leuten gewählten Chefs der einzelnen Wohnquartiere, die erst für die Hausanschlüsse, nach den Ergebnissen unserer Haushaltsbefragungen jedoch mehrheitlich für die billigeren Wasserzapfstellen stimmten. In ähnlicher Weise könnten sich die Vertreterinnen zum Beispiel von Frauengruppen treffen, um über ein Kreditprogramm in einem ganzen Landkreis zu befinden. Natürlich haben die gewählten VertreterInnen von Parlamenten, wenn es sie gibt, ein gewichtiges Mitspracherecht bzw. müssen am Ende gemäß Verfassung über eine Maßnahme beschließen. Dieses parlamentarische (letzte) Entscheidungsrecht sollte aber im Interesse von Akzeptanz und Nachhaltigkeit der Wasserversorgung wie in Mayo Kebbi erfolgt um eine breite Beteiligung der eigentlich Betroffenen ergänzt werden.

Geht es aber um das Entwicklungsprogramm für ein ganzes Land bzw. ein nationales Armutsbekämpfungskonzept, dann ist dieser Weg direkter Partizipation natürlich nicht möglich. Man sollte annehmen, dass stattdessen zunächst einmal das nationale Parlament gefragt wird und dann zusätzlich VertreterInnen der Zivilgesellschaft. Erstaunlich ist, dass in der Praxis Abgeordnete, selbst wenn sie demokratisch gewählt wurden, bei derartigen Planungsprozessen der EZ oft übersehen werden. Stattdessen, so haben wir im Rahmen einer umfassenden mehrjährigen Studie herausgefunden, wurden und werden besonders häufig sogenannte Entwicklungs-NRO einbezogen, die weder über eine Legitimität noch Repräsentativität verfügen[13].

Wichtiger als solche oft sehr kleinen Organisationen, die unter Entwicklungszusammenarbeit sehr häufig vor allem ihre eigenen privaten Geschäfte verstehen, anzusprechen und in Diskussionsprozesse einzubeziehen, wäre es, die großen zivilgesellschaftlichen Gruppen wie Gewerkschaften, UnternehmerInnen-Verbände, bedeutende Frauen- und Jugendorganisationen und, in vielen Dritte Welt-Ländern besonders wichtig, Berufsgruppenvereinigungen wie Bauernverbände, Handels- und Gewerbevertreter-Organisationen, Viehzüchtervereinigungen oder Lehrerverbände zu Konsultations- und Entscheidungsprozessen in Planungsforen einzuladen und auch wirklich in Entscheidungsprozesse einzubeziehen.

Damit ist aber ein Problem noch nicht gelöst, das gerade mit Blick auf die Ärmsten der Armen relevant ist: deren „Unsichtbarkeit" in partizipativen Prozessen. Viele Menschen sind ja gerade deswegen arm, weil sie z. B. als ethnische oder religiöse Minderheiten diskriminiert und unterdrückt werden. Überall, wo es um Mitreden und Mitentscheiden geht, fehlen sie in der Konsequenz, weil sie z. B. nicht informiert, bewusst übersehen oder sogar mit Gewalt an der Mitwirkung gehindert werden[14]. Daher ist es besonders wichtig, die jeweiligen Machtverhältnisse, ja überhaupt das sozio-kulturelle Gefüge einer Gesellschaft zu kennen, um durchschauen zu können, wer in partizipativen Prozessen auftritt und wer nicht, und, wie man die fehlenden bislang unsichtbaren Gruppen einbeziehen kann (Abb. 12.5).

Das eine (Partizipation) ohne das andere (Berücksichtigung der sozio-kulturellen Bedingungen) kann nicht funktionieren.

Doch bleiben wir noch kurz bei der Frage, wie die Unsichtbaren einbezogen werden können, zumal diese sich oft Partizipation im wahren Sinne des Wortes gar nicht leisten können. Die oft langen Diskussionsrunden bei Beteiligungsprozessen bedeuten für sie Verdienstausfall und entsprechend gegebenenfalls Hunger für die ganze Familie. Bei der Suche nach den Unsichtbaren hilft häufig das offene Gespräch mit den Partnern. Man muss sie, die nicht selten aus eher wohlhabenden Kreisen kommen, mitunter erst darauf aufmerksam machen, dass die geplanten Entwicklungsmaßnahmen allen Menschen in einem Land, einer Region oder einem Dorf zugutekommen sollen und dass gutes soziales Miteinander ohne Ausschluss von benachteiligten Gruppen der beste Entwicklungsmotor ist. Wo dies nichts ausrichtet, muss vielleicht auch mit Druck gearbeitet werden, etwa, indem eine Förderung

Abb. 12.5 Eine Frauengruppe diskutiert mit einem Evaluierer über die Wirkungen eines landwirtschaftlichen Förderprogramms (Mitunguu, Mount Kenya-Gebiet). (Foto: © Frank Bliss 1989–2020)

grundsätzlich infrage gestellt wird. Dabei ist allerdings darauf zu achten, dass diskriminierten Menschen auf diese Weise nicht noch mehr Nachteile entstehen. Vielleicht ist es in ganz schwierigen Situation eher angebracht, mit Belohnungen, d. h. höhere Unterstützungsbeiträgen zu werben.

Bei dem Problem, dass sich einzelne Gruppen von Armen Partizipation zeitlich nicht leisten können, muss je nach Situation und Umfang der Beteiligung sichergestellt sein, dass diesen für eine Mitwirkung keine zu großen Bürden auferlegt werden, sie, wie das Beispiel der Box 20 zeigt, sogar für ihre Mitwirkung entlohnt werden könnten. Hierbei wiederum muss allen bessergestellten Beteiligten sehr deutlich gemacht werden, dass Partizipation generell keine Sache ist, für die man normalerweise eine Bezahlung erwarten darf. Nirgendwo funktionieren Entwicklungsmaßnahmen nämlich schlechter als dort, wo durch die Geberseite Geschenke am laufenden Band gemacht werden und sich eine „Gib-uns-Haltung" breitmacht. In dieser Situation für eine Mitwirkung der schon Begünstigten bei den ihnen zugutekommenden Planungen auch noch Zahlungen zu leisten, wäre grundsätzlich ein falscher Weg.

Box 20: Arme werden (ausnahmsweise) für Partizipation bezahlt

In Äthiopien stellte sich in einem Projekt ein ethisches Problem: Sollten arme Bauern dafür bezahlt werden, dass sie im Rahmen eines Trainingskurses für Juristen und Polizeioffiziere einen Tag lang im Dorf als Referenzpersonen für lokales Konfliktgeschehen zur Verfügung standen? Ja, wurde entschieden, weil die Bauern selbst keinen direkten Vorteil von der Anwesenheit der KursteilnehmerInnen hatten und deshalb durchaus einen Anspruch auf Entlohnung ihrer zur Verfügung gestellten Arbeitszeit. Gleichzeitig wurde aber intern bei der Geberorganisation verabredet, Bauern, die in ihrer Funktion als direkte Zielgruppe von Fördermaßnahmen an ähnlichen Veranstaltungen teilnehmen würden, von Ausnahmen abgesehen keine Gelder zu zahlen – da sie ja unmittelbar vom Projekt und den Planungstreffen profitierten.

Von Ausnahmen abgesehen – das ist hier das Stichwort: Es wurde auch beschlossen, in sehr armen Dörfern bei Treffen, die im Interesse der ansässigen Bevölkerung sein würden, stets ein kostenfreies Essen anzubieten, um so wenigstens einen Teil der entgangenen Arbeitszeit zu kompensieren. Allerdings dürfte dies für die ärmsten Bauern in den armen Dörfern nicht ausreichen, um ihnen die Teilnahme an öffentlichen Versammlungen zu ermöglichen. Hier kann nur eine Entschädigung für das während der Treffen entgangene Einkommen ihre Mitwirkung ermöglichen. Oft sind dies nur einzelne Cent, die aber für das Sattwerden der Familie an solchen Tagen entscheidend sind.

Partizipation in der entwicklungspolitischen Praxis

Wie sieht die Bevölkerungsbeteiligung nun in der Praxis der EZ aus, international und in Deutschland, bei staatlichen wie bei nichtstaatlichen Organisationen? In der Orientierungsphase eines von der Volkswagenstiftung finanzierten Forschungsvorhabens zur Praxis der Bevölkerungsbeteiligung in der internationalen EZ hat der Verfasser zusammen mit Stefan Neumann eine Bestandsaufnahme der Rolle von Partizipation in verschiedenen wichtigen Entwicklungsorganisationen durchgeführt. Dabei fanden Besuche bei der Weltbank, der Asiatischen Entwicklungsbank, bei mehr als einem Dutzend VN- sowie bilateralen Entwicklungsorganisationen sowie bei zahlreichen deutschen und ausländischen NRO statt. Zusätzlich wurden VertreterInnen der Wissenschaft befragt.

Das Ergebnis der zahlreichen Gespräche, viele „off tapes" (also mit der Bitte, nicht zitiert zu werden), war sehr ernüchternd, denn keine einzige der genannten Geberorganisationen hatte den Mut gezeigt, die Bevölkerung bzw. ihre legitimen VertreterInnen allein über Maßnahmen entscheiden zu lassen. Allenfalls konnte von einer Mitwirkung gesprochen werden, da (von einigen NRO abgesehen) immer und überall die Ziele und Inhalte von Projekten bereits feststanden, bevor überhaupt ein Kontakt mit der Bevölkerung stattfand, die doch Nutznießer des Vorhabens sein sollte[15].

So hat eine internationale Entwicklungsbank ein „offenes kommunales Investitionsprogramm" in mehreren lateinamerikanischen Länder aufgelegt. Der Begriff Investition bezieht sich dabei weitgehend auf die physische Infrastruktur, also die Wasserversorgungseinrichtungen, die Anlagen der Abwasserentsorgung, die Gebäude für Gesundheit und Bildung usw. Nun ist in Lateinamerika die Bürgerbeteiligung an kommunalen Entscheidungen sehr weit entwickelt, weiter jedenfalls als in Deutschland. Bei uns dürfen Bürgerinnen und Bürger allenfalls durch einen „Einwohnerantrag" (so die „Mitbestimmung" in Rheinland-Pfalz) mit bis zu 2000 zwingend vorzulegenden Unterschriften den Stadtrat um etwas bitten. Dieser muss aber diese Bitten („Anträge") in seinem Beratungsprozess keineswegs berücksichtigen[16]. In Brasilien dagegen, zumindest bis zum Amtsantritt von

Jair Messias Bolsonaro im Januar 2019, gibt es vielerorts sogar „Bürgerhaushalte", bei denen Arbeitsgruppen aus „normalen" Bürgerinnen und Bürgern über den Haushalt ihrer Gemeinde und seine Schwerpunkte beraten. Die Vorschläge der Arbeitsgruppen werden in aller Regel von den gewählten Räten aufgenommen.

Vor diesem Hintergrund musste sich das Investitionsprogramm fragen lassen, wie weit die Finanzierung der nun im Bürgerhaushalt vorgesehenen Maßnahmen gehen sollte: So war eine deutliche Verbesserung der Jugendarbeit geplant, „damit die Jugendlichen „von der Straße geholt werden können". Konnte die EZ-Maßnahme dies finanzieren? Ja, ein Gebäude wäre möglich. Nein, die Einstellung von JugendarbeiterInnen nicht. Damit Frauen vermehrt zur Arbeit gehen können, sollten nach Ansicht des Bürgerkomitees bereits bestehende Kinderkrippen und -gärten mit mehr Personal ausgestattet werden. Auch hier gab es eine Absage.

Schließlich sollten einige Slumgebiete *(barrios)* verstärkt saniert werden, die Menschen dort Strom, Wasser und Abwasserversorgung erhalten. Hierzu gab es eine Zusage für die technischen Anlagen zur Trinkwasserver- und die Abwasserentsorgung, aber den Hinweis, dass auch hier keinerlei Personalkosten übernommen werden könnten und das Vorhaben auch nicht bereit sei, „private Anschlusskosten", also die Strom-, Wasser- und Abwasseranschlüsse zwischen den Hauptleitungen in der Straße und den Wohngebäuden, zu übernehmen, die indes kaum jemand in den *barrios* selbst bezahlen konnte.

Hier hatte also einerseits eine aktive Bürgerbeteiligung auf verschiedenen Ebenen stattgefunden, aber die Vorschläge der kommunalen Planungsräte wurden ebenso abgelehnt wie die Anregungen auf Ebene der Wohnviertel. Nur die auf einer von der Bank intern aufgestellten Positivliste angeführten Bauwerke sollten errichtet werden, wobei eines der Kernprobleme der Kommune doch war, den Betrieb der (zum Teil bereits bestehenden) sozialen Infrastruktur hinreichend finanzieren zu können.

Box 21: Bevölkerungsbeteiligung und sozio-kulturelle Bedingungen in der Arbeit des BMZ
Die Strategien der deutschen EZ und die konkrete Form der Zusammenarbeit werden auf Grundlage von polit- und sozioökonomischen Analysen definiert. Die Förderung von Partizipation und Armutsbekämpfung sind dabei Querschnittsaufgaben der gesamten deutschen EZ. Dies spiegelt sich

in den Zielen und der Umsetzung der Agenda 2030, dem Marshallplan für Afrika oder der Sonderinitiative „EINEWELT ohne Hunger" wider. Nur wenn arme und benachteiligte Bevölkerungsgruppen die Möglichkeit haben, ihre Interessen zu artikulieren und politische Prozesse mitzugestalten, lässt sich Armut wirkungsvoll bekämpfen.

Die deutsche EZ verfolgt dabei grundsätzlich das Ziel, durch die Beteiligung der Bevölkerung das Verantwortungsbewusstsein (Ownership) und die Zielgruppen zu stärken (Empowerment). Das Spektrum der Projektumsetzung reicht von einer partizipativen Gestaltung der EZ bis hin zur Förderung der politischen Beteiligung als explizitem Ziel. Dabei werden beispielsweise Organisationen der Zivilgesellschaft (Vereine, Verbände) und allgemeine Zielgruppen in der Zivilgesellschaft (z.B. Kinder und Jugendliche) unterstützt.

Die deutsche EZ verfolgt darüber hinaus Mehrebenen- und Multi-Stakeholder-Ansätze, um durch Politikberatung lokale Problemlösungen voranzutreiben und Verwaltungen, Organisationen und Bevölkerungsgruppen auf allen Ebenen zu unterstützen.

Dr. Maria Flachsbarth, Parlamentarische Staatssekretärin im BMZ, 2020

Die deutsche EZ denkt weiterhin in *Sektoren* bzw. *Schwerpunktbereichen,* von denen es zehn gibt wie Gesundheitsförderung, Landwirtschaft und Ernährung, Nachhaltige Wirtschaftsentwicklung oder Bildung. Zudem gilt zumindest bei der staatlichen EZ, dass gemeinsame Projektlisten nur mit der Partnerregierung verhandelt werden. Allenfalls können in der deutschen staatlichen EZ zivilgesellschaftliche Organisationen in sogenannten Ländergesprächen, die der Vorbereitung der folgenden Regierungsverhandlungen mit den Partnerländern dienen, Anregungen zur zukünftigen EZ einbringen. Allerdings legen am Ende BMZ und Partnerstaat die Schwerpunkte und zumeist auch detailliert einzelne Maßnahmen für die nächsten Jahre fest, dazu die Interventionsregionen sowie weitere Details.

In diesem Staat-zu-Staat-Verfahren bleibt in der bilateralen EZ praktisch kein Spielraum übrig für eine grundsätzliche Mitentscheidung der Bevölkerung (bzw. ihrer legitimen VertreterInnen) über das *Was* der künftigen Zusammenarbeit. Die Folge ist, dass im Dorf A, im Distrikt B oder in der Region C selbst bei den allerersten Planungsschritten bereits grundsätzlich festgelegt ist, dass beispielsweise Grundschulen gebaut werden sollen. Diese mögen wirklich fehlen und nützlich sein, aber vielleicht wollen die Menschen ja noch lieber zuerst verbesserte

Ackerbaugeräte haben, um ihre Böden effektiver bearbeiten und höhere Erträge erzielen zu können und das Land besser gegen Starkregenfolgen zu schützen. Zwar dürfen in überdurchschnittlich partizipativen Vorhaben noch einzelne Dörfer mitbestimmen, ob sie eine Schule haben wollen oder eher nicht (weil z. B. 10 % der Baukosten von der Bevölkerung, also auch den Armen selbst, beigebracht werden müssen). Aber die Menschen hier haben keine Chance mit dem eventuellen Wunsch, statt der Schule lieber eine Handpumpe oder eben Gerätschaft zu erhalten, gehört zu werden, zumindest nicht von diesem Programm.

Eine Alternative, die wirkliche Partizipation der Bevölkerung zuließe, wäre die Bereitstellung eines regionalen Fonds, z. B. 10 Mio. EUR für eine Region, der die Umsetzung der partizipativ zusammengetragenen Prioritäten der verschiedenen Gemeinden im Projektgebiet finanziert: In Ort A kann das wirklich der Bau einer Schule sein, wobei die Anfangsgehälter für LehrerInnen mit berücksichtigt werden, solange allerdings nur befristet, bis der Staat die Schule in seine Bildungsstruktur aufgenommen hat. In B könnten eine Zufahrtspiste gebaut und der Dorfbevölkerung Geräte geliefert werden, um mit ihnen einfache Reparaturen zukünftig selbst ausführen zu können. Andernorts wäre vielleicht der Bau und Betrieb von Kindergärten gewünscht, wobei allerdings in vielen Ländern die Frage gestellt werden muss, ob es für diese eine staatliche Betriebsstruktur gibt. Ähnliches gilt für ein eventuell gewünschtes kleines Zentrum für die handwerkliche Ausbildung von Mädchen, das aber nur gebaut wurde, weil sich (hier in Ägypten) die Gemeinde zur Übernahme der Betriebskosten verpflichtet hatte. In gleicher Weise kann die Anlage eines kleinen Bewässerungssystems erfolgen, der Bau von Lagerhäusern für die Ernte, anderswo die Anschaffung und Bereitstellung von Ackerbaugeräten, usw.

Wichtig wäre es bei allen Teilvorhaben, bei denen soziale Infrastrukturbeiträge gewünscht werden, frühzeitig deren nachhaltigen Betrieb sicherzustellen. Hierfür müssen auch zeitlich begrenzte Betriebskostenzuschüsse vorgesehen werden, verbunden selbstverständlich mit konkreten Ausstiegsplänen aus der externen Finanzierung. Diese dürfen allerdings nicht darin bestehen, den Staat aus seiner Verpflichtung zu erlassen und – wie so oft – den Betrieb einfach der zumeist ja armen Dorfgemeinschaft zu überlassen. Leider kann an dieser Stelle kein wirklich gutes Beispiel für eine insgesamt partizipative Vorgehensweise innerhalb der internationalen wie auch der deutschen EZ wie hier skizziert angeführt werden.

12.3   Ohne Berücksichtigung sozio-kultureller Entwicklungsfaktoren läuft kaum etwas

Die Weltbank bearbeitet kulturelle Aspekte von Entwicklung vor allem unter dem Gesichtspunkt „kulturelles Erbe", d. h. bezogen auf antike Monumente, Friedhöfe und sonstige religiöse und kulturelle Stätten. Diese sollen durch Entwicklungsvorhaben nicht beschädigt werden, wofür die Weltbank eigene Sicherungsmechanismen *(safeguards)* hat, die bei allen Projekten zu beachten sind. VertreterInnen anderer Entwicklungsorganisationen fällt bei Kultur und Entwicklung zunächst die Unterstützung von Theatern, FilmemacherInnen und Museen in EL ein, neuerdings auch der Aspekt der Rückgabe von geraubten bzw. vor der Zerstörung geretteten und nach Europa gebrachten Kulturgütern. In der deutschen Diskussion wird dagegen zumindest unter sozio-kulturellen Aspekten von Entwicklung das gesamte kulturelle Umfeld verstanden, innerhalb dessen sich Entwicklung und EZ abspielen und das daher zwangsläufig immer und überall berücksichtigt werden sollte, also Religion, soziales System, die Wirtschaft etc., verbunden mit allen damit zusammenhängenden Normen und Werten.

Hierbei wie neuerdings auch bezüglich der Bedeutung von Religion für Entwicklung geht es nicht bzw. nicht primär darum, kulturell und/oder religiös bedingte Hemmnisse für Entwicklung zu identifizieren und zu beseitigen, sondern darum, zu fragen, wie die Menschen bisher ihre Probleme gelöst haben und, wenn ihnen dies nicht mehr gelingt, was sie gegenwärtig daran hindert. Im Anschluss daran erst ist zu überlegen – und zwar gemeinsam mit allen Beteiligten (Bevölkerungspartizipation!) – wie mit externer Unterstützung durch EZ diese Hindernisse erfolgreich und nachhaltig beseitigt werden könnten. In keinem Fall geht es darum, wie es das BMZ 1985 konzeptionell versuchte, Personen in der betreffenden Gesellschaft bzw. Kultur zu identifizieren, mit deren Hilfe man ein aus Sicht der Geberseite sinnvolles Projekt irgendwie doch (also auch gegen Widerstreben bei den Betroffenen) umsetzen könnte.

Sozio-kulturelle Entwicklungsfaktoren sind also wichtig für das Kennenlernen eines Entwicklungs- bzw. Projektkontextes und das Agieren innerhalb desselben. Sind die sozio-kulturellen Bedingungen in einem entwicklungspolitischen Vorhaben den AkteurInnen nicht geläufig, kann zum Beispiel der Versuch der breiten Bevölkerungsbeteiligung und explizit einer Einbeziehung der Armen in Entscheidungen erheblich schief gehen und damit eine Planung ins Leere laufen. In dem Beispiel der Box 22 konnte das Problem insofern gelöst werden, als der Dorfchef bereit war, einen Tag später eine weitere Diskussionsrunde, nun mit allen ethnischen Gruppen im Dorf, anzuberaumen. Was aber wäre passiert, wenn die

Abwesenheit der einen für das Ressourcenmanagement so wichtigen ethnischen Gruppe gar nicht aufgefallen wäre?

Box 22: „Nur wir sind das Dorf"

Die Diskussion in dem kleinen Dorf im Südwesten Ghanas läuft optimal. Der Dorfchef hat auf Bitten des Untersuchungsteams alle „wichtigen sozialen Gruppen des Dorfes" eingeladen, und sogar eine Reihe von jungen Frauen und Männern nimmt an der Gesprächsrunde teil. Es geht um Waldmanagement und wie man den Wert des Waldes und damit das Einkommen der Bevölkerung erhöhen könnte. Viele Idee werden gesammelt und ihrer Bedeutung nach geordnet *(ranking)*.

Auf einmal stellt sich die Frage, wer sich um die Kakao-Pflanzungen kümmern soll, für die ein Bestand an großen schattenspendenden Bäumen wichtig ist, die aber derzeit zunehmend abgeholzt werden. „Das ist nicht unser Thema", sagt der Dorfchef. „Das machen bei uns nur die Angehörigen der Ewe" [Hinweis: die Ewe sind eine Volksgruppe, die mehrheitlich im benachbarten Togo lebt]. Der Moderator fragt in die Runde „Und was meinen die Ewe dazu?" Schweigen, das der Dorfchef unterbricht: „Die Ewe sind gar nicht hier, die sind doch Zugezogene".

Die zwei Stunden Diskussion waren sicher interessant, aber sie hatten leider bisher offensichtlich wenig gebracht, denn in dem Dorf, um dessen Wald es geht, stellen die Ewe mit 60 % der Bevölkerung die große Mehrheit dar. Ohne sie kann man deshalb keine Waldbewirtschaftung besprechen. Der Dorfchef war allerdings davon ausgegangen, dass beim Wunsch des Moderators, die Dorfbevölkerung zu versammeln, natürlich nur die Autochthonen, die traditionellen Eigentümer des Landes, gemeint seien. Für ihn zählten die Ewe nicht, wenn es um die Belange von Grund und Boden im Dorf geht, auch wenn überwiegend sie die Arbeit im Wald verrichten. Also liegt hier ein erheblicher Fall von Diskriminierung und sozialem Ausschluss vor – und das Untersuchungsteam hatte ein klassisches Problem mit den sozio-kulturellen Bedingungen, die man hätte zu Beginn besser in Erfahrung bringen sollen.

Was sind nun die sozio-kulturellen Entwicklungsfaktoren im Einzelnen und wie stellt sich ihre Berücksichtigung in der Praxis dar? Hierzu sind vom Verfasser und einer Reihe von KollegInnen vor allem aus der Ethnologie zahlreiche Publikationen erschienen[17], sodass an dieser Stelle eine Zusammenfassung mit einem Fokus auf die Praxis ausreichen mag. Im engeren Sinne sieht das BMZ-Partizipationskonzept, in dessen Rahmen auch die sozio-kulturellen Entwicklungsfaktoren thematisiert werden, drei wichtige „Schlüsselfragen" zum sozio-kulturellen Umfeld einer EZ-Maßnahme als besonders wichtig an:

I. Die Frage nach der *sozio-kulturellen Heterogenität,* vor deren Hintergrund Aktivitäten stattfinden: Es gibt stets einen gesellschaftlichen Kontext für Projekte und Programme, der durch ethnische, religiöse, soziale, ökonomische usw. Unterschiede geprägt ist. Gerade mit Blick auf benachteiligte Gruppen sind diese Unterschiede aufzuspüren und bei Planung und Durchführung von EZ-Maßnahmen zu berücksichtigen;

II. Die Frage nach der *Legitimität* von unterschiedlichen AkteurInnen, die im Projektkontext eine Rolle spielen: Dabei geht es einerseits darum, nach der Legitimität möglicher Projektträger bei der Bevölkerung zu fragen, die im Partnerland die geplante Maßnahme durchführen sollen. Legitimität spielt andererseits eine Rolle bei den Menschen, die in partizipativen Prozessen für die Bevölkerung sprechen können / wollen, auf lokaler Ebene als direkte RepräsentantInnen der Bevölkerung, auf regionaler und nationaler Ebene als VertreterInnen zivilgesellschaftlicher Organisationen: „Wollen die Menschen eine Maßnahme wirklich? Sind diejenigen, die dieses *Wollen* zum Ausdruck bringen, wirklich die akzeptierten VertreterInnen der Bevölkerung?" wären hier die beiden zentralen Fragen;

III. Die Frage hinsichtlich der *gesellschaftliche Organisation,* d. h. den Möglichkeiten und Fähigkeiten der Bevölkerung, um eine (selbst gewollte) Maßnahme erfolgreich durchführen bzw. von ihr nachhaltig profitieren zu können. Es geht hierbei auch darum, welches Wissen vorhanden ist (z. B. Beherrschung der Handpumpentechnik für Reparaturen), wie die geschlechterspezifische Arbeitsteilung aussieht, wie das soziale Selbstverständnis der Menschen oder ihre Entscheidungsstrukturen sind.

Im Rahmen der Vorlage für das Konzept wurde von den beauftragten GutachterInnen statt nach der *gesellschaftlichen Organisation* etwas pointierter nach der „Kompatibilität" von EZ-Maßnahmen gefragt, was im Klartext bedeuten soll „Wie muss ein Projekt aussehen, damit es an die Möglichkeiten der Bevölkerung angepasst, also mit diesen kompatibel ist?" Damit sollte deutlich gemacht werden, dass sich nicht eine Geber- oder Durchführungsorganisation mit den Menschen über eine Maßnahme einigen sollten, sondern dass sich Geber und Partner bedingungslos an die Menschen, ihr Wollen und ihre sozio-ökonomischen Möglichkeiten anzupassen hätten. Dies ist nur ein scheinbar kleiner Unterschied zu der Endversion im Konzept, bedeutet aber ein gewaltiges Mehr an Partizipation.

Diese Schlüsselfragen stellen ein Muss für Untersuchungen bei jeder Projektplanung dar. Unbedingt ist darüber hinaus danach zu fragen, welche weiteren sozio-kulturellen Aspekte ebenfalls wichtig sein könnten. Dass Gender-Gesichtspunkte eine wichtige Rolle bei der Beantwortung der drei Fragen(komplexe) darstellen, versteht sich nach dem Konzept von selbst, und wie bereits unterstrichen sollte sich die Berücksichtigung der sozio-kulturellen Gegebenheiten bei Planung und Durchführung von Projekten vor dem Hintergrund einer umfassenden Bevölkerungsbeteiligung an allen Entscheidungen abspielen.

Wenig beachtet ist im Kontext der Berücksichtigung sozio-kultureller Aspekte im Projektzusammenhang bisher die jeweilige Machtfrage gewesen. Selbst wenn eine Maßnahme die Erreichung benachteiligter, oft diskriminierter Bevölkerungsgruppen und deren Empowerment zum Ziel hat, wird häufig nach den Ursachen dieser Benachteiligung nicht gefragt. Nur allzu oft sind es aber gerade die bestehenden Machtverhältnisse in einer Gesellschaft, die Menschen, oft sogar der Mehrheit der Bevölkerung, den Zugang zu Ressourcen verwehren und die auch im Kontext einer Projektimplementierung weiter wirken. Veränderungen können vor diesem Hintergrund nur erfolgen, wenn sich alle Beteiligten dieser Machtverhältnisse bewusst sind, sie thematisieren und auf einen tatsächlichen Abbau des Machtgefälles hinarbeiten.

Geistliche halfen, die Ebola-Epidemie einzudämmen

„Eilig erlassene Vorschriften, Tote zu verbrennen, führten teilweise dazu, dass Familien ihre verstorbenen Angehörigen zu Hause versteckten. "

Die Folge dieses von Christo Greyling, Programmleiter von World Vision, beim Ebola-Ausbruch 2014 in Westafrika beobachteten Verhaltens war die Verbreitung des Virus innerhalb der Familie – mit der Folge, dass noch mehr Menschen sterben mussten.

Da religiöse Organisationen in der Region großes Vertrauen genießen, wurden daher christliche und muslimische Geistliche angesprochen. Im Rahmen von Workshops wurden gemeinsame Lösungsmöglichkeiten erarbeitet, wie die Familien zwar trauern und würdig ihre Toten bestatten konnten, aber die Gefahr von Ansteckungen minimiert werden könnte. So

wurde akzeptiert, das ausgebildete Bestattungsteams in ihren Schutzanzügen den Verstorbenen das letzte Geleit gaben, während die Angehörigen dabei in sicherem Abstand bei den üblichen Ritualen mitwirken konnten.
GIZ (2016a)

Aber hierbei ist große Vorsicht geboten. Ein Projekt, das auf ein Empowerment bei den Benachteiligten (z. B. Frauen oder Mädchen und gar *diskriminierten* Frauen oder Mädchen) abzielt, muss auch die Zeit nach Ende der externen Unterstützung einbeziehen und insbesondere berücksichtigen, dass den Menschen, denen man helfen will, dann aus einer zeitweisen Projektmitwirkung keine Nachteile erwachsen bzw. positive Errungenschaften wieder verlorengehen. Es wäre keine Ausnahme, wenn nach einem zeitweisen Abbau verzerrter, ungerechter Machtstrukturen und einer Ressourcenumverteilung durch eine EZ-Intervention am Ende doch wieder der vorherige Zustand hergestellt würde – gegebenenfalls mit brutaler Gewalt.

Wo die Berücksichtigung der sozio-kulturellen Bedingungen gute Erfolge hatte
Was kann die Berücksichtigung sozio-kultureller Faktoren in einem Projektkontext praktisch bewirken?

Aus kulturell-religiösen Gründen keine Frauen in Brunnenkomitees
Bei dem bereits mehrfach zitierten Trinkwasserprogramm im Tschad zeigte sich anfangs, dass in einem der vier Interventionskantone (= Gebiete mit einem traditionellen Chef, „König", *Lamido* usw., das in Mayo Kebbi 50 bis 150 Dörfer umfasst) die Dorfautoritäten aus kulturell-religiösen Gründen nicht bereit waren, die Mitarbeit von Frauen in den Verwaltungskomitees der Handpumpen-Brunnen zuzulassen. Da aber die Wasserbeschaffung hier ausschließlich Frauen- und Mädchensache ist, wollte das Projekt dies nicht akzeptieren. Der *Lamido* des Gebiets von Binder, einer der wichtigsten Kleinkönige des Tschad, unterstützte zwar die Idee der Frauenbeteiligung, wollte aber seinen konservativen Chefs diesbezüglich keine Anweisung geben. „Sie werden es scheinbar akzeptieren, aber dann wird keine der gewählten Frauen zu den Versammlungen kommen dürfen", so seine Einschätzung.

Er gab dem Team um den Verfasser jedoch den Rat, die höchste religiöse Autorität der in seinem Kanton ansässigen Fulbe (ein wichtiges westafrikanisches Volk, das häufig als Halbnomaden lebt, in Binder aber als Ackerbauen sesshaft ist) aufzusuchen und das Problem mit diesem zu besprechen. Zusammen mit dem deutschen technischen Projektchef und dem tschadischen Leiter des Beratungsteams, ebenfalls ein Fulbe, fuhren wir über die „grüne Grenze" nach Kamerun und dort weitere 80 km ins Landesinnere zu dem *fiqhi,* dem höchsten religiösen Würdenträger der Fulbe im Umkreis von Hunderten von Kilometern und drei aneinander grenzenden Ländern. Die Überraschung war groß, als sich der relativ junge Mann als Absolvent der Pariser Sorbonne-Universität vorstellte und unseren Plan der Frauenbeteiligung an den Wasserkomitees für absolut vernünftig und als mit dem Islam unbedingt kompatibel erklärte (Abb. 12.6).

Vier Wochen später gab es auf Einladung des *Lamido* eine große Versammlung, an der die über 100 Chefs des Kanton von Binder allesamt teilnahmen, und der mit einem Projektfahrzeug abgeholte *fiqhi* hielt eine längere Ansprache, bei der er die Frauenbeteiligung in den Pumpenkomitees mit wohlbegründeten islamischen Argumenten befürwortete. Der Erfolg war durchschlagend, denn bei den anstehenden Wahlen wurden in den nächsten zwei Jahren überall Frauen nicht nur als Komiteemitglieder gewählt, sondern in einem Dutzend Fällen sogar zu Vorsitzenden der Komitees. Die Komitees tagten danach stets öffentlich in der Dorfmitte,

Abb. 12.6 Religiöse Funktionäre (in der Mitte der *fiqhi* der Fulbé) zusammen mit einem Projektmitarbeiter erörtern die Beteiligung von Frauen in Wasserkomitees (Kamerun). (Foto: © Frank Bliss 1989–2020)

wofür einige sehr engagierte Dorfgemeinschaften sogar ein Schutzdach mit Bänken organisierten. In den Folgejahren gab es, wie auch der *Lamido* bestätigte, nicht eine einzige Beschwerde über die Frauenbeteiligung.

Getrennte Ratsversammlung (jirga) in Pakistan – gemeinsamer Beschluss
Ein Mitwirken von Frauen in Ratsversammlungen über kommunale Fragen ist in den Dörfern der North Western Frontier Province in Pakistan nicht vorgesehen. Wie im Falle des Tschad sollten aber auch hier die mit der Bürde der Beschaffung von Wasser betrauten Frauen nicht ausgeschlossen werden, als es um die Frage nach der Art der zukünftigen Trinkwasserversorgung in zahlreichen Dörfern entlang der afghanischen Grenze ging. Wie so oft stand die Entscheidung an über die Technik der Wasserversorgung, ihren zukünftigen Preis und die Befähigung der Haushalte, die dafür notwendigen Gebühren zahlen zu können.

Während wir mit einer Hundertschaft Männer in der Runde saßen, die meisten der bärtigen Herren hatten ihre Schnellfeuergewehre vor sich liegen, traf sich eine Beraterin des Projektteams mit der Frau des Dorfoberen im Hof des von Mauern eingeschlossenen Gehöfts, wo sich bald auch andere Frauen einfanden, am Ende ebenfalls gut und gerne ebenfalls 100 bis 120 Personen. Zwei Stunden wurde in der Männer-*jirga* über Technik und Preise debattiert, bis ein kleines Mädchen kam und dem Dorfchef, wohl seinem Vater, etwas zuflüsterte. Ein Mann wurde losgeschickt, der vor dem Tor der Frauenversammlung offenbar einige Minuten mit den Personen im Inneren Worte wechselte, sich auf einem Zettel Notizen machte und dann zur *jirga* zurückkam. Nach einem kurzen Austausch mit dem Dorfchef erhob sich dieser und verkündete feierlich in etwa „Wir haben hier ausführlich über die Wasserfrage beraten. Auch die Frauen haben dies getan. Die Frauen haben beschlossen, dass wir in unserem Dorf einen elektrischen Pumpbrunnen bekommen wollen mit einem Wasserturm und das Wasser soll in alle Haushalte mit einer Leitung verteilt werden. Wir werden die Gebühren für den Anschluss bezahlen und auch später monatlich für das Wasser." Auf die Frage des Verfassers, was denn die Männer nun dazu sagen würden, antwortete der Dorfchef „Aber die Frauen haben es doch schon beschlossen."

Indem das Projektteam also einen sozio-kulturell verträglichen Weg gefunden hatte, das Thema so zu beraten, dass auch Frauen daran teilnehmen konnten, kam es nicht nur zu einer Mitberatung durch die Frauen, sondern zum höchstmöglichen Grad ihrer Partizipation.

Generationen-übergreifende Beratung in Umweltfragen in Ghana
In afrikanischen Gesellschaften ist es mitunter extrem schwierig, die jüngere Generation an Entscheidungen zu beteiligen, selbst über Fragen, die nur sie etwas

angehen. In einem Planungsprozess zu Fragen des Ressourcenschutzes im Rahmen der Agroforstwirtschaft wollte das Projektteam aber nicht auf die Meinung der 15- bis 35-jährigen Jugendlichen und jungen Erwachsenen verzichten, da diese den Großteil der Arbeit bei der Baumbewirtschaftung zu übernehmen pflegen. Im Gespräch mit dem Distriktchef wurde nach einem Paramount-Chief (traditioneller „Oberchef", der über zahlreiche Dorfchefs gebietet) gesucht, der möglichst überdurchschnittlich jung und zugleich fortschrittlich eingestellt sein sollte. Dieser konnte denn auch gefunden werden und war bei unserem Besuch der Idee überhaupt nicht abgeneigt, einen Planungsworkshop zunächst in seinem Dorf einmal nicht nur mit den Familienältesten, sondern in vier Gruppen durchzuführen: (i) den Ältesten mit dem Dorfchef und ein paar weiteren Männern, daneben (ii) den älteren Frauen mit der Frau des Chefs und (iii) den „Jugendlichen" (= jungen Männern) sowie (iv) den „Mädchen", die beide jeweils die Altersgruppe zwischen knapp 20 und bis deutlich über 30 Jahren umfassten.

Alle vier Gruppen bekamen die gleichen Fragen vorgelegt wie z. B. zur Benennung und Bewertung der wertvollsten und besonders zu schützenden Bäume, zu bisher üblichen und zukünftig wünschenswerten Maßnahmen gegen Buschfeuer, über Vorschläge zur Nutzungsverbesserung von Ackerland und Baumbeständen usw. Die bei den folgenden Diskussionen in den vier Gruppen entwickelten Ideen wurden auf großen Postern gesammelt und in einer zweiten Runde von jeweils zwei oder drei VertreterInnen der Gruppen vorgestellt. Hierfür war mit dem Chief vereinbart worden (und dies allen TeilnehmerInnen mitgeteilt), dass die Aussagen der Gruppen absolut gleichwertig behandelt werden sollten, was auch geschah. Hieraus ergab sich die gemeinsame Aussage des Dorfes zu den vorgelegten Fragen. Obwohl zum ersten Mal so vorgegangen worden war, zeigten sich auch die Ältesten (d. h. die Männer) überaus zufrieden, denn diskutiert wurde ja absolut in traditioneller Form, nur eben nicht alleine in der Ältestengruppe um den Chief. Das Modell wurde später in einem Dutzend anderer Dörfer auch unter anderen Paramount-Chiefs angewendet und erbrachte fast immer gute Ergebnisse, die allgemeine Zustimmung fanden.

Noch besteht Ratlosigkeit über ein Nahrungstabu in Laos

Rund die Hälfte der laotischen Bevölkerung leidet unter Mangelernährung, obwohl grundsätzlich genügend Essen vorhanden ist, zumindest der im Land sehr beliebte „*sticky rice*", ein verkochter Klebbreis, dem so gut wie alle wertvollen Nährstoffe entzogen sind. Zu diesem Reis isst man etwas Gemüse, wenig Fleisch und Fisch, kaum Eier. Und dieses Wenige soll ausgerechnet während der Schwangerschaft und in den Wochen nach der Geburt bei einer Vielzahl von ethnischen Gruppen in Laos den betroffenen Frauen nicht gegeben werden, weil es sie „schädigt". Wir haben es hier mit einem Tabu zu tun, das verheerende Folgen für die Gesundheit von Mutter und Kind haben kann und vor allem die Kindesentwicklung sehr negativ beeinflusst. Entwicklungsorganisationen wie auch die trainierten MitarbeiterInnen der staatlichen Gesundheitszentren sind ratlos, denn Ernährungsberatung kommt praktisch nirgendwo bei den Familien an, selbst wenn diese theoretisch die gesunden Nahrungsmittel bereits verfügbar haben und selbst ein Zukauf für die meisten kein grundlegendes finanzielles Problem darstellen würde.

Vor diesem Hintergrund bemüht sich derzeit sowohl die internationale NRO World Vision wie auch die Weltbank um Informationen zu den Nahrungstabus, um diese besser verstehen und Möglichkeiten finden zu können, sie vielleicht nicht gänzlich zu überwinden, aber ggf. doch zu kompensieren. Zu diesem Zweck sind derzeit EthnologInnen tätig, die nach den sozio-kulturellen Gründen für die schwierige Situation und nach möglichen Auswegen suchen sollen.

Weibliche Genitalverstümmlung (FMG) in Mauretanien
Ethnologische Untersuchungen sind in Mauretanien bereits vor Jahren erfolgt und zwar zum heiklen Thema der weiblichen Genitalverstümmelung. Bei dieser werden nahezu alle Mädchen im Land vor der Geschlechtsreife einer extrem gefährlichen und schmerzhaften Exzision ihrer Klitoris unterzogen, die durch die körperlichen Schäden auch ihr sexuelles Empfinden in den meisten Fällen weitgehend zerstört. Diese Praxis, die in einem weiten Bogen von Ländern zwischen Vorderasien und Westafrika üblich ist, wird ganz unterschiedlich begründet, wobei im Falle Mauretaniens lange Zeit angebliche islamisch-religiöse Vorgaben (d. h. die „islamische Pflicht" zur Exzision) im Vordergrund standen.

Dieses angeblich religiöse Gebot haben ausgerechnet die bereits geschädigten Mütter und Großmütter so verinnerlicht, dass vorwiegend sie selbst es sind, die ihren eigenen Töchtern die Verstümmelung durch bezahlte Beschneiderinnen antun lassen. Diese Tradition erweist sich bis in die Gegenwart als so stark, dass sogar in Deutschland lebende und aufgewachsene junge Mädchen immer wieder in die Heimat ihrer Vorfahren gelockt bzw. verschleppt und dort verstümmelt werden.

Zwar wurde das Problem der FMG vor allem im kleinen Kreise von Frauenorganisationen bzw. NRO bereits früher in Mauretanien diskutiert und kritisiert, aber die Beteiligten konnten bei der Masse der Bevölkerung zunächst wenig ausrichten. Vor diesem Hintergrund wurde mit Unterstützung der deutschen EZ in Mauretanien ein nationales Forum („Forum für Islamisches Denken und Dialog zwischen den Kulturen", FPIDC) ins Leben gerufen, das sich seit 2005 der Thematik annimmt mit dem Ziel, die FMG im Lande mittelfristig einzuschränken und langfristig möglichst ganz zu beenden. Hierbei wirken wichtige religiöse Funktionäre des Landes mit, die nach intensiven Diskussionsrunden über die theologischen Vorgaben feststellten und dies sehr deutlich machten, dass sich der Eingriff in keiner Weise mit dem Islam begründen lässt. 2010 wurde im Rahmen einer Versammlung von hohen islamischen Würdenträger dann eine *Fatwa* (ein theologischer Lehrsatz, Gutachten) erlassen, die klar feststellt, dass weibliche Genitalverstümmelung aufgrund ihrer schädlichen Folgen durch die islamische Religion verboten sei[18].

Es gibt vor dem Hintergrund dieser *Fatwa* verschiedene Projekte u. a. von NRO, die sich mit einer kulturell akzeptierten Umsetzung der religiösen Vorgaben beschäftigen. Denn ein Lehrsatz ändert nicht zwangsläufig jahrhundertelang geübte kulturelle Praxis, die zudem durch die einflussreichen älteren Frauen teilweise weiterhin vehement gestützt wird. Ziel der Gegenmaßnahmen ist dabei nicht, das bereits gesetzlich verbotene und nun auch theologisch gebannte Ritual durch den Einsatz staatlicher Gewalt einzustellen, sondern es grundlegend zu modifizieren: Aus der Verstümmelung, die mit einer kleinen Feier verbunden ist, soll ein Fest werden, bei dem die vormalige Verstümmelung nur noch symbolisch angedeutet wird etwa durch einen Scheinschnitt. Die Frauen, die bislang die Verstümmelung durchgeführt haben, sollen nunmehr nur noch für das Symbol stehen und dabei wie zuvor entlohnt werden, damit sie nicht Druck auf die Mütter und Großmütter ausüben, ihre Töchter wirklich physisch verstümmeln zu lassen.

Von Fehlern in Burkina Faso im Tschad lernen

Bei einem Brunnenprojekt in Burkina Faso wurden im Rahmen eines großen EZ-Vorhabens offene Brunnen, deren Wasser bekanntlich alles andere als gesundheitlich unbedenklich ist, geschlossen und mit Handpumpen versehen. Dies erfolgte allerdings nur in Abstimmung mit der Dorfbevölkerung. Eine Evaluation zeigte nach einigen Jahren, dass es in einigen Fällen in den beteiligten Dörfern zu heftigen Auseinandersetzungen zwischen Bauern und in der Region ansässigen Halbnomaden gekommen war, die die Handpumpen abreißen wollten, um ihr Vieh wieder einfacher an den offenen Ziehbrunnen tränken zu können. Denn an einer Handpumpe kann immer nur eine Person (langsam) Wasser fördern, an einem Ziehbrunnen können ein halbes Dutzend Frauen und/oder Männer gleichzeitig Wasser schöpfen, was vor allem den Hirten entgegenkommt. Warum hatte man das Problem nicht vorher erkannt?

Die Verhandlungen mit der Dorfbevölkerung, so ergab die Evaluation auch, hatten während der Regenzeit stattgefunden, wo die sonst in den Dörfern ansässigen Fulbe-Halbnomaden mit ihren Herden weit im Norden in Richtung Sahara gezogen waren und daher bezüglich der Brunnenfrage nicht beteiligt worden waren. Als sie zurückkamen, fanden sie die früheren Ziehbrunnen auf einmal verschlossen und sie sollten sogar für die aus ihrer Sicht zeitraubende Pumparbeit auch noch Nutzergebühren bezahlen. Hätte man sich intensiver mit den sozio-kulturellen Bedingungen im Projektgebiet beschäftigt, so wäre dieses Problem möglicherweise gar nicht erst entstanden.

Im Wissen um dieses Problem wurde bei der Machbarkeitsstudie im Tschad in jedem in die Untersuchungen einbezogenen Dorf immer auch nach den verschiedenen ethnischen Gruppen und der aktuellen Wirtschaftsweise gefragt, also auch erfasst, wo es in welcher Zahl Halbnomaden gab, hier ebenso wie in Burkina Faso fast ausschließlich Fulbe. Entsprechend wurden zwei Jahre später während der Durchführungsphase des Projektes die Verhandlungen über die zukünftige Trinkwasserversorgung auch mit den Fulbe während der Zeit ihrer Anwesenheit in den Dörfern geführt. In einigen Fällen ergaben sich zeitliche Probleme, weil bald gebohrt werden sollte, die Fulbe aber auf den Regenzeit-Weiden im Norden weilten. Dies veranlasste das Projektteam, einen Vertreter mit dem Motorrad mehrere Hundert Kilometer den Fulbe-Hirten hinterherzuschicken, um mit dem jeweiligen Gruppenchef eine Abmachung über die zukünftige Wasserversorgung auszuhandeln.

„FrauenBäume"

Während der Forschungsarbeiten für die schon in diesem Buch erwähnten Studie zur Rolle von Frauen im Ressourcenmanagement zeigte sich, dass es Frauen fast überall in Subsahara-Afrika untersagt war, Bäume zu pflanzen (was oft auch heute noch gilt). In vielen Landrechtssystemen durften auch Männer keine Bäume pflanzen, weil dies im juristischen Sinne einen Eigentumserwerb an dem betreffenden Stück Land bedeutet hätte. Das durfte aber nicht geschehen, denn Land stand hier in der lokalen Tradition den Familien nur zur (zeitweisen) Nutzung zur Verfügung und wurde nach der befristeten Nutzung ggf. an dritte Familien weitergereicht. Für Frauen aber war (und ist) das Pflanzen von Bäumen auch dort verboten, wo Land durchaus durch bestimmte Akte Eigentum einer Nutzerfamilie werden konnte, eben durch das Anpflanzen von Bäumen. Da Frauen aber meistens bei ihrer Heirat aus ihrem Dorf in das Dorf ihres Mannes umziehen, würde dies bedeuten, dass sie in seinem (also für sie fremden) Dorf Eigentum erwerben und damit den Besitz der Einheimischen mindern würden.

Nun sind aber Gehölze für Frauen extrem wichtig, nicht nur zur Beschaffung von Feuerholz, sondern auch um Früchte, Nüsse, Kerne usw. zu ernten oder andere Teile wie die Rinde, Wurzeln oder Blätter zu nutzen. Das Forschungsteam begab sich daraufhin auf die Suche nach möglichen Lösungen und fand dabei Ausnahmen vom Baumpflanzverbot, und zwar über die Definition dessen, was im kulturellen Verständnis der Bevölkerung ein Baum ist und was nicht, wobei Gehölze mit den aufgelisteten, für Frauen so wichtigen Nutzen im Mittelpunkt standen. So kam es zur Definition von „FrauenBäumen", die den entsprechenden Nutzen hatten, aber eben nicht als Bäume galten und dem Pflanzverbot unterlagen[19].

Anmerkungen

1. Kurz und präzise erläutert bei Karsch (2016: 184 ff.).
2. Dazu die verdienstvolle Arbeit von Ester Boserup, die bereits 1982 in ihrem Buch „Die ökonomische Rolle der Frau in Afrika, Asien und Lateinamerika" (Stuttgart 1982) auf diese Tatsache verwies.
3. Bliss, Frank / Gaesing, Karin (1992): Möglichkeiten der Einbeziehung von Frauen in Maßnahmen der ressourcenschützenden Nutzung von Baumbeständen. Forschungsberichte des BMZ Band 104. Köln.
4. Vgl. Karsch (2016: 184).
5. Vgl. Bliss et al. (1994).
6. BMZ (1997): Konzept für die Förderung der gleichberechtigten Beteiligung von Frauen und Männern am Entwicklungsprozess. Bonn.
7. Zum *Gender Mainstreaming* siehe Karsch (2016: 209 ff.).
8. Immerhin lässt sich nicht mehr bestätigen, dass viele Vorhaben Frauen explizit schaden, wie dies 1986 in der ersten uns bekannten Untersuchung zur „Frauenförderung in Entwicklungsländern" von Emmy Himmler-Kleber im Auftrag des BMZ festgestellt wurde.
9. Vgl. Karsch (2016: S. 172).
10. Karin Gaesing (2019): BENIN: Wiederherstellung der Bodenfruchtbarkeit im Norden Benins. Good Practice Reihe 12. Duisburg (INEF), sowie Gaesing, Karin/Bliss Frank (2019): Entwicklung, Landrecht, Gender und Bodenfruchtbarkeit in Benin. AVE-Studie 17/2019. Duisburg (INEF).
11. Gabriele Beckmann et al. (2015): Armutswirksame Strategien und Institutionen ländlicher Entwicklung. Entwicklungspolitische Themenreihe des SLE, Band 3. Berlin.
12. Übersektorales Konzept Partizipative Entwicklungszusammenarbeit. BMZ aktuell Nr. 102. Bonn 1999. Dazu auch Frank Bliss (2000): Von der Mitwirkung zur Selbstbestimmung, in: Aus Politik und Zeitgeschichte B 9, 3–8 und ders.

(2009): Partizipation in der Entwicklungsplanung: Anspruch und Wirklichkeit, in: Aus Politik und Zeitgeschichte 34–35, 20–26.

13. Vgl. Bliss / Neumann (2007) und Bliss / Neumann (2014): Entwicklungsplanung und Bevölkerungsbeteiligung in Zentralasien. Die Beispiele Kirgisische Republik und Tadschikistan. Beiträge zur Partizipationsdiskussion Bd. 2. Bonn.

14. 2009–2010 wurde zu dieser Fragestellung im Auftrag des BMZ von uns eine umfassende Studie erstellt: Frank Bliss/Marco Heinz (Hrsg.) (2010): Benachteiligte sozio-kulturelle Gruppen und Indigene in der Entwicklungszusammenarbeit. Entwicklungsethnologie 17. Jg. 2009.

15. Vgl. Bliss / Neumann (2007).

16. Zu dieser de-facto-Verweigerung jeglicher Bürgermitbestimmung vgl. Gemeindeordnung (GemO), Landesverordnung zur Durchführung der GemO und Verwaltungsvorschriften zur Durchführung der GemO von Rheinland-Pfalz.

17. Zu nennen sind hier Uwe Kievelitz („Kultur, Entwicklung und die Rolle der Ethnologie". Beiträge zur Kulturkunde Bd. 11, Bonn 1988); Christoph Antweiler und Michael Schönhuth, die zusammen mit dem Verfasser die drei Bände „Ethnologische Beiträge zur Entwicklungspolitik I, II, III" herausgegeben haben (Bonn 1987, 1990 und 1996) oder die KollegInnen Karin Gaesing und Stefan Neumann, die wesentlich am BMZ-Partizipationskonzept von 1999 mitgewirkt haben, in dem die sozio-kulturelle Schlüsselfaktoren endgültig verankert wurden.

18. Siehe GIZ (2016b).

19. Vgl. Frank Bliss (1996): FrauenBäume. Wie Frauen in der Dritten Welt eine lebenswichtige Ressource nutzen. Bonn.

Beschäftigung und allgemeine Wirtschaftsförderung

13

Zusammenfassung

Extreme Armut ist weltweit nicht nur im ländlichen Raum zu finden, sondern tritt auch und wegen massiver Landflucht in zunehmendem Maße in den urbanen Zentren auf. Daher ist es wichtig, in beiden Räumen nach Lösungen zu suchen, die zur Armutsminderung und letztendlich zur Beendigung von Armut beitragen. So stellt sich mit zunehmender Bevölkerung und geringer werdenden landwirtschaftlichen Flächen auf dem Lande das Problem, für einen Teil der Bevölkerung, die nicht mehr als Bäuerinnen und Bauern tätig sein können, neue Arbeitsplätze und Einkommen zu schaffen. In den Städten wiederum ist eine besondere Herausforderung, die Beschäftigung in Gewerbe und Handel deutlich auszuweiten und die Einkommen auch und gerade bei den bisher prekär Beschäftigten zu steigern. Beides wird im Rahmen der nationalen Politik wie auch der EZ durch ein breites Spektrum von Maßnahmen der Beschäftigungs- bzw. nachhaltigen Wirtschaftsförderung versucht.

Schlüsselwörter

Beschäftigung • Einkommen • Entwicklungsprojekte • informeller Sektor • Wirtschaftsförderung

Bereits in früheren Kapiteln wurde das Thema Beschäftigung und Einkommenssteigerung als Beitrag zur Armutsbekämpfung angesprochen, vor allem im Kontext der Landwirtschaft und der Förderung von Kleinbäuerinnen und -bauern. In diesem Kapitel soll es daher vor allem um die nicht-landwirtschaftlichen Bereiche der Wirtschaft und die Rolle entwicklungspolitischer Armutsminderungsmaßnahmen dabei gehen. Allerdings darf kein scharfer Trennstrich zwischen

Stadt und Land und Stadtökonomie und Landwirtschaft gezogen werden, denn wie andernorts ausgeführt sind gerade in den afrikanischen EL viele StädterInnen und sogar die BewohnerInnen relativ großer urbaner Zentren oft auch neben ihrem Beruf als HandwerkerInnen, HändlerInnen oder sogar staatlich Angestellte in der Landwirtschaft tätig, um ihr Einkommen zu erhöhen oder zumindest zu einem Teil zu ihrer Subsistenz beizutragen. Umgekehrt bemühen sich Bauern und Bäuerinnen, Wertschöpfungsketten z. B. durch die (Vor)Verarbeitung ihrer Produkte und deren Vermarktung zu verlängern. Auch dies ist eine Herausforderung für die Beschäftigungsförderung, denn im Rahmen einzelner Maßnahmen müssen zunehmend mehrere Wirtschaftssektoren gleichzeitig berücksichtigt werden.

13.1 Entwicklung in den Städten wird vielerorts bewusst verhindert

Nach Ansicht des deutsch-äthiopischen Autors und entwicklungspolitischen Beraters Asfa-Wossen Asserate sind allein vom benötigten finanziellen Volumen her private wirtschaftliche Investitionen in Subsahara-Afrika für die Entwicklung der Staaten viel wichtiger als die Zuschüsse der EZ in ihrem bisherigen Rahmen[1]. Allerdings beklagen sich Entwicklungsfachleute ebenso wie die VertreterInnen der afrikanischen EL selbst seit Jahrzehnten, dass diese Investitionen weitgehend ausbleiben bzw. sich auf wenige Länder konzentrieren, bislang vor allem auf die Republik Südafrika und die nordafrikanischen Länder. Aber selbst hier beginnen die Investitionen zu stocken. Die Gegenklage zu den fehlenden Investitionen in Afrika stellt nämlich fest, dass selbst Südafrika, das wirtschaftlich immer noch stärkste und von den Investoren daher lange Zeit gut gelittene Land, heute unter zunehmender Korruption leidet und ein Großteil der Bevölkerung von der dennoch weiter herrschenden relativen wirtschaftlichen Prosperität kaum bis gar nicht profitiert. In den meisten anderen Ländern sieht es diesbezüglich noch schlimmer aus[2]. Was also kann unter diesen Bedingungen getan werden?

Die Weltbank versteht sich als „unpolitisch", zumindest immer dann, wenn sie angesichts der Unterstützung von Regimen mit schlechter Regierungsführung unter Druck einer kritischen Öffentlichkeit gerät. Kernargument ist dann gegenüber den Kritikern, dass man sich nicht in die inneren Angelegenheiten der Mitgliedsstaaten (und Zuwendungsempfänger von Entwicklungskrediten) einmische. Allerdings bewertet die Weltbank die Regierungsführung aller afrikanischen Länder zumindest implizit selbst und dies stets relativ aktuell. Dies erfolgt für deren Verhalten in Wirtschafts- und Steuerfragen z. B. im Rahmen des jährlich von ihr herausgegebenen „Doing Business Reports" für einzelne Länder sowie weitere Berichte zusammenfassend für Afrika und die Welt als Ganzes.

Dabei wird in den letzten Berichten zu 2018 bis 2020 überaus deutlich, dass fast überall in Afrika, aber auch in einigen asiatischen Ländern wie Tadschikistan, Kirgistan oder Pakistan schon eine Betriebsgründung durch einheimische oder ausländische Investoren schwierig bis extrem schwierig ist. Ihre Bürokratie verlangt endlose Schritte, bis die richtigen Gebührenmarken und Zahlbescheide, vor allem aber Unterschriften und Stempel auf den Unterlagen vorliegen. Darüber können selbst für ein kleines Unternehmen ein Jahr und mehr vergehen und hohe Kosten entstehen, die eine Unternehmerin oder einen Unternehmer schon vor der Aufnahme ihrer bzw. seiner eigentlichen wirtschaftlichen Tätigkeit in den Ruin treiben können. Oder das Antragsverfahren wird von InvestorInnen im Wissen um die drohenden Schwierigkeiten gar nicht erst in Angriff genommen und man bleibt in der Informalität oder lässt es eben in dem betreffenden Land ganz.

Vielleicht gelingt am Ende die formelle Betriebsgründung doch. Kaum ein Unternehmen, schon gar nicht ein neu gegründetes, kann jedoch ohne Kredite auskommen, weder in den Industrieländern noch in einem EL. An Unternehmenskredite heranzukommen, ist dort zumeist aber noch schwieriger als die Gründung der Firma selbst und sehr oft unmöglich, da die Banken exorbitante Sicherheiten verlangen, bei denen ein/e UnternehmerIn, wenn er/sie diese Sicherheiten denn hätte, gar keinen Kredit benötigen würde (frei nach dem Motto: „Hast Du 200.000 US$ auf dem Konto, bekommst Du gerne einen Kredit über 100.000 US$"). Unerschwinglich sind oft auch die Zinsen, die selten weniger als 15 bis 20 % und teilweise deutlich mehr pro Jahr betragen und damit keine langfristige Investition erlauben.

Selbst ein Stromanschluss ist in einer Reihe von Staaten in Subsahara-Afrika kaum zu bekommen (siehe Box 23), wobei das Problem oft nicht die Energieverfügbarkeit ist, sondern schlichtweg mangelhafte Kundenorientierung, sprich das Desinteresse des Managements an einem vernünftigen Service. Große, mancherorts kaum überwindbare Probleme für eine privatwirtschaftliche Tätigkeit bereiten schließlich fast überall die Zoll- und Steuerverwaltungen. Beim Zoll läuft in manchen Ländern ohne Schmieren der korrupten Beamten absolut nichts, und selbst dann gelingt es oft erst nach langer Zeit, Waren aus einem Lager des Zolls freizubekommen. Auch dies kann ein Geschäft erheblich schädigen.

Besteuerung „entgangener" Gewinne
Vollends absurd verhält es sich derzeit in vielen Ländern mit der Besteuerung von Betrieben. Ein extremes Beispiel ist das zentralasiatische Tadschikistan.

Berichtet wurde dem Verfasser 2017 von der Mitarbeiterin einer internationalen Entwicklungsorganisation, dass unter Berücksichtigung aller Steuer- und
Abgabenregelungen bis zu 85 % des Bruttogewinns selbst kleiner Unternehmen
abgeschöpft werden könnten. Es seien sogar Fälle von Besteuerung „entgangener
Gewinne" gemeldet worden. So habe bei einem der wenigen gut laufenden größeren landwirtschaftlichen Betriebe Tadschikistans eine Steuerprüfung ergeben,
dass von 10.000 gepflanzten Obstbäumen vor einigen Jahren rund 2000 Stück
im Winter erfroren seien. Wären diese nicht erfroren, hätten sie einen jährlichen
Ertrag von 2000 × 50 kg Früchte ergeben im Verkaufswert von zusammen 30.000
US$. Genau dieser Betrag wurde dem Unternehmen denn auch im Geschäftsjahr
2016 als zusätzlich zu versteuernder „Gewinn" zugerechnet.

Gerichte sind in vielen Ländern alles andere als eine Hilfe. Abgesehen davon,
dass die Fristen, bis ein Verfahren in Gang kommt, teilweise noch länger als
in Deutschland dauern können und ein Unternehmer als Kläger dann bereits
pleite ist, bevor sein Fall aufgegriffen wird, sind Staatsanwälte und Richter oft
zugunsten des Staates parteiisch. Oder ein positives Urteil kommt nur nach erheblichen „Zuwendungen" an das Gericht zustande, was ebenfalls UnternehmerInnen
überfordern kann. Um den Bankrott eines Unternehmens durch die Forderungen der Steuerbehörden zu verhindern, ist daher die Bestechung der beteiligten
BeamtInnen in großem Umfang die Regel, die wiederum die Gesetze so wie
geschildert auslegen, damit sie ohne Bestechung und dadurch bewirkter Herunter-
oder Aussetzung der Forderungen den Ruin der UnternehmerInnen zur Folge
hätten.

Ähnliche Absurditäten gelten in zahlreichen Ländern für den laufenden Betrieb
eines Unternehmens. Nahezu unerfüllbare administrative, soziale, gesundheitli-
che oder feuerpolizeiliche Regelwerke und entsprechende Korruption bei jeder
Einzelfrage sind die Regel. In Ländern, die in einem ganzen Ministerium nicht
eine einzige funktionierende Toilette haben, wird z. B. von einem kleinen Laden
mit zwei Angestellten verlangt, zwei Toiletten einzurichten, eine für Männer, die
zweite für Frauen. Wahrscheinlich gibt es im ganzen Basar nicht eine einzige Toilette, weil sich InhaberInnen kleiner Läden diese gar nicht leisten könnten – und
alle müssen deshalb Bestechungsgelder zahlen.

Box 23: Eine Unternehmensstory aus Burkina Faso

Fatumatu M. ist eine überaus erfolgreiche Unternehmerin. In dem Sahelland Burkina Faso hat sie 1998 mit dem Trocknen von Früchten begonnen, die sie anfangs vor allem in der Hauptstadt Ouagadougou verkaufen konnte. 2005 hat sie mit dem bisherigen Erlösüberschuss eine Trockenanlage für Mangofrüchte bauen lassen, die sie immer mehr erweiterte. 2016 kamen mit Unterstützung einer Entwicklungsbank die letzten beiden der jetzt 12 großen Trockenöfen hinzu. Mit rund 350 Tonnen p. a. getrockneter Früchte, von denen die meisten Bio-Ware sind und in den Export nach Europa gehen, ist die Unternehmerin eine der wichtigsten FabrikantInnen des Landes. Neben dem Stammpersonal von 40 fest Angestellten, die meisten davon Frauen, beschäftigt sie in den drei Saisonmonaten bis zu 800 weitere Frauen.

Für den Sommer 2018 hat Fatumata die Umstellung der Feuerung ihrer Trockenöfen von Gas auf Strom geplant und schon 2017 einen Antrag auf Starkstrom-Anschluss durch die nationale Stromgesellschaft gestellt. Auch ohne diesen Anschluss war ihr Betrieb schon bisher der größte Stromverbraucher im Landkreis und stets guter und pünktlich zahlender Kunde. Auf ihren Antrag hin passierte nichts außer Versprechungen, sodass nach einem Dutzend Briefe, Anrufe und persönlicher Vorsprachen Fatumata drohte, ihre Stromrechnung nicht mehr zu bezahlen. Als weiterhin nichts passierte, zahlte sie ihre letzte Stromrechnung genau 10 Tage lang über den Termin nicht. Die Reaktion folgte auf den Fuß: Nach nur sieben Tagen wurde ohne Vorankündigung der Strom abgestellt.

Bei unserem Besuch 14 Tage später wartete die Unternehmerin nun auf eine Reaktion auf ihre Beschwerden, die sie auch an die Industrie- und Handelskammer von Burkina Faso und an den Provinzgouverneur weiterleitete. Großen Erfolg erwartet Fatumata davon aber nicht, denn „niemand in Burkina Faso kümmert sich um das Wohlergehen der privaten Wirtschaft". Der Stromgesellschaft ist es jedenfalls absolut egal, ob sie Strom verkauft oder nicht und ob dadurch Betriebe florieren oder zu Grunde gehen. Niemand im Management stört sich daran.

Lösungen nur „von unten"

Konkret stellt die Weltbank in ihrem jährlichen Bericht zu den Gewerbebedingungen im subsaharischen Afrika einerseits kleinere Verbesserungen fest, zieht jedoch auf der anderen Seite eine weiterhin verheerende Bilanz: Von den 190 Staaten, die im „Doing Business" Weltbericht für 2020 gelistet sind, rangiert das winzige Mauritius als bestplatziertes afrikanisches Land auf dem sehr guten 13. Rang der Liste. Mit Ruanda folgt ein weiterer der insgesamt 48 Staaten Subsahara-Afrikas erst wieder auf Platz 38 und selbst Südafrika erst auf Platz 84. Die meisten Länder sammeln sich im letzten Drittel bis letzten Zehntel: allein von den größeren Volkswirtschaften die DR Kongo auf Rang 183, Äthiopien auf Rang 159, Nigeria auf Rang 131 oder der Sudan auf Rang 171[3].

Die geschilderten Probleme sowie schon die wenigen Zahlen zeigen eindeutig, dass die Regierungen vieler Staaten vor allem Afrikas eher zweifelhafte Partner für private wirtschaftliche Entwicklung sind[4]. Wer auf eine Industrie- und Bergbauentwicklung in Afrika setzt, um Armut erfolgreich zu bekämpfen, kann hier in absehbarer Zeit deshalb auch keine Revolution erwarten. Die Lösung für eine armutsorientierte wirtschaftliche Entwicklung in vielen Ländern des Kontinents kann daher nicht allein „von oben" kommen. Im Sinne von Deepa Narayan und Team, die für die Weltbank zahlreiche Studien zur Einschätzung von Armut und von möglichen Wegen aus der Armut durch Betroffene selbst erstellt haben, ist eine erfolgreiche Armutsminderung auch und gerade bei der Wirtschaftsentwicklung daher eher „from the bottom up" zu erwarten, d. h. von der Basis aus, also auf lokaler Ebene und von den Armen maßgeblich selbst initiiert[5].

13.2 Den informellen Sektor in den Städten organisieren und professionalisieren

Bis zu 90 % der arbeitenden Menschen in den Städten Afrikas, Asiens und Lateinamerikas sind im sogenannten informellen Sektor tätig, d. h. sie arbeiten ohne Arbeitsverträge, Sozialversicherung, Arbeitsschutz und deshalb immer auf eigenes Risiko, alles zu stets niedrigen Löhnen bzw. zumeist auch geringen Einkommen aus selbstständiger Arbeit (Abb. 13.1). Sehr viele sind unterbeschäftigt, d. h. sie arbeiten nur wenige Stunden am Tag oder finden nur wenige Tage in einem Monat bezahlte Arbeit. Im urbanen Bereich muss der Weg aus der Armut daher über eine Erhöhung der Einkommen für Arbeit im informellen Sektor führen und langfristig über den Weg in die Sozialversicherung. Daneben ist eine deutliche Reduzierung der Unterbeschäftigung notwendig.

Eine Formalisierung der Arbeitsverhältnisse, wie sie die EZ häufig fordert und unterstützt, bietet sich derzeit allerdings nur dort an, wo die Regierungsführung eine freie Wirtschaft auch wirklich zulässt. In Ländern wie Tadschikistan wird es kaum ein Kleinunternehmer riskieren, in die Formalität überzutreten und z. B.

Abb. 13.1 Informelle Werkstatt in Phnom Penh (Kambodscha); hier werden alte Motoren wenn möglich „runderneuert" oder zumindest noch brauchbare Teile ausgebaut. (Foto: © Frank Bliss 1989–2020)

Beschäftigte offiziell einzustellen und bei der (formell bestehenden) Sozialversicherung anzumelden. Damit würde er in den Verwaltungen auffallen und könnte in den Ruin getrieben werden. Dem Verfasser sind zahlreiche Fälle bekannt, wo MitarbeiterInnen seit Jahrzehnten in einem Betrieb arbeiten, aber beide Seiten, Chef und Angestellte/r, alles vermeiden, was ihre Existenz für eine staatliche Stelle bemerkbar machen könnte.

Eine weitere Wirkung der Korruption ist, dass selbst relativ erfolgreiche UnternehmerInnen im informellen Sektor, die eigentlich ihre Geschäftstätigkeit gerne ausweiten und mehr Leute einstellen würden, sich so gut es geht zu verstecken suchen: mittels schäbiger Hangars, in Hinterhöfen gelagert, ohne Firmenschilder und daher schwer für Kunden zu finden, oft ohne eigene Transportmittel außer Mopeds selbst im Servicehandwerk (z. B. Elektriker, Klempner, Schweißer) und eben weniger MitarbeiterInnen als eigentlich möglich. Dieser Verzicht auf Ausweitung der wirtschaftlichen Aktivität reduziert natürlich die gesamte wirtschaftliche Entwicklung in einer Stadt.

Welche Lösungen sind vor diesem Hintergrund vielversprechend bzw. überhaupt denkbar? Ein erster Schritt, der mittelfristig zu einer Verbesserung der Unternehmens- und Arbeitsbedingungen und zur Erhöhung der Einkommen beitragen könnte, ist die Selbstorganisation der betroffenen Erwerbstätigen, UnternehmerInnen wie ArbeiterInnen. Die Gründung von zunächst informellen, je nach Land und rechtlichen Vorgaben auch formellen berufsständischen Organisationen, vielfach unterstützt durch internationale Nichtregierungsorganisationen (aus Deutschland z. B. durch den Deutschen Genossenschafts- und Raiffeisenverband, DGRV, sowie zahlreiche Handwerks- und Handelskammern, politische Stiftungen und, wo es sinnvoll ist, auch durch die offizielle bilaterale EZ), ist daher eine bereits verbreitete Praxis in den betroffenen Ländern.

Je professioneller die Organisationen arbeiten und je mehr Mitglieder sie haben, umso besser können sie diese vor staatlicher Willkür schützen und zugleich bei ihrer wirtschaftlichen Tätigkeit unterstützen. Dabei müssen nicht immer nur „nationale" Organisationen entstehen. Auch städtische oder nur quartierbezogene Strukturen wirken. So lassen sich Marktfrauen in Ghana oder der Côte d'Ivoire heute nicht mehr so einfach von informellen Märkten vertreiben und/oder von der Polizei erpressen, weil sie keine Gewerbekarten besitzen. Wichtig ist, die Organisationen zu befähigen, sich in der Öffentlichkeit darzustellen, d. h. die auch in vielen korrupten Ländern relativ freie und engagierte Presse für ihre Sache zu gewinnen. Staatliche EZ wie auch gerade die politischen Stiftungen und andere NRO können hierbei unterstützen und durchaus Wirkungen erzielen helfen.

Auch innerhalb der Informalität lässt sich durch gezielte Maßnahmen viel an Professionalität und damit Chancen auf höhere Einkommen erreichen, etwa, wenn sich Elektriker oder Kfz-Mechaniker als Servicegruppen zusammentun und gemeinsam Fortbildungsmaßnahmen durchführen (z. B. durch Lieferanten von Klimaanlagen über deren Wartung wie in Cotonou/Benin, Bamako/Mali oder Ouagadougou/Burkina Faso mehrfach festgestellt) und sogar „Servicetelefone" einrichten, um sich bei Problemen gegenseitig zu unterstützen, wie ebenfalls vom Verfasser kürzlich in Burkina Faso beobachtet.

Der schwierige Zugang zu Krediten für betriebliche Investitionen und vor allem Neugründungen wurde bereits mehrfach angesprochen. Wenn sich Klein(st)händlerInnen oder HandwerkerInnen zu Kooperativen zusammenschließen, kommen sie auf diese Weise möglicherweise häufiger an Kredite heran, die Banken einzelnen Marktfrauen niemals gewähren würden. Die auf diese Weise zugänglichen Kleinkredite von rund 300 bis 500 € pro Person und Kleinbetrieb (allein oder innerhalb eines Zusammenschlusses) sind es dann, die aus einer (informellen) Straßen-Kleinsthändlerin, die jeden Tag mit einem Korb Tomaten 1000 Franc oder eineinhalb Euro verdient, eine (weiterhin informelle)

Abb. 13.2 Eine Frauengruppe in Benin, die gemeinsam einen Kredit für die Erweiterung ihrer Soja-Verarbeitung aufgenommen hat. (Foto: © Frank Bliss 1989–2020)

Geschäftsfrau mit einem festen Marktstand und einem fünf- bis zehnfachen Tageseinkommen machen (Abb. 13.2). Entsprechend wird aus einem Tagelöhner-Klempner, der bisher einen Eimer mit Zange und wenig anderem Werkzeug durch die Gassen von Dakar trägt und seine Leistung ausruft oder an einer Kreuzung zusammen mit Dutzenden anderer „Tagelöhner" auf einen Auftrag wartet, ein Klein-Handwerksbetrieb mit einem kleinen festen Hangar und immerhin einer Basisausrüstung, mit der er mehr als nur einen tropfenden Wasserhahn reparieren kann.

Mit dem nächsten Kreditsegment, d. h. zwischen 1000 und 5000 EUR, ließen sich in Afrika durchaus nachhaltig Neugründungen von professionellen Handwerksbetrieben finanzieren. Informalität und Professionalität sind dabei kein Widerspruch. Allerdings müssen dafür Dünkel überwunden werden, wenn ein studierter Elektriker (Fachhochschule) in Ouagadougou (Burkina Faso) sich nicht mehr primär um eine (schlecht bezahlte, aber sichere) Angestelltenstelle im Staatsdienst bewerben möchte, sondern – um mittelfristig ein Mehrfaches zu verdienen – in einem Hinterhof seinen eigenen Elektromontagebetrieb gründet. Hier kann die internationale EZ einen sehr wichtigen Beitrag leisten, indem sie bereits bei der vielerorts unterstützen Ausbildung solche Berufsalternativen thematisiert und die Rahmenbedingungen für einen beruflichen Einstieg positiv zu beeinflussen sucht.

Hierzu gehört ganz besonders der benötigte, bisher aber kaum gewährleistete Zugang zu Krediten für BetriebsgründerInnen. Indem die EZ nationalen Kreditinstitutionen alternative finanzielle Kreditlinien für HandwerkerInnen, junge UnternehmerInnen generell oder genossenschaftlich organisierten Personengruppen zur Verfügung stellt oder den Institutionen auch nur Garantien für solche mit erhöhtem Risiko verbundenen Kredite bietet, könnten überall Zehntausende gut qualifizierter junger Leute in Arbeit gebracht werden.

Es hilft wenig, über die Probleme der Informalität zu klagen, bei der gerade die Schwächsten, arme Frauen und Männer und vor allem auch Kinder, die arbeiten müssen, besonders der Ausbeutung ausgesetzt sind. Es gibt auch mit Blick auf diese Gruppe zahlreiche Ansätze zur Unterstützung. Die katholische Organisation Don Bosco Mondo mit Sitz in Bonn betreibt in Cotonou (Benin) und in anderen Städten in Afrika und weltweit berufliche Ausbildungszentren für Jugendliche, vielerorts gezielt für Straßenkinder und Kinder aus armen Familien. Zusammen mit Partnerorganisationen werden auf diese Weise ständig einige Tausend junger Menschen, die ohne diese Unterstützung ihr Leben lang allenfalls unterbezahlte Handlangerdienste leisten müssten, beruflich qualifiziert. Von anderen Organisationen werden langjährig tätige, nur angelernte, aber zumeist doch sehr erfahrene HandwerkerInnen in Abendschulen oder im Rahmen von komprimierten Lehrgängen von drei bis sechs Monaten zu FacharbeiterInnen ausgebildet.

Beide Ausbildungsarten, für Jugendliche und Erwachsene, münden nach Möglichkeit in einem allgemein anerkannten staatlichen Abschluss mit Zertifikat, der unmittelbar den Weg zu relativ gut bezahlten Funktionen wie Fachelektriker, Schreiner, Klempner, Schweißer oder sogar den einen Bauingenieur oder Architekten vertretenden Polier auf dem Bau eröffnet. Als besonders gutes Beispiel arbeitet das Don Bosco-Ausbildungszentrum in Cotonou (Abb. 13.3) bereits mit Beginn des dritten Lehrjahres mit zahlreichen Betrieben zusammen, in denen die Auszubildenden Praktika vermittelt bekommen. Jährlich findet in der Schule auch eine Arbeitsmarktbörse statt, beides mit dem Ergebnis, dass viele junge Leute schon vor Erhalt ihres Zertifikats wissen, wo sie später arbeiten können, und als junge Menschen die Gewissheit mit auf den Weg bekommen, dass sie mit Eintritt ins Berufsleben ganz sicher nicht mehr zu den ganz Armen im Land gezählt werden müssen.

Ein deutlich kleineres Don Bosco Ausbildungszentrum in Ouagadougou, das sich vor allem um Kinder kümmert, die als fast immer unbezahlte Hilfskräfte in

Abb. 13.3 Modernes Ausbildungszentrum von Don Bosco Mondo in Cotonou (Benin). (Foto: © Frank Bliss 1989–2020)

Werkstätten arbeiten müssen (für Essen und einen Schlafplatz), berichtet allerdings von einem Erfolgsproblem: Zahlreiche „Meister" lassen ihre jugendlichen Helfer nicht mehr zu den Abendkursen, weil sie Angst haben, dass diese Dank Don Bosco bald mehr wissen und können als sie selbst – und vielleicht bald einen (natürlich informellen) Konkurrenzbetrieb aufmachen könnten.

Andere gute Beispiele zeigen, dass auch im bisher vernachlässigten informellen Sektor ohne das Ziel seiner Formalisierung und allenfalls mit niederschwelliger Unterstützung durch den Staat vielerlei möglich ist. Besonders vielversprechend sind Ansätze, bestehende Arbeit durch Qualifikation aufzuwerten und den Berufstätigen dadurch zu einem erhöhten Einkommen und damit einem Weg aus der Armut zu verhelfen. Ein Hotelier in Ouagadougou bestätigte das Potenzial für diese Ausbildung dem Autor gegenüber so: „Auch wenn überall gebaut wird und Tausende angeblicher Handwerker auf den Baustellen rumlaufen: Ein richtiger Elektriker oder gar ein Klempner ist bei uns einfach nicht zu finden". Wer also in Ouagadougou einen Wasseranschluss auf Dauer wirklich dicht bekommt, der braucht sich um Aufträge ganz sicher nicht sorgen.

13.3 Nachhaltige Wirtschaftsförderung auf dem Lande

Eine Beschäftigungsförderung auf dem Land muss sich mit den Faktoren auseinandersetzen, die dort eine Entwicklung und Armutsbekämpfung so schwer machen: i) die geringe Produktivität der Böden und entsprechend geringe Ernteerträge, ii) (zunehmende) klimatische Unwägbarkeiten (Dürren, aber auch Starkregenereignisse, Variabilität der Niederschläge u. a.) vor allem in der Sahelzone, aber vermehrt auch in der regenreicheren Sudano-Sahelzone, iii) fehlender Zugang zu landwirtschaftlichen Inputs (zertifiziertes Saatgut, Düngemittel), iv) geringe Verfügbarkeit von (angepasster) Technologie, v) kaum Zugang zu Krediten für bäuerliche Betriebe sowie vi) Landzugangs- und Landsicherheitsfragen.

Außerdem ist festzuhalten, dass vii) landwirtschaftliche Erzeugnisse auch wegen fehlender Infrastruktur sehr häufig nicht vor Ort verarbeitet werden können und damit eine erhöhte Wertschöpfung ausbleibt. Dies hat auch zur Folge, dass es außerhalb der Landwirtschaft vor Ort zu wenige Arbeitsplätze gibt, was verstärkt wird durch die Tatsache, dass in einer armen Lebenswelt die geringe Kaufkraft auch nur geringe Nachfrage nach nicht durch Subsistenzproduktion erzeugten Gütern weckt.

Vor allem der letztgenannte Punkt wurde bisher zu wenig in der EZ berücksichtigt, bekommt aber derzeit etwas an Fahrt. So liegen erste Erfahrungen vor, die Hoffnung machen. Sogar das in Box 23 angeführte Negativbeispiel für die Kredit- und Energieversorgungspolitik zeigt doch überaus positiv, dass es durchaus Menschen gibt, die trotz der widrigen Rahmenbedingungen unbeirrt ihren erfolgreichen Weg gehen. Für die Steigerung der Wertschöpfung aus landwirtschaftlicher Produktion vor Ort und zugleich die Schaffung nicht-bäuerlicher Arbeitsplätze ist das Zauberwort die „Wertschöpfungsketten-Verlängerung", die bereits in Abschn. 8.4 unter den Beispielen Guter Praxis genannt wurde. Ob Mangos, Cashew-Nüsse oder Sojabohnen: Es geht hierbei darum, die Erzeugnisse nicht direkt nach der Ernte ab Feld den Aufkäufern zu überlassen, sondern so viel wie möglich selbst oder zumindest mit anderen zusammen im Dorf zu deren Wertsteigerung beizutragen.

Dies beginnt damit, dass Grundnahrungsmittel teilweise eingelagert werden (wofür allerdings heute oft noch fehlende Lagerhäuser benötigt werden) und erst dann, wenn der Preis nach der Haupterntezeit zu steigen beginnt, verkauft werden. Statt als Rohware in der Schale können Cashew-Nüsse als getrocknete oder sogar gewürzte Kerne verkauft werden und bei Soja bietet es sich an, Erzeugnisse wie Käse (Tofu), Sojamilch, Sojamehl usw. schon teilweise im Dorf herzustellen, was (sehr viele) Arbeitsplätze und damit lokalen Mehrwert bzw. Einkommen schafft (Abb. 13.4). Flankiert werden kann der Ansatz verlängerter Wertschöpfungsketten durch die Bereitstellung zumindest der dringlichsten Infrastruktur wie ganzjährig nutzbare Zuwegung zu den Dörfern, Lagerhäuser, (Solar)Strom usw.

Eine Verlängerung von Wertschöpfungsketten, wie beispielhaft durch die Mangotrocknung dokumentiert (Box 23), hat erhebliche Streueffekte, die auch im ländlichen Raum wichtig für die Beschäftigungsförderung sind. Der Betrieb von Frau Fatumata benötigt nämlich nicht nur Frauen als angelernte Helferinnen bei der Mango-Verarbeitung. In ihrem Unternehmen sind stets zwei Elektriker und Mechaniker anwesend, zwei weitere Männer kümmern sich um die Pumpen. Ein Dutzend und mehr kleiner Transportfahrzeuge bringen jeden Tag die

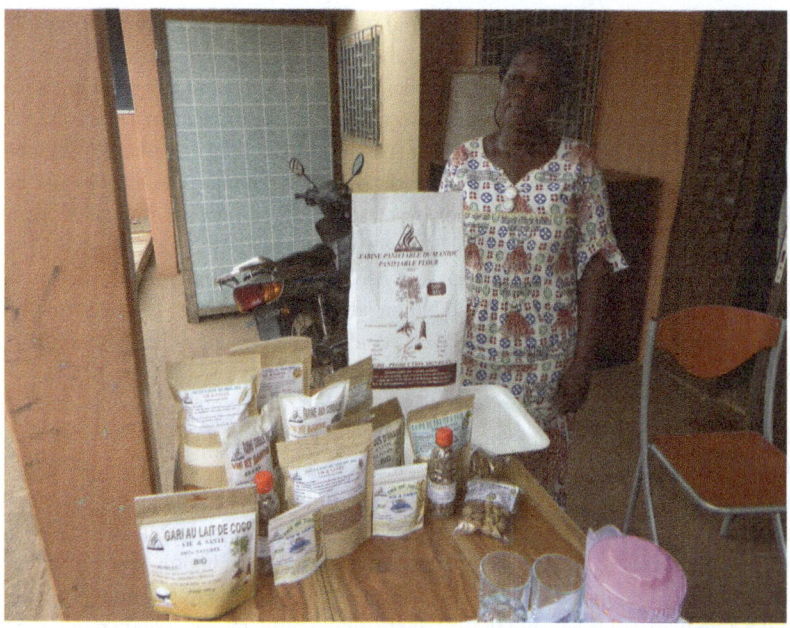

Abb. 13.4 Ihre frühere Kleinst-Produktion von Soja-Käse hat diese Frau in Benin nach Coaching seitens des deutschen EZ-Projektes zu einem Betrieb mit sechs Mitarbeiterinnen, einer eigenen „Brand" und rund 20 verschiedenen Produkten fortentwickelt. (Foto: © Frank Bliss 1989–2020)

Früchte und Hunderte von Arbeiterinnen kommen täglich mit einem *„clando"* oder informellen Motorradtaxi angefahren.

Das Einkommen, das die ArbeiterInnen im Betrieb erzielen, geht einerseits in die Ernährung der Familien, d. h. es werden über die Subsistenzproduktion hinaus Nahrungsmittel und andere Dinge zugekauft, zudem investieren viele Haushalte bei Bargeldverfügbarkeit in ihre Häuser und in das Inventar. Als erstes werden üblicherweise Strohdächer durch solche aus Wellblech ersetzt, dann die roh gezimmerten Türen und Fensterläden durch richtige Schreinerarbeiten ausgeführt, und wer es sich leisten kann, wird bald anstelle der Matte ein richtiges Bett, zumindest eine Matratze haben wollen, und die selbst in kleinen ländlichen Zentren zahlreich angebotenen Schränke, Tische und Stühle beweisen, dass es eine diesbezügliche Nachfrage nicht nur unter den ganz wenigen wirklich Reichen gibt.

Sobald ein Mann in Äthiopien, Burkina Faso, Vietnam oder Laos auf dem Lande das notwendige Geld dafür zusammen hat, wird er ein Fahrrad, hat er dieses bereits, ein Moped oder Motorrad zu kaufen versuchen. In Südostasien, wo der Anteil der nicht mehr Armen, aber noch nicht gut situierten Haushalte deutlich größer ist als in Subsahara-Afrika, wird daneben sehr häufig in Landwirtschaftstechnik investiert, so in den Erwerb des bereits erwähnten Handtraktors. Daneben werden weltweit in den EL zur Arbeitserleichterung vor allem für Frauen Motormühlen angeboten, die betrieben von KleinunternehmerInnen das mühsame Stampfen von Hirse im Mörser oder Mahlen von Mais mit dem Reibstein ersetzen. Dieser Trend ist derzeit unaufhaltsam, weswegen für Räder, Mopeds, die Landmaschinen, Mühlen usw. wiederum Mechaniker benötigt werden. Selbst in den ärmeren Ländern der Sahelzone finden sich deshalb heute in fast allen zentral gelegenen Marktorten auch deren Werkstätten neben ersten Schreinerbetrieben, Schlossereien oder den Hangars der Elektro-Reparateure.

Diese *„bottom-up"*-Wirkungskette ist einerseits idealtypisch, andererseits hat der Verfasser selbst erlebt, wie in einem der ärmsten Länder der Welt, dem bereits vielfach zitierten Tschad – mit einer der schlechtesten Regierungsführungen, die es weltweit gibt – eine lokal getragene Entwicklung „von unten" zustande kam, die mit einem etwas verbesserten Marktzugang und kleineren Investitionen begann. Würden in einer solchen Situation gezielt Wertschöpfungsketten unterstützt, Kredite bereitgestellt und vielleicht die eine oder andere Beratungsleistung in der Landwirtschaft angeboten, so könnte dies signifikant zur Armutsminderung beitragen – auch bei teilweiser Abwesenheit des Staates in den Provinzen.

13.4 Public Private Partnership

Ausgerechnet Dambisa Moyo, für die Entwicklungshilfe zur „Dead Aid" werden kann, wie der Titel ihres Buches aus dem Jahre 2009 lautet, sieht in der Entwicklungspartnerschaft mit der Wirtschaft, der sogenannten *Public Private Partnership*, neben anderen Modellen wie *Private Capital Solution, Debt Capital Markets* und *Diaspora Bonds* eine mögliche Lösung für Afrikas Entwicklungsprobleme. Man muss sich allerdings hüten, diese Begriffe mit allgemeiner Privatisierung zu verwechseln, d. h. den Verkauf von in staatlichem Besitz befindlichen Betrieben in private Hände. Letzteres ist vor allem unter Druck der internationalen Finanzorganisationen (vor allem von Weltbank und IWF, aber zeitweise auch von ADB und anderen Regionalbanken) in den 1980ern in einem Ausverkauf staatlichen Besitzes gemündet, der auch wichtige Versorgungsunternehmen wie städtische und rurale Wasserwerke oder Transportbetriebe einschloss.

Was die britische Eisenbahngesellschaft British Rail fast an den Rand des Zusammenbruchs brachte und in Deutschland trotz der abgebrochenen Privatisierungspläne mit ein Grund dafür ist, warum immer mehr Fernzüge unpünktlich sind, weil das Schienenmaterial mit seinen Weichen marode ist und überall Personal fehlt, kann in EL tödliche Konsequenzen haben, wenn beispielsweise Menschen vom kommunalen Wasserversorger kein Wasser mehr erhalten, weil sie die Preise nicht mehr bezahlen können und stattdessen verschmutzte Quellen aufsuchen müssen. Zeitweise hat auch die von vielen Geberstaaten angestrebte *Public Private Partnership* zu solchen Auswüchsen geführt, weil das *public* (d. h. der Staat) zu wenig Einfluss auf das *private* (d. h. etwa den privaten Wasserversorger) ausgeübt hat. Während bei den USA eine Förderung dieser Politik im Rahmen ihrer internationalen Kooperation über USAID durchaus weiter zu beobachten ist, wird in Deutschland eine Zusammenarbeit mit der Wirtschaft zwischenzeitlich deutlich anders interpretiert, zumindest was die Grundversorgung der Bevölkerung mit Trinkwasser und Sanitärdienstleistungen betrifft.

Unter dem Motto „betriebswirtschaftlicher Nutzen für ein Unternehmen und zugleich entwicklungspolitischer Mehrwert für die Menschen in den Partnerländern" werden heute z. B. in einigen Ländern über die KfW und DEG erneuerbare Energien gefördert. Zudem handelt es sich bei den Partnern seltener um transnationale Konzerne, die es allerdings auch gibt, sondern mehrheitlich um KMU, kleine und mittlere Unternehmen, Ausnahmen allerdings auch hier wieder. Im Interesse des BMZ bei der Bereitstellung der Fördergelder steht zudem primär die Schaffung von Arbeitsplätzen in der Landwirtschaft, Industrie und im Infrastrukturbereich[6]. Projekte, die durch die DEG gefördert werden, unterlaufen

ferner einer Umwelt- und Sozialverträglichkeitsprüfung, die auf internationalen Normen aufbaut und Standards von Weltbank, der IFC oder der ILO zur
Anwendung bringt.

Von solcher *Public Private Partnership,* die heute weitgehend auch von
kritischen NRO akzeptiert wird, zu unterscheiden sind die „freien" privatwirt-
schaftlichen Investitionen in EL. Diese unterliegen nur wenigen Kontrollen außer
durch die Organe des Staates, in dem sie getätigt werden. Allerdings gibt es
auch hier in Deutschland seit 2021 zumindest eine erste gesetzliche Regelung.
Die „Initiative Lieferkettengesetz", getragen unter anderem von Brot für die
Welt, Misereor, den Weltläden, Greenpeace und mehr als einem Dutzend weiterer teils großer zivilgesellschaftlicher Organisationen, unterstützt durch das
BMZ und seinen Minister, hätte sich allerdings durchaus deutlichere Regelungen
gewünscht[7].

Anmerkungen

1. Vgl. Asserate (2017).
2. Dieser Abschnitt folgt dem aktualisierten Beitrag des Verfassers: Subsahara-
   Afrika: Wirtschaftliche Entwicklung „von unten" fördern, in: Aus Politik und
   Zeitgeschichte 68. Jahrgang, 43–45/2018, 33–39.
3. Vgl. World Bank (2020). Doing Business 2020. Table 0.1 Ease of doing business
   ranking. Washington.
4. Was nicht für alle Länder gilt und sich auch recht kurzfristig verändern kann.
   So hat der westafrikanische Senegal kürzlich eine Wirtschaftsförderungsgesell-
   schaft eingerichtet, die auch kleine Unternehmen bei Gründung, Aufbau und
   Erweiterung berät und dabei vom Personal her zudem überdurchschnittlich
   gender-gerecht aufgestellt ist. Diese *Agence de Développement et d'Encadrement
   des Petites et Moyennes Entreprises* (ADEPME) „has about 30 staff members
   under its (male) director. Out of the 14 professionals (who are doing the con-
   sultancies for entrepreneurs) six are women and eight are men. The leading
   monitoring person (one of the two vice directors) and the responsible staff mem-
   ber for administration and finance are women. Also one of the two consultants
   for industrial development is a woman. From the three finance sector specialists
   also two are women" (aus einer internen Analyse 2020).
5. Vgl. Narayan et al. (2009).
6. Dazu: https://www.deginvest.de/Internationale-Finanzierung/DEG/über-uns/
7. Eine gute Einführung zu diesem Thema unter: https://www.bmz.de/de/themen/
   lieferketten/index.html [9–2020].

Gute Regierungsführung 14

Zusammenfassung

Zahlreiche Entwicklungsländer leiden unter schlechter Regierungsführung. Fehlende Entwicklungsorientierung der PolitikerInnen bzw. nationalen Eliten insgesamt, häufig jeglichen wirtschaftlichen Aufbau lähmende Korruption und ineffiziente, bürokratische Verwaltungsstrukturen sind hier für die Verstetigung von Armut fast immer zumindest mitverantwortlich. EZ versucht daher einerseits, mit diesen Verfehlungen zurechtzukommen und dennoch Entwicklungserfolge in den verschiedensten Bereichen zu erzielen. Es wird gleichzeitig aber auch versucht, durch Beratung, die Kombination von Anreizen und (gelegentlich) Sanktionen die Regierungsführung selbst positiv zu beeinflussen. In Staaten mit akzeptabler Regierungsführung werden mit Hilfe von EZ-Programmen zudem im Rahmen der Förderung der Guten Regierungsführung Dezentralisierung und der Aufbau einer effektiven Kommunalverwaltung unterstützt.

Schlüsselwörter

Entwicklungsprojekte • Gute Regierungsführung • Korruptionsbekämpfung • Menschenrechte • Zivilgesellschaft

14.1 Gute Regierungsführung als Voraussetzung für Entwicklung

Entgegen üblichen diplomatischen Gepflogenheiten wird das BMZ mit Blick auf eine Reihe deutscher Partnerländer gelegentlich in Berichten recht deutlich, was

F. Bliss, *Armutsbekämpfung durch Entwicklungszusammenarbeit*, https://doi.org/10.1007/978-3-658-32805-4_14

die Arbeit der betreffenden Regierungen betrifft. Im 15. Entwicklungspolitischen
Bericht der Bundesregierung wird auf rund drei Milliarden Menschen verwiesen, die unter den Auswirkungen autoritärer Regime litten. Unter Einbeziehung
einer halben Milliarde Menschen, die in „stark defekten Demokratien" lebten, sei
damit beinah die Hälfte der Weltbevölkerung von schlechter Regierungsführung
und einem Mangel an Demokratie betroffen. Zentrales Problem sei in diesem
Zusammenhang auch die massive Korruption, wobei eine klare Aussage zu deren
erschreckendem Ausmaß getroffen wird: „So gelten 90 % der Partnerländer der
deutschen Entwicklungspolitik als hochkorrupt"[1].

> „Volk und Führer passen in Afrika oft einfach nicht zusammen. Halsstarrige
> Halsabschneider, die sich Präsidenten nennen und am liebsten ihr Leben
> lang ihre Länder ausplündern, streiten mit machthungrigen Möchtegern-
> herrschern, die sich Opposition nennen und gerne mitplündern würden. Und
> dazwischen ist das Volk, das von beiden schlichtweg die Schnauze voll hat...
> *Aus: Welt-Sichten, September 2018*
> „Im Februar 2012 ließ die französische Justiz mehr als 200 Kubikmeter
> Besitz (Luxusautos, Gemälde alter Meister etc.) im Wohnsitz von Teodo-
> rin Obiang, Sohn des Diktators von Äquatorialguinea, an der Avenue Foch
> beschlagnahmen".
> *Aus: Thomas Piketty (2016: S. 595)*
> Fliegen für das Klima: „Malaysia schickte [zur Weltklimakonferenz
> im Dezember 2019] nur 20 Personen nach Madrid, Deutschland 102, die
> Elfenbeinküste 348, das ist absurd".
> *Aus: Süddeutsche Zeitung, Samstag/Sonntag 7./8. Dezember 2019, S.35*

Wer die letzten acht Kapitel dieses Buches gelesen hat, dürfte langsam müde werden, immer wieder vom Gebaren der Diktatoren und der anderen Herrscher (bei
eher wenigen Herrscherinnen) dieser Welt lesen zu müssen und von ihren Plünde-
rungszügen quer durch die von ihnen schlecht regierten Länder. In diesem letzten
der Kapitel über relevante Schwerpunktbereiche der internationalen und deutschen EZ muss aber das Thema noch einmal aufgegriffen werden, um auch hier
Wege aufzeigen zu können, mit diesem Problem nicht nur umzugehen, sondern
auch (zumindest kleine) Erfolge in Sachen „verbesserter" Governance erzielen
zu können. Allerdings beschränkt sich eine Förderung Guter Regierungsführung
bei weitem nicht auf die Korruptionsbekämpfung und / oder deren Prävention.
Es geht auch um die Einhaltung von Menschenrechten und Verbesserungen bei

ihrer Gewährung, eine effektive und bürgerfreundliche Arbeit der öffentlichen Verwaltungen und nicht zuletzt um Fragen des Staatsaufbaus und der Verteilung von Kompetenzen, denn dies bestimmt die Qualität der Leistungen mit, die eine Regierung ihrem Volke zur Verfügung stellen kann,

Da Gute Regierungsführung so wichtig ist für alle Fragen der Armutsminderung, hat auch die deutsche bilaterale EZ dieses Thema zu einem der Schwerpunktbereiche ihrer Tätigkeit erklärt und unterstützt Staaten aktiv bei der Stärkung ihrer Verwaltungen. Gefördert werden darüber hinaus auch zahlreiche multilaterale Engagements und natürlich Aktivitäten deutscher und internationaler zivilgesellschaftlicher Organisationen. Auch und gerade die politischen Stiftungen spielen eine wichtige Rolle bei der Suche nach Wegen, die Regierungsführung in einzelnen Partnerländern zu verbessern und zivilgesellschaftlichen Kräften ihren Spielraum vergrößern, zumindest aber erhalten zu helfen. Letzteres wird zunehmend zu einer Herausforderung, da es derzeit in sehr vielen Ländern zum Teil dramatische Tendenzen gibt, die Freiheit der Zivilgesellschaft einzuschränken. Dabei stehen EL wie Tadschikistan, Bangladesch oder das Schwellenland Indien nicht einmal besonders im Rampenlicht, solange die Regierung des EU-Landes Ungarn hier eifrig bemüht ist, ganz vorne bei der Gleichschaltung der Gesellschaft mitzuwirken und sich auch in Deutschland Gerichte dazu herablassen, kritischen zivilgesellschaftlichen Akteuren den Handlungsspielraum eingrenzen zu wollen. Entsprechend ist bei allen Beiträgen zur Guten Regierungsführung auch immer ein Stück Selbstreflexion angebracht.

14.2 Menschenrechte und Entwicklung

Bei dem Thema Menschenrechte (MR) geht es im entwicklungspolitischen Rahmen um zwei Dinge: erstens darum, nicht selbst MR bei der Projektarbeit zu verletzten, beispielsweise, indem durch den Bau von Infrastruktur Familien zwangsumgesiedelt, Bauern von ihren Äckern vertrieben oder Menschen um ihre Arbeitsplätze gebracht werden. Zweitens ist die Wahrung bzw. Wiederherstellung von MR ein wichtiges Ziel der Zusammenarbeit mit den betroffenen Staaten selbst.

In einem aktuellen Positionspapier stellt der Verband Entwicklungspolitik und Humanitäre Hilfe der entwicklungspolitischen Nichtregierungsorganisationen (VENRO) in Deutschland fest, dass in den Ländern Asiens, Afrikas, im Mittleren Osten, in Lateinamerika und Osteuropa zivilgesellschaftliche Handlungsräume derzeit massiv eingeschränkt werden. So würden Antiterrorismus-, Sicherheits-,

Internet- und Mediengesetze wie auch das Strafrecht missbraucht, um die bürger-
lichen und politischen MR zu beschneiden. 2017 lebten daher nur zwei Prozent
der Weltbevölkerung in uneingeschränkter gesellschaftlicher Freiheit. In sieben
von acht Staaten der Erde ergreife die jeweilige Regierung Maßnahmen gegen
JournalistInnen, VerteidigerInnen von Menschenrechten, politische AktivistInnen
oder eben gegen NRO[2].

Aber nicht nur die aktive Einschränkung von MR bzw. der Tätigkeit von Personen und Organisationen, die sich für die Wahrung der MR einsetzen, ist kritisch
zu bewerten. Auch das *Unvermögen* einer Regierung, Kriminalität und Gewalt
in einer Gesellschaft in Grenzen halten und mit Konflikten umgehen zu können,
stellt ein weit verbreitetes Problem Schlechter Regierungsführung dar. Diesbezüglich müssen z. B. fast ganz Honduras, einzelne Provinzen von Mexiko und
ganze Stadtteile in Brasilien quasi als *„failing areas"* eingestuft werden. Es gibt
aber auch hier Beispiele für gut angegangene Reformen. So hatte der Verfasser in Äthiopien schon vor etwa zehn Jahren die Gelegenheit, zusammen mit
hohen VertreterInnen der Justiz und Polizei ein Seminar zu Konfliktdiagnose
und Handlungsmöglichkeiten in Konfliktfällen durchzuführen. Ziel war es, typische ländliche Konfliktszenarien, die in Äthiopien zu erheblicher Unsicherheit
vor allem auf dem Lande geführt hatten, zu identifizieren und mit ihnen möglichst deeskalierend umgehen zu können. Die Anfrage ging in diesem Fall von
der äthiopischen Seite aus, die damit u. a. die drei heißen Eisen Viehdiebstähle,
Mädchenraub (zwecks Heirat) und Ackerbauschäden durch Vieh grundsätzlich
anpacken wollte.

Konflikte im ländlichen Äthiopien verstehen und mit ihnen umgehen lernen
Nach zwei Tagen Einführung in Theorie und Techniken der Konfliktdiagnose gab
es zwei Feldtage, bei denen Richter, Staatsanwälte und Polizeioffiziere (unter ihnen
keine Frauen!) zusammen mit einigen NRO-VertreterInnen in zwei verschiedenen
Dörfern konkrete Konflikte erkunden und Szenarien für den Umgang mit diesen Konflikten entwickeln sollten. Mit Anzug, Krawatte und polierten Schuhen
einerseits, großen Papierbögen, Markern, Klebestiften und Moderationskarten andererseits ausgestattet fuhr das Team in die beiden Dörfer, deren EinwohnerInnen
indes auf diese Aktion vorbereitet worden waren. In einer ersten Runde konnten
die Männer und Frauen der Dörfer über ihre Probleme sprechen, zu denen die
erwarteten Themen Viehraub, die Zerstörung von Feldern durch Viehherden, zudem
Frauenraub, aber auch Gewalt in den Familien zur Sprache kamen (daher auch ein
Kbele-Wächter dabei, siehe Abb. 14.1). Im besonderen Fall der beiden Dörfer kamen
noch illegale Holzfällungen hinzu[3].

Eifrig wurden Notizen gemacht, Pläne gezeichnet, Akteursdiagramme usw. aufgemalt. Der erste Richter zog dann die Krawatte ab und legte sein Sakko über einen Zaun, ein Staatsanwalt folgte und nach zwei Stunden saßen mehrere Runden von Bäuerinnen und Bauern zusammen mit den „hohen Herren" diskutierend auf Matten um die immer bunter werdenden Papierbögen herum. Als kurz vor Einbruch der Dunkelheit die Gruppe zum Bus zurück ging, begleitete sie das halbe Dorf und es kam zu herzlichem Abschiednehmen zwischen Juristen, Polizisten und EinwohnerInnen. Der Abend im Hotel wurde danach noch sehr lang und es wurde sehr intensiv über die Erfahrungen im Dorf diskutiert und viel Bier getrunken. Ähnlich verlief auch der zweite Tag mit „Übungen" in der Realität.

Was war passiert, dass es zu dieser Dynamik kam? Bei der Auswertung des Workshops wurde sehr deutlich, dass fast alle TeilnehmerInnen noch niemals in ihrem Arbeitsleben Probleme in einem Dorf so hautnah erlebt, mit den Beteiligten zusammen aufgearbeitet und nach Lösungen gesucht hatten. Für sie waren die Bäuerinnen und Bauern fast Angehörige einer völlig fremden Kultur und manche waren geradezu geschockt, als ihnen Frauen davon erzählten, wie junge Mädchen aus dem Dorf, wo man gerade tagte, einfach geraubt worden waren oder dass Gewalt zwischen Bauern und Viehzüchtern eher die Regel als die Ausnahme darstellte, dass diese Gewalt aber auch ihre Gründe hatte, die für beide Seiten nachvollziehbar schienen. Das Ziel der Tagung einer erhöhten Sensibilität für die täglichen Probleme der Landbevölkerung und einen sensiblen Umgang mit diesen Problemen wurde in jedem Fall während der vier Tage erreicht.

Häusliche Gewalt in Tadschikistan durch Gesetz und aktives Eingreifen reduzieren

In einem Bericht aus dem Jahre 2013 legte die Weltgesundheitsorganisation (WHO) einen umfangreichen Bericht zur weltweiten häuslichen Gewalt vor, der erstmals das gesamte Ausmaß der vor allem gegen Frauen und Mädchen gerichteten Gewalt in den Familien aufdeckte. So wurde deutlich, dass jede dritte Frau auf der Erde schon einmal körperlicher oder sexueller Gewalt oder beiden Verletzungen ihrer Rechte und Würde ausgesetzt war. Am wenigstens in Europa (ca. 25 %), am meisten in Südost-Asien (37,7 %), im östlichen Mittelmeerraum (37 %) und in Afrika (36,6 %)[4]. Am geringsten schien im Berichtszeitraum häusliche Gewalt im urbanen Japan (12,9 %), am häufigsten im ländlichen Peru (61 %) verbreitet gewesen zu sein.

Für Tadschikistan liegen keine genauen Zahlen vor, aber Alexander Erich, 2008 – 2011 Leiter eines Schweizer Projektes gegen häusliche Gewalt in Tadschikistan, geht in einer Arbeit aus dem Jahr 2016 davon aus, dass zur Zeit seiner Erhebungen sogar die große Mehrheit aller Frauen im Lande in irgendeiner Weise

Abb. 14.1   Kbele(Dorf)-Wächter in einem Dorf im Zentrum von Amhara (Äthiopien). (Foto:
© Frank Bliss 1989–2020)

häuslicher Gewalt unterworfen war und für viele diese Situation fast alltäglich gewesen sei[5]. Zwar habe Tadschikistan in einem Bericht zur Menschenrechtssituation
2011 dementiert, dass NRO-Berichte stimmten, wonach 33 bis 50 % der Frauen im
Lande physische, psychische oder sexuelle Gewalt erfahren hätten, jedoch bestätigten empirische Studien, die zuvor durchaus noch im Konsens mit staatlichen
Organen Tadschikistans erstellt worden waren, genau diesen Umstand.

Die Ursachen häuslicher Gewalt hier sind vielfältig und ganz überwiegend in
einer patriarchalischen Gesellschaft begründet. Durch die erhebliche Arbeitsmigra-
tion – Tadschikistan ist (zumindest bis zum COVID-19-Ausbruch) mit 1,2 Mio.
ganz überwiegend männlichen Arbeitsmigranten diesbezüglich „Weltführer" – hat
sich die bereits zuvor gesellschaftlich zumindest bedingt legitimierte Gewaltsitua-
tion zusätzlich verschärft. Mit verantwortlich dafür ist u. a. die prekäre Situation,
in der die wenig qualifizierten und teilweise illegal in Russland tätigen Männer
während ihres dortigen Aufenthaltes leben. Getreten von den Arbeitgebern, sehr
schlecht bezahlt, als Zentralasiaten („Schwarze") diskriminiert, oft von der Polizei wegen ihres oft nur halb-legalen oder völlig illegalen Status erpresst, kommen
die Migranten im Winter nach Hause und versuchen dort, durch die Weitergabe

der selbst erfahrenen Verachtung und Gewalt ihr Ego zu „reparieren". Alkoholismus und Drogenabhängigkeit bei einem erheblichen Anteil von ihnen tragen zum aggressiven Verhalten gegenüber den schwächeren Familienangehörigen bei. Hinzu kommt die Weiterverbreitung von HIV/AIDS, die vor allem durch Arbeitsmigranten im Lande bedingt ist und bei weitgehender Tabuisierung die Ehefrauen besonders trifft.

Das Schweizer Projekt hatte zunächst damit begonnen, Formen der Gewalt, Beteiligte und die Folgen für die fast immer weiblichen Opfer zu erkunden und auch festzuhalten, ob und wie den Frauen (und Mädchen) u. a. durch die Staatsgewalt bisher geholfen wurde. Eine Betreuung selbst stark verletzter Opfer, so stellte sich heraus, war mehr als mäßig und die Polizei fühlte sich für „Familienstreitigkeiten" nicht zuständig. Daher ging man im Projekt zweigleisig vor, zum einen durch direkte Hilfe für die Opfer von häuslicher Gewalt, zum anderen als Beitrag zur Prävention in Form von Aufklärung in der Öffentlichkeit über das Gewaltthema. Hinzu kamen Beratungs- und Fortbildungsarbeit für wichtige Beteiligte wie vor allem die Polizei und VertreterInnen des Justizapparates.

Die Opferbetreuung wurde durch vier lokale NRO durchgeführt und hatte zwei Ziele, i) unmittelbare Schaffung von Sicherheit für die Opfer sowie medizinische und psychologische Betreuung und ii) die Herstellung von Sicherheit in Form von individuellen Lösungen, die u. a. in Kontakten zum sozialen Umfeld bestehen konnten, mit dem Ziel, die Täter sozial zu „fesseln", indem deren Väter und andere Personen mit Einfluss wie z. B. islamische Mullahs auf diese einwirken sollten. Nur in wenigen sehr schweren Fällen konnten dagegen rechtliche Schritte eingeleitet werden, einerseits mangels Interesse der Polizei / Justiz, sich hier „einzumischen", andererseits aber auch wegen fehlender Rechtsvorschriften – dies ein konkreter Fall eines mangelhaften Rechtssystems und damit der Regierungsführung des Landes.

Als relativ erfolgreich erwies sich die Komponente der Aufklärung, bei der viele Möglichkeiten der Öffentlichkeitsarbeit genutzt wurden wie Printmedien, Radio, Fernsehen, aber auch Gesprächsrunden und Workshops mit den wichtigsten AkteurInnen in der Provinz. Die dabei vorgetragene Botschaft konnte durch drei Slogans zusammengefasst werden: „Häusliche Gewalt ist ein Verbrechen", „Häusliche Gewalt zerstört die Zukunft eurer Kinder" und „Häusliche Gewalt führt zu einer ungesunden Familie", wobei mit letzterem das Leitbild einer frommen, den Traditionen gehorchenden Familie gemeint war, das sich trotz der patriarchalischen Gesellschaftsstruktur nicht mit der Vorstellung von willkürlicher Gewalt verträgt.

Die Wirkungen des Projektes waren, so der Autor, eindeutig positiv. Beispielsweise ergaben Befragungen unter der Bevölkerung und wichtigen Akteuren, dass sich die Akzeptanz von Gewalt gegen Frauen in der Öffentlichkeit deutlich reduziert hatte. Besonders die Zustimmungsrate zur Legitimität von schwerer physischer

Gewalt ging deutlich zurück, bei Männern in einer Befragung von über 60 % auf nunmehr unter 30 %. Auch befragte PolizistInnen bekundeten, sich aufgrund der erhaltenen Informationen jetzt häufiger als früher um Gewaltfälle zu kümmern.

Aufgrund der Sensibilisierung der Öffentlichkeit für das Thema durch das Projekt und die Schweizer EZ-Vertretung in Duschanbe[6], ferner durch die Intervention zahlreicher nationaler und internationaler NRO sowie UN-Geberorganisationen wurde am 19. Dezember 2012 vom tadschikischen Parlament endlich auch ein Gesetz gegen häusliche Gewalt verabschiedet. In den Folgejahren passierte allerdings wenig, zum einen, weil die tiefverwurzelte Position, dass Männer nun einmal in der Familie das Sagen hätten, ob gewalttätig oder nicht, weiterhin Akzeptanz findet, zum anderen, weil die Polizei gegen ein kleines finanzielles „Entgegenkommen" bei Gewalttaten auch weiterhin wegschaut. Die zweifelhafte Governance in Tadschikistan äußert sich in diesem Zusammenhang auch dadurch, dass über Jahre für das Gesetz keine Ausführungsbestimmungen erlassen wurden.

Bürgerpolizei in Westafrika

Ein weiteres Projekt in Sachen Governance-Verbesserung zielt darauf ab, das Verhalten der Polizei in mehreren westafrikanischen Staaten zu verändern. Dabei ging es weniger um die Korruption als vielmehr um die oft sehr große Gewaltbereitschaft gegenüber auch friedlichen Bürgerinnen und Bürgern bei Protesten gegen die Regierung und vor allem um die eigentlich überall in den dortigen Staaten verbreitete Arroganz des Uniformierten im Umgang mit der Bevölkerung. Auch heute sind Worte wie „Bitte" und „Danke" bei den Uniformierten sehr oft noch nahezu unbekannt, man lässt Personen, die ein Anliegen haben, stundenlang in der Sonne vor dem Polizeigebäude warten oder schickt sie ohne Anhörung nach Hause, weil dringenderen Geschäften wie dem Mittagschlaf nachgegangen wird.

Bei dieser Begegnung mit der Bevölkerung setzte ein Projekt der Hanns-Seidel-Stiftung in einigen Ländern wie Ghana und Burkina Faso an. Dabei ging es u. a. um die Erarbeitung von Leitbildern für die Polizeiarbeit, die man in etwa nach dem deutschen Vorbild (Bundeswehr = Bürger in Uniform) auf den Punkt „Polizei in Ghana/Burkina Faso = Bürger in Uniform" bringen könnte. Um diesem Leitbild entsprechen zu können, wurden höhere Polizeioffiziere und vor allem Ausbildungsverantwortliche bei der staatlichen Polizei in Seminaren mit den Implikationen vertraut gemacht, die sich aus diesem Leitbild ergeben: Höflichkeit gegenüber den MitbürgerInnen, Korrektheit im allgemeinen Verhalten, stets Deeskalationsbemühen bei Konflikten usw. Vergleichbare Maßnahmen wurden auch in einigen Nachbarländern durchgeführt und zumindest in Burkina Faso wurde dem Verfasser von Gesprächspartnern berichtet, dass sich in den Projektjahren zwischen 2014 und 2016 doch einiges bei der Polizei bewegt habe.

Unterstützung der Zivilgesellschaft
In vielem Ländern unterstützt die EZ auch die Zivilgesellschaft in den Partnerländern. Dabei muss allerdings zweierlei unterschieden werden:

(i) Erstens geht es um die Förderung der Arbeit von zivilgesellschaftlichen Organisationen und ihrer Rechte und Handlungsbefähigung allgemein, was vor allem in einer Zeit von „*shrinking spaces*" von Zivilgesellschaft in zahlreichen Ländern immer schwieriger, aber deshalb auch immer notwendiger wird[7].

(ii) Zweitens und leider sehr häufig geht es bei der Kooperation mit Zivilgesellschaft innerhalb der EZ-Förderung nicht um die Zivilgesellschaft als solche, sondern darum, Entwicklungs-NRO (ein winziger und mit Blick auf Repräsentativität oft absolut irrelevanter Teil der Zivilgesellschaft) für die Umsetzung von Projekten zu gewinnen und für diesen Zweck zu „professionalisieren". Mit gleicher Absicht werden auch deutlich relevantere zivilgesellschaftliche Organisationen (z. B. Frauenverbände) als Implementierungspartner angesprochen und auf diese Weise sogar gelegentlich ihrer eigentlichen Funktion und ihres Zieles beraubt, nämlich in ihren Ländern für Demokratie, Frauenrechte, gewerkschaftliche Freiheiten usw. einzutreten.

Ein wichtiger Geber im Bereich der institutionellen Stärkung von Zivilgesellschaft ist die in den USA beheimatete Soros-Foundation, die vor kurzer Zeit (2019) dadurch „geadelt" wurde, dass Ungarns Möchtegerndiktator Viktor Orbán die Stiftung aus Ungarn vertrieben hat, da sie dort zu viele Forderungen an die gegenwärtig durch Orbán abgebaute Demokratie gestellt hatte. Anfang der 1990er Jahre hat auch die deutsche staatliche EZ in vielen Ländern begonnen, zivilgesellschaftliche Organisationen dabei zu unterstützen, sich in die nationalen Diskussionsprozesse über die Ziele der damals erarbeiteten Armutsbekämpfungsstrategien *(Poverty Reduction Strategy Papers)* einbringen zu können. Sogar die mitunter entwicklungsfeindliche Positionen wie die Privatisierung von Trinkwasserversorgung und sogar die Privatisierung des Bildungswesens propagierende staatliche Entwicklungsorganisation der Vereinigten Staaten USAID unterstützt vielerorts die Zivilgesellschaft bei ihrem Kampf um Gendergerechtigkeit, gegen weibliche Genitalverstümmelung oder für Minderheitenschutz.

Wichtige Partner der Zivilgesellschaft in vielen EL sind ausländische zivilgesellschaftliche Organisationen, wobei in diesem Fall in der Bundesrepublik deutsche NRO den Hauptteil ausmachen. Das heißt es sind nicht primär der DGB, der Bauernverband, die Arbeitgeberverbände oder andere Massenorganisationen, die sich um ihre Interessenpartner in den EL kümmern, sondern eher die in diesem Band vielfach genannten NRO wie die beiden kirchlichen Organisationen Misereor und

Brot für die Welt, ferner die Welthungerhilfe, Oxfam, die Kindernothilfe, Don Bosco International und Hunderte anderer.

Dafür erhalten die meisten Organisationen Unterstützung durch das BMZ und derzeit einen beachtlichen Anteil der in Höhe von 1,31 Mrd. EUR im Haushalt für 2020 eingestellten Mittel für Vorhaben der Zivilgesellschaft (bei einem Gesamtbudget des BMZ von insgesamt 10,885 Mrd. EUR). 2013–2014 wurde explizit zur institutionellen Stärkung von zivilgesellschaftlichen Partnerorganisationen sogar ein Sondertopf von 30 Mio. EUR bereitgestellt. Diese ausdrückliche Zweckbestimmung „institutionelle Stärkung" ist dabei besonders wichtig, weil die meisten Zuwendungen des BMZ an deutsche NRO nicht die Stärkung dieser Partner an sich zum Ziel haben, sondern die Erbringung von Dienstleistungen für die deutschen NRO.

14.3   Reform der Öffentlichen Verwaltung

EZ-Beiträge, die zu einer Verbesserung der Regierungsführung in EL beitragen sollen, firmieren häufig unter dem Titel „Reform der Öffentlichen Verwaltung". Vielfach geht es dabei um die *Verbesserung der Gesetzgebung* oder die erstmalige gesetzliche Regelung von Sachverhalten, die wie z. B. Bereiche des Umweltschutzes bisher ungeregelt waren. So wurden in Mali mit deutscher Unterstützung in den 1990er Jahren Gesetzesvorschriften sowie Umsetzungsrichtlinien im Umweltrecht eingeführt, die sich mit den industriellen Abfällen u. a. des Goldbergbaus beschäftigten. Um zu verhindern, dass bei der Goldgewinnung oft verwendete sehr giftige Substanzen in die Umwelt abgegeben werden, wurden dabei für den Goldbergbau strengere Vorschriften erlassen als für den allgemeinen Bergbau.

So unwirklich es für Deutsche klingen mag, aber sogar die *Arbeit von Parlamenten* in EL bedarf vielfach der Unterstützung. Nicht selten treten die Versammlungen nur einige Male im Jahr und dann jeweils für wenige Tage zusammen. Dazwischen erfolgt keine eigentliche Parlamentsarbeit, wie wir sie vor allem in den Ausschüssen des Deutschen Bundestages kennen. Entsprechend ist der Einfluss der AbgeordnetInnen eher gering und die WählerInnen fühlen sich entsprechend kaum vertreten. Damit die in vielen Fällen durchaus demokratisch gewählten Mitglieder einer Nationalversammlung oder eines Parlaments in die Lage versetzt werden, den Gesetzgebungsprozess des Hohen Hauses eigenständig gestalten und ihre Regierung effektiv kontrollieren zu können, bietet die EZ entsprechend Beratung an, etwa auch Besuche in den Parlamenten anderer Länder, wo die Arbeit gut funktioniert. Wenn dies in der Öffentlichkeit der Partnerländer zu erkennbaren Verbesserungen bei der Tätigkeit in den Parlamenten führt, legitimiert sich auch die Arbeit der ParlamentarierInnen gegenüber ihrer Wählerschaft und das Ansehen der Demokratie steigt.

Ein dritter wichtiger Förderbereich betrifft das *Steuersystem* bzw. die *Steuerverwaltung* der Partnerländer. Ein wichtiges Ziel der Haushaltspolitik in EL (wie natürlich auch in den IL) muss es sein, nicht nur auf die Ausgaben zu schauen, sondern auch die Einnahmeseite in Ordnung zu halten, sodass die Staatsaufgaben nach Möglichkeit eigenständig, d. h. ohne permanente Schuldenaufnahme, finanziert werden können. Hierbei achtet die EZ bisher zwar einerseits auf eine gewisse soziale Gerechtigkeit, indem die Einführung von Einkommensteuern gefordert wird. Auf der anderen Seite versucht man, wo immer es geht, die relativ leicht einzuführende Mehrwertsteuer (MwSt.) zu propagieren.

Diese hat aber im Gegensatz zu einer allgemeinen Einkommenssteuer den erheblichen Nachteil, dass extrem Arme vor allem in den Städten im Verhältnis zu ihrem verfügbaren Einkommen ganz besonders hoch belastet werden. Wer 100 EUR im Monat zur Verfügung hat und 80 EUR davon für die der Mehrwertsteuer von z. B. 20 % unterliegende Lebensmittel, Kleidungsstücke und Haushaltsenergie (z. B. Lampenpetroleum und / oder Strom) ausgibt, zahlt 16 EUR oder 16 % seines Einkommens als MwSt. Wer dagegen 10.000 EUR verdient und 2000 EUR davon für die Lebensführung ausgibt (und 8000 in Aktien investiert oder zur Bank bringt), zahlt bei 80 % Ausgaben für die der Mehrwertsteuer unterliegenden Dinge genau 320 EUR (= 20 % von 1600 EUR) an MwSt. Damit liegt seine prozentuale Belastung mit der MwSt. bei gerade einmal 3,2 % seines Einkommens.

Jon Jellena vom CEQ Institute in New Orleans kommt aufgrund u. a. dieser Schieflage sogar zu der Vermutung, dass wegen sozial ungerechter Steuersysteme die Armen insgesamt mehr in die öffentlichen Finanzsysteme einzahlen als sie selbst an Unterstützung erhalten[8]. Interessanterweise wird diese Idee bisher im Rahmen der Armutsdebatte weder in EL noch in den Industrieländern intensiver diskutiert. Handelt es sich dabei vielleicht wie bei der Frage einer stärkeren Kontrolle der Unternehmenssteuern bei uns um ein Tabu?

Ein dritter wichtiger Bereich der Öffentlichen Verwaltung, der im Rahmen von Governance-Förderung unterstützt wird, betrifft die *nationalen Justizsysteme*. Dabei geht es primär um die Stärkung der Unabhängigkeit des Gerichtswesens von der politischen Exekutive, die Umsetzung der Menschenrechte in der Gesetzgebung und die Korruptionsbekämpfung innerhalb der Justiz.

Eng hiermit und mit der Förderung der Finanzverwaltung verbunden ist der Aufbau von nationalen *Rechnungshöfen*, der gerade auch durch die deutsche EZ stark unterstützt wird. Mehr noch als hinsichtlich vieler anderer Bereiche der Verwaltung ist eine starke unabhängige Kontrolle der Regierung bei ihrem Finanzgebaren besonders relevant für die Armutsbekämpfung. Zum Beispiel gilt es permanent zu überprüfen, ob die beispielsweise für Sozialausgaben vorgesehen jährlichen Haushaltsmittel eines Staates auch wirklich für diesen Zweck ausgegeben wurden. Praktisch sind funktionierende Rechnungshöfe auch ein Einstieg in die Kontrolle der Umsetzung anderer Reformen. Ihre Arbeit gibt nämlich auch darüber Auskunft, ob sich der Staat an seine politischen Vorgaben und Versprechungen gegenüber der Geberseite hält. Besonders bei der Budgethilfe im Rahmen der EZ sind unabhängige Prüfungen durch nationale Rechnungshöfe besonders relevant.

Schließlich ist die *Korruptionsbekämpfung* als Teil einer Guten Regierungsführung extrem wichtig und entsprechend Gegenstand der entwicklungspolitischen Beratung. Dies wird entweder direkt versucht durch die Unterstützung bei der Einführung gesetzlicher Regeln und von Kontrollmechanismen. Ergänzend versuchen ExpertInnen in den Institutionen, z. B. im Außenhandelsministerium, die dortigen MitarbeiterInnen in praktischen Fragen zu beraten. Eine mittelbar wirkende Korruptionsbekämpfung kann auch durch die Unterstützung bei der Etablierung Sozialer Sicherungssysteme für Beamte und Angestellte erfolgen, indem diese krankenversichert und in ein Rentensystem aufgenommen werden. Zudem wird die Besoldungsfrage angesprochen. Wer mit Blick auf seine Familie existenzsichernd bezahlt wird, bei Krankheit keine Angst haben muss und auch einen halbwegs sorgenlosen Lebensabend erwarten kann, ist deutlich weniger korruptionsanfällig – d. h. er oder sie kann es sich leisten, deutlich weniger oder überhaupt nicht korrupt zu sein – als jemand, der mit seinem Verdienst z. B. als PolizistIn nicht einmal die Wohnungsmiete bezahlen kann (Abb. 14.2).

Befürworter der Budgethilfe, bei der ein Staat einen Zuschuss zu seinem Haushalt erhält mit der Bedingung, damit bestimmte Sozialleistungen zu erbringen, sehen in diesem EZ-Instrument auch einen Beitrag zur Korruptionsminderung. Das Interesse der Regierung, die EZ-Gelder langfristig zu erhalten und so durch tatsächliche Leistungserbringung für die Bevölkerung an Legitimität bei dieser zu gewinnen, wirke sich auf die Regierungsführung positiv aus. Die Regierung habe das Interesse, den Zuschuss nicht zu verlieren und versuche deshalb, korrupte Praktiken einzudämmen (siehe Box 9 in Kap. 4). Das tadschikische oder tschadische Beispiel zeugt allerdings davon, dass diese Annahme zumindest für Länder mit strategischen Geberinteressen nicht zutrifft. Den Regierungen beider Staaten sehen vor allem multilaterale Geber wie Weltbank, ADB, AfDB oder die EU die massiven und permanenten Veruntreuungen von Staatsgeldern durchaus nach, solange zumindest EZ-Gelder nicht unmittelbar betroffen sind.

Abb. 14.2 Polizisten kassieren einen Autofahrer (zumeist ohne jeglichen Grund) im Zentrum von Duschanbe (Tadschikistan) ab. (Foto: © Frank Bliss 1989–2020)

Auch generell ist die Korruptionsminderung ein sehr heißes Eisen. In der Praxis beschränkt sie sich in der internationale EZ angefangen von der Weltbank über die UN-Organisationen bis hin zur bilateralen Zusammenarbeit vor allem auf die Ansprache des Themas bei Regierungsverhandlungen. Als eine strikte Bedingung für die Förderung von Projekten und Programmen wird die Minderung der Korruption selten formuliert und wenn doch, so gibt es selten Sanktionen, selbst bei einer offensichtlichen Nichteinhaltung der Konditionen. Die Weltbank, die 2011 die Unterstützung des Tschad wegen Nichteinhaltung praktisch aller damit verbundenen Verpflichtungen aufgegeben hatte, ist längst wieder zurückgekehrt und stellt dem Land erneut Hunderte Millionen US$ zur Verfügung[9].

Letztendlich geht es bei der Unterstützung Guter Regierungsführung insgesamt darum, die Voraussetzungen für eine selbstbestimmte, armutsorientierte und nachhaltige Entwicklung in den Partnerländern zu fördern und damit die Herstellung jener Bedingungen zu unterstützen, die alle anderen Bereiche der EZ erst wirkungsvoll machen (vgl. Abschn. 15.3).

Versuch eines Ausblicks

Bei der Reform der Öffentlichen Verwaltung trifft die EZ in vielerlei Hinsicht auf einen sehr sensiblen Bereich, denn Schlechte Regierungsführung ist ja häufig (gleichwohl vielleicht nicht immer) nicht die Folge von Unfähigkeit der Regierenden und ihrer Top-ManagerInnen, sondern ein gezielt herbeigeführter Zustand, um innerhalb des Systems Ressourcen abgreifen zu können, zumindest aber, um bestehende Machtstrukturen zu erhalten. Je intransparenter und je weniger partizipativ ein staatliches Verwaltungssystem ist, desto weniger können die Bevölkerung und externe Akteure (also die EZ) verstehen, was in der Realität passiert. Insofern zeigt sich mit Blick auf eine Reihe von Ländern quasi ein Grundwiderspruch zwischen der Förderung von Guter Regierungsführung durch die EZ und den ureigenen Zielen der Partnerseite. Dadurch werden Unterstützungsbeiträge der EZ zur Regierungsführung wegen der damit einhergehenden „normalen", möglichst viel Kapital ins Land bringenden EZ allenfalls abgenickt, kurzzeitig implementiert oder ihre Umsetzung wird auch nur vorgetäuscht – und nach Beendigung der Maßnahme (und auch Auslaufen des „wichtigeren" Hilfspakets) wieder rückgängig gemacht.

Beiträge zur Guten Regierungsführung sollten also, um überhaupt eine Chance auf Wirksamkeit zu erhalten, auf ein Minimum an Akzeptanz stoßen, die bestenfalls von einer Regierung insgesamt oder wenigstens von einzelnen ihrer VertreterInnen entgegenzubringen ist. Selbst im zweiten Fall ergeben sich durchaus Einstiegspunkte für Erfolg versprechende Governance-Beiträge. So können Reformbestrebungen innerhalb eines Schwerpunktbereiches ansetzen, etwa der Governance der Trinkwasserversorgung. Unabhängige kommunale Wasserversorger unter Aufsicht gewählter VertreterInnen der Bürgerschaft wären bereits ein erster Schritt zur Ablösung von Staatsbetrieben unter schlampiger und korrupter Führung. Dort, wo relativ unabhängige Provinz- oder Distriktchefs agieren, kann auch über eine Direktkooperation mit dieser Ebene der Verwaltung einiges erreicht werden, z. B. eine partizipative Regional- oder Lokalplanung.

Während z. B. in Mali über Jahre der Zentralstaat seinen Provinzen kaum Entwicklungsgelder zukommen ließ, ließ sich dort eine sehr erfolgreiche Zusammenarbeit mit vielen Bürgermeistern z. B. in der lokalen Haushalts- und vor allem auch der Landnutzungsplanung umsetzen. Letztes wiederum hatte sehr positive Wirkungen auf das Miteinander von Ackerbauern und Halbnomaden und hat dort, wo die Planungen erfolgreich durchgeführt und in Kraft gesetzt wurden, möglicherweise in den letzten Jahren die blutigen Auseinandersetzungen verhindern können, die andernorts in Mali derzeit immer wieder stattfinden.

Eine Alternative zur Zusammenarbeit mit der Staatsführung ist die Durchführung von Maßnahmen in Direktkooperation mit Institutionen der Zivilgesellschaft oder besser noch, die institutionelle Unterstützung von legitimen Organisationen innerhalb der Zivilgesellschaft selbst, etwa der Presse, der Gewerkschaften, von Berufsverbänden oder Advocacy-Organisationen. Über die so gestärkten Einrichtungen kann dann mittelfristig auch der Ruf nach einer Justizreform, nach mehr Transparenz im Staatshaushalt oder von wirksamen Maßnahmen gegen die Korruption in einem Land erwartet werden (z. B. so im Senegal oder in Benin zu beobachten, in etwas fragwürdiger Form auch im zentralasiatischen Kirgistan[10]).

14.4 Dezentralisierung unterstützen – aber richtig

Durch eine Unterstützung bei der Dezentralisierung von Teilen der öffentlichen Verwaltung verspricht sich die EZ, in EL die staatlichen Verwaltungsaufgaben effektiver und effizienter gestalten und den Bürgerinnen und Bürgern auf diese Weise bessere Leistungen zukommen lassen zu können. Daher sind vor allem Beratungsbeiträge zur Dezentralisierung ein wichtiger Bestandteil auch zur Förderung Guter Regierungsführung.

Dezentralisierte Verwaltung versus Zentralismus und dekonzentrierte Administration

Bei der *Dezentralisierung* handelt es sich um eine Etablierung von autonomer Entscheidungsgewalt in den Städten und Landgemeinden sowie auf der nächsthöheren Ebene, den Landkreisen. Man spricht hier im Ergebnis von kommunaler Selbstverwaltung. Dezentralisierung unterscheidet sich von *Dekonzentrierung* staatlicher Verwaltung, bei der staatliche Aufgaben durch Verwaltungen in den Kommunen bzw. Kreisen wahrgenommen werden, die aber keine eigenen Entscheidungskompetenzen haben.

Deutschland weist eine eindeutig dezentralisierte Verwaltungsstruktur auf. Eine Stadt oder eine Gemeinde verfügt über einen gesetzlich festgelegten Kanon von eigenen Kompetenzen. Die Stadt oder Gemeinde (bzw. der Stadt- oder Gemeinderat) darf über alle Dinge entscheiden, die nicht per Gesetz anderen Stellen auferlegt sind[11]. So ist die Verfügung über das Gemeindeland eines der wichtigsten und nur durch staatliche Gesetze (z. B. Umweltrecht) eingeschränkte kommunalen Rechte. Beispielsweise kann der Gemeinderat darüber entscheiden, ob ein Stück Ackerland zu Bauland wird. Ob dabei ggf. übergreifende Gesetze eingehalten werden, entscheidet die Kreisverwaltung.

Wichtig ist, dass Dezentralisierung von sogenannter fiskalischer Dezentralisierung begleitet wird, d. h. dass die Gemeinde und der Kreis über bestimmte, ihr unmittelbar zustehende Einnahmen verfügen kann. So erhält eine deutsche

Gemeinde neben gesetzlich vorgegebenen Anteilen an der Einkommens- und Umsatzsteuer vor allem die Gewerbesteuer, von der sie indes wiederum einen Teil dem Kreis zukommen lassen muss. Darüber hinaus darf sie eigene Steuern erheben wie die Grundsteuer auf Gebäude oder die Hundesteuer, wobei jede Gemeinde innerhalb bestimmter Grenzen die Höhe dieser Steuern selbst bestimmen kann.

Warum Dezentralisierung und dies auch in der EZ? Kann nicht eine lokale Vertretung des zentralen Staates Dienstleistungen für die Bevölkerung viel besser erbringen? Die Antwort ist ein klares Nein. Je näher eine Verwaltung bei der Bevölkerung ist und je flexibler sie auf die lokalen Bedürfnisse und Bedingungen eingehen kann, desto effektiver und natürlich bürgerfreundlicher kann sie sein. Die nur dekonzentrierte Verwaltung erhält dagegen für ihre fixen Aufgaben vom Staat ein festes Budget, unabhängig davon, was sich lokal gerade an Entwicklungen vollzieht. Zudem ist im Rahmen dieses Systems niemand motiviert, Geld zu sparen oder für ein wegweisendes Projekt zusätzliche Gelder einzuwerben.

Für die Dezentralisierung spricht ein weiteres gewichtiges Argument, das der deutlich größeren Möglichkeiten für eine Bevölkerungsbeteiligung (Partizipation) als in zentralisierten Systemen. So können die BürgerInnen im dezentralisierten Staat ihre VertreterInnen in den Gemeinde- oder Stadträten sowie in den Kreistagen und fast überall auch die BürgermeisterInnen direkt wählen. Und diese stehen ihrer Wählerschaft deutlich näher als etwa ein/e Parlamentsabgeordnete/r und befinden sich oft in regem Austausch mit ihnen. Auf diese Weise kann die Bevölkerung unmittelbaren Einfluss auf das tägliche Geschehen nehmen[12]. Die erwarteten positiven Folgen – und damit auch die maßgeblichen Gründe für die EZ-Interventionen zur Unterstützung von Dezentralisierung – sind, dass die vorgesehenen staatlichen Leistungen (angefangen von bestimmten Elementen der Sozialhilfe über die Kindergärten bis zur Bereitstellung von Trinkwasser), die bei zentralistischen Regimen oft nur unzulänglich „unten" bei der Bevölkerung ankommen, auf diese Weise motivierter, an die jeweiligen Umstände angepasst und in jedem Fall also besser den Menschen bereitgestellt werden können.

Dezentralisierung in Entwicklungsländern
Bürgernähe bei guter dezentralisierter Verwaltung ist ein wichtiges Thema, das derzeit in vielen EL diskutiert wird, auch von der EZ. Ein wichtiges Argument für Dezentralisierung ist in den EL neben den oben genannten Argumenten[13] auch die Schwerfälligkeit vieler aus der Kolonialzeit stammender und in vielen Ländern seitdem kaum veränderter Verwaltungsstrukturen. Hat in einem solchen Land zum Beispiel eine Gemeinde dringend ihr Trinkwassersystem zu reparieren, so muss ein Zuschussantrag (wenn es denn überhaupt dafür eine noch so kleine Chance auf Bewilligung gibt) an den Minister in der Hauptstadt persönlich geschickt werden

(Abb. 14.3). Dabei kann eine Antwort – selbst wenn Geld zur Verfügung stehen sollte – Monate dauern, und bis die Mittel endlich freigegeben sind, vergehen im dekonzentrierten System des Landes oft ein oder zwei Jahre.

Die Diskussion um Dezentralisierung in den EL wurde lange Zeit durch die kolonialen Nachwirkungen klein gehalten. So haben die zumeist um 1960 selbstständig gewordenen vormaligen französischen Kolonien Westafrikas in ihren Verfassungen das starre zentralistische französische Verwaltungssystem übernommen, und auch in den vormaligen britischen Kolonien wurden Aufgaben eher dekonzentriert als dezentralisiert. Nur in Lateinamerika kam es aufgrund der sehr viel früheren Trennung von zumeist Spanien bereits Dekaden früher zu mehr kommunaler Selbstständigkeit. Damit verbunden war hier eine umfassende Bürgerbeteiligung, die auch heute noch weit über das Prinzip der allgemeinen Wahlen hinausreicht und sich etwa in der Mitwirkung von Vereinen und anderen Bürgergruppen z. B. bei der Aufstellung der Haushalte (den sogenannten *Bürgerhaushalten*) niederschlägt (vgl. Abschn. 12.2 zur Partizipation). In Lateinamerika basieren auch deutsche

Abb. 14.3 Neue Regierungsgebäude im Zentrum von Bamako (Mali). (Foto: © Frank Bliss 1989–2020)

Unterstützungszahlungen zu Kommunalinvestitionen daher schon seit Jahrzehnten auf umfassender lokaler Mitwirkung der Bevölkerung. Selbst ein Kreditfonds in Honduras, der sich an einzelne Haushalte richtete, hatte eine gemeindebasierte Komponente.

Die Rolle der Entwicklungszusammenarbeit

Dezentralisierung in Afrika ist also ein relativ junges Thema in der internationalen Entwicklungsdiskussion und erst seit etwa Mitte der 1990er Jahre zu einem Kernbereich vor allem auch der deutschen EZ geworden. Mit viel Engagement hat die bilaterale EZ beispielsweise den Dezentralisierungsprozess in Mali eingeleitet und eine Zeitlang begleitet. Der Verfasser konnte das Bemühen Malis um Dezentralisierung buchstäblich seit dem zweiten Monat der „inneren Unabhängigkeit" des Landes im Mai 1991 verfolgen, als er auf einer Forschungsreise im Auftrag des BMZ das Land besuchte. Am 26. März 1991 war nämlich kurz zuvor der langjährige Diktator Moussa Traoré im Rahmen eines Staatsstreiches gestürzt worden und ein seitdem leidlich funktionierendes Mehrparteiensystem eingeführt worden. Erstmals amtierten nun auch gewählte Bürgermeister in den Landgemeinden. Als das Untersuchungsteam sich in einem Ort bei Ségou allerdings beim Bürgermeister anmelden lassen wollte, wurde es zu einem bis auf einen Tisch, einen Stuhl und eine daran sitzende Person absolut leeres Gebäude geführt. Der sehr nette Herr an dem Tisch stellte sich als neuer Bürgermeister vor und entschuldigte sich, dass er weder eine Sitzgelegenheit anbieten könne noch etwas zu trinken, aber er würde das Team gerne zu einem Bier in die nächstgelegene Bar einladen.

Dort erfuhren wir, dass mit der Verantwortung für die Gemeinde genau ein Stempel für die Anfertigung von Dokumenten übergeben worden sei. Die der Unterpräfektur (vergleichbar einem kleinen Landkreis in Deutschland) unterstehenden Verwaltungsgebäude seien leider bisher nicht zur Verfügung gestellt worden und man habe bisher auch keinerlei Geld zugewiesen bekommen.

Bei einem zweiten Besuch im Kontext einer BMZ-Evaluation vier Jahre später sah es allerdings kaum besser aus. Zwar hatte zwischenzeitlich der Staat die Bürgermeister mit einem Minimum an Arbeitsmöglichkeiten ausgestattet, aber mit der fortschreitenden Umsetzung der Dezentralisierung der Verwaltung war immer noch keine fiskalische Dezentralisierung eingetreten, d. h. die Gemeinden waren finanziell immer noch auf Gedeih und Verderben von Jahr zu Jahr neu vom zuständigen Ministerium abhängig, das in der Regel, oft für die BürgermeisterInnen nicht nachvollziehbar, die beantragten Mittel radikal zusammenstrich. Und eine zweite, aus Sicht der Gemeinden katastrophale Entwicklung war eingetreten, die völlige Verschleuderung des staatlichen Besitzes auf Ebene der Städte und Gemeinden.

Diese waren zwischenzeitlich zwar mit immer mehr Kompetenzen ausgestattet worden, aber unter dem Druck der Weltbank und des IWF hatte die Verordnung von Strukturanpassungsmaßnahmen in Mali dazu geführt, dass der Staat seine Einnahmen erhöhen und die Ausgaben senken sollte. Dadurch waren nicht nur die finanziellen Mittel für die Gemeinden auf einem untragbar niedrigen Niveau gekürzt und gedeckelt worden. Vielmehr hatte der Staat, um an Geld zu kommen, fast den gesamten staatlichen Immobilienbesitz, also die Verwaltungsgebäude, Speicher, Werkstätten usw. in den Städten „privatisiert", d. h. an den, der etwas zu zahlen bereit war, verkauft und dabei nicht selten unter der Hand an zwielichtige Personen weitergereicht. In der Konsequenz saßen die Bürgermeister oft immer noch ohne jegliche Infrastruktur für ihre Verwaltung im wahren Sinne des Wortes unter den Bäumen (vergl. die kaum weniger attraktive Alternative in Äthiopien der Abb. 14.4).

Bis heute haben sich die Verhältnisse, zumindest was die Bürogebäude in den Kommunen betrifft, zumindest mancherorts allerdings deutlich verbessert, zumal durch EZ-Mittel in vielen Ländern massiv in die kommunale Infrastruktur investiert

Abb. 14.4 „Amtszimmer" eines *Kbele*-Chefs in Äthiopien (Oromiya-Provinz). (Foto: © Frank Bliss 1989–2020)

wurde. Dies gilt nicht nur für Mali, sondern auch für viele andere Länder, die in den 1990er Jahren gleichermaßen durch die internationalen Entwicklungsbanken gegängelt worden waren. Nicht in gleichem Umfang gebessert hat sich dagegen die finanzielle Ausstattung der mit Kompetenzen bzw. Pflichtaufgaben zwischenzeitlich sehr reichlich bedachten Gemeinden. Pflichtaufgaben bedeutet in diesem Zusammenhang übrigens, dass nur die Gemeinde und niemand anderes die Aufgaben zu übernehmen hat – und kann die Gemeinde dies nicht, weil sie kein Geld hat, dann macht es niemand oder eben die EZ.

Seitens der internationalen Gebergemeinschaft wurde das Problem der nahezu fehlenden staatlichen Finanzierung der Gemeinden (oft abgeschwächt als „Unterfinanzierung" bezeichnet) durchaus gesehen. Nur wurden häufig die falschen Lösungen angeboten oder auch richtige Mittel auf den falschen Weg gebracht. Was in einigen Ländern Lateinamerikas mitunter sehr gut funktioniert, weil gut arbeitende, sich auf Bevölkerungsbeteiligung stützende Stadtverwaltungen mit einigermaßen gesicherten Budgets die mit EZ-Geldern unterstützten neuen Schulen, Kindergärten, Gesundheitszentren usw. mit Erfolg betreiben können, gilt ganz und gar nicht für Afrika und auch nicht immer für die Länder Zentral-, Süd- und Südost-Asiens.

Hier wurde und wird weiterhin bei den angebotenen kommunalen (wie auch bei anderen) Investitionsvorhaben sehr oft übersehen, dass die Voraussetzungen für den Betrieb und Unterhalt der geberfinanzierten Einrichtungen wegen der mangelhaften Geldausstattung der Gemeinden bzw. Betreiberinstitutionen kaum gegeben waren und sind. Das ist aber nicht das einzige Problem. Ein Teil der kommunalen Infrastruktur wurde (und wird!) den Gemeinden mit dem Ziel angeboten, diese gewinnbringend einzusetzen, um ihre chronische Unterfinanzierung abzumildern. Zudem erhielten BürgermeisterInnen und leitende Kommunalbeamte im Rahmen begleitender Beratung vielfach umfassende Tipps, wie sie ihre Finanzierungslücken durch die Erhebung von Abgaben und Gebühren bei ihren BürgerInnen schließen könnten.

Beide sicher gut gemeinten Beiträge haben zur Folge, dass vor allem im ländlichen Raum, wo die Finanzierungslücken der Kommunen am größten sind, die arme bzw. extrem arme Bevölkerung für die einfachsten Dienstleistungen zur Kasse gebeten wird. Selbst wo sich in einem ländlichen Zentrum nur ein einfacher Markt ohne jegliche Infrastruktur befindet, treten MitarbeiterInnen der Gemeindeverwaltung auf und verlangen von den MarktbeschickerInnen eine Standgebühr. Diese mag für einzelne größere TextilhändlerInnen belanglos sein, aber selbst 100 bis 500 FCFA (Francs der westafrikanischen Währungszone) oder 0,15 bis 0,75 EUR können in einem Sahelland für eine Kleinsthändlerin, die lediglich einen Korb oder einen ausgebreiteten Sack mit ein paar Waren vor sich auf der Erde liegen hat, den halben Tagesgewinn bedeuten (Abb. 14.5).

Abb. 14.5 Ländlicher Wochenmarkt in einem Land der Sahelzone. (Foto: © Frank Bliss 1989–2020)

Dort, wo verbesserte Marktgelände einerseits durch ihre Einnahmen gedeckt sind, ohne aber die MieterInnen zu überfordern, wo es möglicherweise erstmals fließend Wasser und zudem Latrinen gibt, die zahlreichen Klein(st)händlerInnen ohne feste Hangars andererseits aber nicht ebenfalls zur Kasse gebeten werden, ist die Investition in Märkte ein Gewinn für alle. Durch die festen Gebäude können sich aus Wochenmärkten auf diese Weise täglich geöffnete Läden entwickeln, was wiederum positiv ist für die vorher auf lediglich einen Wochentag beschränkten Klein(st)händlerInnen aus der Umgebung. Auch HandwerkerInnen können durch das Entstehen eines permanenten Marktes auf Umsatzsteigerungen hoffen.

Aber wenn mit dem neuen Marktkomplex deutlich höhere Gebühren verbunden sind, während sich die Einnahmen der VerkäuferInnen nicht in gleichem Umfang steigern, kann dies die Masse der HändlerInnen vertreiben. Diese könnten ihre Einkommensquelle entweder gänzlich verlieren oder auf informelle Mini-Märkte ausweichen, wo die Umsätze geringer sind und die Einkommen noch mehr zurück-gehen. Nicht nur ausnahmsweise stehen aber auch sogar in zentralen Marktorten die aus EZ-Mitteln neu gebauten Märkte leer (Abb. 14.6), weil die von der Kommune

Abb. 14.6 Nicht genutzter neuer Marktkomplex aus einem Entwicklungsprogramm (Westafrika). (Foto: © Frank Bliss 1989–2020)

geforderten Gebühren die Zahlungsbefähigung der meisten HändlerInnen überfordert haben. Die Marktfrauen und -männer sind dann wahrscheinlich auf informelle Märkte unter Bäumen irgendwo am Ortsrand ausgewichen, die nun wieder keinen Wasserzugang und keine Latrinen haben.

Dezentralisierung richtig unterstützen

Vielen Geberorganisationen sind diese Probleme durchaus bewusst, deshalb versucht man, auf nationaler Ebene zu intervenieren und die Regierungen davon zu überzeugen, dass sie die Städte und Gemeinden besser mit Geldmitteln ausstatten. Das gelingt aber bisher nur in Ausnahmefällen, da die Regierungen und Staatsbürokratien in den Hauptstädten nur sehr ungern auf ihren mäßigen, im Vergleich zu den Rathäusern in den Landgemeinden jedoch erheblichen Arbeitskomfort verzichten möchten, was aber eintreten könnte, wenn sie einen Teil der verfügbaren Mittel weiterreichen müssten. Ganz besonders möchten sie aber nicht auf die im Vergleich zu den Gehältern stets üppigen Tagegelder bei Dienstreisen, Tagungen und geber-finanzierten Veranstaltungen verzichten, wenn andere Personen hierfür zuständig würden oder solche Aufwendungen ganz wegfallen könnten. Zudem sind in vielen Ländern die zentralstaatlichen Verwaltungen deutlich übersetzt, was ebenfalls auf Kosten der Funktionsfähigkeit der Kommunen geht.

Box 24: Kommunale Steuer auf die Eintrittskarte zum Weltkulturerbe

An einem Samstag im November 2017 besuchte ich die historischen Königspaläste von Abomey. Dieser frühere Sitz des Königreiches von Dahomey ist Weltkulturerbe und steht damit unter dem Schutz des UNESCO. Nachdem ich die Eintrittskarte von 1500 FCFA (rund 2,25 EUR) bezahlt hatte, forderte der Mann hinter dem Schalter weitere 1000 FCFA

Abb. 14.7 Ticket für den Eintritt in die Königspaläste von Abomey (Benin) mit der Zusatzsteuermarke des Bürgermeisters. (Foto: © Frank Bliss 1989–2020)

(1,50 EUR). Dieser Zuschlag von zwei Dritteln auf den Eintrittspreis, so seine Erklärung, erfolge auf Anweisung des Bürgermeisters der Stadt, der dafür extra eine Gebührenmarke (Abb. 14.7) habe drucken lassen.

Bei dieser Aktion handelt es sich um einen Schritt in einer typischen Notsituation, in der eine Stadtverwaltung, vom Staat und den Gebern allein gelassen, nach Wegen sucht, um ihre Einnahmen wie auch immer zu erhöhen. Allerdings erwies sich die gewählte Maßnahme als absolut untauglich, denn es kam sofort nach Einführung der Besuchersteuer zu einem drastischen Einbruch bei der Zahl der BesucherInnen und damit auch den verkauften Tickets. Vor allem fand sich kaum mehr jemand aus Benin selbst bei den Palästen ein. Sang- und klanglos verschwand die Gebührenmarke in den nächsten Monaten und im März 2018 war wieder nur der alte Eintrittspreis zu entrichten und langsam kamen die BesucherInnen wieder.

Die einzige Möglichkeit besteht angesichts dieser Situation darin, EZ-Investitionen an der Basis mit der Forderung nach Reformen an der Finanzierungsstruktur der Kommunen zu verbinden, also die kommunalen Investitionen zu konditionieren. Die Bedingung müsste in jedem Fall lauten, dass die Finanzausstattung der Gemeinden zumindest den Betrieb der durch EZ-Gelder errichteten kommunalen Infrastruktur garantieren können muss. Negativ formuliert bedeutet dies, ohne gesetzlich verankerte Geldzuweisungen, also Budgets, um die sich der Staat nicht drücken darf, werden keine Schulen, Gesundheitsstationen, Bauhöfe, Brücken usw. mehr bewilligt. Möglicherweise kann die konditionierte Budgethilfe hier einen Ansatz bieten, die der Regierung die Entscheidung darüber frei überlässt, wie die Finanzierung der sozialen Infrastruktur in den Gemeinden sichergestellt werden kann, nur dass sie garantiert werden muss, wobei dies nicht zulasten anderer sozialer Verpflichtungen des Staates gehen darf.

Was in keinem Fall weiter geschehen sollte ist, dass die EZ im Rahmen ihrer Technischen Kooperation den BürgermeisterInnen und Räten Empfehlungen vorlegt und sogar Trainingskurse dafür anbietet, wie sie zum Unterhalt ihrer Büros und eines Teils ihrer Infrastruktur die ärmsten Teile der Bevölkerung durch lokale Steuern, Gebühren und Abgaben belasten können. Eine solche Finanzierung von dezentralen Strukturen wäre alles andere als Gute Regierungsführung und Beihilfe hierzu alles andere als gute EZ.

Mehrebenen-Ansätze als Lösung

Die Problematik der fehllaufenden Umsetzung von Dezentralisierung und der ebenso falschen Beratung der Kommunen durch die EZ macht deutlich, dass Beiträge zur Guten Regierungsführung (nicht nur) bei der Unterstützung von Dezentralisierung in Form von Mehrebenen-Ansätzen geplant und durchgeführt werden sollten:

(i) Auf der *Ebene des Gesamtstaates* wird durch die EZ die Bereitschaft zu substantiellen Investitionen in den Kommunen bekundet und damit das Interesse der Partnerseite an den Maßnahmen bestärkt. Parallel dazu werden notwendigen Schritte zur Sicherstellung des Betriebs der Investitionen (von der Zugangspiste über Verwaltungsgebäude bis zur Klinik und Schule) vereinbart und umgesetzt. Die hierfür erforderlichen Maßnahmen können durch Technische Zusammenarbeit unterstützt werden;

(ii) Auf der *Ebene der dezentralisierten Kommunen* werden in partizipativer Weise unter Einbeziehung aller wichtigen Akteure die prioritären Investitionen identifiziert und umgesetzt;

(iii) Auf einer *institutionellen Zwischenebene,* die durch VertreterInnen des zuständigen nationalen Ministeriums und der Kommunen gebildet wird, z. B. in Form eines Steering-Committees, erfolgt ein Monitoring der Maßnahmendurchführung und des Betriebs der neuen Einrichtungen.

Mit einem vergleichbaren Mehrebenen-Ansatz wird seit 25 Jahren das durch die KfW im Auftrag des BMZ maßgeblich mitfinanzierte *Forstprogramm Vietnam* implementiert: Das finanzielle Volumen der Förderung war für ein großes und nicht extrem armes Land wie Vietnam von Anfang an von Interesse, ebenso das Ziel der Maßnahmen, den im Krieg zerstörten Wald wiederherzustellen und die Waldflächen durch zusätzliche Aufforstungen zu erweitern. Um das Vorhaben im Gegensatz zu früheren wenig erfolgreichen, weil allein vom Staat durchgeführten Aufforstungen deutlich nachhaltiger gestalten zu können, wurde auf deutschen Vorschlag hin die Beteiligung und Mitverantwortung der Bevölkerung in den für die Maßnahmen vorgesehenen Provinzen in Nord- und Zentralvietnam in das Konzept eingefügt. So sollten die Aufforstungsarbeiten selbst mithilfe interessierter Familien auf jeweils kleinen individuell zugeteilten Parzellen durchgeführt werden. Nach erfolgreicher Baumpflanzung würde der neue Wald dann den Familien auch übereignet werden. Diese Regelung machte allerdings eine Änderung im Forstgesetz erforderlich, da sich der Wald in Vietnam bisher ausschließlich in staatlichem Eigentum befand. Die notwendigen Ergänzungen des Gesetzes erfolgten parallel zu den Pflanzarbeiten, die zunächst in drei Provinzen begannen und heute 14 Provinzen und über 130.000 ha neuen Wald umfassen.

Durch den Mehrebenen-Ansatz, auf der staatlichen Ebene die Gesetzesänderung sowie die Gesamtkoordination, in den Provinzen und Landkreisen die praktischen Aufforstungen und das Waldmanagement durch die Familien, ist das Forstprogramm Vietnam eine der erfolgreichsten Initiativen weltweit in seinem Sektor. Bisher umfasst der deutsche Förderanteil hierfür rund 80 Mio. EUR, weitere über 100 Mio. EUR sind eingeplant und weitgehend schon zugesagt. Begleitet wird das Programm durch eine Implementierungseinheit im Forstministerium, die von deutscher Seite weiterhin unterstützt wird und in den Provinzen mit Projektaktivitäten eigene BeraterInnen den dortigen Forstverwaltungen zur Seite stellt.

Fragile Staaten und Entwicklungszusammenarbeit
In den letzten Jahren lässt sich vor allem in Afrika zunehmend der Verfall von Staatlichkeit beobachten[14]. Ein besonders typisches Beispiel dafür ist Somalia, das derzeit in drei unterschiedliche, jeweils Souveränität reklamierende Teilstaaten zerbrochen ist. Hinzu kommt, dass die Regierung des Kernlandes Somalia um die alte Hauptstadt Mogadischu ihren Einfluss kaum über die Stadtgrenzen hinweg ausüben kann. In der Fläche herrschen islamistische Terroristen (die sogenannten *Shabab-*Milizen), und die Sicherheit in der Hauptstadt wird teilweise durch Truppen aus Nachbarländern garantiert – oder auch nicht, wie immer wieder Bombenanschläge mit vielen Toten demonstrieren.

Zerfallserscheinungen zeigt auch die Zentralafrikanische Republik, wo ebenfalls ausländische Truppen Gruppen, die unter religiöser Fahne gegeneinander Terrorismus ausüben, auseinanderzuhalten versuchen. Ein typischer fragiler Staat ist auch die Demokratische Republik Kongo, wo der Staat einzelne Provinzen teilweise kontrolliert, den Rest der Gebiete aber Kriegsherren mit ihren teilweise aus Kindersoldaten gebildeten Mordbanden beherrschen. Weitere Staaten dieses Typs sind in Asien der Jemen und natürlich Afghanistan, aber auch (zeitweise?) Syrien und der Irak.

Gemeinsam ist diesen Staaten, dass die Masse der Bevölkerung erheblich unter der fehlenden Staatlichkeit und damit Sicherheit leidet. Millionen Binnenflüchtlinge und in die Nachbarstaaten Geflüchtete sind die Folge. Mehr noch als in extrem armen, aber halbwegs mit einem staatlichen Machtmonopol ausgestatteten Ländern müsste hier eigentlich internationale EZ besonders intensiv tätig werden. Nur kann allerdings die EZ hier wenig ausrichten, da die hilfebedürftigen Massen nahezu unerreichbar scheinen. Was kann trotzdem getan werden, ohne die Leben der HelferInnen zu riskieren?

Das BMZ, das bereits 2007 zu diesem Thema konzeptionelle Vorgaben entwickelt hat, plädiert zunächst für eine enge internationale Abstimmung und, wo immer möglich, für ein präventives Vorgehen. Das bedeutet im Klartext, den Staatszerfall gar nicht erst zuzulassen, sondern frühzeitig Hilfe anzubieten und in extrem sensibler Weise zu leisten. Jeder Fall muss dabei separat betrachtet werden angesichts unterschiedlicher historischer, sozialer, politischer, ökonomischer oder kultureller Voraussetzungen[15]. Wichtig ist dabei entwicklungsorientierte Kräfte in den betroffenen Ländern zu stärken, und zwar sowohl innerhalb wie außerhalb der Regierungen. Dadurch sollen sich die Gesellschaften von „innen" heraus verändern.

Für vor allem präventive Maßnahmen sprechen sich auch Andreas Heinemann-Grüder und Philipp Rotmann im Friedensgutachten 2017 aus. So seien Morde am eigenen Volk keine „innere Angelegenheit", entsprechend sei Gewaltprävention ein Auftrag auch an die deutsche Außenpolitik[16]. Wenn es konkreter wird, vor allem für Länder, in denen die Staatsgewalt bereits zerfallen ist, fehlen allerdings sehr oft die wirklich guten Ideen. Hier entscheiden Geberorganisationen oft nach Tageslage, aber selbst bei größter Vorsicht gibt es immer wieder Tote unter Partnern wie auch unter den MitarbeiterInnen der ausländischen Hilfsorganisationen.

Während des tadschikischen Bürgerkriegs 1992 bis 1997 hat es die Welthungerhilfe geschafft, sich mit beiden Kriegsparteien soweit zu einigen, dass die Zivilbevölkerung sogar in einem sehr stark vom Krieg heimgesuchten Teil des Landes, dem Gharm-Tal, versorgt werden konnte. In Afghanistan oder im Kongo ist dieser mutige Einsatz allerdings immer wieder schief gegangen, denn wiederholt wurden hier deutsche und/oder einheimische MitarbeiterInnen ermordet. Daher versucht man z. B. für Somalia von Äthiopien oder Kenia aus Unterstützung zu liefern, aber auch dabei riskieren die beteiligten (einheimischen) Kräfte täglich ihr Leben. Das gleiche gilt natürlich für die VN-MitarbeiterInnen, sobald sich diese aus den schwer bewachten Camps in den Hauptstädten zu den Menschen im Land hinausbewegen. Immer wieder müssen daher die MitarbeiterInnen von Hilfsorganisationen gerade aus den Gebieten, in denen Menschen am hilfebedürftigsten sind, wieder abgezogen werden. Die internationale EZ ist also weit von einer Lösung entfernt, Menschen in fragilen und vor allem in zerfallenden Staaten nachhaltig helfen zu können, wobei sich auch militärische Optionen in kaum einem Fall als hilfreich erwiesen haben.

In einem Gutachten für die deutsche EZ wurde kürzlich zusammengefasst, welche Schritte nach übereinstimmender Meinung von VN, Weltbank und anderen wichtigen Akteuren unternommen werden können, um zumindest dort, wo kein offener Krieg herrscht, mit entwicklungspolitischen Instrumenten konfliktmindernd und wiederaufbauend tätig zu werden[17]. Danach sollten

(i)   in einem ersten Schritt Foren eingerichtet werden, bei denen Persönlichkei-
      ten, die innerhalb der relevanten Konfliktparteien Vertrauen und Legitimität
      genießen (so vor allem religiöse Führer und traditionelle Autoritäten), zusam-
      mentreffen und in den Dialog eintreten,

(ii) um die in der Regel in Konfliktsituation unter erheblicher Not leidender Bevöl-
      kerung zu unterstützen, sollte großzügige Nothilfe geleistet werden, wobei die
      Angehörigen keiner Partei gegenüber anderen bevorzugt werden dürfen;

(iii) gezielt sollten Frauen und Mädchen sowie Flüchtlinge unterstützt werden,
      die in der Regel in Konflikten überdurchschnittlich unter Gewaltanwendung
      leiden und / oder in (extreme) Armut geraten;

(iv) zusätzlich sollten weitere Akteure (Personen und Organisationen) identifiziert
      werden, die zu einer Entschärfung des Konflikts beitragen könnten und für
      diese Tätigkeit im Rahmen der EZ gezielt Unterstützung erhalten;

(v)   da auch in fragilen Kontext in der Regel stabile Strukturen zumindest in
      kleinem Maßstab und auf lokaler Ebene (z. B. in einzelnen Landkreisen,
      in Kommunen usw.) weiterexistieren, sollte die Zusammenarbeit mit diesen
      gesucht und ihnen Unterstützung gewährt werden, um die „befriedeten" Zonen
      auf diese Weise möglichst ausdehnen und vereinigen zu können;

(vi) wenn offene Gewalt weitgehend eingedämmt werden konnte und eine zumin-
      dest relative Stabilität eingetreten ist, sollte allen Menschen – und erneut unab-
      hängig von den Parteien – sehr großzügig der Zugang zu öffentlichen Gütern
      wie Bildung, Gesundheitsfürsorge und auch sozialen Sicherungsbeiträgen
      (Geldtransfers zum menschenwürdigen Überleben) ermöglicht werden. Damit
      könnte eine der wichtigsten Ursachen für Konflikte, die Benachteiligung
      einzelner Bevölkerungsgruppen, zumindest gemildert werden. Potenzielle
      „Kämpfer" können auch zunächst durch cash-for-work-Aktivitäten, abgelöst
      später durch gezielte nachhaltige Maßnahmen zur Arbeitsbeschaffung, einge-
      bunden werden, und zwar in der Erkenntnis, dass in zahlreichen militanten
      Konflikten weltweit ein Großteil der Bewaffneten nicht aus ideologischen
      Gründen, sondern primär gegen Bezahlung kämpft und mordet;

(vii) gleichzeitig ist spätestens jetzt der Zeitpunkt gekommen zu helfen, die
      staatlichen Institutionen wieder aufzubauen.

Bei EZ-Bemühungen in fragilen Kontexten ist eine umfassende Geberkoordina-
tion extrem wichtig, die multilaterale und bilaterale Organisationen, aber auch die
privaten EZ-Träger gleichberechtigt einschließen sollte.

      Ein weiterer Punkt bedarf der Beachtung für die EZ in fragilen Kontexten,
nämlich die Notwendigkeit, EZ-Beiträge deutlich von militärischen und selbst

polizeilichen Maßnahmen zu trennen. Das gilt auch für friedenssichernde und frie-
denserhaltende internationale Interventionen. Das Beispiel der Welthungerhilfe in
Tadschikistan hat gezeigt, dass die beste Arbeit bei absoluter Neutralität gegenüber
den Parteien geleistet werden kann, egal, was die MitarbeiterInnen im Stillen von
der einen oder anderen Partei denken.

Anmerkungen

1. Vergl. BMZ (2017: 36).
2. VENRO (2018): Positionspapier 2/2018. Demokratie braucht eine starke
   Zivilgesellschaft. Berlin.
3. Konflikte um Vieh, vor allem die Schädigung der Felder von Ackerbauern,
   gehören zu den wichtigsten Auslösern von zum Teil sehr brutal ausgetragenen
   Konflikten in vielen Ländern Afrikas. Die Ursache ist vielfach Streit um die
   Ressource Land. In Mali und Burkina Faso sind in diesem Zusammenhang in
   den letzten Jahren ganze Dörfer niedergebrannt und deren Bevölkerung massa-
   kriert worden. Der Krieg in der sudanesischen Darfur-Provinz, besonders brutal
   ausgetragen seit 2003 mit 200.000 bis 300.000 Toten, hat seine Wurzeln vor
   allem in Auseinandersetzungen um Land, die schon 1988 zu Hunderten von
   Toten auf Seiten der Bauern wie auch der Nomaden geführt hatten.
4. Vgl. WHO (2013): Global and regional estimates of violence against women:
   prevalence and health effects on intimate partner violence and non-partner
   sexual violence. Geneva.
5. Alexander Erich (2016): From ‚programme transplants' to ‚local approaches': the prevention of domestic violence against women in Tajikistan.
   Entwicklungsethnologie, 22. Jahrgang Heft 1 + 2.
6. Die EZ-Vertretung der Schweiz fungiert gleichzeitig als Konsulat in der Hauptstadt Duschanbe. Da das Land selbst keine eigene Botschaft in Tadschikistan
   unterhält, kommt diesem Konsulat eine besondere Bedeutung zu, die sich in
   umfangreicher Öffentlichkeitsarbeit und damit einer EZ-Vertretungen sonst
   kaum zufallenden Aufmerksamkeit in Zivilgesellschaft und Politik äußert. Dies
   mag die Wirkung des Projektes auf der politischen Ebene deutlich verstärkt
   haben.
7. Ein aktuelles Beispiel hierzu von Katja Dorothea Buck: „Indien blockiert
   Zuschüsse für kleine NGOs", in: Welt-Sichten 11–2020, 57. Zudem wurden seit
   2015 in Indien Tausende von NRO-Lizenzen durch die Regierung eingezogen.
8. Jon Jellena (2016): Good Financial Governance. Presentation on the GIZ/BMZ
   International Expert Workshop "Bridging the Gap: Approaches and Policies

for Reducing Inequalities, Berlin September 5–6 2016". New Orleans (CEQ Institute).

9. Offiziell wurde die Förderung ausgesetzt wegen der nicht eingehaltenen Verpflichtungen, den sogenannten „Petroleum Fund" für die Förderung der sozialen Infrastruktur einzusetzen bzw. als nationale Sparkasse für die Zeit nach der Erdölförderung vorzusehen. Wie ein hochrangiger Mitarbeiter der Weltbank aber dem Verfasser 2011 mitteilte, erfolgte dies vor allem wegen der unsäglichen Abzweigung von Fondsmitteln durch staatliche Funktionäre, „immer und überall".

10. Hier entstand auch durch externe EZ-Unterstützung eine sehr aktive und durchsetzungsfähige Zivilgesellschaft, die bereits zwei Mal in den letzten 15 Jahren den Präsidenten des Landes mit gestürzt hat. Aber Anzeichen deuten darauf hin, dass diese Zivilgesellschaft teilweise stark auf autoritären Klanstrukturen gründet und deshalb erhebliche Legitimitätsmängel aufweist.

11. Dazu z. B. das Kommunalbrevier Rheinland-Pfalz, Auflage 2019, Bodenheim; hier vor allem §§ 1 bis 3 der Gemeindeordnung des Bundeslandes.

12. Der Verfasser kann hier als langjähriges Stadtratsmitglied sowie Kreistagsabgeordneter aus eigener Erfahrung sprechen. Die leider oft geringe Wahlbeteiligung in Deutschland auf kommunaler Ebene ist eindeutig eine verlorene Chance der Bürgerbeteiligung, denn in einer Gemeinde ist es sehr viel leichter als auf Landes- oder Bundesebene, bisherige Mehrheiten abzustrafen und neue politische Initiativen zu unterstützen.

13. Gute Gründe hierfür zu Westafrika z. B. bei Sten Hagberg (2010): Inventing and Mobilising the Local: Decentralisation and Citizen Participation in West Africa, in: ders. (Hrsg.): Inventing and Mobilising the Local, APAD Bulletin 31–32, 3–34.

14. Zu Staatenzerfall und Fragilität siehe Hirschmann (2016).

15. Vgl. „Entwicklungsorientierte Transformation bei fragiler Staatlichkeit und schlechter Regierungsführung", BMZ Konzepte 149. Bonn / Berlin (2007).

16. Prävention praktisch umsetzen: Gewalt ächten, Menschen schützen, in: Schoch, Bruno et al. (Hrsg.)(2017): Friedensgutachten 2017. Berlin.

17. Hierzu u. a. World Bank (2018): Pathways for Peace. Inclusive Approaches to Preventing Violent Conflict. Washington, und: World Bank (2018): Maximizing the Impact of the World Bank Group in Fragile and Conflict-Affected Situations. Washington.

Was dringend zu tun wäre

15

Zusammenfassung

Es gibt weltweit einen unendlichen Bedarf an Unterstützung für arme Menschen, wobei nicht allein mehr finanzielle Mittel benötigt werden, sondern auch die Rahmenbedingungen für die Schaffung von menschenwürdigen Lebensbedingungen massiv verändert werden müssen. In den betroffenen armen Ländern selbst muss sich hierfür fast überall die Regierungsführung drastisch verbessern, d. h. eine konsistente und nachhaltige armutsorientierte Politik herbeigeführt werden. Die Geberländer müssen nicht allein ihre EZ armutsorientierter, sondern vor allem auch ihre Gesamtpolitik kohärenter gestalten, damit teilweise kriminelle, in jedem Fall aber ungerechte Handel- und Finanzstrukturen die Entwicklungsbemühungen nicht ad absurdum führen.

Schlüsselwörter

Entwicklungszusammenarbeit · Entwicklungsprojekte · Armutsmigration

15.1 Allgemeiner Handlungsbedarf

In einem engagierten Grundsatzpapier vom Januar 2017 formuliert die bekannte internationale NRO Oxfam einen Forderungskatalog an die PolitikerInnen dieser Welt, sei es in Uganda oder den USA. Statt einer (Welt)Wirtschaft, die bisher das eine Prozent der Reichen und Superreichen begünstigt, möge man eine Ökonomie für die 99 % einführen, also für die große Mehrheit der Menschen. Bisher sehe das Weltwirtschaftsgefüge nach Oxfam zusammenfassend so aus[1]:

- Seit 2015 besitzen 1 % der Menschheit so viel (Geld, Kapital) wie die restlichen 99 % zusammengenommen. Nur acht Personen innerhalb dieser 1 % besitzen alleine so viel wie die Hälfte sämtlicher Menschen in der Welt. Und in den nächsten 20 Jahren werden rund 500 Personen 2,1 Billionen US$ vererben. Dies ist eine Summe, die das Bruttonationaleinkommen von Indien mit seinen 1,3 Mrd. Menschen übertrifft.
- Das Einkommen der 10 % Ärmsten hat sich zwischen 1988 und 2011 um weniger als 3 US$ pro Person im Jahr erhöht, während sich das Einkommen der reichsten 1 % in dieser Zeit ver-182-facht habe.
- In den USA ist in den letzten 30 Jahren das Einkommen der unteren 50 % der US-BürgerInnen genau gleich geblieben, während sich das Einkommen der 1 % Reichsten um 300 % erhöht hat.

Oxfam legt auch offen, warum dies so ist: unter anderem, weil i) die meisten Betriebe dieser Welt nur die EigentümerInnen, nicht aber die ArbeiterInnen berücksichtigen; weil ii) große Firmen in vielen Ländern sehr wenig Steuern zahlen müssen, anders als die Masse der ArbeiterInnen; iii) weil die großen Firmen es schaffen, die nationalen Gesetze so zu beeinflussen, dass vor allem ihre EigentümerInnen davon profitieren usw.

Aus dem absolut untragbaren Ist-Zustand, der die Gesellschaften immer mehr spaltet und wie bereits gezeigt wurde, wirtschaftliche Entwicklung zudem massiv behindert, leitet Oxfam eine Reihe von Visionen für eine Welt mit einer menschlichen Wirtschaft *(human economy)* ab. Hier

- arbeiten die Regierungen für die 99 % der Bevölkerung (und nicht mehr primär für die 1 %), wobei der Zivilgesellschaft und der Stimme von Frauen deutlich größeres Gewicht gegeben wird,
- arbeiten die Regierungen zusammen, statt sich gegenseitig zugunsten der 1 % z. B. hinsichtlich der Steuervorteile zu überbieten,
- wird der Einfluss der Konzerne beseitigt und diese wirken im Interesse der Allgemeinheit, zahlen faire Löhne und sind sich ihrer Verantwortung für den Planeten bewusst,
- fallen die Steuerprivilegien weg und die Reichen zahlen endlich ihren angemessenen Steueranteil,
- werden Frauen gleichberechtigt behandelt, nicht nur bei ihren beruflichen Chancen und den Löhnen, sondern in ihrer gesamten gesellschaftlichen Rolle.

Weiterhin fordert Oxfam eine Technologieentwicklung, die die Bevölkerungs-
mehrheit nicht schädigt, sondern die Lebensbedingungen aller Menschen verbessert, ein Ende der Umweltbelastungen, die zum Klimawandel führen und bereits
jetzt Millionen von Toten fordern und vor allem die Ärmsten schädigen, und endlich Maßvorgaben für die menschliche Entwicklung, die nicht alleine auf den
Zahlen des Bruttonationaleinkommens basieren, sondern auf Gleichberechtigung,
gerechter Einkommensverteilung und vor allem Nachhaltigkeit beruhen.

Die Forderungen des Oxfam-Katalogs, durch die Zahlen zur teilweise absurd
erscheinenden Verteilung von Vermögen und der sich weiterhin öffnenden Schere
in der Welt zwischen Haben und Nichthaben unterlegt, sind einleuchtend und
dürften vom Großteil aller EZ-Beteiligten unterstützt werden. Was die Stimme
der Zivilgesellschaft als eine treibende Kraft in Sachen Verteilungsgerechtig-
keit betrifft, so wurde allerdings bereits auf deren fortschreitende Unterdrückung
in vielen Ländern verwiesen. Ihr Spielraum und damit auch Einfluss außerhalb
eines kleinen Kreises von Industrienationen und einiger gut regierter EL nimmt
weiter ab. Ein Lichtblick ist allein die zunehmende Rolle, die VertreterInnen
großer zivilgesellschaftlicher Organisationen inzwischen im Rahmen internationaler Konferenzen spielen, wo es ihnen beispielsweise gelingt, erheblichen Druck
zugunsten stärkerer Maßnahmen gegen den Klimawandel auszuüben. Über den
Wirtschafts- und Sozialrat der VN nehmen NRO auch Einfluss etwa auf die
Gender-Politik der VN, deren eigener Einfluss allerdings, mitbedingt durch die
Politik der USA gegen die VN unter Donald Trump und das wenig überzeugende
Engagement der EU (einschließlich Deutschlands!), auch eher schwindet.

Bei der Forderung nach mehr Steuergerechtigkeit berührt Oxfam ebenfalls
einen wunden Punkt. Was könnte die konkurrierenden Regierungen dazu bringen,
plötzlich zusammenzuarbeiten, um den Unternehmen höhere Steuern abzufordern
oder zumindest die Steuerehrlichkeit durchzusetzen? Eher besteht der Eindruck,
dass überall, wo gute Ansätze in den letzten Jahren formuliert wurden, z. B. hinsichtlich einer Börsen-Spekulationssteuer, nicht der geringste Fortschritt zustande
kommt. Selbst innerhalb der EU gelingt es nicht, Niedrigsteuerländer zu einem
solidarischen Verhalten zu motivieren.

Immerhin, wie schon an anderer Stelle festgehalten, kommt in Sachen Lieferkettengesetz derzeit in Deutschland einiges in Bewegung. Dabei geht es um die
Haftungsfrage von Unternehmen auch bei uns im Inland, deren Zulieferer Schäden an Mensch und Umwelt verursachen oder in Kauf nehmen. Zum Zeitpunkt
der Abschlussarbeiten an diesem Buch ist ein wenn auch in vieler Hinsicht unbe-
friedigender Gesetzesentwurf immerhin am 22. April 2021 in erster Lesung im

Bundestag behandelt worden. Während sich zunehmend sogar wichtige Unternehmen zugunsten des Gesetzesvorhabens ausgesprochen hatten und das BMZ deutliche Unterstützung bekundete kam bis zuletzt deutlicher Widerstand vom Wirtschaftsministerium.

15.2   Handlungsbedarf auf Seiten der Geberländer und auf internationaler Ebene

Paul Collier stellt treffend fest, dass EZ-Ziele immer nur oder vorrangig von den Entwicklungshilfeministerien vertreten würden. Das einzige diesen zur Verfügung stehende Instrumentarium sei die Entwicklungshilfe. Weil diese Ministerien aber in der Hackordnung der Regierungen weit unten stünden, hätten sie bei interministeriellen Abstimmungen wenig Gewicht – während die anderen Ressorts die Politik machen, die sie wollen, müsste man ergänzen. Aus diesem Grund, folgert Collier, müsste sich eigentlich der jeweilige Regierungschef eines Geberlandes insofern selbst um das Thema kümmern, als er oder sie es zu seiner bzw. ihrer persönlichen Priorität macht, EZ als eines der Ziele also, die „offiziell der Chefetage zugeordnet werden"[2].

Dieser Forderung ist uneingeschränkt zuzustimmen. Es geht hierbei nämlich um die Kohärenzfrage schlechthin, also um eine „Politik aus einem Guss ohne innere Widersprüche". Bisher ist aber eher das Gegenteil der Fall, d. h. es werden im Kabinett teilweise diametral entgegengesetzte politische Ziele verfolgt: hier die eines Entwicklungsministeriums, dort die von Außen-, Wirtschafts- oder Landwirtschaftsministerium. Allerdings ist dieser Widerspruch etwa in Deutschland nicht einzig bei der EZ festzustellen. Mindestens ebenso drastisch und folgenschwer sind die Widersprüche innerhalb der Regierung zwischen Umweltministerium auf der einen und Landwirtschafts-, Verkehrs- und Wirtschaftsministerium auf der anderen Seite.

Was wären die wichtigsten Forderungen zu verstärkter Kohärenz?

Federführung des Entwicklungsministeriums: Zuerst muss die Forderung stehen, in allen entwicklungsrelevanten Fragen auch dem zuständigen Ministerium die Federführung zu übertragen. In Deutschland ist dies teilweise so, jedoch zeigt sich immer wieder, wie wenig Einfluss das BMZ hat, wenn der deutsche Wirtschafts- oder Landwirtschaftsminister auf europäischer Ebene Beschlüsse mitträgt, die den entwicklungspolitischen Zielen der Bundesrepublik diametral entgegengesetzt sind.

Koordination der Entwicklungspolitik in den Partnerländern: In vielen EL sind ein Dutzend europäischer bilateraler Geber, die EU und mindestens ein weiteres Dutzend multilateraler Organisationen vertreten, nicht zu reden von unzähligen I-NRO. Diese müssten deutlich besser als bisher ihre Projekte aufeinander und mit den staatlichen und privaten Partnerstrukturen abstimmen, dies aus drei Gründen:

i) um Doppelungen zu vermeiden bzw. um nicht ganze wichtige Bereiche der Armutsminderung, darunter auch einzelne Prioritäten des Partnerlandes, links liegen zu lassen;

ii) um gemäß internationaler Abkommen zur effektiveren EZ (z. B. Pariser Erklärung/Paris Declaration von 1990) der Partnerseite eine von Widersprüchen freie Unterstützung anbieten zu können und

iii) um die oft ja wenig belastungsfähigen Bürokratien der Partnerländer nicht übermäßig durch unterschiedliche Antrags-, Durchführungs- und Berichtsverfahren zu überfordern.

Es macht auch Sinn, die chinesische Entwicklungspolitik, wo immer diese dialogbereit sein könnte, in eine Koordination einzubinden. Bisher ist dies, auch wegen chinesischer Verweigerung, die ganz große Ausnahme, obwohl das Land vor allem in Afrika zumindest bei Krediten einer der größten Geber ist.

Postkoloniale Verhaltensweisen: Massive Einflussnahmen auf Regierungen, wie sie vor allem Frankreich weiterhin völlig offen in West- und Zentralafrika an den Tag legt, müssen innerhalb der EU thematisiert werden. Frankreich muss Widerspruch erfahren, wenn es die wirtschaftliche Zusammenarbeit mit einem Land der Frankophonie als sein Monopol reklamiert. Das gilt z. B. für das *Grabbing* nationaler Versorgungs- und Kommunikationsunternehmen durch die ehemalige Kolonialmacht. Ganz besonders muss dieser Widerspruch kommen, wenn unser Nachbar Diktatoren gegen Oppositionsgruppen schützt und sich als Anlageland für deren Beute anbietet wie etwa dekadenlang (durch den Tod von Präsident Deby in einem Feuergefecht mit Rebellen am 19. April 2021 nicht ganz erfolgreich) im afrikanischen Tschad. Ebenso ist die EU aufgefordert, Spanien zur Ordnung zu rufen, wenn seine Fischtrawler sich einen Kleinkrieg mit dem mauretanischen Küstenschutz in den Gewässern dieses Landes liefern.

Mehr Respekt vor internationalem Recht: Das zuletzt Gesagte fällt ebenfalls unter die Forderung, internationales Recht auch gegenüber armen und politisch weitgehend hilflosen Staaten einzuhalten. Wenn sich Frankreich oder Spanien, die USA und Japan das Recht nehmen, über die Fischerei vor ihren Küsten zu bestimmen, dann muss das Recht des jeweiligen Anrainerstaates auch für fremde Flotten vor Afrikas Küsten gelten.

Innerhalb der EU wird jeder Zuschuss für eine wirtschaftliche Aktivität in einem Mitgliedsland von der Europäischen Kommission genau beobachtet und ggf. als unerlaubte „Subvention" gebrandmarkt. Wenn dagegen ein Großteil der europäischen Agrarsubventionen dafür verwendet wird, deutsche Butter, italienische Tomaten oder französisches Rindfleisch zu Spottpreisen auf den Weltmarkt zu werfen und damit z. B. die Bauern und Bäuerinnen in EL in den Bankrott zu treiben, dann ist dies aus Brüsseler Sicht in Ordnung, weil es künstlich (d. h. durch vorangegangene Subventionen) in Europa geschaffene Überschüsse abzubauen hilft.

Schädliche Exportsubventionen ganz abschaffen: Nicht nur rechtlich bedenkliche Subventionen, die EL massiv schädigen, sollten seitens der EU-Mitgliedsländer eingestellt werden. Vielmehr wäre es ein Beitrag zur Kohärenz in der Politik der EU, wenn auch solche Subventionen, die rechtlich unumstritten sind, hinsichtlich eventueller Schäden in den Empfänger-EL hinterfragt würden. So wäre unbedingt zu diskutieren, ob Weizen wirklich zu günstigsten Preisen nach Westafrika verschifft werden muss, wenn dadurch die dort ernährungsphysiologisch deutlich wertvolleren Knollenfrüchte immer mehr verdrängt werden. Insbesondere gilt dies auch für Hühnerfleisch, das in ländlichen Gebieten vor allem von armen bäuerlichen Familien und vorrangig von Frauen zur Schaffung von Zusatzeinkommen produziert wird und einen sehr wichtigen Beitrag zu deren Existenzsicherung leistet.

Richtig ist, die Hühnerteile, die nach Afrika kommen, sind nicht immer subventioniert. Es handelt sich aber oft um aus europäischer Sicht „minderwertige" Stücke (wo nur das Brustfleisch von billigst Batterie-gehaltenen Tieren nachgefragt ist), die in den Empfängerländern fast kostenlos abgegeben werden. In Ländern, in denen man nicht so wählerisch ist, machen die für weniger als einen Euro pro Kilo verkauften importierten (Rest)Hühnerteile dann aber alle Märkte kaputt, weil die mühsam im Dorf aufgezogenen Hühner als Ganzes das Doppelte oder Dreifache kosten (müssen).

Steuerbetrug, Raub und anderer krimineller Kapitalentzug: In ihrem Buch „Dictators without Borders" („Diktatoren ohne Grenzen", auch übersetzbar als „ungehindert [agierende] Diktatoren") schildern Alexander Cooley und John Heathershaw, wie sich zentralasiatische Machthaber auf Kosten ihrer BürgerInnen maßlos bereichern. Aus den „Panama Papers" von 2016 und anderen „geleakten" Unterlagen, zudem Hunderten völlig frei im Internet zugänglicher Quellen, erfahren wir allerdings auch, dass sich diese Bereicherung unter maßgeblicher Unterstützung von westlichen Banken, aber auch mit Hilfestellung durch die Politik und sogar die Justiz europäischer Länder und der USA vollzieht[3].

Eine bisher häufig übliche Methode, den Staat zu betrügen, ist die interne Rechnungsstellung innerhalb eines internationalen Unternehmens. Dieses mit Sitz etwa in Irland stellt z. B. für völlig abstruse angebliche Leistungen seinem Tochterunternehmen in einem EL Rechnungen aus, die dieses auch wirklich intern im Firmenverband bezahlt, mit dem Ergebnis, dass trotz erheblicher Gewinne im EL dort die Bilanz „keine Gewinne vor Steuern" ausweist. Trotz eigentlich riesiger Gewinne (und zum Teil gewaltiger hinterlassener Umweltschäden) erhält das Finanzamt im EL kaum einen Cent.

Wenn mit Blick auf dieses Beispiel Irland, bei seinen unmoralisch niedrigen Steuersätzen für Weltkonzerne, EZ leistet, wird es besonders zynisch: De facto zahlt das Land damit einen kleinen Teil als Entwicklungshilfe zurück von dem Geld, das aus irischer Sicht völlig legal einem EL durch die Konzerne entzogen wurde.

Gleiches Recht im In- wie Ausland: Wenigstens intensiv in der Öffentlichkeit diskutiert wird die Frage, ob europäische bzw. deutsche Unternehmen bei ihren Investitionen in EL nicht auch auf das Recht ihres Heimatlandes verpflichtet werden sollten (s. o. unter „Lieferkettengesetz"). Dies wäre auch ein Beitrag zu mehr Kohärenz und es wäre ein Beitrag, der eigentlich selbstverständlich sein sollte, weil es um die Respektierung internationaler Menschenrechte durch deutsche Konzerne im Ausland geht, d. h. um solche Rechte, die im Inland als absolut selbstverständlich gelten und deren Missachtung hier verfolgt wird. So ist es selbstverständlich, dass sich bei uns die Firmen an den gesetzlichen Mindestlohn halten müssen, in einigen Dritte-Welt-Ländern nehmen sie sich aber weiterhin das Recht heraus, den örtlichen Mindestlohn zu unterbieten. Bei uns gilt Versammlungsfreiheit und Streikrecht, in EL wird dieses Recht sehr oft eingeschränkt. Bei uns gelten zahlreiche Arbeitsschutzbestimmungen, insbesondere ist Kinderarbeit nur in Ausnahmefällen zulässig, in vielen EL eigentlich auch, aber niemand achtet dort darauf, dass dieses Recht eingehalten wird. Allerdings Vorsicht hier vor Verallgemeinerungen: Kinderarbeit in beschränktem und genau definiertem Umfang ist auch in Deutschland zulässig und wenn sie in bescheidenem Umfang stattfindet und die Kinder nicht bei ihren schulischen Verpflichtungen hindert, kann sie diesen immerhin zu einem kleinen Taschengeld verhelfen, das sonst kaum möglich wäre (vergl. Abb. 15.1).

Ein Unterthema bei der Frage gleichen Rechts ist der Schutz der Umwelt bzw. der Menschen vor Emissionen. Bei uns wäre es streng verboten, Industriemüll einfach zu verbrennen und dadurch z. T. giftige Gase in die Umwelt zu entlassen. In EL erfolgt dies legal oder illegal weiterhin, ohne sanktioniert zu werden. Selbst wenn es dort erlaubt wäre: Ist es nicht auch ein Verstoß gegen die Menschenrechte der

Abb. 15.1 Kinderarbeit auf einer Teeplantage am Mount Kenya: Die Teepflück-Arbeit ist hier ausnahmsweise freiwillig und die Mädchen erhalten von ihren Eltern ein Taschengeld für ihre Mitarbeit für zwei Mal zwei Stunden am Samstag und Sonntag. (Foto: © Frank Bliss 1989–2020)

dort lebenden Menschen, wenn ihnen die Atemluft genommen und sie durch die Abgase krank werden?

15.3 Die Rahmenbedingungen in den Partnerländern deutlich verbessern

Die in Abschn. 14.2 und 14.3 genannten Beiträge zur Guten Regierungsführung umreißen bereits die wichtigsten Handlungsfelder zur Verbesserung der Rahmenbedingungen, um die Ziele der Agenda 2030 (vor allem: extreme Armut weltweit restlos zu beseitigen) erreichen zu können. Grundvoraussetzung ist die Respektierung und Garantie der Menschenrechte. Darauf aufbauend bedarf es je nach Land in unterschiedlicher Intensität einer verbesserten Abgeordnetenarbeit im nationalen Parlament, die wirklich als eigenständige Legislative und Kontrolle der Regierung fungieren muss und dadurch bei der Bevölkerung an Ansehen und Legitimität gewinnen kann.

Konsequente Gesetze und dazu passende Ausführungsbestimmungen müssen zudem eine Fiskalpolitik begründen, die die finanziellen Ressourcen für eine sozial gerechte Entwicklung bereitstellen hilft, sowie eine unabhängige Justiz. Schließlich ist die Korruptionsbekämpfung, besser noch die Korruptionsprävention zu nennen, da Bestechlichkeit, Vetternwirtschaft oder sonstige Begünstigungen in aller Regel vor allem die Armen besonders hart treffen. Im Übergangsbereich zwischen Staat und privater Wirtschaft wird durch Korruption oft eine eigentlich von den Ressourcen her durchaus mögliche positive Entwicklung unterbunden.

Länder wie Angola, Äquatorialguinea, Gabun, der Kongo, Sambia, Niger, Tschad, Pakistan, Tadschikistan und Dutzende anderer Länder wären deutlich weniger arm, wenn die endemische Korruption hier nicht nationale wie internationale Investitionen behindern bis unmöglich machen würde. Die jährlichen *Doing Business Reports* der Weltbank zeigen auf, was getan werden müsste, nämlich sehr oft genau das Gegenteil dessen, was vorherrscht:

- *Betriebsgründungen:* statt Behinderung durch exzessive Bürokratie müsste staatliche Unterstützung bei Betriebsgründungen erfolgen, eine schnelle Bearbeitung der Anträge, ein Einschalter-Verfahren, wo Mann oder Frau einen Antrag abgibt und ohne weitere Stellen zu bemühen nach spätestens vier Wochen den (möglichst positiven) Bescheid erhält;
- *Vorschriften:* statt Unmögliches zu verlangen und vor allem Klein- und Mittelbetrieben eine Tätigkeit ohne Bestechung Dutzender Kontrolleure quasi unmöglich zu machen, sind flexible Regelungen vonnöten, die an die Realitäten abgepasst sind, ohne bei wirklich wichtigen Dingen wie Brandschutz- und Bauvorschriften eine Katastrophe vorzuprogrammieren;
- *Steuern:* hier wären Systeme notwendig, die anstatt bis zu 85 % der Bruttoeinnahmen zu fordern, im Gegenteil zu Betriebsgründungen und zum Führen von Betrieben und ihrer Erweiterung ermutigen, die die Schaffung von Arbeitsplätzen begünstigen und vor allem kleine und kleinste UnternehmerInnen allenfalls symbolisch zur Kasse bitten;
- *Finanzdienstleistungen und -leistungsanbieter:* diese müssten gut erreichbar sind, sie sollten vorurteilsfrei Anträge von jedermann unabhängig von Stellung, Ethnie, Religion usw. wohlwollend prüfen und – durchaus in verantwortungsvoller Weise – auch Risikokapital bereitstellen;

- *Staatliche Dienstleister:* hier sollten Kunden, vor allem auch Wirtschafts-betriebe, nicht als Bittsteller und ihre Wünsche als Belästigung empfunden werden. Stattdessen sollten sich Wasserversorger, Stromlieferanten, Telekom oder Post als Dienstleister verstehen und die optimale Versorgung ihrer Kunden zum erklärten Ziel haben.

Schließlich wäre es wichtig, die in Kap. 11 angesprochene Soziale Sicherung überall und für alle Bedürftigen weltweit einzuführen. Um für diesen Zweck auch EZ-Mittel von den Geberländern mit einiger Berechtigung einfordern zu können, müssen aber die Weichen in den beteiligten Staaten selbst gestellt wer-den. Zuschüsse sind erst dann sinnvoll, wenn von den Empfängerländern gute politische Konzepte vorgelegt werden und vor allem die Bereitschaft, mittel- und langfristig die Kosten für Sozialleistungen selbst zu übernehmen, vorhanden ist.

Dabei gibt es derzeit einige Überraschungen: So gehört das arme ostafrikani-sche Ruanda zu den ersten Ländern, die z. B. eine umfassende Rentenversicherung eingeführt haben. Kambodscha, das immer mehr in eine Diktatur unter dem Ministerpräsidenten Hun Sen abgleitet, hat dennoch eine kostenfreie Gesund-heitsversorgung für Arme eingeführt, die immer weniger extern finanziert wird, und überlegt derzeit ebenfalls, eine schon für einige Industriesparten bestehende Rentenversicherung in größerem Umfang für den gesamten formellen Sektor einzuführen. Pakistan, die Philippinen oder Äthiopien führen Milliarden US$ teure Programme durch, die sehr armen Familien den Schulbesuch ihrer Kin-der und medizinische Betreuung sichern sollen. Sogar Indien ist aufgewacht und möchte den Ärmsten, weiterhin noch sehr oft seine (verachteten) ethnischen Minderheiten, nun eine kostenfreie Gesundheitsversorgung bieten.

Weniger erfreulich ist, dass die meisten Länder sich allerdings weiterhin weigern, ihre Steuersysteme und vor allem die Praxis der Steuereintreibung in Einklang mit der Notwendigkeit einer soliden Finanzierung Sozialer Sicherungs-maßnahmen für die eigene Bevölkerung zu bringen.

15.4   Armutsmigration in die Industrieländer ist keine Alternative

Den aufgelisteten Grundsätzen der Oxfam-Erklärung ist wenig hinzuzufügen, allenfalls könnte eine Konkretisierung hilfreich sein, wie die einzelnen Maßnah-men realistischerweise umgesetzt werden könnten. Und ein Punkt, der in den Forderungen nicht erwähnt wird – weil er keine grundsätzliche Lösung für die

Armutsproblematik bietet – soll an dieser Stelle zumindest kurz erwähnt werden, die *internationale Armutsmigration*. In ihrer Form der Massenflucht aus den armen Ländern kann sie weder eine Entwicklungsalternative sein, noch stellt sie einen nachhaltigen Beitrag zu mehr sozialer Gerechtigkeit dar.

Der Hochkommissar der Vereinten Nationen für Flüchtlinge, schätzte die Zahl der Flüchtlinge und intern Vertriebenen weltweit insgesamt (für 2020) auf über 80 Mio. Personen. Diese Zahlen enthalten indes nicht die vielen Millionen Menschen, die aus Umweltgründen – weil ihre Äcker keinen Ertrag mehr liefern – ihre Heimat verlassen haben und größtenteils über Jahre am Rande der urbanen Zentren in ihren Heimatländern leben, oder die hunderte Millionen Armuts-„Nomaden", die z. B. als TagelöhnerInnen mit ihren Familien durch Länder wie China oder Indien wandern.

Noch nicht in dieser Zahl berücksichtigt sind die auf 60 bis 80 Mio. geschätzten meistens jungen Männer in Ländern des subsaharischen Afrika, die quasi auf gepackten Koffern sitzen, um bei der geringsten Chance auf eine Verbesserung ihrer Lebensbedingungen irgendwohin auf der Welt zu reisen, wo sie ein besseres Leben erwartet oder sie dies zumindest vermuten. Allein in Ghana sollen sich rund zwei Millionen Menschen (6 % der Gesamtbevölkerung) an der US-Einreiselotterie *(Greencard)* beteiligt haben.

Eine Umfrage des renommierten sozialwissenschaftlichen Pew Review Center[4] aus Washington, das weltweit soziale und demographische Entwicklungen beobachtet, hat ergeben, dass sogar 75 % aller in Ghana Befragten (jüngere Männer) gerne ausreisen würden. In Nigeria waren es 74 %, in Kenia 54 % und in Südafrika 51 %. Dass diese in ihren Ländern Unzufriedenen noch nicht die ein bis zwei Millionen Geflüchteter ergänzen, die südlich des Mittelmeeres derzeit auf einen Weg nach Europa warten, liegt schlichtweg daran, dass ihnen die notwendigen Tausende von Euro fehlen, um den „normalen" Transport, vor allem aber die Fluchthelfer auf den verschiedenen Routen bezahlen zu können. So sind es bisher auch nicht die ärmeren und besonders auf Unterstützung angewiesenen Menschen, die sich auf die Flucht nach Europa machen, sondern zumeist Angehörige der Mittelschichten[5].

Wenn rund 1,5 Mio. Flüchtlingen 2015 die EU in eine Krise gebracht haben, dann ist die Idee, Dutzende von Millionen Menschen aus Hunger und Armut zu befreien, indem man die Grenzen für sie bedingungslos öffnet, absolut irreal. Dies sehen auch wichtige BeobachterInnen der Flüchtlingsbewegungen so. Aus ethischen Gründen ist beispielsweise für Julian Nida-Rümelin Flucht als Lösung des Armutsproblems keine tragbare Option, wofür er wichtige Gründe anführt: Durch die Einwanderung vieler Menschen würden die Löhne der Einheimischen absinken, was den sozialen Frieden gefährdet und möglicherweise sogar zu einem

Scheitern der Demokratie führen könnte. Für die armen Ländern selbst wäre die Abwanderung aktiver, zumeist noch überdurchschnittlich qualifizierter jüngerer Menschen eine Katastrophe, die die Chancen wirtschaftlicher Entwicklung zunichtemachen würde[6]. Auch der bekannte Armutsforscher Paul Collier von der Universität Oxford, der die Wirkungen von Migration generell sehr differenziert betrachtet, kommt mit Blick auf die ärmeren Länder zum gleichen Ergebnis. Auch sieht er erhebliche Integrationsprobleme, die durch die Wirkungen des Sozialstaates sogar noch verstärkt werden[7].

Der Verband Südostasiatischer Nationen (ASEAN) mit Sitz in Jakarta (Indonesien) sieht allerdings in einer kontrollierten Wirtschaftsmigration eine Chance, dass Ländern mit Arbeitskräfteüberschuss innerhalb von ASEAN und solche mit einem Bedarf an zusätzlichen Kräften durch Migration profitieren. Allerdings will ASEAN diese Migration in geordneten Bahnen sehen und bietet in Zusammenarbeit mit der ILO seinen Mitgliedsstaaten dafür technische Unterstützung an[8]. Es gibt keine Gründe, die gegen einen vergleichbaren Ansatz auch in Europa sprechen, wenn es um Zuwanderung aus EL geht.

15.5 Ethische Überlegungen zur Einstellung oder Fortsetzung von Entwicklungszusammenarbeit

In der Einführung zu diesem Buch wurden bereits Lord Bauer (1982) und andere KritikerInnen der EZ zitiert, die in den Geldtransfers in die EL nicht nur geringe Wirkungen erkennen können, sondern vor allem auf die negativen Folgen verweisen, die die möglichen positiven Effekte der EZ bei weitem überstiegen. Der Verfasser hat sich in diesem Buch in einigen Aspekten dieser Kritik angeschlossen, in anderen nicht. Insbesondere ist in diesem Zusammenhang hervorzuheben, dass in verschiedenen Ländern aufgrund unterschiedlicher Regierungsführung die gleichen Mittel ganz unterschiedliche Wirkungen haben können. 1000 EZ-Euro über die Staatskasse in die relativ gut organisierte Landwirtschaft von Ruanda gesteckt, haben eine ganz andere Wirkung als 1000 € über die Staatskasse in die Landwirtschaft des Tschad oder der DR Kongo.

Weil es aber auch den Tschad, die DR Kongo und sicher 50 weitere Länder mit nur wenig besserer Regierungsführung gibt, muss unabhängig von den Wirkungen der EZ in den Partnerländern auch in den Geberländern selbst eine Grundsatzfrage gestellt werden: Warum sollten ausgerechnet die SteuerzahlerInnen in den reichen Ländern, also, zynisch formuliert, die ärmeren Gruppen hier, denen es unmöglich ist, Steuerzahlungen zu vermeiden, im Rahmen von Entwicklungszusammenarbeit Geld an die Regierungen der genannten schlecht regierten armen Länder zahlen müssen? Es geht dabei doch um Zahlungen an Staaten, deren Regierungsangehörige und die mit ihnen verbandelten Eliten zu den reichsten Personengruppen in ihren Ländern gehören und die alles tun, damit die EZ-Gelder jene Schäden abdecken, die der eigene Diebstahl von Staatgeldern in ihren Ländern angerichtet hat.

Dabei hat die EZ – bezogen auf die Gruppe der Staaten mit (extrem) schlechter Regierungsführung – durchaus zwei Seiten: Erstens begünstigt sie in der Tat zumindest indirekt den wohl ohne die Geldtransfers der Geberländer nicht, zumindest aber nicht in so großem Maßstab möglichen Diebstahl von Steuergeldern. Zweitens jedoch kompensiert sie den Schaden, der den Menschen durch den Diebstahl der eigentlich für die Landesentwicklung bestimmten Steuergelder entsteht. Unter dem Strich könnte man also von einem Nullsummenspiel sprechen oder sogar von einem gewissen Vorteil für die Bevölkerung durch die EZ. Denn würden die Gelder der EZ nicht fließen, dann könnten die Regierungen und ihre Entourage zwar vermutlich nicht so tief in die Staatskasse greifen, wie sie es derzeit tun, ohne dass ihnen das Volk (sofort) an den Kragen ginge. Aber sie würden in jedem Fall in die Kasse greifen und einen Teil der geringen Mittel abschöpfen mit der Folge, dass die Menschen noch weniger Leistungen erhielten, als dies heute dank der EZ-Gelder der Fall ist.

Die Frage ist allerdings, wie tief der Griff sein könnte, bis die Menschen sich erheben. Sollte man daher statt eines mäßigen Schreckens ohne Ende nicht besser ein Ende mit großem Schrecken vorziehen und danach auf den Beginn einer sozialeren Entwicklung hoffen? Der Fall der DR Kongo scheint zu zeigen, dass dies keine humane Option ist. Man kann sich kaum vorstellen, dass es eine noch schlechtere Regierungsführung gibt und eine noch größere Ausplünderung eines Volkes durch seine Regierung als hier. Aber im Kongo ist die Plünderung mit so viel grausamer Gewalt verbunden, dass derzeit nicht erkennbar ist, wie der Schrecken ein Ende haben könnte, zumal zahlreiche PolitikerInnen und Kriegsherrn auf der Gegenseite ja auch nicht das Volk vertreten, sondern lediglich bestrebt sind, der Regierung einen Teil des Kuchens abzunehmen und selbst zu verzehren.

Also muss man die EZ, vor allem, wenn sie in Ländern mit schlechter Regierungsführung unmittelbar armutsmindernd ausgerichtet ist, doch weiterhin als einen Beitrag zur Linderung der Auswirkungen des dortigen unsäglichen Regierungs- und Elitenverhaltens verstehen, während ihre Beendigung vermutlich dieses Verhalten in keiner Weise beeinflussen würde. EZ in dieser Situation ist also eine ethisch positive Handlung, die allerdings von einem weiteren ethischen Problem begleitet wird. Sie steigert nämlich die Legitimität der Regierungen aus Sicht ihres Volkes, indem die über den Partnerstaat investierten Mittel die Lebensbedingungen der Bevölkerung leicht verbessern. Die Herrschenden werden also als etwas weniger böse betrachtet, weil die EZ die Lage der (armen) Menschen positiv beeinflusst. Nur, wie gesagt: Auch wenn die Herrschenden bei ihren Völkern als uneingeschränkt böse gelten würden, würde dies den Armen in keiner Weise helfen.

Allerdings bietet ein Blick auf die Legitimitätsfrage einen Ausweg: Wenn die Regierung in manchen Ländern beim Volk keine Legitimität genießt, warum nicht der Regierung die Unterstützung entziehen und diese, zumindest wo diese existieren und halbwegs frei agieren können, zivilgesellschaftlichen Organisationen direkt zukommen lassen? Die bilaterale EZ würde dann genau das machen, was I-NRO bereits heute tun, nämlich das Gros der Maßnahmen nicht länger durch Regierungsstrukturen abwickeln lassen, sondern durch zivilgesellschaftliche Institutionen in den Partnerländern kanalisieren.

Allerdings gibt es, wie ebenfalls bereits ausgeführt, durchaus Unterschiede innerhalb der Abstufung Schlechter Regierungsführung. Um nicht eine Regierung und ihre Verwaltung vollständig umgehen zu müssen, kann die Direktkooperation mit einzelnen Kommunen, Landkreise (Distrikten) und vielleicht sogar einzelnen Provinzen gesucht werden, wenn dort anerkannt gutwillige Verwaltungschefs arbeiten. Eine solche Direktkooperation besteht vielfach schon, wobei allerdings weniger die Governance-Frage als vielmehr Effektivitäts- und Effizienzgedanken im Mittelpunkt stehen. Hier anzuknüpfen hätte auch den Vorteil, dass das bei der EZ wichtige Nebenziel von Maßnahmen, die Übertragung und Vertiefung von Know-how auch und gerade bei den staatlichen Akteuren fördern, auf diese Weise mitverfolgt werden kann.

Diese Überlegungen lösen aber einen Grundwiderspruch nicht auf: Einerseits verlangt die internationale Gemeinschaft eine Vereinheitlichung von EZ-Verfahren (Stichworte: Paris Declaration und Accra-Agenda for Action). Auf der anderen Seite müsste, um Ziel 1 der Agenda 2030 erreichen zu können („End poverty in all its forms everywhere"), eine auf Armutsminderung vor allem in Ländern mit schlechter Regierungsführung ausgerichtete EZ viel situationsangepasster, flexibler, phantasievoller, deutlich stärker auf Gender-Gerechtigkeit ausgerichtet und vor allem sehr viel partizipativer und stärker an die sozio-kulturellen Rahmenbedingungen angepasst sein als bisher, was sich mit der Forderung nach Standardisierung der Verfahren nicht verträgt.

Anmerkungen

1. Oxfam (2017): An Economy for the 99 %. It's time to build a human economy that benefits everyone, not just the privileged few. Oxford.
2. Vgl. Collier (2008: 231 f.).

3. Cooley/Heathershaw (2017), siehe u. a. Kap. 2 zu Mukhtar Ablyazov aus Kasachstan. Zur Rolle von Banken, u. a. der Deutschen Bank, siehe S. 1 ff.

4. Vgl. Pew Research Centre unter: https://t.co/Rx4aNw3YsR

5. So die Analyse von Andreas Heinemann-Grüder im Friedensgutachten 2016 (Münster 2016), 59–70.

6. Julian Nida-Rümelin (2017): Über Grenzen denken. Eine Ethik der Migration. Hamburg.

7. Vgl. Collier (2014).

8. Dazu u. a. das Regional Multi-Stakeholders' Forum: Responsible Business Conduct for Safe Labour migration in ASEAN. 10–20 September 2018, Manila. Vgl. auch Benjamin Harkins. et al. (2017): Risks and rewards: Outcomes of labour migration in South-East Asia. Geneva (ILO publication) und ILO (2018): The ASEAN Forum in Migrant Labour (AFML). Background information booklet (3rd edition). Geneva.

COVID-19: Aktuelle Armutstendenzen und neue Strategien zur Armutsminderung

16

Zusammenfassung

Durch die COVID-19-Pandemie sind nicht nur Wirtschaft und Gesellschaft in den wohlhabenden Industrieländern angeschlagen, sondern vor allem auch die Schwellenländer und ganz besonders die ärmeren Entwicklungsländer stehen vor erheblichen sozio-ökonomischen Herausforderungen. Die extreme Armut nahm im Jahresverlauf 2020 überall deutlich zu, und völlig unklar ist, in welchem Umfang heute schon vulnerable Bevölkerungsgruppen ihren sehr bescheidenen Lebensstandard halten können oder ob sie nicht bei anhaltenden wirtschaftlichen Einschränkungen wieder in Armut zurückfallen werden. Daher steht auch die internationale EZ vor schwierigen Herausforderungen.

Schlüsselwörter

COVID-19 • Entwicklungszusammenarbeit • extreme Armut • Sofortmaßnahmen

16.1 Steigende Armutszahlen und Sofortintervention der Geberorganisationen

Nach wiederholt revidierten (tendenziell steigenden) Schätzungen ging die Weltbank bereits im Mai 2020 davon aus, dass in Folge von COVID-19 zwischen 70 und 100 Mio. Menschen im Ausbruchsjahr der Pandemie im Vergleich zum Vorjahr 2019 zusätzlich in extreme Armut (also weniger als 1,90 US$ pro Kopf und Tag Einkommen) fallen würden, was zu einem Anstieg der Armutsrate um 0,3 bis 0,7 % führen müsste. Im weiteren Verlauf des Jahres wurden die Schätzungen auf zwischen 88 bis 114 Mio. Menschen erhöht und für 2021 die Prognosen auf rund 150 Mio. Personen angehoben, die insgesamt durch die Pandemie unter die absolute Armutsgrenze rutschen könnten[1].

Noch deutlich höhere Zahlen werden in einer Studie vom April 2020 genannt, die von der internationalen NRO Oxfam herausgegeben wurde. Unter Berücksichtigung aller Primär- und Sekundärfolgen könnten durch die Pandemie am Ende zwischen 434 und 612 Mio. Menschen weltweit zusätzlich unter die Armutsgrenze fallen[2].

Ebenfalls im Mai 2020 kündigte die Weltbank als wichtigste Entwicklungsbank der Welt und neben der EU wichtigste EZ-Geberorganisation eine Verschiebung ihrer kurz- und mittelfristigen Prioritäten an, wohlweislich betonend, dass es zu diesem Zeitpunkt noch absolut unklar sei, in welchem Umfang und vor allem wie die gängigen Entwicklungsstrategien und vor allem die Strategien zur Armutsbekämpfung angepasst werden könnten.

Im Rahmen von Sofortmaßnahmen stellte die Bank dennoch das bisher größte Hilfsprogramm in der Geschichte der Entwicklungszusammenarbeit vor, das eine Laufzeit von 15 Monaten haben sollte und für das die respektable Summe von 160 Mrd. US$ als Zuschüsse *(grants)* und sonstige finanzielle Unterstützung (wohl als Kredite zu extrem günstigen Konditionen) bereitgestellt werden sollte. Dies würde, tatsächlich in nur eineinviertel Jahren umgesetzt, für 2020 und 2021 auf eine Verdopplung der Weltausgaben für die EZ hinauslaufen.

Als Ziel der Maßnahmen wurde eine „Antwort auf die gesundheitlichen, sozialen und wirtschaftlichen Folgen von COVID-19 und des wirtschaftlichen Lockdowns in den entwickelteren Ländern" formuliert[3]. In einem weiteren Papier verspricht die Bank einen ganzheitlichen Ansatz bei ihren Hilfsmaßnahmen, der die gesamte Gesellschaft in den zu unterstützenden 100 Staaten erreichen soll („whole of society approach"), die Regierungsführung nicht außer Acht lassen will, größtmögliche Transparenz verspricht und vor allem die vulnerablen Menschen zuerst unterstützen möchte[4].

Explizit soll ein Teil der Gelder auch für direkte Geldtransfers an besonders vulnerable Personen und Familien bereitgestellt werden. Darüber hinaus sind mehrere Hilfspakete geplant bzw. bereits in Gang gesetzt, bei denen es um die (Not)Versorgung mit Medikamenten und anderen medizinischen Produkten geht.

Zum Zeitpunkt der Endredaktion dieses Buches im April 2021 liegen natürlich erst wenige Wirkungsanalysen vor und auch diese betreffen nicht die eigentlichen Armutswirkungen, sondern sprechen fast ausschließlich von Aktivitäten, die eingeleitet wurden. Ob wirklich die vulnerablen und am meisten von den Folgen der Pandemie betroffenen Menschen durch die Gelder der Weltbank erreicht wurden und werden, wird sich in mehreren Monaten, wenn nicht sogar erst nach ein bis zwei Jahren herausstellen.

Die Weltbank ist nur eine von vielen Organisationen, die ihre Hilfsprogramme für arme Länder umgestellt oder zumindest ergänzt haben. So sind die im Zuge von COVID-19 bereitgestellten Entwicklungsgelder bedeutend höher als die 160 Mrd. US$ der Bank.

Auch das deutsche BMZ hat Mitte 2020 bereits ein Sofort-Hilfsprogramm auf den Weg gebracht, das eine Milliarde EUR zusätzlich zu dem vom Bundestag für 2020 bereitgestellten Budget vorsieht. Dabei soll u. a. auch die Zahlungsbefähigung armer Länder sichergestellt werden, beispielsweise, um den Grundbedarf besonders betroffener Bevölkerungsgruppen abzusichern oder Importe von Medikamenten und medizinischem Gerät zu ermöglichen. Zudem wurden laufende Programme wo immer möglich restrukturiert, um ebenfalls die Folgen von COVID-19 abmildern zu können, indem Versorgungsstrukturen für die Bevölkerung gestärkt werden[5].

Die Vereinten Nationen fordern in ihrem *Global Humanitarian Response Plan COVID-19* besondere Hilfe gerade auch für Länder, die größere Mengen an Flüchtlingen beherbergen. Es werden drei Hilfspakete vorgeschlagen (ohne allerdings hierfür auch die benötigten Mittel bereitstellen zu können): i) Maßnahmen zur Eindämmung der Pandemie und damit zur Reduzierung von Morbidität sowie Sterblichkeit; ii) Beiträge zur Reduzierung des Absinkens von Lebensstandards, zu sozialer Kohäsion, aber auch zur Sicherstellung der allgemeinen Rechte der Bürgerinnen und Bürger; sowie iii) besondere Interventionen zugunsten von Flüchtlingen, von Personen, die als Vertriebene im eigenen Land leben, von MigrantInnen aller Art sowie auch von allen vulnerablen Menschen innerhalb der die Flüchtlinge aufnehmenden Gesellschaften.

Im Juli 2020 hat sich auch das Entwicklungsprogramm der Vereinten Nationen (UNDP) zu Wort gemeldet mit der deutlichen Forderung nach massiver Gewährung zeitlich limitierter Grundeinkommen für die von COVID-19 betroffenen ärmsten Bevölkerungsgruppen[6]. In dem Bericht schätzt UNDP den monatlichen Bedarf allein hierfür auf 199 Mrd. US$. Dabei gehen die AutorInnen allerdings davon aus, dass insgesamt 2,7 Mrd. Menschen in 132 Staaten der Erde, die unter der Armutsgrenze, aber auch knapp darüber leben, ein solches Grundeinkommen benötigen würden. Diese Zahl mag überraschen, da sie die Anzahl der von der Weltbank erfassten extrem Armen plus die zusätzlich durch COVID-19 hinzukommenden unter die Armutsgrenze fallenden Personen um in etwa das Doppelte übertrifft. Allerdings haben vom Verfasser nach der Finanzkrise 2008 durchgeführte Armutserhebungen in einigen Ländern u. a des Balkans gezeigt, dass sich besonders viele vulnerable Haushalte sehr knapp oberhalb der Armutsgrenze befinden, was dazu führt, dass sie schon durch kleinste ökonomische Krisen unter die Grenze gedrückt werden.

Interventionen verbunden mit grundsätzliche Paradigmen-Änderungen fordert die NRO Oxfam von der internationalen Politik und insbesondere der EZ. In ihrem Hilfskonzept *(Economic Rescue Plan for All)* wird die Schaffung einer gerechten *(„more equal")* Welt gefordert, was durch sechs Strategien und Hilfspakete erreicht werden könnte:

i) nicht-rückzahlbare Geldtransfers für alle Menschen in Not, ii) allgemeine Wirtschaftsgerechtigkeit, d. h. finanzielle Unterstützung für die Wirtschaft soll nur vergeben werden auf Grundlage einer fairen Wirtschaft für alle („building a fairer economy for all"), iii) Aufhebung und Streichung von Schulden, iv) spezielle Sonderziehungsrechte seitens des Internationale Währungsfonds (IWF) für unterstützungsbedürftige Staaten (also solche Kredite, die nicht von Einhaltung der bisherigen makroökonomischen Standardforderungen des IWF abhängig sind), v) eine allgemeine Erhöhung der EZ sofort, und vi) die Einführung von Not-Solidaritätssteuern in den reichen Ländern.

Nach Oxfam ergibt sich gegenwärtig eine sich nur einmal in einer Generation bietende Chance, eine fairere Welt aufzubauen, indem unsere Wirtschaftsweisen so verändert werden, dass (wirtschaftliche) Ungleichheiten radikal abnehmen und der Kampf gegen den Klimazusammenbruch gewonnen werden kann[7].

Für die internationale EZ wäre in der Tat die von der Weltbank angeführte direkte Pandemie-Bekämpfung im medizinischen Bereich ein wichtiger Einstieg, gefolgt von Soforthilfe für die extrem arme Bevölkerung nicht alleine in den ärmsten Ländern, sondern weltweit überall, wo Bedarf besteht. Danach können verfügbare Mittel eingesetzt werden einerseits für die Prävention erneuter Pandemien, andererseits für den Wiederaufbau der Wirtschaft. Dabei gilt es, die wirtschaftlichen Besonderheiten vieler EL aufzugreifen und prioritär dort zu intervenieren, wo die Masse der Beschäftigten tätig ist, also im informellen Sektor (siehe unten). Aus Sicht der Weltbank sollte für die Finanzierung vieler Maßnahmen derzeit vor allem wieder auf Budgethilfe (und weniger auf Einzelprojekte) gesetzt werden[8].

16.2   Anhaltende Probleme und was durch die Politik der Länder selbst und mithilfe der internationalen EZ getan werden muss

COVID-19 wird für nahezu alle Länder makroökonomische Folgen haben, die von hohen Haushaltsdefiziten bis hin zur Zahlungsunfähigkeit ganzer Staaten reichen dürften. Überall auf der Welt sind jedoch die bisher schon ärmeren Menschen besonders hart von den Auswirkungen der Pandemie betroffen. Einige Probleme, die sicher lange nachwirken werden, sollen im Folgenden skizziert und Lösungsbeiträge aufgezeigt werden.

Der informelle Sektor: Besonders von den in fast allen Ländern strikt eingeleiteten und zum Zeitpunkt der Endredaktion dieses Buches weiterhin geltenden bzw. sogar erneut verstärkten Lockdowns betroffen sind rund 1,6 Mrd. nur informell beschäftige Personen im Handel, dem Transportwesen, dem verarbeitenden Gewerbe und auch und gerade im Tourismus. Unter diesen sind etwa 740 Mio. Frauen, viele davon im Dienstleistungssektor tätig, der ganz besonders von den Einschränkungen betroffen ist. Informell Beschäftigte sind besonders in den Städten eines Landes zu finden, wo sie anders als die meisten der bäuerlichen Bevölkerung ihre Lebensmittel auf dem Markt kaufen müssen, bei fast überall steigenden Preisen für Grundnahrungsmittel. Auch muss die Mehrzahl städtischer Familien regelmäßig Miete bezahlen, selbst in Armutsvierteln (Slums).

Für die Familien der informell tätigen Erwerbspersonen stellen bedingungslose Geldtransfers (s. Abschn. 11.2) daher die derzeit wichtigste Notlösung dar, solange zumindest, wie die massiven Einschränkungen ihrer Erwerbstätigkeit anhalten. Auch nach deren Aufhebung werden entsprechende Zahlungen zumindest noch eine Zeitlang notwendig sein. Allerdings wird ein Teil der informell tätigen Personen, vor allem Klein- und KleinsthändlerInnen, auch zum Zeitpunkt einer Wiederaufnahme des „vollen" Wirtschaftslebens ohne externe Unterstützung kaum den Wiedereintritt in den bisherigen Erwerb schaffen, weil schlichtweg alle Ressourcen verbraucht sind. Hier können Zuschüsse in Form von „größeren" Einmalzahlungen helfen (oft müssen dies nur 100 bis 500 EUR sein), Betriebskapital wieder aufzubauen, beispielsweise eine kleine Holzboutique wieder mit Waren zu bestücken, Rohstoffe für ein Handwerk einzukaufen oder auch nur den Transport zum zeitweise verloren gegangenen Arbeitsplatz zu bezahlen.

ArbeitsmigrantInnen: Die Internationale Arbeitsorganisation (ILO) schätzt, dass weltweit 2017 rund 164 Mio. Menschen als ArbeitsmigrantInnen tätig waren. Die meisten von ihnen (über 111 Mio.) arbeiten in Ländern mit hohem Einkommen, aber auch über 37 Mio. in Staaten mit mittlerem Einkommen und fast sechs Millionen in armen Ländern[9]. ArbeitsmigrantInnen versorgen in der Regel mindestens eine Kernfamilie in ihrem Herkunftsland, für die die Überweisungen oft die wichtigste, teilweise die einzige Einkommensquelle darstellen. Im ärmsten zentralasiatischen Land Tadschikistan sind mehr als die Hälfte aller Haushalte des Landes von solchen Transfers abhängig. Selbst in Europa, d. h. in den Balkanländern Albanien, Kosovo oder Mazedonien, sind es ein Fünftel bis ein Drittel aller Haushalte.

Durch COVID-19 sind sehr viele Arbeitsplätze gerade von MigrantInnen weggefallen mit der Folge, dass diese ihre Überweisungen an die Familien einstellen müssen. Vielfach reichen ihre Mittel nicht einmal für die Rückkehr in ihr Heimatland aus, sodass sie dort auch nicht als zusätzliche Arbeitskräfte etwa in der Landwirtschaft zur Verfügung stehen und auf diese Weise wenigstens einen Teil der Einkommensverluste kompensieren können. Entsprechend gehörte die Rückführung von mittellosen ArbeitsmigrantInnen zu einer dringlichen Aufgabe der internationalen Zusammenarbeit, die auch viele Monate nach dem ersten Lockdown im Frühjahr 2020 noch nicht vollständig gelöst war. In den Heimatländern müssten die MigrantInnen anschließend zudem analog zu allen anderen armen Familien im Rahmen sozialer Grundsicherung unterstützt werden.

Die ländlichen Armen: IFAD, der Internationale Agrarentwicklungsfonds, weist auf die besondere prekäre Lage der ländlichen Bevölkerung unter COVID-19 hin[10]. Besonders viele der extrem Armen (je nach Schätzung zwei Drittel bis drei Viertel aller Betroffenen) leben auf dem Lande und gerade hier finden sich bereits heute die meisten der schlecht ernährten Menschen. Die medizinische Versorgung ist fast überall in den EL gerade auf dem Lande zudem extrem schlecht, sodass hier kaum jemand die Chance hat, bei einer Corona-Erkrankung ärztliche Hilfe zu bekommen. Zudem ist die ländliche arme Bevölkerung in der Krise noch schlechter zu unterstützen als die urbanen Armen. Dies kann unter Umständen verheerende Wirkungen für die Nahrungsmittelproduktion ganzer Länder haben, weil auch die landwirtschaftlichen Inputs, also vor allem Saatgut und Düngemittel, aber auch die landwirtschaftliche Beratung in der Pandemie viele Dörfer noch weniger als sonst erreichen. Umgekehrt hängen Agrarprodukte vielfach wegen Einbrüchen im Transportwesen fest, sodass die Städte schlechter versorgt werden können und die Preise für Lebensmittel entsprechend steigen. Da die Bäuerinnen und Bauern ihrerseits auf den Erzeugnissen ihrer Produktion sitzenbleiben, erzielen sie weniger Einkommen.

Paradoxerweise könnten gerade Subsistenzbauern, also jene ProduzentInnen, die ihre Nahrung ganz überwiegend mit eigenem Saatgut und ohne Zukauf von Düngemitteln selbst erzeugen, wegen ihrer weitestgehenden Unabhängigkeit von der ökonomischen „Außenwelt" eine Zeitlang unter COVID-19 besser davonkommen als (kleine) bäuerliche Betriebe, die mehrheitlich für den Markt produzieren, aber dafür auf Input-Zukäufe angewiesen sind.

Als schnelle Soforthilfe müssten der ländlichen Bevölkerung einerseits unkonditionierte Geldtransfers bereitgestellt werden. Andererseits ist es wichtig, schon während der Krise anzufangen, die Resilienz der Kleinbäuerinnen und Kleinbauern gegen zukünftige Krisen (auch und gerade mit Blick auf den Klimawandel) deutlich zu stärken, wie dies auch der IFAD vorschlägt. Im Rahmen des INEF-Forschungsvorhabens wurden in diesem Zusammenhang einige Vorschläge entwickelt, etwa die engere Verbindung von Agrarförderung, Landnutzungsrechten und Beiträgen zum Boden- und Wasserschutz im vorgelagerten Bereich und den deutlichen Ausbau der Verarbeitung von Agrarprodukten schon in den Dörfern, wodurch Arbeitsplätze und damit Einkommen auch außerhalb der eigentlichen Agrarproduktion geschaffen würden[11].

Eine weitere Maßnahme muss die Intensivierung der Verbindungen zwischen ländlicher und städtischer Ökonomie sein, bei der anders als bisher ein Großteil der Investitionen auch und gerade für den ländlichen Raum vorgesehen werden. Schließlich sind, um erneut den IFAD zu zitieren, Investitionen in landwirtschaftliches Wachstum zwei bis drei Mal so effektiv, um Armut und Ernährungsunsicherheit zu reduzieren, wie Investitionen in das Wachstum in anderen Bereichen der Wirtschaft. Und die Investition gerade in kleine bäuerliche Betriebe stärkt unmittelbar die Nahrungsmittelproduktion und schafft neue Arbeitsplätze auch und gerade während der Pandemie und während des anschließenden Wiederaufbaus.

Städtische arme Bevölkerung: Aus mehreren Gründen wird der bisher schon ärmere Teil der städtischen Bevölkerung durch die Folgen der Pandemie besonders hart getroffen. Zunächst besteht für die Menschen vor allem in den periurbanen Siedlungen neben dem geschilderten häufigen Problem hoher Mieten für schäbige Behausungen fast immer die Notwendigkeit, ihren gesamten Lebensmittelbedarf auf den urbanen Märkten kaufen zu müssen, wo selbst Grundnahrungsmittel teuer sind, tendenziell in den letzten Jahren sogar besonders stark steigend. Was aber in Städten besonders hohe zusätzliche Kosten verursacht – und auf dem Lande meistens wegfällt – sind die Ausgaben für Energie. Selbst wenn zumindest in den Tropen Heizungen unnötig sind, so müssen nahezu alle städtischen Haushalte zum Kochen (und vielerorts auch zum Brotbacken) Feuerholz, Holzkohle oder in umweltbewussteren Ländern Flaschengas kaufen. Wer in dieser Situation seine Arbeit verliert oder auch nur einen Teil der sonst üblichen Einnahmen, fällt nicht nur unter die Armutsgrenze, sondern gerät schnell in eine Situation extremer Armut. Allerdings erreicht Nothilfe seitens der Regierung und / oder der EZ aus logistischen Gründen die städtischen Armen in der Regel früher als die Betroffenen auf dem Lande. Dass die städtischen Hungernden ihre Nahrungshilfe zuerst bekommen, hat aber auch politische Gründe, weil hier „Brotunruhen" näher am Sitz der Regierung stattfinden und deshalb für diese gefährlicher sind als Proteste weitab in der Provinz[12].

Schwache bis nicht-existente Soziale Sicherungssysteme: Während in Deutschland das soziale Netz sehr weit gespannt ist und zumindest die Grundsicherung fast alle Bürgerinnen und Bürgern absichert – wenn auch auf einem mit Blick auf die soziale und kulturelle Teilhabe auf sehr niedrigen Niveau – sind in den meisten Entwicklungsländern entsprechende Netze lückenhaft bis – von wenigen Ausnahmen wie für Staatsbedienstete abgesehen – nahezu inexistent. Durch Corona hat sich die dadurch bestehende Problemlage drastisch verschärft. Vor allem schon vulnerable Haushalte geraten derzeit besonders häufig in extreme Armut.

Entsprechend sollte die von Oxfam betonte einmalige Chance zur Schaffung von weltweit mehr Gerechtigkeit jetzt ergriffen und Corona-Soforthilfe nicht planlos verteilt werden. Vielmehr sollten die teilweise durchaus großzügig verfügbaren Mittel unmittelbar in den Aufbau von Grundsicherung auch in den ärmsten Ländern der Welt investiert werden. In einem ersten Schritt sollte ein System der Sozialen Grundsicherung in Form von bedingungslosen Geldtransfers für die Ärmsten der Armen etabliert werden. Im zweiten Schritt sollte überall eine geregelte Krankenversicherung sowie Altersvorsorge aufgebaut werden, deren Zuschussfinanzierung aus Mitteln der EZ mittelfristig in ein Beitrag-basiertes System überführt werden müsste, um die Sozialen Sicherungssysteme von den Unwägbarkeiten der EZ abzukoppeln und sie wirklich langfristig nachhaltig gestalten zu können.

Strukturelle Änderungen bei der Armutsbekämpfung: Über die Forderungen von Oxfam hinaus hinsichtlich weitgehender Paradigmenänderungen in der Weltwirtschaft hin zu weniger Ungleichheit muss sich in der Mehrzahl der armen Länder die Regierungsführung grundlegend ändern. Anstelle von vielfach praktiziertem Nepotismus und Klientelismus muss der Armutsbekämpfung zwingend größte Priorität eingeräumt werden. Die Armutsbekämpfungsstrategien der 2000er Jahre (d. h. die Poverty Reduction Strategy Papers, PRSP) sollten in diesem Zusammenhang wieder aufgegriffen werden. Dabei müssten präzise Ziele (vorgegeben durch die Agenda 2030), dafür einzusetzende Strategien (z. B. Gleichstellung des ländlichen und städtischen Raumes, schrittweiser Aufbau Sozialer Sicherungssysteme) und natürlich konkrete Indikatoren (z. B. „extreme Armut von X% bis 2025 auf Y% und bis 2030 auf <2 % reduziert") formuliert werden.

Diese partizipativ im nationalen Konsens zu erarbeitenden Armutsbekämpfungsstrategien sollten aber auch für die Gebergemeinschaft verbindlich sein. Ebenso ist eine Zusammenarbeit aller bilateralen und multilateralen EZ-Organisationen bei der Umsetzung der Strategien einzufordern. Die ja durchaus in großem Umfang vorhandenen finanziellen Mittel können auf dieser Grundlage dann so ausgegeben werden, dass sie den nationalen Regierungen dadurch Anreize geben, indem sie nach dem Grad der Umsetzung der Strategien und damit der Zielerreichung mehr oder weniger großzügig fließen.

Anmerkungen

1. Vgl. Weltbank Pressebericht vom 7. Oktober 2020 („COVID-19 to Add as Many as 150 Million Extreme Poor by 2021"). Eine Aktualisierung der Weltbank vom Januar 2021 spricht von (weiterhin geschätzt) 119–124 Millionen zusätzlich in extreme Armut gefallene Menschen im Jahr 2020 (vgl. https://t1p.de/1duy).
2. Vgl. Oxfam (2020): Dignity not Destitution. An ‚Economic Rescue Plan for All' to tackle the Coronavirus crisis and rebuild a more equal world. London.
3. Dazu World Bank (2020): World Bank group: 100 Countries Get Support in Response to COVID-19 (Coronavirus). Press Release No. 2020/193/EXE of May 19, 2020. Quelle: https://t1p.de/gbk1
   Als ausgearbeitetes Programmpapier World Bank (2020): Saving Lives, Scaling-up Impact and Getting Back on Track. World Bank Group COVID-19 Crisis Response Approach Paper. Washington. Quelle: https://t1p.de/6fvk
4. Vgl. World Bank (2020): Protecting People and Economies: Integrated Policy Response to COVID-19. Washington.
5. Vgl. BMZ (2020): Corona-Sofortprogramm. Corona besiegen wir nur weltweit oder gar nicht. Berlin/Bonn.
6. Vgl. UNDP (2020): Temporary Basic Income: Protecting Poor and Vulnerable People in Developing Countries. Quelle: https://t1p.de/jg25
7. Oxfam (2020): Dignity not Destitution, S. 14.
8. Vgl. World Bank (2020): Protecting People and Economies: Integrated Policy Response to COVID-19. Washington.
9. Vgl. ILO (2017): ILO Estimates on International Migrant Workers. Executive Summary. Geneva. Diese Zahl wird vom Migration Data Portal im Juni 2020 weiterhin verwendet (siehe https://migrationsdataportal.org/themes/labour-migration)
10. Vgl. COVID-19 Information des IFAD unter: https://www.ifad.org/en/covid19
11. Hierzu siehe die Projekt-Homepage www.inef-reachthepoorest.de oder zu den Studien https://www.uni-due.de/inef/inef-projektreihen.php
12. Schon im alten Rom waren Aufstände wegen nicht ausreichender Getreideversorgung in der Hauptstadt des Imperiums für die Regierenden besonders gefährlich. In jüngerer Zeit haben vor allem die Brotunruhen in Tunesien 1984 in Europa viel Aufmerksamkeit erregt. Schon vorher und bis weit in die

1980er Jahre hat die ägyptische Regierung Brot aus öffentlichen Bäckereien fast verschenkt, um ähnliche Probleme zu verhindern. Ein Fladenbrot von etwa 150 g kostete so etwas weniger als umgerechnet einen Euro-Cent.

Teil IV
Gute Beispiele wirksamer Entwicklungszusammenarbeit

Beispiele unmittelbarer Armutswirkungen durch die Entwicklungszusammenarbeit

17

Zusammenfassung

In diesem Kapitel werden fünf Projekte vorgestellt, die von ganz unterschiedlichen Geberorganisationen gefördert werden und arme und benachteiligte Bevölkerungsgruppen unmittelbar erreichen. Damit sind sie modellhaft für ähnliche Vorhaben in den gleichen oder auch in anderen Ländern. Das erste Fallbeispiel befasst sich mit einer erfolgreichen Möglichkeit, extrem arme Menschen überhaupt zu identifizieren, um sie danach ansprechen und mit Unterstützungsmaßnahmen erreichen zu können.

Schlüsselwörter

Äthiopien • Armutsbekämpfung • Benin • Entwicklungszusammenarbeit • erfolgreiche Entwicklungsprojekte • Kambodscha • Tschad

17.1 Fallbeispiel 1: In Kambodscha werden Arme wirkungsvoll durch ID Poor identifiziert[1]

Durch ID Poor, ein umfassendes Methodenset, werden derzeit in Kambodscha (extrem) arme Haushalte in einer möglichst transparenten Weise identifiziert und damit die Grundlagen für konkrete Maßnahmen zugunsten der erfassten armen Haushalte bzw. Einzelpersonen geschaffen. Die Ergebnisse dieses „Targeting"-Systems sollen für alle nationalen Bereiche der Sozialen Sicherung wie auch für Geber-finanzierte Projekte als Grundlage für die Auswahl der zu begünstigenden Menschen dienen.

© Der/die Autor(en), exklusiv lizenziert durch Springer Fachmedien Wiesbaden GmbH, ein Teil von Springer Nature 2021
F. Bliss, *Armutsbekämpfung durch Entwicklungszusammenarbeit*,
https://doi.org/10.1007/978-3-658-32805-4_17

Kambodscha – eines der ärmsten Länder Asiens

Kambodscha gehört zusammen mit Myanmar, Laos, Nepal und dem zentralasiatischen Tadschikistan zu den ärmsten asiatischen Ländern. Mit einem Bruttoinlandsprodukt von rund 3500 US$ pro Kopf der Bevölkerung (bereits um einen Kaufkraftausgleichsfaktor ergänzt – nominell lediglich zwischen 1000 und 1200 US$) liegt das Land an der alleruntersten Grenze der Staaten mit mittlerem Einkommen[2].

2009 waren rund 23 % der Bevölkerung extrem arm (d. h. für sie waren weniger als 0,93 US$ pro Person und Tag verfügbar). Heute sind es aufgrund erheblichen Wirtschaftswachstums (vor allem in der Textilindustrie) je nach Quelle nur noch 13,5 % bis 17 %. Bei der Heranziehung multidimensionaler Armutskriterien (neben Einkommen also z. B. Zugang zu guter Ernährung, Gesundheitsversorgung, Bildung) steigt der Anteil auf über ein Drittel der Bevölkerung (Abb. 17.1).

Abb. 17.1 Häuser ohne feste Wände sind ein Zeichen für extreme Armut in Kambodscha. (Foto: © Frank Bliss 1989–2020)

Hinzu kommt, dass ein noch größerer Anteil der Bevölkerung vulnerabel ist, d. h. weniger als das Doppelte dessen zur Verfügung hat, was als Armutsgrenze gilt. Entsprechend müssen rund 55 % der Bevölkerung des Landes als arm und vulnerabel angesehen werden. Schon ein Ernteausfall, die Krankheit eines Erwerbstätigen in der Familie oder selbst geringfügige wirtschaftliche Verwerfungen etwa durch eine Flut oder Dürre können eine Vielzahl von Menschen wieder zurück in die Armut stoßen.

Erstes landesweites Erfassungssystem für Arme

ID Poor als ein landesweites System zur Identifikation *(Targeting)* extrem armer Haushalte und Personen wurde 2006–2007 erstmals in Kambodscha erprobt und anschließend implementiert. Seit 2011 basiert ID Poor auf einem staatlichen Dekret und hat damit im Land Gesetzeskraft. Zuvor hatte de facto jede Geberorganisation ihr eigenes Erfassungssystem. Auch staatliche Vorhaben im Bereich der Sozialen Sicherung oder Hilfsprogramme z. B. für arme Bäuerinnen und Bauern mussten ihre Klientel mit erheblichem Aufwand zu Beginn einer Fördermaßnahme erst einmal identifizieren. Dies führte zu erheblichen Transaktionskosten.

Im Oktober 2008 waren in fünf Provinzen bereits sämtliche 2128 Dörfer vollständig erfasst. 2009 folgten zusätzlich fünf Provinzen und 2010 konnte mit weiteren acht Provinzen ganz Kambodscha mit Ausnahme der selbstständigen großen Städte komplett abgedeckt werden. Es folgten bis 2016 zwei weitere Runden zur Neuerfassung jeweils im Abstand von drei Jahren, wobei jede Runde – zur Vermeidung einer Überforderung aller Beteiligten – auf drei Jahre verteilt ist. So wird jährlich ein Drittel des ländlichen Raumes in Kambodscha in das Targeting-System einbezogen. Ab 2018 wurden durch eine zusätzliche ID-Möglichkeit in den Kommunen zwischen den einzelnen Runden auch solche Haushalte erfasst, die im eigentlichen Identifizierungs-Hauptverfahren z. B. wegen Migration durch die Maschen gefallen sind. Zuletzt wurde ID Poor auch auf die größeren Städte Kambodschas ausgedehnt, sodass 2020 das ganze Land erfasst ist.

Die erste Runde zu ID Poor wurde noch stark aus Gebermitteln finanziert (bis 2010 zu etwa 90 %), danach wurde der Zuschuss laufend abgebaut. 2013 waren es noch 60 %, 2014 reduziert auf 40 %, bis 2015 die Kosten für die Durchführung von ID komplett vom Staat übernommen wurden. Dies beweist eine erhebliche *Ownership* seitens der kambodschanischen Regierung. Die Ergebnisse von ID Poor, d. h. die Armenlisten, sind dorfspezifisch abrufbar. Allgemeine Daten zu den Zahlen sind öffentlich im Netz zugänglich, personenbezogene Daten können von Geberorganisationen mit einer Begründung zusätzlich abgerufen werden. Damit ist das Ziel weitestgehend erreicht, nationale und internationale Hilfsmaßnahmen zugunsten armer Haushalte gezielt auf die wirklich bedürftigen Gruppen zu lenken.

Wie ID Poor in der Praxis umgesetzt wird
Der ID Poor-Prozess wird seitens des kambodschanischen Planungsministeriums (MoP) gesteuert, das in allen Provinzen Kambodschas eigene Teams für die Umsetzung der Erhebung ausbildet, die wiederum Dorfkomitees schulen. Diese von der gesamten erwachsenen Bevölkerung eines Dorfes zu wählenden Komitees, für deren Mitgliedschaft lediglich Alphabetisierung eine Voraussetzung ist, erstellen Listen aller offenkundig oder möglicherweise armen Haushalte im Dorf und führen mittels der vom MoP auf Basis eines Dekrets zu ID Poor erstellten Fragebögen Haushaltsbefragungen bei den gelisteten Familien durch. Danach erstellen sie auf Grundlage der Ergebnisse der Interviews und anhand eines Kriterienkataloges eine Rangliste der Armen. Diese wird anschließend öffentlich ausgehängt.

Familien, die hier nicht gelistet werden, sich aber dennoch als arm fühlen, können sich melden, woraufhin die Komitees noch einmal beraten und die Liste ggf. ergänzt. Der Rat der jeweiligen Kommune erhält anschließend die so öffentlich zustande gekommene Liste, die danach noch einmal daraufhin überprüft wird, ob alle Kriterien erfüllt wurden. Er bestätigt sie danach als endgültig. Hieraufhin erhalten die identifizierten armen Haushalte ihren ID Poor-Status sowie einen Ausweis, der die Familienmitglieder auch per Foto zeigt (Abb. 17.2). Das Verfahren ist also einerseits durch die Beteiligung der Dorfbevölkerung in den Komitees sehr partizipativ, zum anderen überaus transparent.

Der ID Poor-Status berechtigt die betreffenden Familien derzeit vor allem zu kostenlosen Gesundheitsdienstleistungen im ganzen Land, angefangen von lokalen Gesundheitszentren über Distrikt- und Provinzkrankenhäuser bis hin zur Spezialbehandlung in einem der sieben besten Krankenhäuser des Landes. Finanziert wird dies durch den *Health Equity Fund* (HEF), der bisher von mehreren Gebern, darunter Deutschland, mitfinanziert wird und etwa ab 2020 ganz vom nationalen Haushalt getragen werden soll. Neben den direkten Kosten für die Behandlung Kranker oder Verletzter werden durch den HEF auch Anreisekosten zu den Gesundheitseinrichtungen bezahlt und Begleitpersonen, die sich um die Kranken kümmern, können ein Tagegeld erhalten.

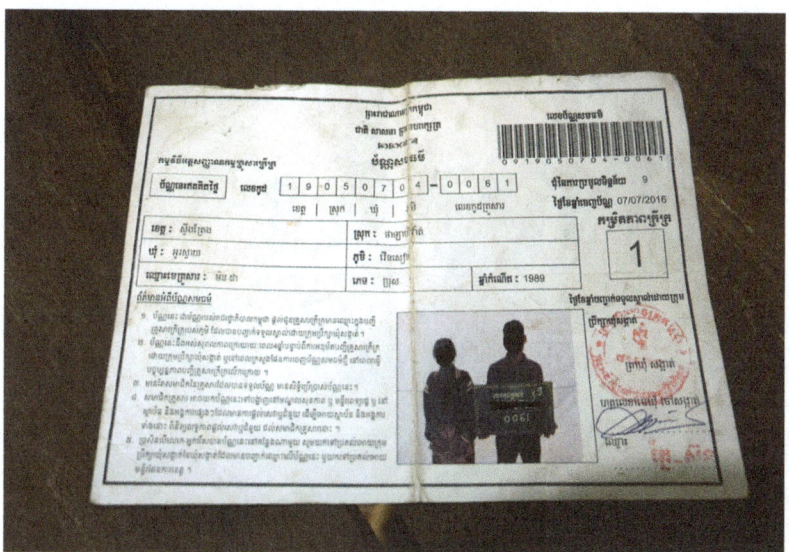

Abb. 17.2 Ein ID Poor-Ausweis mit den Fotos des als arm eingestuften Ehepaares. (Foto: © Frank Bliss 1989–2020)

Wenn jemand während der Behandlung in einem Gesundheitszentrum oder im Hospital stirbt, erhalten dessen Angehörige zudem eine Zuwendung für die Beerdigungskosten. Über diese Vorteile hinaus sollen die KarteninhaberInnen auch prioritär bei anderen Sozialleistungen für Arme sowie besonderen Unterstützungsprogrammen berücksichtigt werden. In der Provinz Siem Reap gehören z. B. neben den Regeldienstleistungen im Rahmen der Gesundheitsdienste auch einjährige Schulstipendien für Kinder aus ID Poor-Haushalten zum Förderprogramm für die Armen.

Es ist nicht Aufgabe von ID Poor, die Gender-Verhältnisse zu verändern. Aber die Wirkungen von ID Poor sind keineswegs Gender-neutral. Weil Frauen und vor allem von Frauen geführte Haushalte unter den Armen überproportional vertreten sind, profitieren diese ganz besonders vom ID Poor-Status (Abb. 17.3). Daher sind Frauen bei der Inanspruchnahme von Leistungen auf Grundlage dieses Status ebenfalls deutlich stärker vertreten als Männer, dies schon wegen der Vor- und Nachsorge bei Geburten sowie der Geburtshilfe selbst durch die Hebammen der Gesundheitszentren und Krankenhäuser.

Abb. 17.3 Vor allem Frauen werden durch das Identifikationssystem für Arme ID Poor begünstigt. (Foto: © Frank Bliss 1989–2020)

Stimmen in den Dörfern zur Praxis von ID Poor

Bei allen vom Verfasser zusammen mit Rosa Hennecke 2017 durchgeführten 30 Diskussionen in fünf Provinzen von Kambodscha waren sich die Befragten einig, dass ID Poor-Haushalte weitere Unterstützung benötigten (Abb. 17.4 und 17.5). Einig waren sie sich aber auch darin, dass keiner der anwesenden HaushaltsvertreterInnen ihren/seinen ID Poor-Status unberechtigterweise erhalten habe, weil sie/er die Armutskriterien nicht erfüllen würde. Außerdem wurde in drei Viertel der Dörfer bestätigt, dass der ID Poor-Ausweis die Situation des Haushalts verbessert habe, da er vor allem die kostenfreie medizinische Versorgung garantiert und die bisher dadurch anfallenden Kosten erheblich verringert habe.

Auf der anderen Seite wurde in immerhin 25 Dörfern während der Gespräche angesprochen, dass es hier eine Reihe weiterer mittelloser Haushalte gebe, denen eigentlich ein ID Poor-Status zustehen sollte. In einigen Dörfern war dabei nur von drei oder vier Haushalten die Rede, aber in den meisten Dörfern wurde die Zahl der armen Haushalte ohne zugeteilte Ausweise auf über zehn bis hin zu 25 Haushalte geschätzt.

Abb. 17.4 Diskussion über die Transparenz bei ID Poor und die tatsächliche Erfassung der Armen in einem Dorf. (Foto: © Frank Bliss 1989–2020)

Gründe für das Fehlen des ID Poor-Status sind, dass Haushalte z. B. möglicherweise erst nach der Erhebungsrunde durch Heirat neu entstanden sind, Familien erst danach neu in das jeweilige Dorf zugezogen sind oder ein Haushalt durch Unfall oder Krankheit erst in der Zeit nach der letzten Erhebungsrunde verarmt ist. Diesen Mängeln wird zwischenzeitlich dadurch abgeholfen, dass nun auf Anfrage hin auch Interviews zwischen den alle drei Jahre stattfindenden Erhebungsrunden durchgeführt und ID Poor-Ausweise ausgegeben werden.

Erfahrungen auch für viele andere arme Länder
Auch im Vergleich mit anderen Staaten mit unterem und mittlerem Einkommen wie Ruanda oder Pakistan muss das Armen-*Targeting*-System ID Poor in Kambodscha als gute Praxis gelten. Die Ergebnisse der Untersuchungen lassen den Schluss zu, dass ID Poor trotz einer Reihe von Anlaufschwierigkeiten sehr gut abschneidet, weil der Grad der Mitwirkung einer breiten Öffentlichkeit überdurchschnittlich groß ist und das System durch erhebliche Transparenz

Abb. 17.5 Mehr als 400 Personen nahmen an den Diskussionen über die Wirkungen von ID Poor teil. (Foto: © Frank Bliss 1989–2020)

gekennzeichnet ist. Hinzu kommt, dass es seitens des Staates und der Verwaltung eine bemerkenswerte *Ownership* gibt.

Anfangs bestehende Befürchtungen, die Umsetzung von ID Poor durch die dörfliche Bevölkerung selbst könnte die gewählten Komitee-Mitglieder überfordern, haben sich am Ende nicht bestätigt. Dies beweist, dass eine sehr weitgehende und „fordernde" Partizipation durchaus auch in armen Ländern und auch auf dem Lande möglich ist.

In den Diskussionen wurde immer wieder bestätigt, dass alle ID Poor-KarteninhaberInnen ihre Ausweise zu Recht bekommen hätten, dass also keine oder zumindest nur wenige Inklusionsfehler vorlägen. Dies bestätigt in großem Maße den Vorteil einer transparenten/öffentlichen Identifikation, bei der alle Familien eines Dorfes letztendlich wissen, wer arm ist und warum ein ID-Poor-klassifizierter Haushalt ggf. ärmer als sie selber ist. Dies ist eine wichtige Voraussetzung für die Akzeptanz von Sozialen Sicherungssystemen auch durch die nichtbegünstigten Teile der Bevölkerung.

Ein *Targeting*-System für arme Haushalte, das nur geringe Inklusions- und Exklusionsfehler aufweist, ist in besonderem Maße dafür geeignet, staatlichen wie ganz besonders auch nichtstaatlichen Organisationen als Grundlage für die Adressierung von Förderangeboten zu dienen. Gerade NRO, die in der Regel mit geringeren finanziellen Mitteln ausgestattet sind, können so Transaktionskosten einsparen.

ID Poor hat heute neben dem ländlichen Raum Kambodschas auch die Menschen in den Städten flächendeckend erreicht. Eine solche Erfassung der Armen ist bei nationalen Programmen zur Sozialen Sicherung wie dem nationalen Gesundheitsfonds für Arme eine Kernvoraussetzung für deren Erfolg. (Extrem) Arme leben nicht nur in armen Gebieten, sondern sie sind fast überall auf der Welt auch in wohlhabenden und reichen Gegenden zu finden. Von daher sollten auch Staaten, die bisher nur ein regionales *Targeting* betreiben, zumindest die Grundidee von ID Poor für ein landesweites *Targeting* übernehmen.

17.2 Fallbeispiel 2: Trinkwasser für Mayo Kebbi (Tschad)[3]

Trinkwasser für Mayo Kebbi stellt den Weg und die Wirkungen eines Programms der deutschen staatlichen Finanziellen Zusammenarbeit mit einem afrikanischen Land (hier: Tschad) von den Planungsanfängen bis zur Übergabe an die dörflichen Nutzergruppen dar. Das Programm wurde 2002 geplant und zwischen 2004 und 2011 durchgeführt. 2014 und Ende 2018 wurden Bestandsaufnahmen zur Effektivität des Programms durchgeführt, die dessen positiven Wirkungen sowie die Nachhaltigkeit der Maßnahmen bestätigen.

Der Projekthintergrund

Der Tschad ist eines der ärmsten Länder der Welt und steht auf der Liste des Entwicklungsprogramms der Vereinten Nationen UNDP in der Regel auf einem der zehn letzten Plätze von derzeit knapp 190 erfassten Staaten. Das nominelle Bruttonationaleinkommen pro Kopf der Bevölkerung liegt – einen Kaufkraftausgleich (*purchasing power parity*, ppp) nicht berücksichtigt – bei um die 1000 US$ pro Person und Jahr. Über 75 % aller Menschen leben auf dem Lande und überleben hier vor allem durch Subsistenzlandwirtschaft und Viehhaltung. Die Regierung des Tschad ist extrem gering an der Entwicklung des Landes und seiner Menschen interessiert[4]. Leistungen für die Bevölkerung angefangen von Schulen über die Gesundheitsdienstleistungen bis hin zur Trinkwasserversorgung sind allenfalls rudimentär, und häufig bleiben die Dörfer und ihre Bevölkerung sich selbst überlassen. Dies ist auch ein Grund dafür, dass EZ-Maßnahmen stets darauf achten müssen, wer später den Betrieb und die Reparaturen z. B. von Pisten, Grundschulen oder eben Einrichtungen der Trinkwasserversorgung übernehmen wird, da es in der Provinz den Staat als Institution der Lebensvorsorge faktisch nicht gibt.

Traditionell wird im Südwesten des Tschad, im Gebiet von Mayo Kebbi, Wasser vom Frauen und Mädchen während der Regenzeit aus Flüssen, Bächen und kleinen Seen (Maaren) geschöpft (Abb. 17.6). Offene Schachtbrunnen, teilweise noch aus der Kolonialzeit, und Bohrbrunnen mit Handpumpen standen 2002 nur für rund 20 % der Bevölkerung zur Verfügung. Versiegen nach der Regenzeit die meisten fließenden Gewässer und bilden sich die Maare zurück, so graben die Männer dem sinkenden Wasserspiegel hinterher und errichteten kleine Wasserlöcher. Ebenso graben sie in Dörfern mit oberflächennahem Grundwasser „traditionelle Brunnen" (französisch: *puisards*), selten mehr als fünf Meter tiefe Erdlöcher. Wenige traditionelle Brunnen sind befestigt (Abb. 17.7).

Abb. 17.6 Frauen schöpfen Wasser aus einem kleinen See, der nach der Regenzeit gefüllt ist und in jedem Fall sehr stark kontaminiertes Wasser führt (Tschad). (Foto: © Frank Bliss 1989–2020)

Abb. 17.7 Frauen ziehen Wasser aus einem alten, halbwegs befestigten Ziehbrunnen in Mayo Kebbi (Tschad). (Foto: © Frank Bliss 1989–2020)

Das Wasser aus diesen *puisards* wird mit Kalebassen ausgeschöpft oder mit Eimern und aus Autoschläuchen gefertigten Wassersäcken mit Hilfe von Stricken hochgezogen, in die üblichen Transportbehälter (Tonkrüge bzw. *kanari* sowie große Schüsseln aus Emaille von 10 bis 30 l Fassungsvermögen) abgefüllt und von Frauen und Mädchen oft über weite Strecken auf dem Kopf nach Hause getragen (Abb. 17.8). Dort wird der Wasservorrat der Familie in der Regel in großen Tonkrügen aufbewahrt.

Die meisten *puisards* bleiben unbefestigt, lediglich die Öffnung wird gelegentlich mit ein paar Hölzern grob gesichert. Das Wasser ist immer und überall stark kontaminiert und ist vor allem während der einsetzenden Regenzeit, wenn mit Fäkalien verseuchtes Schmutzwasser in Bächen und Maaren landet oder von der Oberfläche in die Brunnen gespült wird, für Menschen gefährlich, ganz besonders für Kleinkinder.

Als Lösung für die Trinkwasserproblematik wurden im Rahmen älterer Projekte in Mayo Kebbi „moderne" Wasserstellen errichtet. Von solchen „modernen" Wasserstellen wird bereits dann gesprochen, wenn die Brunnen dauerhaft mit Betonröhren befestigt sind und möglichst ganzjährig Wasser führen. Nur wenige

Abb. 17.8 Mädchen mit einem *kanari* (Tongefäß für 8–12 l Wasser) auf dem Weg zur Handpumpe. (Foto: © Frank Bliss 1989–2020)

Anlagen sind aber so beschaffen, dass sie sich dicht verschließen lassen. Das hat zur Folge, dass zwischen den einzelnen Ringen und zwischen der Vermauerung oben und den Ringen schmutziges Sickerwasser in den Brunnen zurückfließen kann (Abb. 17.9). Oder das Wasser dieser Brunnen wird durch verschmutzte Schöpfgefäße und Stricke zur Gefahrenquelle. Die Folge sind immer wieder ausbrechender Typhus und in einzelnen Gebieten auch Cholera-Epidemien mit vielen Toten. „Normale" Durchfallerkrankungen sind ganzjährig die Regel. Für Kinder enden diese auch wegen der mangelhaften Basisgesundheitsdienste in Mayo Kebbi allerdings nicht selten tödlich.

Abb. 17.9 „Moderner" Ziehbrunnen eines NRO-Projektes in Mayo Kebbi. (Foto: © Frank Bliss 1989–2020)

Nur geschlossene Brunnen können eine Lösung bieten

Das Problem der Wasserverschmutzung bereits in der Quelle mit seinen verheerenden gesundheitlichen Folgen kann in Mayo Kebbi nur durch die Bereitstellung von hygienisch einwandfreiem Trinkwasser aus geschlossenen Brunnen gelöst werden. Da es auf dem Land keine Stromversorgung gibt (wegen der fehlenden Ersatzteilversorgung und Wartungsmöglichkeiten auch nicht auf der Grundlage von Solarpanelen), können für die Brunnen keine Elektropumpen eingesetzt werden, sodass das Wasser mit Hilfe von Handpumpen gefördert werden muss (Abb. 17.10).

Als wir, d. h. ein Hydrogeologe und ich als Sozialwissenschaftler, 2002 das Projekt vor Ort prüften, fanden wir in Mayo Kebbi bereits einige Handpumpenbrunnen vor. Während sämtliche 50 Brunnen mit einer „Buschpumpe", die man aus Ostafrika hierher gebracht hatte, schon nach wenigen Jahren funktionsunfähig waren (es gab weder ein Wartungssystem noch Ersatzteile), stellten wir fest,

Abb. 17.10 Eine Frau nutzt eine der vom deutschen Projekt neu errichteten Handpumpen. (Foto: © Frank Bliss 1989–2020)

dass von einem deutschen Vorgängerprojekt mit verbesserten indischen Mark II-Handpumpen die meisten noch betriebsbereit waren. Hier hatte man anstelle der einfachen indischen Originalversion der Pumpe mit Messingzylindern (schnell abgenutzt) und verzinkten Stahlrohren (bald durchgerostet) einen deutschen, deutlich teureren Nachbau aus Edelstahl verwendet, der offensichtlich auch einige Jahre ohne gute Pflege funktionierte, zumindest größtenteils.

Unsere Idee war, genau diese Version der Pumpen zu verwenden, mit deren Hilfe Wasser aus Tiefen von 50 m, in Extremfällen sogar bis zu 70 m hochgepumpt werden kann. Allerdings wussten wir, dass selbst diese Pumpen ohne eine nachhaltige Wartung und ohne Ersatzteilversorgung im Laufe der Jahre trotz ihrer guten Qualität den Betrieb aufgeben würden. Also schlugen wir den Aufbau eines umfassenden Wartungssystems vor, das wegen der großen Entfernungen der Provinz zur Hauptstadt des Tschad N'Djaména in den Projektzonen von Mayo Kebbi selbst organisiert werden musste.

Und einer weiteren Herausforderung galt es zu begegnen: Sauberes Wasser von der Handpumpe nutzt wenig, wenn es sofort in verschmutzte Gefäße gelangt und in den Gehöften ohne Rücksicht auf Hygieneregeln gelagert und verwendet wird. Und das Hygienebewusstsein in Mayo Kebbi, zumindest bei den meisten Menschen, war katastrophal. Also musste auch hier an Maßnahmen gedacht werden, die die Wasserversorgung durch eine umfassende Hygieneaufklärung ergänzen würden.

Brunnen im Eigentum der Dorfbevölkerung

Damit die Handpumpen später auch tatsächlich gewartet werden könnten, musste zunächst eine Trägerstruktur für den nachhaltigen Betrieb gefunden werden. Das gewählte Modell basiert auf der Gründung von dörflichen Nutzerkomitees, die im Auftrag der lokalen Bevölkerung für den Betrieb der Handpumpen und ihre Wartung einschließlich aller finanziellen Fragen verantwortlich sind. Um größtmögliche Nachhaltigkeit zu erzielen, wurden die bestehenden Organisationsstrukturen und die vorhandenen Erfahrungen der Bevölkerung dabei berücksichtigt. Vor allem sollten die Brunnen den Dörfern nicht aufgedrängt werden. Deren RepräsentantInnen mussten sich vielmehr nach einem intensiven Informationsprozess beim Projekt bewerben und einen kleinen, eher symbolischen, in einer ultraarmen Gegend aber nicht immer leicht aufzubringenden Eigenbeitrag von 175.000 Franc (ca. 240 EUR bei Kosten der Handpumpe allein von rund 1500 EUR pro Stück und der Bohrungen von 5000 bis 8000 EUR je Bohrloch) leisten. Daneben mussten sie eine Brunnenkasse einrichten und mit 50.000 Franc füllen. Mit diesem Geld sollten die zukünftigen Wartungen bezahlt werden. Außerdem sollten die Dorfgemeinschaften plausibel vorschlagen, wie sie zukünftig diese Kasse regelmäßig wieder auffüllen wollten.

Da es unmöglich ist, im Pannenfall Handwerker aus der Hauptstadt N'Djaména zu mehreren hundert Brunnen in Mayo Kebbi anreisen zu lassen, müssen lokale Fachleute die Pumpenwartung übernehmen. Bei den etwa 10 Männern, die die

insgesamt 400 im Rahmen des Projektes errichteten Brunnen und Pumpen heute
betreuen, handelt es sich um Handwerker, die z. B. als Reparateure von Fahrrädern
bereits mit einfachem Werkzeug umgehen konnten. Alle erhielten in N'Djaména
eine umfassende dreitägige Ausbildung und wurden dann vor Ort bereits bei der
Montage der Handpumpen beteiligt. Sie hatten am Ende also rund 40 Pumpen
selbst mit eingerichtet und damit beträchtliche Erfahrung sammeln können.

Auch musste eine nachhaltige Ersatzteilversorgung vor Ort zum Verkauf an
die Brunnenkomitees organisiert werden. Dies erfolgte, indem seit langem in den
Hauptorten der Provinz etablierte und gut beleumundete Händler für die Übernahme dieses Jobs gewonnen wurden. Eine erste Ausstattung bekamen sie vom
Projekt kostenlos gestellt, heute müssen sie die Ersatzteile von einem Lieferanten
aus der Hauptstadt nachbestellen und natürlich auch bezahlen.

Frauen sind wichtige Ansprechpartnerinnen

Bereits bei den Planungen und umso mehr später bei der Implementierung wurde
den Gender-Aspekten des Projektes viel Aufmerksamkeit gewidmet. So wurde
schon ganz zu Beginn der Planungen im Rahmen einer Zielgruppenanalyse vor
Ort intensiv die traditionelle Stellung der Frauen untersucht, ihre Rolle in der
lokalen Ökonomie, im Haushalt, ihre Beteiligung am gesellschaftlichen Leben
und an politischen Entscheidungen. Dass Frauen (und Mädchen) als für die
Wasserbereitstellung in den Haushalten Verantwortliche unmittelbar am Management der Pumpenbrunnen beteiligt und daher auch in den Nutzerkomitees
vertreten sein mussten, war aus Sicht der deutschen Planer und der tschadischen
MitarbeiterInnen klar (Abb. 17.11).

Viel Zeit wurde daher in den Jahren der Projektumsetzung der Frage gewidmet, in welcher Weise dies bei den verschiedenen Ethnien und unterschiedlichen
religiösen Gruppen im Projektgebiet praktisch erfolgen konnte. Dabei wurden
alle Religionsgemeinschaften über ihre Führungen angesprochen. Eine Reihe von
Dorfchefs verweigerte sich anfangs im mehrheitlich muslimischen Kanton von
Binder[5] dem Ansinnen, Frauen in die Brunnenkomitees zu wählen. Mithilfe des
sehr einflussreichen *Lamido* (Sultan) von Binder und einer religiösen Autoritäts-
person *(fiqhi)*, die sogar weit über die Grenzen des Tschad verehrt wurde, konnten
alle Dorfchefs jedoch überzeugt werden. Am Ende wirkten Frauen aller ethnischen Gruppen tatsächlich und oft maßgeblich am Management der Handpumpen
mit.

Abb. 17.11 Eine Mitarbeiterin des Projektteams im Gespräch mit Frauen über Hygienefragen. (Foto: © Frank Bliss 1989–2020)

11 MitarbeiterInnen für 14 Sprachen und 20 ethnische Gruppen

Eine große Herausforderung während der Projektarbeiten war die Frage, wie die Menschen in den Dörfern gezielt informiert und beraten werden könnten. Bei insgesamt 14 verschiedenen Sprachen musste jede/r MitarbeiterIn (franz. *animateurs /animatrices*) wenigstens drei Sprachen beherrschen, Französisch als Projektsprache und zwei der lokalen Sprachen. Irgendwie gelang es, nicht nur für den Job qualifizierte, sondern eben auch sprachkundige sechs Frauen und vier Männer als animateurs bzw. animatrices sowie einen Koordinator für die Beratungsarbeit einzustellen. Mit jeweils einem Geländemotorrad ausgestattet mussten diese während der fast acht Jahre Projektimplementierung insgesamt mehr als 500 Dörfer in einem Gebiet von rund 250 zu 200 km betreuen, von denen über 350 am Ende nicht nur eine Handpumpe bekamen (einige sogar zwei oder drei Pumpen), sondern jeweils mindestens 12 Mal im Rahmen des Vorbereitungs- und Trainingsprogramms besucht wurden.

Mit einem Geländewagen, der mit einem alten riesigen Röhren-Fernsehgerät, einem Generator, Video-Rekorder, Verstärker und zwei riesigen Lautsprechern ausgestattet war, wurden während dieser Zeit auch alle Dörfer mit unserem

„Buschkino" besucht. Gezeigt wurde ein Film, gedreht von der Theater-AG eines Gymnasiums aus Mayo Kebbi selbst, in dem es um verschmutztes Wasser und die Choleragefahr ging. Eine andere Gruppe von GymnasiastInnen hatte für uns 20 Zeichnungen über guten und schlechten Umgang mit Wasser angefertigt (Abb. 17.12). Diese kleinen Poster wurden vervielfältigt und vom Team überall in den Dörfern für Diskussionen über Wasserhygiene eingesetzt. Zweimal wurden Malwettbewerbe durchgeführt, an denen insgesamt rund 3.500 OberschülerInnen teilnahmen. Auch hierfür musste das Team hundertfach über die schlechten Pisten der tschadischen Provinz fahren. Hinzu kamen Seminare für LehrerInnen in Sachen Wasserhygiene und immer wieder Besuche in den Dörfern, wenn es Probleme gab oder um die Inbetriebnahme eines neuen Brunnens zu feiern.

Abb. 17.12 Zeichnung für die Hygieneaufklärung, angefertigt für das Projekt von SchülerInnen einer Oberschule in Pala, der Hauptstadt von Mayo Kebbi. (Foto: © Frank Bliss 1989–2020)

Die Projektwirkungen

Schon vor der Fertigstellung der Brunnen zeigten sich erhebliche Wirkungen im Bereich der Dorfgemeinschaften *(community-building)*. Trotz der Armut der meisten Haushalte konnten die Bedingungen der Eigenbeteiligung am Brunnenbau und hinsichtlich der Dorfkassen für die zukünftigen Wartungsarbeiten fast überall erfüllt werden. So waren in zahlreichen Baumwolle anbauenden Dörfern die dortigen Bauerngruppen *(Associations Villageoises),* sofort bereit, ihre Gemeinschaftskasse aus den Vorjahren zu plündern und den Betrag für die Eigenbeteiligung zu zahlen. In anderen, muslimischen Dörfern wurde die religiöse Armenspende *(zakat),* eine der Grundpflichten eines jeden Muslim, für das lebensnotwendige Wasser verwendet. Woanders spendete der Dorfchef oder einer der wenigen wohlhabenden Bauern oder Viehzüchter das Geld. „Wasser ist Leben", hieß es dazu, und „deswegen machen wir alles, um es für unser Dorf zu sichern".

Die gesundheitlichen Wirkungen des Programms sind nach Auskunft der Direktoren aller vier zuständigen Krankenhäuser in Mayo Kebbi evident[6]. Zwischen 2004 und 2014 sei in keinem Projektdorf mehr Cholera aufgetreten. Vorher sei die Krankheit hier immer wieder ausgebrochen und nach 2004 sei sie in anderen Dörfern ohne Handpumpenwasser auch wiederholt registriert worden. Die guten Ergebnisse in den Projektdörfern könnten daher als gemeinsames Ergebnis einer Bereitstellung sauberen Wassers, verbessertem Transport, guter Lagerung (Abb. 17.13) und vor allem auch eines insgesamt gestiegenen Hygienebewusstseins der Bevölkerung angesehen werden.

Hinsichtlich der Nachhaltigkeit der Wasserversorgung, d. h. der Betriebsbereitschaft der Handpumpen, sind Spitzenwerte zu verzeichnen. Drei Jahre nach Projektende (2014) waren mehr als 95 % der Handpumpen betriebsbereit – bei einer Vorgabe (= Indikator) von 75 %. Das heißt, wenn 2014 von den 400 Pumpen noch mindestens 300 funktioniert hätten, wäre das Projekt ein Erfolg gewesen; es waren aber 380. Eine Nachfrage des Verfassers beim früheren Chef der Animateure, der sich seitdem weiter um die Brunnen bemüht, ergab Ende 2018, dass die Zahl betriebsbereiter Handpumpen auch zu diesem Zeitpunkt, acht Jahre nach Projektende, als die ersten Pumpen seit 15 Jahren standen, bei 90 % oder sogar darüber liegt.

Erfolgsbedingungen und Projektwirkungen

Als wohl wichtigste Erfolgsbedingung für das Programm muss die außergewöhnlich umfassende Zielgruppenanalyse vor Beginn der Maßnahmen angeführt werden. Hierbei wurden sozio-ökonomische Erhebungen in rund 600 Dörfern von Mayo Kebbi durchgeführt, in Dörfern mit akutem Wassermangel wurden zudem 400 Haushalte befragt sowie 40 Fokusgruppendiskussionen durchgeführt,

Abb. 17.13 Wasseraufbewahrung in einem Gehöft nach den Empfehlungen (Mindeststandard) des Projektteams. (Foto: © Frank Bliss 1989–2020)

bei denen die jeweiligen Probleme erkundet wie auch Lösungen für die wichtigsten Wünsche der Bevölkerung diskutiert wurden. Die jeweiligen Sprachen im Dorf wie auch religiöse Hintergründe wurden dabei mit berücksichtigt. So konnte sichergestellt werden, dass nur dort eine Intervention erfolgte, wo Wassermangel als Problem benannt und die Bereitschaft zum Engagement bei der Verbesserung der Wasserversorgung bekundet wurde.

Die geplanten Maßnahmen wurden bei der Implementierung eins zu eins umgesetzt, ergänzt durch weitere Aktivitäten als Antwort auf sich ergebende sozio-kulturelle Herausforderungen. Zum Beispiel wurde jeder Beschwerde nachgegangen, wonach Dörfer „übersehen" worden seien. Rund 30 sehr stark unter Wassermangel leidende Dörfer konnten so am Ende zusätzlich zu den zunächst von den Kantonchefs gemeldeten mit versorgt werden.

Kein Dorf wurde während des Prozesses von der Antragstellung bis zum Betrieb einer fertigen Pumpe allein gelassen. Alle Entscheidungen wurden durch intensive, z. T. wiederholte Informationen vorbereitet, die Beteiligten auf ihre Verantwortlichkeiten und Aufgaben eingestimmt und alle Pumpenkomitees nach

Installation der Handpumpen in regelmäßigen Abständen besucht. Dritte Beteiligte wie LehrerInnen, MitarbeiterInnen der lokalen Verwaltung, Handwerker und überall die lokalen, aber auch regionalen traditionellen Autoritäten wurden informiert und zum Teil in Fragen der Wasserhygiene fortgebildet.

Als besonders wichtig für die Nachhaltigkeit des Programms erwies sich die Bewilligung einer Nachbereitungsphase für das Projekt, was ermöglichte, dass auch die Dörfer mit den zuletzt montierten Handpumpen noch 12 Monate lang intensiv von einem Projektmitarbeiter vor Ort betreut werden konnten.

Schlussfolgerungen für die Entwicklungszusammenarbeit allgemein
Durch die tiefgehende Erfassung der sozio-kulturellen Bedingungen im Rahmen der Planung eines Programms und die flexible Berücksichtigung dieser Bedingungen bei der Implementierung kann auch in einem sehr komplexen und heterogenen sozialen Kontext und bei vollständiger Abwesenheit staatlicher Strukturen ein umfangreiches Infrastrukturvorhaben erfolgreich umgesetzt werden.

Auch in einer patriarchalischen Gesellschaft, bei der Frauen traditionell keine öffentliche Rolle spielen (dürfen), lassen sich partizipative Strukturen unter Einbeziehung von Frauen etablieren, wenn im Sinne sozio-kultureller und partizipationsbezogener Vorgaben der deutschen EZ legitime politische und / oder religiöse Führungspersönlichkeiten gefunden werden, die diese Vorgehensweise aktiv unterstützen (siehe in diesem Band Kap. 12).

Der gewählte Ansatz in Mayo Kebbi bestätigt auch die vom BMZ zuletzt betonte positive Rolle, die religiöse Konzepte und Persönlichkeiten im Entwicklungskontext spielen können[7].

17.3   Fallbeispiel 3: Berufliche Bildung für Straßenkinder. Don Bosco in Benin und auf den Philippinen[8]

Die vom Salesianer-Orden getragenen Don Bosco-Ausbildungszentren in vielen Ländern der Welt sollen vor allem benachteiligten jungen Menschen zu einer guten Ausbildung verhelfen, wobei eine enge Verzahnung zwischen den Ausbildungsstätten und jenen Betrieben, die die AbsolventInnen später aufnehmen könnten, wichtig ist. Zwei Zentren in Benin und auf den Philippinen zeigen, dass dies nachhaltig möglich ist und auch Jugendliche aus ärmsten Verhältnissen hochqualifizierte und erfolgreiche Fachkräfte werden können.

Benin – eine stabile, aber arme Demokratie in Westafrika

Das westafrikanische Land Benin gilt als eine stabile Demokratie und hat bereits einige Fortschritte in der makroökonomischen Stabilisierung gemacht. Trotzdem kämpft Benin nach wie vor mit vielen strukturellen Problemen und die größte Herausforderung des Landes stellt weiterhin die Bekämpfung der Armut dar. Etwa ein Drittel der rund 11 Mio. großen Bevölkerung lebt unter der Armutsgrenze. Auf dem Index der menschlichen Entwicklung (HDI) nimmt das Land Platz 163 von insgesamt 189 Staaten (UNDP 2019) ein, womit das Land zur Gruppe der ärmsten auf der Welt gehört. Die Armutsrate in Benin betrug nach nationalen Kriterien 2006 37,5 %, 2009 35,2 % und 2015 40,1 %. Dies bedeutet, dass sich in den 10 Jahren an der Zahl armer Haushalte in Benin nichts geändert bzw. die Armut noch zugenommen hat[9].

Etwa zwei Drittel der Bevölkerung Benins arbeitet in der Landwirtschaft, insbesondere in der Baumwollproduktion, und lebt in ruralen Gebieten. Das starke Bevölkerungswachstum und die Armut treiben jedoch viele Menschen in die Städte, wo sie sich Zugang zu Arbeit und einem höheren Einkommen erhoffen. Neben der Hauptstadt Porto Novo ist Cotonou die wirtschaftliche Metropole des Landes und ein beliebtes Ziel für ArbeitsmigrantInnen.

Im im nördlichen Teil der Stadt Cotonou gelegenen Viertel Zogbo leben rund 100.000 Menschen. Viele von ihnen sind in den letzten Jahren aus den ländlichen Gebieten auf der Suche nach Arbeit in die Stadt gekommen und haben sich in Zogbo angesiedelt. Doch auch hier mangelt es an Ausbildungs- und Arbeitsmöglichkeiten. Es gibt nicht ausreichend Grund-, Sekundar- und Berufsschulen und die vorhandenen Einrichtungen sind mangelhaft ausgestattet. Insbesondere junge Menschen, die einen Großteil der Bevölkerung Zogbos ausmachen, leiden unter dem Mangel an Ausbildungs- und Arbeitsmöglichkeiten. Aufgrund einer fehlenden Sekundarschulbildung und/oder mangelnder finanzieller Mittel kann nur eine Minderheit von Jugendlichen eine der wenigen staatlichen Berufsschulen besuchen. Um ihren Lebensunterhalt zu sichern, sind zudem viele Jugendliche gezwungen, sich im informellen Sektor zu betätigen und sich mit mehreren Jobs gleichzeitig über Wasser zu halten. Aufgrund der mangelhaften Ausbildung haben viele Jugendliche aus Zogbo auch langfristig keine Chance auf einen guten Job.

Der Salesianer-Orden unterstützt Berufsbildung für Straßenkinder

Die Salesianer Don Bosco sind bereits seit 1983 in Benin im Bereich der Schul- und Berufsbildung tätig. Im Viertel Zogbo hat der Orden im Jahr 1986 ein Berufsbildungszentrum errichtet. Hier können Jugendliche aus stark benachteiligten Verhältnissen, darunter auch zahlreiche ehemalige Straßenkinder, eine dreijährige berufliche Ausbildung in den Bereichen Schreinerei, Elektrizitätslehre

Abb. 17.14 Lehrwerkstatt für den Schreinerberuf des Berufsausbildungszentrums der Salesianer in Cotonou (Benin). (Fotos: © Don Bosco, Bonn 2019)

und Elektronik absolvieren (Abb. 17.14). Zudem gibt es ein non-formales Programm (d.h. hier ohne staatlicherseits vorgegebene Lehrpläne) für Lehrlinge aus kleinen handwerklichen Betrieben der Stadt in den Bereichen Maurerhandwerk und Schreinerei. Parallel zur Berufsausbildung können die Jugendlichen im Don Bosco -Zentrum in Zogbo zudem ihren Sekundarschulabschluss erlangen.

Die angebotenen Berufsschulabschlüsse umfassen das *Certificat de Fin d'Apprentissage* (CFA) für Jugendliche ohne Sekundarschulabschluss, das Berufsbefähigungszeugnis *Certificat Aptitude Professionnelle* (CAP) für Jugendliche mit erstem Sekundarschulabschluss und das *Brevet de Technicien* (BT) für Jugendliche mit zweitem Sekundarschulabschluss. Ein Stellenvermittlungsbüro, das im Zentrum selbst angesiedelt ist, bietet Berufsberatung an, führt Bewerbungstrainings durch und vermittelt Wissen zur Selbstständigkeit im Arbeitsleben. Derzeit versucht das Stellenvermittlungsbüro feste Arbeitsbeziehungen zu privaten und staatlichen Unternehmen in Benin aufzubauen bzw. die bestehenden Kontakte zu

Abb. 17.14   (Fortsetzung)

festigen. Bisher vermittelt das Büro aber schon einmonatige Praktikumsstellen in Unternehmen, über die nach Angaben des Leiters häufig eine Festanstellung der ehemaligen PraktikantInnen erfolgt. Über das Büro werden darüber hinaus die Daten der momentanen und ehemaligen Auszubildenden gesammelt, sodass der berufliche Werdegang der AbsolventInnen besser nachverfolgt werden kann.

Die Zielgruppe
Der Großteil der Jugendlichen, die am Zentrum eine Berufsausbildung absolvieren, stammt aus armen Familien, die in der Hoffnung auf ein besseres Leben vom Land in die Stadt gezogen sind. Viele der Jugendlichen haben keine abgeschlossene Sekundarschulausbildung, wodurch ihnen der Zugang zu einer staatlichen Berufsausbildung verwehrt bleibt. Eine Ausbildung im Don Bosco-Berufsbildungszentrum stellt für sie oft die einzige Möglichkeit dar, dem Teufelskreis der Armut zu entkommen.

Momentan können rund 500 Jugendliche im Alter zwischen 17 und 25 Jahren eine Berufsausbildung absolvieren. Dadurch soll ihnen eine qualitativ hochwertige Berufsbildung ermöglicht und zu einer sicheren einkommensgenerierenden Tätigkeit und zu finanzieller Unabhängigkeit verholfen werden.

Förderung durch Don Bosco Mondo
Die Unterstützung durch Don Bosco Mondo e. V. für das Berufsbildungszentrum in Cotonou mit BMZ-Geldern aus dem Haushaltstitel „Private Träger" erstreckte sich Anfang der 1990er Jahre auf den Bau und die Einrichtung eines Werkstattgebäudes und die Förderung der Gründung von Kooperativen für Schreiner und Elektriker. In den Kooperativen sind ehemalige AbsolventInnen des Ausbildungszentrums, die sich inzwischen haben selbstständig machen können, und länger existierende Handwerksbetriebe organisiert, die mit Don Bosco im Rahmen der traditionellen Lehrlingsausbildung kooperieren.

2015 förderte Don Bosco Mondo aus privaten Spenden den Ausbau des dritten Stockwerks, um mehr marginalisierten Jugendlichen Zugang zu einem Ausbildungsplatz zu ermöglichen. Die Förderung seitens Don Bosco Mondo durch öffentliche und private Mittel belief sich auf insgesamt umgerechnet knapp 126.000 €.

Ein Hightech Don Bosco-Berufsbildungszentrum auf den Philippinen[10]
Während bereits das Beniner Zentrum in Cotonou eng auf die Zusammenarbeit mit Betrieben setzt, bei denen die ausgebildeten Jugendlichen später auch langfristig unterkommen können, stellt das Don Bosco Technical Institute (DBTI) im Stadtteil Makati der philippinischen Hauptstadt Manila ein Musterbeispiel für die Vernetzung von Ausbildung und Beschäftigungsförderung dar. Dabei ist die Zielgruppe die gleiche wie in Cotonou, marginalisierte Jugendliche beiderlei Geschlechts, zum Teil aus den ärmsten sozialen Verhältnissen stammend.

Schon die Gründung des Instituts in Manila, das heute einen schulischen Zweig mit einer Grundschule, Junior und Senior High School sowie das „TVET Center" (= Technical Vocational Education Training Center) umfasst, war eng mit der lokalen Wirtschaft als Geber verknüpft. Bereits 1952 hatten sich Pater Charles Braga als Provinzialoberer der Salesianer Don Boscos auf den Philippinen und die Geschäftsleute Don Alfonso Zobel de Ayala und Joseph R. McMicking zur Gründung einer Berufsschule zusammengesetzt. Sie sollte in einer dicht besiedelten Gegend etabliert werden, um eine berufliche Bildung und einen Arbeitsplatz direkt nach der Schulbildung anzubieten: Makati, mitten im Zentrum der philippinischen Hauptstadt.

Die Grundschule startete bereits 1955, das TVET Center wurde formal allerdings erst 1971 als „Manpower Training Department" gegründet. Die Wahl
des Grundstückes war aus heutiger Sicht perfekt, denn Makati ist inzwischen
ein florierendes Geschäftsviertel mit Gewerbe aller Art, Einkaufszentren und
Gastronomie. Im Fokus des Centers stand die Vermittlung arbeitsmarktorientierter
Fähigkeiten, also die Beschäftigungsfähigkeit der AbsolventInnen. Dieser Ansatz
wurde im Bereich der Druckerausbildung 1989/1990 von Don Bosco Mondo mit
BMZ-Mitteln in Höhe von etwas über 100.000 € gefördert.

Mit der steigenden Zahl von Einschreibungen marginalisierter Jugendlicher
wuchs der Bedarf an Quantität und Qualität von Raum, Ausstattung und Port-
folio: Das TVET Center expandierte 2006 und hat inzwischen Kapazitäten für
jährlich rund 900 Auszubildende. Die Bereiche der Ausbildung sind kontinuierlich modernisiert worden und umfassen heute so gesuchte Spezialgebiete wie
„Automotive Services", „Machining", „Service Mechatronics", „Shielded Metal
Arc Welding" (= Lichtbogenhandschweißen), „Refrigeration" (Kühltechnik) and
„Air Conditioning", alle mit einem staatlich anerkannten Abschluss (Abb. 17.15).

Die Anzahl der der lokalen, nationalen und internationalen Industriepartner
wuchs seitdem auf rund 200. Einige davon wurden von Don Bosco Mondo vermittelt, ebenso die Zusammenarbeit mit der Deutsch-Philippinischen Auslands-
handelskammer. Entscheidend ist für das Institut ein gewandeltes Verständnis

Abb. 17.15 Hochwertige Technikausbildung in Manila (Philippinen). (Foto: © Don Bosco,
Bonn 2019)

von Partnerschaft mit dem Business. Auch bei wechselnder Leitung standen diese Beziehungen immer im Fokus und wurden von nahezu reinen „Geberschaften" (wie zweckgebundenen Spenden, Stipendien, Ausstattung) zu echten Partnerschaften entwickelt. Bei diesen geht es um arbeitsmarktorientierte Curricula, längere Betriebspraktika von bis zu 30 % der gesamten Ausbildungsdauer, die Vermittlung von Jobs für die AbsolventInnen, gemeinsame Kampagnen und Knowhow-Transfer. Ein früherer Absolvent des TVET ist heute Manager bei Toyota und agiert als Botschafter für Berufliche Bildung.

Am Standort Makati ist seit 2017 auch das Koordinierungsbüro des landesweiten Berufsbildungsnetzwerks der Salesianer TVET-Zentren ansässig. Don Bosco Mondo leistet mit Förderung durch das BMZ hier einen zentralen Beitrag zur Weiterentwicklung der Beruflichen Bildung auf den Philippinen. Das Netzwerkbüro verbindet 19 Don Bosco-Berufsbildungszentren und unterstützt diese in zentralen Punkten der beruflichen Bildung. Durch nationale und internationale Fachtagungen und den Dialog mit Politik und Wirtschaft unterstützt es die Weiterentwicklung des gesamten Systems der beruflichen Bildung im Land und sorgt für ein besseres Image der Ausbildungsberufe.

So ist das Netzwerk auf den Philippinen Vorbild und gleichzeitig Teil eines regionalen Berufsbildungsverbundes im ASEAN-Raum. Durch den intensiven Austausch mit KollegInnen über nationale Grenzen hinweg helfen die Salesianer Don Boscos so, den marginalisierten Jugendlichen in einer globalisierten Welt und einem immer stärker integrierten Wirtschaftraum ihren Platz auf dem Arbeitsmarkt und der Gesellschaft zu finden.

Wirkungen und Modellcharakter der Projekte
Beiden Ausbildungszentren bzw. den Netzwerken ist gemeinsam, dass sie auf einen spezifischen Fachkräftebedarf ausgerichtet sind und ihre Lehrangebote stets auf den sich wandelnden Bedarf anpassen. Während dies derzeit in Benin noch eher herkömmliche Sparten wie die Schreinerei und die Elektroinstallation sind, aber auch hier bereits die Elektronik einbezogen ist, werden auf den Philippinen immer mehr hochspezialisierte Bereiche für die moderne Industrie berücksichtigt, die den AbsolventInnen ihre Arbeitsplätze quasi im Vorhinein garantieren. So hat das DBTI in Manila auch eine kaum zu übertreffende Erfolgsquote: 87,75 % der eingeschriebenen jungen Leute schließen die Ausbildung erfolgreich ab. Von diesen wiederum werden 100 % in Arbeit vermittelt.

Durch die schon während der Ausbildung engen Beziehungen zu Betrieben, in denen Praktika abgeleistet werden, sind die Jugendlichen wie in Deutschland innerhalb des Dualen Systems zumindest weitgehend mit ihren späteren möglichen Arbeitsplätzen vertraut. Umgekehrt kennen die Unternehmen bereits früh das Engagement und die Qualifikation ihrer zukünftigen MitarbeiterInnen, sodass oft mit dem staatlich anerkannten Abschluss am Ende der bis zu dreijährigen Ausbildungsgänge bereits ein Unternehmen auf die jungen Leute wartet.

Der Modellcharakter der Projekte besteht auch darin, dass die Berufsbildungszentren zwar einen Finanzierungsbeitrag durch die EZ erhalten haben und für Erweiterungen weiterhin erhalten, dass aber der laufende Betrieb mit Beiträgen wichtiger Partner aus der Industrie getragen werden kann. Viele Unternehmen erkennen, dass sie sich auf diese Weise die zukünftig dringend benötigten Fachkräfte selbst mit heranziehen.

Berücksichtigt werden muss vor diesem Hintergrund, dass es sich bei den Auszubildenden größtenteils um Jugendliche aus (extrem) armen Verhältnissen handelt, die durch die berufliche Ausbildung in aller Regel nicht nur nachhaltig aus der Armut herauskommen, sondern sogar immer öfter den Sprung in die Mittelschichten ihrer Länder schaffen – in der EZ eine eher seltene Ausnahme.

17.4   Fallbeispiel 4: Die Soja-Wertschöpfungskette nutzt mehr als hunderttausend Familien im westafrikanischen Benin[11]

Bei diesem Fallbeispiel geht es um die Behandlung der Wertschöpfungskette (WSK) Soja in der westafrikanischen Republik Benin. Mit dem Begriff der WSK und der Förderung von WSK wird ein Prozess und dessen Unterstützung zusammengefasst, der mit der Gewinnung, Herstellung bzw. im Landwirtschaftsbereich dem Wachsen, Reifen und Ernten eines Produktes (hier Soja) auf dem Acker und den dabei benötigten „Inputs" beginnt und anschließend die Reise des Produktes über den teilweise mehretappigen Weg der Verarbeitung bis zum Verhandeln und schließlich Erwerb durch einen Kunden umfasst.

Länderhintergrund und Projekteinbindung

Die Entwicklungszusammenarbeit (EZ) mit Benin ist eine Antwort auf die fortbestehende Armut in dem westafrikanischen Land (vgl. Abschn. 17.3). Armut in Benin bedeutet auch Ernährungsunsicherheit bei den von Armut Betroffenen, vor allem in ländlichen Gebieten sowie in urbanen Armutsenklaven. 33 der 77 Kommunen des Landes sind von chronischer Nahrungs- und Ernährungsunsicherheit betroffen, d. h. das Problem herrscht hier dauerhaft. Die geringe Verfügbarkeit von Grundnahrungsmitteln wie Mais oder Hirse ist dabei nicht einmal immer das größte Problem, sondern die Tatsache, dass die Masse der Bevölkerung sich aufgrund ihrer geringen Kaufkraft keine höherwertigen Lebensmittel zukaufen kann. Entsprechend gering ist daher auch der Anbau z. B. von Gemüse in ländlichen Gebieten, für das es kaum einen Markt gibt. Dies zusammen führt landesweit bei einem Drittel aller Kinder unter fünf Jahren zu Wachstumsverzögerungen, die auf Mangelernährung zurückzuführen sind.

Die deutsche EZ unterstützt Benin derzeit vor allem im Bereich der landwirtschaftlichen Entwicklung. Ein Schwerpunkt liegt dabei auf der Förderung bestimmter wichtiger *filières* oder Wertschöpfungsketten, zu denen neben Soja auch Reis, Karité zur Erzeugung von „Schibutter", Cashewnüsse und die Geflügelzucht gehören. Der Anbau von Soja stellt dabei in Benin anders als z. B. in Brasilien weder ein ökologisches (Abholzung von Tropenwald) noch ein soziales (Vertreibung von Kleinbäuerinnen und -bauern) Problem dar, sondern wird überwiegend von Kleinbäuerinnen und -bauern selbst betrieben. Die Masse der Sojabohnen gelangt auch nicht in den Export, sondern der Großteil der jährlichen Ernte wird im Land selbst verarbeitet und konsumiert.

Abb. 17.16 Ländliches Gehöft im Norden von Benin, auch für ein armes Land ist dies eine eher ärmliche Anlage. (Foto: © Frank Bliss 1989–2020)

Ziele und Aktivitäten der Förderung der Soja-Wertschöpfungskette

Die Förderung der WSK Soja soll dazu beitragen, die Wertschöpfung innerhalb dieser als armutsorientiert eingestuften Produktionskette dauerhaft ansteigen zu lassen. Dadurch sollen in ländlichen Gemeinden Benins die Einkommen kleinbäuerlicher Betriebe wie hier und in den Städten die Einkommen Soja-verarbeitender Betriebe erhöht und die regionale Versorgung mit Nahrungsmitteln verbessert werden. Diese Projektziele tragen zum entwicklungspolitischen Oberziel bei, extreme Armut zu mindern und die Ernährungssituation der Bevölkerung zu verbessern.

Hauptbeteiligte sind auf der deutschen Geberseite das GIZ-Vorhaben *Grüne Innovationszentren in der Agrar- und Ernährungswirtschaft,* das im Rahmen der BMZ-*Sonderinitiative EINEWELT ohne Hunger* durchgeführt wird und das bilaterale Projekt *Förderung der Landwirtschaft,* das bereits annähernd 10 Jahre in Benin tätig ist. Aber auch andere Projekte wie z. B. eine Kreditlinie der Kreditanstalt für Wiederaufbau (KfW) für ländliche Entwicklung sind wichtige Voraussetzungen für einen Erfolg der WSK-Förderung.

Zu den Beratungsgegenständen der beiden im Mittelpunkt der Betrachtung stehenden TZ-Projekte gehören i) die Erzeugung von verbessertem Saatgut zur Erhöhung der Produktion, ii) dessen Vertrieb, iii) die kulturtechnischen Aspekte des Sojaanbaus für einen gesteigerten Ertrag, iv) die Lagerung der geernteten Bohnen zur Erzielung eines höheren Verkaufspreises als dies während der Haupterntesaison möglich ist, v) der Transport von und Handel mit Sojabohnen, vi) die Verarbeitung der Sojabohnen u. a. zu Sojakäse (Tofu), Sojamilch, Sojagebäck, Sojaöl, Sojamehl oder angereichertem Mehl unter Einbeziehung von Soja, vii) der Handel mit den verarbeiteten Sojaerzeugnissen und nicht zuletzt viii) die Strukturen der im Soja-Sektor organisierten AkteurInnen auf allen Ebenen (d. h. der Bäuerinnen und Bauern, der HändlerInnen, der ProduzentInnen usw. in Lobby- und Unterstützungsorganisationen).

Wichtig ist, dass alle Glieder der Soja-WSK unter unternehmerischen Aspekten gesehen und die Akteure, d. h. sowohl BäuerInnen und Bauern wie auch die Soja-verarbeitenden Betriebe, durch die Projekttätigkeit mit Finanzdienstleistern zusammengebracht werden, wodurch auch die bisher in Benin stark vernachlässigte landwirtschaftliche Kreditvergabe an Bedeutung gewinnt. Mit den Gelder der KfW erhalten bereits bestehende Kreditinstitutionen die finanziellen Mittel, im Umfeld der WSK Soja wie auch mit Blick auf andere Produktlinien z. B. die landwirtschaftliche Mechanisierung zu fördern oder Dienstleistern die benötigten Gelder für den Aufbau des Transportwesens oder die Verarbeitung von Soja und anderen Agrarerzeugnissen bereitzustellen.

Bisher erzielte Projektwirkungen

Im Rahmen der hier in ihren Ergebnissen zusammengefassten Studie wurden wichtige AkteurInnen der Soja-WSK im Rahmen von zwei Forschungsreisen im November 2017 und Februar 2018 durch den Verfasser interviewt und typische Produktionsstätten für Soja und ihre Verarbeitung besucht. Dabei wurde die gesamte WSK berücksichtigt. Diese ist in Benin bei Soja im Gegensatz zu sonst eher kurzen Ketten bei anderen Produkten (z. B. bei Mangofrüchten zumeist nur einfache Trocknung, Verpackung und Vertrieb) außergewöhnlich lang und wird zudem besonders intensiv mit einem breiten Einsatz von Förderinstrumenten unterstützt.

Die Ergebnisse der Untersuchungen zeigen, dass im Bereich der Produktion durch verbessertes Saatgut und besser angepasste Kulturtechniken ein erheblicher Mehrertrag möglich ist, wovon vor allem auch kleinere bäuerliche Betriebe profitieren können, darunter eine signifikante Anzahl unter Leitung von Frauen. Auch außerhalb der Kernanbaugebiete von Soja in Benin haben viele kleinbäuerlichen Betriebe ihr Anbausortiment durch die Aufnahme von Soja diversifiziert, was ihnen im Vergleich mit den früheren Erträgen für die dadurch nicht mehr in gleichem Umfang angebauten Produkte ein erhöhtes Einkommen einbringt. Zudem erfolgt durch die Aufnahme der relativ hochwertigen Sojabohnen eine Qualitätsverbesserung bei den Subsistenzprodukten, die in der Familie selbst konsumiert werden. Durch die arbeitsintensivere Sojakultur wurde zudem die Nachfrage nach Lohnarbeit erhöht. Hierdurch konnte die weit verbreitete Armut auf dem Lande (vgl. Abb. 17.16) signifikant reduziert werden. Eine noch stärkere Berücksichtigung agroökologischer Methoden sowie die Fortbildung der beteiligten Bäuerinnen und Bauern im Ressourcenmanagement könnte allerdings unter Umständen den Ertrag auf den Feldern und die Preise für die Produkte von der Bio-Sojabohne bis zum Bio-Sojamehl noch einmal steigern helfen.

Obwohl die Nachfrage nach Soja zur Erntezeit bei weitem noch nicht abgedeckt ist, werden in Benin die ProduzentInnen dabei unterstützt, ihre Sojaernte nicht sofort verkaufen zu müssen, sondern einlagern zu können. Hierfür wird einerseits der Zugang zu Krediten gefördert, um die Zeit bis zum Verkauf der Ernte zumindest zwei oder drei Monate lang überbrücken und dadurch höhere Marktpreise abwarten zu können, wie auch die Lagerung selbst technisch unterstützt. Anders als bei weniger nachhaltigen Projekten geht es hierbei aber nicht primär um den Neubau von Lagerhallen, die später oft mangels hinreichender finanzieller Mittel für den Unterhalt verfallen. Vielmehr wird lokalen Gegebenheiten nachgespürt, wobei vorhandene, aber in der benötigten Zeit nicht genutzte Lager z. B. aus der Baumwollbranche vermittelt werden.

Im Bereich der Sojaverarbeitung werden Tausende vorwiegend von Frauen geleitete Betriebe unterstützt (Abb. 17.17). Einerseits wird im Rahmen von detaillierter Beratung sowie durch längerfristiges Coaching bis hinunter in den einzelnen Betrieb unternehmerisches Denken gefördert, was zu einer Erhöhung der Produktivität führt, dabei insbesondere auch zu einer höheren Qualität der erzeugten Produkte. In vielen Fällen wird zudem von den unterstützten Frauen (und Männern) die Produktionspalette erweitert und in den einzelnen Sparten zum Teil die Produktionsmenge sehr deutlich ausgeweitet. Dies wiederum führt bei einem weiterhin geringen Mechanisierungsgrad der Betriebe zur Einstellung von zahlreichen zusätzlichen Arbeitskräften. Hierdurch können vor allem Frauen mit geringer Qualifikation eine bezahlte Arbeit finden.

Entsprechend lässt sich schlussfolgern, dass es sich bei der Förderung der Soja-WSK um einen signifikanten Beitrag zur Armutsminderung, zur Reduzierung der Vulnerabilität vor allem der Kleinbauern und -bäuerinnen sowie zur Verbesserung der Ernährungssicherheit der beteiligten Haushalte handelt. Indes kann dieser Beitrag noch nicht quantifiziert werden, was einer umfassenderen Haushaltsbefragung bei den beteiligten ProduzentInnen und Gewerbetreibenden bedürfte.

Abb. 17.17 Vor der Verarbeitung werden die Sojabohnen sorgfältig ausgelesen (Parakou, Benin). (Foto: © Frank Bliss 1989–2020)

Nicht vergessen werden darf die Arbeit mit den Beteiligten des Soja-Sektors auf der nationalen Ebene, wo einerseits Interessenvertretungen und Serviceorganisationen gefördert wurden, auf der anderen Seite aber auch die Regierung bei der Ausarbeitung der Sektorpolitik Unterstützung erhält.

Erfolgsbedingungen der WSK und Herausforderungen

Grundlegende Bedingung für die ansteigende wirtschaftliche Bedeutung des Sojasektors ist die ebenfalls wachsende Nachfrage nach Sojaprodukten im Land selbst (Abb. 17.18). Dies schafft viele neue Arbeitsplätze, die bei einem alleinigen Export von Sojabohnen nur in geringem Umfang entstehen würden. Entsprechend kann das Modell der WSK-Förderung nicht eins zu eins in die Nachbarländer übertragen werden, da hier erst die Schaffung bzw. Erweiterung des Marktes erreicht werden müsste.

Im Wesentlichen ließen sich zu Beginn der WSK-Förderung vier Schwachpunkte innerhalb der WSK Soja identifizieren, zu denen durch die aus Deutschland unterstützten Projekte signifikante Beiträge leisten: Erstens war bei der Sojaproduktion vor allem der pünktliche Zugang zu „verbessertem" bzw. zu zertifiziertem Saatgut für eine Reihe von Bäuerinnen und Bauern bisher das Kernproblem. Hier konnten durch die Förderung der Saatguterzeugung und die erheblichen Verbesserungen im Vertrieb von Saatgut deutliche Erfolge erzielt werden.

Daneben, für viele ProduzentInnen noch davor, bestand zweitens das Problem des fehlenden Zugangs zu Finanzdienstleistungen. Letzteres galt (und gilt weiterhin) insbesondere während der Anbausaison für Kredite an die FarmerInnen, die für die Entlohnung von Hilfskräften benötigt werden, aber auch für die Überbrückung einer Übergangzeit bis zur Erzielung günstigerer Verkaufspreise einige Monate nach der Ernte. Durch die Intervention der TZ konnte die Bereitschaft der Kreditunternehmen, Bäuerinnen- und Bauerngruppen Kredite zu gewähren, erheblich gesteigert werden.

Ein drittes Problem war (und ist) die nur geringe verfügbare sichere Lagerkapazität in den Dörfern, die erst einen späteren Verkauf zu besseren Konditionen als während der Haupterntezeit ermöglicht. Durch die Kooperation mit bestehenden Organisationen konnte der Engpass gemindert, aber noch nicht völlig beseitigt werden und auch das vierte Problem, die räumliche Entfernung einzelner Anbaugebiete von den Marktzentren, konnte durch zunehmende Gründung von Kooperativen erfolgreich angegangen, aber ebenfalls noch nicht überall gelöst werden.

Die zunehmende Nachfrage nach Sojaprodukten ist Motor für die Entwicklung des Soja-verarbeitenden Gewerbes (Abb. 17.19 und 17.20). Da ein erheblicher

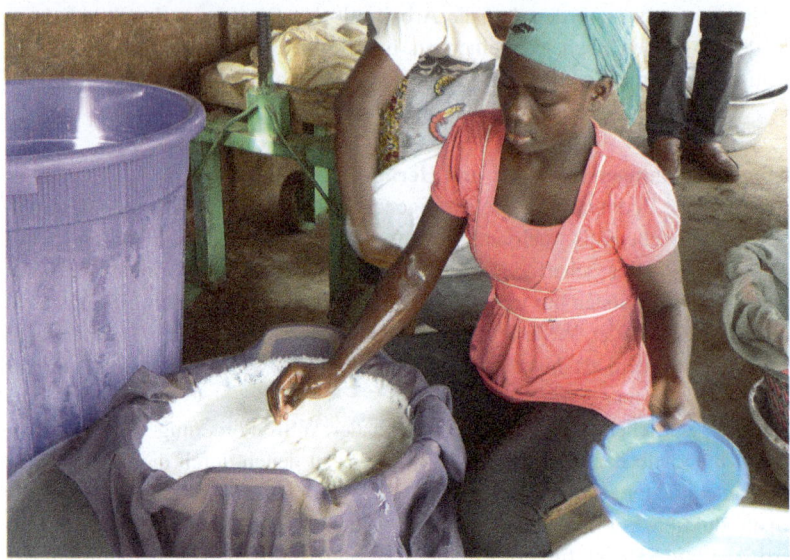

Abb. 17.18 Junge Frau bei der Filtrierung von Sojabohnen-Brei zur Herstellung von Soja-Käse (Tofu). (Foto: © Frank Bliss 1989–2020)

Teil der ProduzentInnen weiblich ist und die Mehrzahl der Soja-verarbeitenden Betriebe von Frauen geleitet wird, die durch die Unterstützung seitens der Projekte wirtschaftlich und sozial gestärkt werden, können erhebliche positive Genderwirkungen erzielt werden. Letztere würden allerdings noch deutlich gesteigert werden können, wenn die Regierung von Benin endlich die lange Zeit liegen gebliebene Landregistrierung wieder aufgreifen und abschließen würde. In diesem Zusammenhang wäre es für eine größere Gender-Gerechtigkeit sehr förderlich, wenn die Landtiteleintragung explizit im Namen der Familie, d. h. von Mann und Frau gleichberechtigt als Eigentümer von Grund und Boden, erfolgen würde, wie dies z. B. derzeit mustergültig in Äthiopien der Fall ist. Hierdurch würde die Rolle der Frauen in Benin nicht nur bei der Soja-Produktion erheblich gestärkt werden können.

Schlussfolgerungen für die Entwicklungszusammenarbeit allgemein
Die Förderung der gesamten Soja-Wertschöpfungskette in Benin ist ein exzellentes (und eher seltenes) Beispiel für eine sehr umfassende bzw. vielgliedrige

Abb. 17.19 Die Chefin selbst zerteilt den fertigen Tofu-Kuchen in kleine Stücke für den Verkauf auf dem Markt. (Foto: © Frank Bliss 1989–2020)

WSK-Unterstützung, bei der sowohl die Produktion, der Handel mit ggf. Lagerung, die Weiterverarbeitung der Sojabohnen und schließlich das Marketing von Sojaprodukten sowie der institutionelle Rahmen für den gesamten landwirtschaftlichen Subsektor Soja einbezogen werden konnten. In Ländern, in denen Soja angebaut wird und eine nationale Nachfrage nach Sojaprodukten besteht, ist das Modell jederzeit replizierbar. Gleichzeitig kann aber auch der Ansatz auf bisher deutlich „schmäler" bzw. weniger ganzheitlich unterstützte WSK von völlig anderen Produkten übertragen werden.

Ganz besonders wichtig ist die Kombination einer WSK-Förderung – für die Minimalglieder Anbau, Lagerung, Verarbeitung, Vermarktung – mit der Unterstützung von Finanzdienstleistern (Banken, Kreditorganisationen), die bereit sind, in ländliche Räume zu gehen und auch die landwirtschaftliche Produktion durch die Kreditvergabe tatsächlich zu fördern. Das Fallbeispiel Benin zeigt, dass durch die Bildung von Gruppen von ProduzentInnen, die einen Kredit gemeinsam in Anspruch nehmen und dafür auch gemeinsam bürgen, das Risiko der Kreditinstitutionen überschaubarer wird und die Bereitschaft zur Kreditvergabe wie auch zur Ausweitung der Kreditfristen steigt. Auch diese Erfahrung kann auf andere WSK übertragen werden.

WSK-Förderung bedingt eine Langzeitunterstützung. Der Zeitfaktor spielt bei der erfolgreichen Unterstützung der WSK Soja eine extrem wichtige Rolle. Weil eines der beiden deutschen Projekte bei der Beratung von Soja-ProduzentInnen wie auch der Verarbeitungsbetriebe über eine langjährige Erfahrung verfügte, konnten die später hinzugekommenen Vorhaben den bereits erfolgreich erprobten Ansatz unmittelbar übernehmen. Der Tätigkeit und den gesammelten Erfahrungen des Projektes maßgeblich zu verdanken ist auch die Erweiterung der EZ-Beiträge um die Finanzprojekte, die es im Rahmen einer Kurzzeitintervention von nur zwei bis drei Jahren unter Umständen gar nicht gegeben hätte.

Trotz der sehr umfangreichen Zielgruppe der WSK-Förderung hat es sich als besonders wichtig für die Nachhaltigkeit der Maßnahmen erwiesen, dass jede/r Angehörige/r der Zielgruppe einerseits mit seinen Problemen und Bedürfnissen quasi individuell angesprochen und betreut wurde. Auf der anderen Seite wurden die so geförderten Personen nicht allein gelassen, sondern ihre Verankerung in Gruppen bis hin zu eingetragenen und geschäftsfähigen Kooperativen unterstützt. Auch dies ist ein Beispiel guter Praxis und übertragbar auf andere WSK und weitere Länder.

17.5   Fallbeispiel 5: Soziale Basissicherung in Dürregebieten Äthiopiens[12]

Das Productive Safety Net Programme in Äthiopien wird in den besonders von Dürre heimgesuchten Landkreisen (Woredas) des ostafrikanischen Landes implementiert. Entweder werden arme, von den Dürren besonders betroffene Männer und Frauen dafür (in Geld oder mit Lebensmitteln) entlohnt, dass sie sich an Ressourcenschutzmaßnahmen beteiligen, oder nicht arbeitsfähige Personen erhalten monatlich eine kleine Geldzuwendung. Das zweitgrößte Programm dieser Art in Afrika erreicht derzeit acht Millionen Personen, sollte aber mit Unterstützung der internationalen Gebergemeinschaft noch deutlich ausgebaut werden, da die Zahl der Bedürftigen in den Dürregebieten erheblich größer als die Zahl der bisher Begünstigten ist.

Ein Drittel der Bevölkerung Äthiopiens ist extrem arm

Äthiopien hat derzeit rund 105,35 Mio. Einwohner bei einer Zuwachsrate p.a. von 2,5 (Schätzung CIA 2016) bis 2,85 % (Schätzung Tradingeconomics 2017)[13]. Das Land steht an 173. Stelle (von 189 Ländern) des Human Development Index (HDI) und ist damit eines der ärmsten Länder der Welt (vgl. UNDP 2019). Seit

Abb. 17.20 Gegrillte Soja-Spieße erobern die Liste der Lieblings-Snacks in Benin. (Foto: © Frank Bliss 1989–2020)

dem Jahr 2000 hat Äthiopien allerdings deutliche Fortschritte bei der Armutsminderung gemacht. Während das Land im Jahr 2000 mit 56 % (Armutsgrenze von `1.25 US$ PPP) eine auch im internationalen Vergleich sehr hohe Armutsrate hatte, lebten 2011 noch knapp 31 % der Bevölkerung in Armut, 2014 29,6 % und 2016 (letzte verfügbare Zahlen) angeblich sogar nur noch 24 % (World Bank 2020).

Für Äthiopien gilt in ganz besonderem Maße, dass die Armutszahlen darüber hinwegtäuschen, dass einerseits die vorhandene Armut sehr tief ist, d. h. die Menschen so deutlich unterhalb der Armutsgrenze leben, dass viele sogar als ultra-arm angesehen werden müssen. Hinzu kommt, dass ein sehr großer Anteil der ländlichen Bevölkerung vulnerabel bis extrem vulnerabel ist, womit zweierlei gemeint ist: Zum einen leben sehr viele als „nicht-arm" eingestufte Menschen auf einem Niveau, dass unterhalb des doppelten Einkommens der bekanntlich ja sehr niedrig angelegten Armutsgrenze liegt, viele sogar nur knapp oberhalb dieser Grenze. So müssten auf Basis des BNE pro Kopf sicher vier von fünf äthiopischen Haushalten als vulnerabel eingestuft werden. Zweitens aber sind diese monetär vulnerablen Menschen und selbst zahlreiche vom Einkommen her nicht mehr als arm bzw. vulnerabel einzustufende Haushalte in zunehmendem Umfang von den Folgen des Klimawandels betroffen und in Gefahr, z. B. als Viehhalter bei in immer schneller Folge eintretenden Dürren ihr gesamtes Vieh (= Kapital bzw. Betriebsmittel) zu verlieren oder als Bauern ihre gesamte Ernte.

Soziale Sicherung in einem der ärmsten Länder der Welt
Im Forschungsvorhaben „Wege aus extremer Armut, Vulnerabilität und Ernährungsunsicherheit" geht es um das *Productive Safety Net Programme* (PSNP) in Äthiopien. Derzeit laufen die Maßnahmen in ihrer fünften Phase (ab 2020). Untersucht wurde im Rahmen der Studie die vierte Phase (2015 bis 2019).

Im Rahmen der vom Bundesministerium für wirtschaftlichen Zusammenarbeit (BMZ) geförderten und durch das Institut für Entwicklung und Frieden (INEF) der Universität Duisburg-Essen durchgeführten Untersuchungen vor Ort in Äthiopien wurden durch das Forschungsteam die vom PSNP implementierten Aktivitäten in den drei Bundesländern Oromiya, Amhara und Tigray besonders berücksichtigt. Hierzu wurden Gespräche mit Programmverantwortlichen auf nationaler und Länderebene sowie in den Implementierungsbüros in den *Woredas* und mit den Kontaktpersonen des Programms in den Landgemeinden *(Kbeles)* geführt. Ausführlich konnte in jeder *Kbele* mit einer Gruppe von vom Projekt begünstigten Männern und Frauen über die ihnen gegenüber erbrachten Leistungen, die Teilnahmebedingungen an den Maßnahmen und deren Wirkungen diskutiert werden, wobei auch sozio-ökonomische Haushaltsprofile aufgenommen wurden, um die Bedeutung des Programms im Gesamtkontext der Einkommen der beteiligten Familien bewerten zu können.

Das PSNP ist ein nationales Programm (begonnen 2005), das von der Weltbank und einer Reihe von weiteren bi- und multilateralen Gebern unterstützt wird. Das untersuchte PSNP IV verfolgt das Ziel, die Ernährungssicherheit bei den begünstigten Haushalten (einschließlich der Nahrungsqualität und allgemeiner Lebensbedingungen) zu verbessern. Dies geschieht im Wesentlichen durch zwei Komponenten: i) die Unterstützung von Systemen der sozialen Sicherung und des Katastrophenschutz-Managements und ii) den Aufbau von produktiven Sicherheitsnetzen *(productive safety nets)* sowie die Verbindung zu Diensten, die die Lebensbedingungen verbessern helfen *(livelihood services)*. Wichtig ist zudem die institutionelle Kapazitätsentwicklung der beteiligten Verwaltungen auf allen Ebenen und die Unterstützung im Projektmanagement.

Letzteres bezieht sich auf die PSNP-Struktur auf gesamtstaatlicher wie auf Länderebene des äthiopischen Bundesstaates und vor allem auch auf die operative

Ebene des Programms in von Dürre bedrohten Distrikten bzw. Landkreisen *(Woredas)*. Dies sind derzeit 349 von insgesamt 683 ländlichen *Woredas* im gesamten Land. Auf dieser Ebene sind in jeder *Woreda* Teams von jeweils rund 25 Fachleuten angesiedelt, die sich um die Implementierung der Aktivitäten kümmern, allein im Bereich von öffentlichen Arbeiten – der Hauptinterventionskomponente des PSNP – sind dies derzeit etwa 46.000 Einzelmaßnahmen im Jahr.

Öffentliche Arbeiten und bedingungslose Geldtransfers
Die Leistungen des PSNP bestehen vor allem in der Förderung öffentlicher Arbeiten *(public works)*, bei denen vorher identifizierte Personen bzw. Familien jeweils fünf Tage im Monat und dies sechs Monate im Jahr dafür bezahlt werden, dass sie zum Beispiel im Bereich des Ressourcenschutzes Terrassierungen vornehmen, Steindämme errichten und Erosionsrinnen verbauen (Abb. 17.21 und 17.22). Daneben werden sie in Projekten der sozialen Infrastruktur eingesetzt, z. B. für Hilfsarbeiten beim Schulbau, der Errichtung von Gesundheitszentren oder der Reparatur von Pisten, Furten und Brücken. Die Bezahlung erfolgt primär als Geld für Arbeit *(cash for work)*, aber auch in Form von Lebensmitteln *(food*

Abb. 17.21 Schwerste Bodenerosion durch Starkregen in Amhara (Äthiopien). (Foto: © Frank Bliss 1989–2020)

for work) oder in Kombination von beidem, wobei derzeit aufgrund der stark steigenden Nahrungsmittelpreise in Äthiopien der Trend zur Bereitstellung von Lebensmitteln geht.

Menschen aus extrem armen Familien, in denen es keine arbeitsfähigen Personen gibt, mittellose Alte und Personen mit Behinderung sowie schwangere und stillende Frauen erhalten anstelle der bezahlten Arbeit Direkthilfen *(direct support)* in Form von unkonditionierten Geldtransfers oder mindestens deren Wert in Nahrungsmitteln. Auch sie werden wie die Arbeitskräfte für die öffentlichen Arbeiten in einem recht transparenten Verfahren in von Dürre besonders betroffenen Landkreisen in den äthiopischen Bundesstaaten identifiziert und für Unterstützungsleistungen ausgewählt. Dieses *Targeting* erfolgt mit Unterstützung durch das *Woreda*-Projektteam des PSNP direkt durch die Landgemeinden *(Kbeles),* die hierfür spezielle Komitees wählen.

Eine weitere, sehr effektive Form der Direktförderung besteht aus dem einmaligen, nicht rückzahlbaren Transfer von Geld, um eine wirtschaftliche Existenz aufbauen zu können. Der 2014/2015 noch ansehnliche, heute aber durch Inflation eher bescheidene Betrag von 4000 Birr (ca. 100 €) erlaubt jedoch – oft zusammen mit einem kleinen Bankkredit – den Erwerb von einem Zugochsen oder alternativ einigen Ziegen und/oder Schafen, Bienenstöcken, etwas Kleinbewässerungsmaterial usw. Damit wird bisher völlig mittellosen Familien der Start als Viehzüchter oder (spezialisierte) Bauern ermöglicht. Begleitet wird diese Programmkomponente von *financial training* und der Unterstützung der Begünstigten bei der Kontaktaufnahme mit Kreditorganisationen, die in einer Reihe von Fällen zur Erweiterung der Investitionen z. B. in Tiere oder in landwirtschaftliche Inputs geführt haben und damit zu einer noch breiteren wirtschaftlichen Aufstellung der Haushalte, was wiederum einen nachhaltigen Weg aus der Armut darstellen kann.

Da extrem arme Menschen kaum die Mittel haben, ihr Geld im häufig weit von den Dörfern entfernten *Woreda*-Zentrum abzuholen, wird zunehmend auf dezentrale Auszahlung gesetzt, bei der AgentInnen in den Dörfern die Rolle der Ausgabekassen übernehmen und über das Smartphone ihre Anweisungen (Empfängerdaten) erhalten. An einer vollständig digitalen Geldüberweisung wird gearbeitet.

Ein strategisch guter Beitrag ist die Anpassung der Form der Zahlungen (d. h. ob Bargeld oder Lebensmittel), wann immer dies aus Budgetgründen möglich ist, an die örtlichen Bedingungen und Marktentwicklungen. So sollen massive Lebensmitteltransfers nicht den Markt gefährden, indem sie dazu beitragen, die Erzeugerpreise bei den Kleinbauern in der Region zu drücken. Aus diesem Grund wurde in der aktuellen Phase zunächst die Bezahlung in Form von Bargeld favorisiert. Da jedoch seit 2014/2015 die Preise für Nahrungsmittel, vor allem

Abb. 17.22 Männer und Frauen bei der Terrassierung im Rahmen des PSNP in Amhara. (Foto: © Frank Bliss 1989–2020)

für Getreide, massiv gestiegen sind, werden zunehmend statt Geld Grundnahrungsmittel ausgegeben. Deren Wert orientiert sich noch an ihrem anfänglichen Marktpreis, sodass die EmpfängerInnen 2018 nach vier Jahren etwa doppelt so viel Getreide erhalten, als sie sich kaufen könnten, wenn sie die ebenfalls 2014/2015 in ihrer Höhe festgesetzten Geldzahlungen weiterhin erhielten.

In einer Reihe von *Woredas* werden mit Unterstützung von Nichtregierungsorganisationen (NRO) Modellmaßnahmen durchgeführt bzw. erhält das Programm fachliche und materielle Unterstützung, um zwischenzeitlich aufgetretenen Problemen wie der massiven Erhöhung der Grundnahrungsmittelpreise entgegenwirken zu können.

Allein von seinem Umfang her und den Leistungen in Geld und/oder Nahrungsmitteln ist das PSNP für Millionen von Menschen in Äthiopien unverzichtbar. Die nachhaltigen Wirkungen der Maßnahmen sowohl im Bereich *public works* wie bei den Direktzahlungen an besonders vulnerable Haushalte sind allerdings begrenzt, und zwar sowohl was die Gesamtzahl der Begünstigten und damit die extrem arme, vulnerable und ernährungsunsichere Gesamtbevölkerung Äthiopiens betrifft, wie auch bei den tatsächlich berücksichtigten einzelnen Personen und Familien.

Begrenzte Mittel verhindern, dass alle Menschen erreicht werden
Hinsichtlich der möglichen Zielgruppe, d. h. denjenigen, die dringend soziale Sicherungsbeiträge benötigen würden, wird geschätzt nur ein Drittel einbezogen, zählt man die vulnerablen Gruppen hinzu, nur ein Fünftel. Was die Zahlungen für die Teilnahme an öffentlichen Arbeiten betrifft wie auch die Höhe der Direktzuwendungen, so sind diese fast immer nicht ausreichend, um die EmpfängerInnen nachhaltig aus ihrer Vulnerabilität und Ernährungsunsicherheit, geschweige der Armutssituation herauszuholen. Nur ein kleiner Teil der Familien, vor allem die EmpfängerInnen von den deutlich höheren Einmalzahlungen, scheint auf dem guten Wege zu sein, sich eine hinreichend gute wirtschaftliche Basis aufbauen zu können.

Sie wie auch ein Teil der Beteiligten an den *public-works*-Maßnahmen würden wahrscheinlich zudem erheblich mehr vom Programm profitieren, wenn alle geplanten und konzeptionell durchaus gut durchdachten Begleitmaßnahmen wirklich überall in der geplanten Intensität umgesetzt werden könnten. Aber auch hier sind die sehr begrenzten finanziellen Mittel des PSNP dafür verantwortlich, dass bestimmte Förderbeiträge noch gar nicht angelaufen sind und andere, vor allem mangels Transportmitteln, nicht bis in die Dörfer zu den Menschen getragen werden können. Hierzu gehören insbesondere auch die Bereiche Ernährungssicherungsberatung bzw. praktische Arbeiten mit der Bevölkerung, um zu einer besseren Nahrungsdiversität zu kommen (Komponente *nutrition*), und kommunikative Maßnahmen, die eine Einstellungsänderung bewirken sollen (Komponente *behaviour change communication*).

Andere Beratungsbereiche werden je nach Verfügbarkeit vor allem an Transportmitteln zur Fahrt in die einzelnen Dörfer umgesetzt, aber nicht überall in geplantem Umfang. Hierzu gehört beispielsweise die Beratung in Finanzaspekten: Zwar sind Finanzdienstleister bereit, an einzelne Bäuerinnen und Bauern und vor allem an bäuerlichen Gruppen *(associations, cooperatives)* Geld auszuleihen, aber die Zahl der Kredite ist noch gering. Die derzeit erbringbaren Beratungsleistungen in den Dörfern reichen nicht aus, um wirklich die Masse der PSNP-Begünstigten auf Kreditanträge vorbereiten, sie mit Kreditinstitutionen zusammenbringen und später auch bei der Inwertsetzung der finanzierten Investitionen individuell betreuen zu können.

Gute Wirkungen in Sachen Ernährung und Gender

Explizit sprechen Evaluationen von nachweisbaren Wirkungen im Bereich der Diversität der Nahrungsmittel bei der Klientel des PSNP. Vor allem die Kinderernährung scheint in den vom Programm unterstützten Haushalten besser geworden zu sein. Allerdings konnte nicht bestätigt werden, dass der Subsistenzanbau durch das Programm insgesamt maßgeblich beeinflusst werden konnte. Angesichts der Tatsache jedoch, dass trotz geringer individueller Zuwendungen in einigen *Woredas* Zahlungen in Höhe von mehr als einer Million US$ im Jahr geleistet werden und arme Haushalte die erhaltenen Gelder mehrheitlich für Nahrungsmittel ausgeben und auch sonst eher lokale Produkte kaufen bzw. Dienstleistungen in Anspruch nehmen, ist von erheblichen lokalen wirtschaftlichen Wirkungen auf die in ländlichen Gebieten dominierenden KleinhändlerInnen und KleinhandwerkerInnen auszugehen.

Allein aufgrund der Tatsache, dass die Mehrzahl der PSNP-geförderten Personen Frauen sind, muss es zu einer Verbesserung ihrer ökonomischen und sozialen Lage kommen. Vor allem sind Frauen auch hinsichtlich der Mitwirkung an allen Programmkomponenten gleichberechtigt (Abb. 17.23). Da sie in Äthio-

Abb. 17.23   Frauen beraten gleichberechtigt über die Arbeitsplanung in ihrer *Kbele* mit (Amhara). (Foto: © Frank Bliss 1989–2020)

pien nach geltendem Recht Miteigentümerinnen des Landes sind und als Witwe oder bei Scheidung in jedem Fall Land erben oder behalten, können sie auch von den Direktzuwendungen des PSNP (*livelihood*-Zahlungen) und ggf. ergänzenden Bankkrediten profitieren.

Angesichts erheblicher sozialer Mobilisierung im Rahmen der Projektimplementierung sollte auch erwartet werden, dass Frauen hinsichtlich ihrer Selbstorganisations- und Partizipationsbefähigung an lokalen Entscheidungen gestärkt werden, d. h. strategische Gender-Wirkungen eintreten. Dies ist sicher der Fall, aber der Effekt ist möglicherweise geringer als in vergleichbaren anderen Ländern, da auf der Ebene der *Kbele* in Äthiopien bereits seit längerer Zeit eine erhebliche soziale Mobilisierung auch von Frauen zum Tagesgeschäft gehört. Überall sind zahlreiche in der Dorfentwicklung tätige Gruppen aktiv, Komitees, *reconciliation courts* bzw. „soziale Gerichte", Nachbarschaftsgruppen, und überall sind hier Frauen beteiligt. Es ist aber durchaus denkbar, dass das PSNP eine etwas schneller steigende Präsenz in diesen Gremien bewirkt hat.

Große Herausforderungen bleiben bestehen

Eine große Herausforderung für die Planer und natürlich für alle aktiven Teams in den *Woredas* und *Kbeles* vor Ort bei der Fortsetzung des sehr wichtigen und weiterhin zwingend benötigten Programms ist die derzeitige Unterfinanzierung, sowohl was die Betriebsmittel des steuernden und implementierten Apparates betrifft, vor allem aber der *food/cash for work*-Komponente wie auch der Budgets für den sozialen Gelddirekttransfer. Dies äußert sich zum einen in der Begrenzung der Zahl der geförderten Personen. Selbst bei strenger Abgrenzung des Programms (Dürregefahr und tatsächliche Dürreereignisse) von anderen Maßnahmen (z. B. zugunsten städtischer Armer oder Armer in ländlichen Gunstzonen) sind es deutlich mehr als die derzeit acht Millionen geförderten Menschen, der der Unterstützung bedürften.

Zum anderen aber wäre es dringend notwendig, die Löhne bzw. Lohnverrechnungen in Form von Nahrungsmitteln für die Arbeitskräfte zu erhöhen wie auch die Geldbeträge pro Person im Rahmen des sozialen Geldtransfers deutlich zu steigern. Eine solche Erhöhung begründet sich automatisch durch die aktuelle Inflation, die sich vor allem in überproportional steigenden Lebensmittelpreisen in Äthiopien bemerkbar macht, aber sie ergibt sich zwingend auch aufgrund der extrem niedrig angesetzten Löhne, die weit unterhalb des üblichen Marktniveaus liegen bzw. wegen der immer mehr an Kaufkraft verlierenden Zuwendungsbeträge für die EmpfängerInnen von Sozialhilfe.

Im Rahmen einer Mittelerhöhung könnte auch das Problem der gegenüber den Programmzielen zu stark eingeschränkten Arbeit vor Ort der in den *Woredas* stationieren PSNP-Teams wegen fehlender Transport- und Betriebsmittel reduziert werden. Auf diese Weise könnte der Kontakt mit den vom Programm geförderten Personen deutlich intensiviert und z. B. die im Programm vorgesehene individuelle Beratung und weitere Hilfestellung verbessert werden.

Eine bessere finanzielle Ausstattung würde es auch ermöglichen, die bisher wegen Geldmangel kaum umgesetzten Komponenten „Maßnahmen zur Förderung der Ernährungssicherung" *(nutrition based activities)* stärker in den Fokus der Aktivitäten zu rücken sowie den „Dialog zur Förderung von Verhaltensänderungen" *(behaviour change communication)* in Angriff zu nehmen. Bei ersterem geht es um die konkrete Beratung, wie mit einfachsten Mitteln eine bessere Zusammenstellung von Nahrung vor allem auch für Kleinkinder erfolgen kann, bei dem zweiten Thema um neue Kommunikationsmethoden, aber auch inhaltliche Themen aus dem Umfeld zum Beispiel des Ressourcenschutzmanagements (Abb. 17.24). Eine Übertragbarkeit des PSNP-Ansatzes auf andere Länder ist möglich, was aber ein weitgehendes Bekenntnis der Regierung zur substantiellen finanziellen und personellen Beteiligung an einem System Sozialer Sicherung voraussetzt. Staaten, deren Verwaltung bereits über eine gewisse personelle Präsenz zumindest bis runter auf die Distriktebene verfügt, wären dabei allerdings im Vorteil.

Anmerkungen

1. Der Beitrag basiert auf der zusammen mit Rosa Hennecke erstellten Studie des Verfassers „Wer sind die Ärmsten im Dorf? Mit dem ID-Poor-Ansatz werden die Armen in Kambodscha partizipativ und transparent identifiziert". AVE-Studie 9. Duisburg (INEF).
2. Vgl. Asian Development Bank (2014): Cambodia. Country Poverty Analysis 2014. Manila; CIA World Factbook Cambodia (2020); UNDP Human Development Report Statistical Update 2018 und UNDP HDR 2019; Weltbank-Grunddaten zu Kambodscha (2020).
3. Zu diesem Beitrag vgl. Frank Bliss (2011): Trinkwasser für Mayo Kebbi. Ein Projekt der deutschen Kooperation mit dem Tschad. Bad Honnef.
4. Die Regierungsführung des Tschad gehört zu den schlechtesten, die es weltweit gibt; vgl. Frank Bliss (2015): Chad, in: Mehmet Odekon (Hrsg.): The Sage Encyclopedia of World Poverty. Thousand Oaks. Nach dem plötzlichen Tod von Präsident Deby am 20. April 2021 wird sich zeigen, ob aus dem bislang schlecht regierten Land nicht sogar ein *„failing state"* werden könnte.

Abb. 17.24 Gespräch mit VertreterInnen eines *Kbele*-Komitees über die Wirkungen des Programms. (Foto: © Frank Bliss 1989–2020)

5. Der Tschad gliedert sich in Provinzen, Départements (in etwa sehr große Landkreise), Sous-Préfectures (diese Unterpräfekturen haben in weniger dicht besiedelten Gebieten fast den Charakter deutscher Landkreise) sowie Kantone. Erstere sind moderne staatliche Untergliederungen, die Kantone jedoch gehen aus traditionellen bzw. kolonial festgelegten „Häuptlingschaften" hervor. Der früher sehr viel größere Kanton von Binder war einer der hochrangigsten Kantone im traditionellen Tschad, sein *Lamido* als Oberhaupt des halbnomadischen Volkes der Fulbe im Tschad eine wichtige Autorität im Lande.

6. Dies klingt etwas euphemistisch. In ganz Mayo Kebbi mit rund 650.000 Menschen gab es 2002 während der Projektplanungen genau drei Ärzte, alle im Hauptort der Provinz, der Kleinstadt Pala, die von hier aus ihre Runde in die drei anderen „Hospitäler" der Provinz machten.

7. Vgl. hierzu die Dokumentation des BMZ „Mehr als alles. Der Beitrag von Religionsgemeinschaften und Menschenrechtsorganisationen zu nachhaltiger

Entwicklung", Bonn 2016. Zu diesem Thema wurde im Ministerium auch eine Planstelle eingerichtet und ein Beratungsvorhaben durch die GIZ beauftragt.

8. Dieser Beitrag basiert im Wesentlichen auf Textunterlagen und Fotos, die dem Verfasser dankenswerterweise vom vormaligen Geschäftsführer der Organisation Don Bosco Mondo (Bonn), Martin Wilde, überlassen wurden, sowie auf Befragungen anlässlich eines Besuchs des Verfassers 2016 im Don Bosco-Ausbildungszentrum von Cotonou (Benin).

9. Dazu vor allem UNDP (2016): World Development Report, Statistical Update 2018; UNDP (2019); CIA World Factbook Benin (2020); Weltbank-Grunddaten zu Benin (2020).

10. Die Philippinen gehören mit Rang 106 der UNDP-Liste (von 189 gelisteten Staaten) nicht zur Gruppe der ärmsten Länder, sondern rangieren relativ weit hinten auf der Liste von Ländern mit „hoher menschlicher Entwicklung", dennoch liegt die Armutsrate bei rund 20 % der Bevölkerung, in einzelnen Regionen des Landes deutlich höher.

11. Das Fallbeispiel wurde 2017–2018 vom Verfasser im Rahmen des INEF-Forschungsvorhabens „Extreme Armut, Vulnerabilität und Ernährungsunsicherheit" erarbeitet; die Studie erschien 2019 unter dem Titel „Zum Beispiel Soja: Die Förderung einer Wertschöpfungskette im westafrikanischen Benin". AVE-Studie 14. Duisburg.

12. Der Beitrag basiert auf der Studie des Verfassers „Äthiopien: Das Productive Safety Net Programme (PSNP). AVE Studie 18. Duisburg (INEF). Im Internet unter: https://www.uni-due.de/imperia/md/content/inef/ave16.pdf

13. Wichtige Quellen zur sozioökonomischen Situation Äthiopiens sind die CIA- und Weltbank-Länderberichte wie auch die aus verschiedenen Quellen zusammengestellten Daten von Tradingeconomics (https://tradingeconomics.com/eth iopia/indicators). Die Daten des letzten Weltbank-Poverty Assessment (2015) beziehen sich auf 2011. Häufig finden sich in den Datensammlungen dieser Organisationen unterschiedliche Zahlen. Die meisten Angaben für die Jahre 2018 und 2019 (für einzelne Bereiche wie die Arbeitslosigkeit zurück bis 2012) basieren zudem auf Schätzungen. Da der letzte Zensus 2007 stattfand und seitdem mehrfach verschoben wurde, zuletzt 2017, dann 2018 und erneut im Juni 2019, beruhen alle demographischen Daten seitdem auf Hochrechnungen.

Glossar

Accra Agenda for Action: 2008 wurde in der ghanaischen Hauptstadt Accra beschlossen, aufbauend auf die *Paris Declaration,* die dort 2005 vereinbarten Ziele schneller zu erreichen. Erneut wurde dabei die *Ownership* sowie die Ergebnisorientierung der EZ hervorgehoben, eine „inklusive Partnerschaft" betont, die nicht allein die beteiligten Regierungen, sondern auch die Zivilgesellschaft einschließen sollte, sowie die Notwendigkeit thematisiert, dass die Partnerländer selbst hinreichend Kapazitäten aufbauen müssten, um ihre eigene Zukunft managen zu können – dies mit Unterstützung der *ODA.*

Bilaterale EZ: Projekte und *Programme,* die zwischen einem Geberland und einem Entwicklungsland ohne dritte Beteiligte vereinbart und durchgeführt werden (im Gegensatz zur *multilateralen EZ*).

Budgethilfe: Bei diesem entwicklungspolitischen Instrumentarium wird dem Partnerland ein direkter Zuschuss für den Staatshaushalt gewährt, der entweder für einen bestimmten Sektor (z. B. Bildungspolitik) oder allgemein für staatliche Aufgaben verwendet werden kann. Die Budgethilfe ist umstritten. Einerseits öffnet sie den Weg, mit der Regierung ernsthaft über Reformen verhandeln und diese auch durchsetzen zu können (u. a. mit Drohungen des Entzuges), andererseits zeigen Erfahrungen, dass diese Unterstützung auch trotz sorgfältiger Kontrollen durch Korruption missbraucht werden kann.

Bundesministerium für wirtschaftliche Zusammenarbeit und Entwicklung (BMZ): Das BMZ entstand 1961 mit dem Auftrag, sämtliche Maßnahmen der deutschen EH zu koordinieren. Ab 1964 und 1972 wurden die Kompetenzen ausgeweitet um die politische Planung (d. h. die Festlegung der entwicklungspolitischen Ziele der Bundesregierung) und die Planung und Kontrolle der *Technischen Hilfe* sowie der *Finanziellen Hilfe,* die heute unter *Technischer*

F. Bliss, *Armutsbekämpfung durch Entwicklungszusammenarbeit,* https://doi.org/10.1007/978-3-658-32805-4

bzw. *Finanzieller Zusammenarbeit* firmierten. Das BMZ verwaltet den Haushaltsplan 23 des Bundes, der für 2020 den Gesamtbetrag von 10,885 Mrd. Euro vorsieht.

Dritte Welt: Ein Begriff, der von Exponenten armer Länder im frankophonen Afrika selbst in den 1960er Jahren geprägt wurde, um ihre Staaten von den Ländern der „Ersten Welt", d. h. den Industrieländern des Westens, und der „Zweiten Welt", d. h. den kommunistischen Ländern des Warschauer Paktes zu unterscheiden. Bis heute vielfach als Synonym für EL verwendet. Zeitweise noch einmal abgegrenzt von „Vierter Welt", d. h. den allerärmsten Ländern. **EntwicklungshelferInnen:** Unter E. werden zumeist jüngere Fachkräfte verstanden, die freiwillig zwei bis drei Jahre gegen relativ geringe Entlohnung im Auftrag von Entwicklungsorganisationen (z. B. der GIZ, Dienste in Übersee oder Eirene) tätig werden, in deutschem Auftrag dabei fast immer integriert in eine private oder staatliche Partnerorganisation.

Entwicklungshilfe (EH): Sammelbezeichnung für alle Leistungen an Entwicklungsländer (Kredite, Zuschüsse, Technische Unterstützung, EntwicklungshelferInnen usw.) die unter den Begriff „offizielle Hilfe" (⇨ *Official Development Aid, ODA*) fallen, d. h. im Vergleich mit kommerziellen Krediten und Leistungen deutlich besseren Bedingungen unterliegen. Heute spricht man zur Verdeutlichung der Gleichrangigkeit von „Geber" und „Nehmer" eher von Entwicklungs*zusammenarbeit*. 2018 betrug der Umfang der gesamten EH weltweit je nach Rechnung zwischen 150 und 165 Mrd. US$.

Entwicklungsländer (EL): Dieser umstrittene Begriff meint heute im Gegensatz zu Schwellenländern und Industrieländern vorrangig die ärmeren und ärmsten Länder der Welt (*least developed countries* oder LLDC). Allgemeiner formuliert sind EL Partnerländer, die EZ-Mittel erhalten.

EntwicklungshelferInnen: Unter E. werden meist jüngere Fachkräfte verstanden, die freiwillig zwei bis drei Jahre gegen relativ geringe Entlohnung im Auftrag von Entwicklungsorganisationen (z. B. der deutschen GIZ) tätig werden, in deutschem Auftrag fast immer integriert in eine private oder staatliche Partnerorganisation.

Evaluation: Die Durchführung der Wirkungskontrolle einer Entwicklungsmaßnahme durch in der Regel unabhängige ExpertInnen. Neben den entwicklungspolitischen Wirkungen geht es in der EZ vor allem auch um die Relevanzfrage (Ist die Maßnahme wichtig und von den Leuten gewünscht?), die Effektivität (Wurden die vorgegebenen Ziele erreicht?), die Effizienz (Sind Geldmittel und Aufwand angemessen zur Zielerreichung?) und die Nachhaltigkeit (Wirken die Maßnahmen auch nach Ende der Projektdurchführung?).

Feasibility Study: Machbarkeitsstudie vorab zur Begutachtung einer geplanten EZ-Maßnahme, enthält oft auch konkrete Vorschläge zur Durchführung eines Vorhabens.

Finanzielle Zusammenarbeit (FZ): Mittels der FZ werden EL zu günstigen Bedingungen *Kredite* zur Förderung der wirtschaftlichen und sozialen Entwicklung zur Verfügung gestellt. In Deutschland ist die KfW im Auftrag der Bundesregierung für die FZ zuständig. Auch wenn die KfW inhaltlich stark steuert und auch die Planungsaufträge, später sogar Consulting-Maßnahmen eng kontrolliert, erfolgt die Umsetzung der Maßnahmen de jure im Auftrag und in Verantwortung des Partnerlandes.

(Deutsche) Gesellschaft für Internationale Zusammenarbeit (GIZ): Die GIZ (vormals GTZ, Gesellschaft für Technische Zusammenarbeit) ist eine GmbH im Besitz des Bundes, die mit Geldern des *BMZ EL* bei Aus- und Fortbildung sowie durch Beratung unterstützt. Die Beratungsarbeit kann durch finanzielle Investitionen etwa für den Bau von Demonstrationsanlagen, technischen Einrichtungen für Bildungsinstitutionen usw. begleitet werden. In der Regel ist dies für die EL kostenfrei. Die GIZ führt allerdings auch einzelne kostenpflichtige Einsätze durch und arbeitet im Drittgeschäft für andere Geberorganisationen (EU, Weltbank).

Gender, Gender-Ansatz: Unter *Gender* wird der Begriff Geschlecht im Sinne sozial konstruierter Rollen verstanden, die Männern bzw. Frauen in einer bestimmten Gesellschaft und zu einer bestimmten Zeit zugeordnet werden (im Gegensatz zum biologischen Geschlecht). Der Gender-Ansatz im Kontext von Geschlechtergerechtigkeit in der EZ geht davon aus, dass es zur Erreichung einer Gleichstellung von Frauen und Mädchen in einer Gesellschaft effektiver ist, sich nicht ausschließlich auf die Veränderung der Situation von Frauen zu konzentrieren, sondern auf die Veränderung des Verhältnisses der Geschlechter zueinander.

Grants („Geschenke"): Im Gegensatz zu Entwicklungskrediten mit niedrigen Zinsen sind *grants* nicht-rückzahlbare Zuschüsse bzw. Zuwendungen für die Umsetzung von entwicklungspolitischen Maßnahmen. Häufig werden Entwicklungskredite z. B. für den Bau einer Straße durch *grants* für die dazugehörige Machbarkeitsstudie begleitet.

Implementierung: Praktische Durchführung eines Projektes oder Programms (z. B. durch Baumaßnahmen oder Ausbildungstätigkeit).

Infrastruktur: Nach dem Duden alle institutionellen und materiellen Einrichtungen für Daseinsfürsorge und ökonomische Entwicklung. Die I. umfasst wirtschaftliche Infrastruktur wie Häfen oder Kraftwerke, die Verkehrsinfrastruktur wie Straßen, Brücken, Tunnel oder die soziale Infrastruktur wie Schulen, Gesundheitseinrichtungen, Trinkwasseranlagen usw.

Instrumente (der EZ): Mittel und Wege, um entwicklungspolitische Ziele zu erreichen, also z. B. die *Technische* oder *Finanzielle Zusammenarbeit* oder die Entsendung von *EntwicklungshelferInnen*.

Kreditanstalt für Wiederaufbau (KfW): Die KfW ist eine der wichtigsten Organisationen der öffentlichen (staatlichen) EH in Deutschland. Sie ist im Besitz des Bundes und stellt zinsgünstige Entwicklungshilfekredite mit teilweise sehr langer Laufzeit zur Verfügung, für die ärmsten Länder überwiegend auch als nicht-rückzahlbare Zuschüsse. Dabei werden keine deutschen Projekte, sondern nur Maßnahmen der Länder selbst unterstützt. Die beantragten Projektförderungen werden sorgfältig vorab geprüft, die Umsetzung kann durch Begleitmaßnahmen unterstützt werden.

Kredite: Innerhalb der EZ langfristig vergebene Gelder, die sehr niedrig verzinst werden (z. B. 0,5 %), eine lange tilgungsfreie Zeit haben (z. B. 15–20 Jahre) und vor allem für Investitionen in die soziale und wirtschaftliche *Infrastruktur* verwendet werden.

Millennium Development Goals (MDG): Im September 2000 von allen Staaten der Welt in einer VN-Vollversammlung unterzeichnete Erklärung mit Entwicklungszielen bis 2015 in den Bereichen Bekämpfung von Armut, Hunger, Krankheiten, Beseitigung von Analphabetismus, Umweltzerstörung und Diskriminierung von Frauen und zum Aufbau einer weltweiten Entwicklungspartnerschaft. Vor allem in EL mit mittlerem und unterem mittleren Einkommen überwiegend bis teilweise erreicht, am wenigsten erreicht in den ärmsten EL. 2016 folgten die *Sustainable Development Goals.*

Multilaterale EZ: *Projekte* oder *Programme,* die durch eine internationale Organisation (UNO) oder eine Entwicklungsbank (die ja von vielen Staaten finanziert wird) gefördert werden.

Nichtregierungsorganisation (NRO): In der EZ tätige private Organisation, z. B. ein eingetragener Verein oder eine gemeinnützige Stiftung, die mit Geldern aus Mitgliederbeiträgen, Spenden und auch meistens mit staatlicher Mitfinanzierung Entwicklungsprojekte durchführt. Es gibt sogenannte Internationale NRO (I-NRO), die zumeist in reichen Ländern ihren Sitz haben und in einem oder in mehreren Entwicklungsländern mit Projekten tätig sind (in D. etwa Brot für die Welt, Misereor, die Kindernothilfe oder die Welthungerhilfe), und nationale NRO, Organisationen, die im eigenen Land tätig sind, etwa in Ghana, Honduras oder Indien. Neuerdings hat sich in Deutschland für NRO auch die

Abkürzung NGO eingebürgert, das Kürzel für die englische *Non Governmental Organization.*

Official Development Aid (ODA): Unter ODA werden alle Mittelzuflüsse in EL verstanden, die von staatlichen Stellen (z. B. in Deutschland auch von Bundesländern und Gemeinden) zur Verbesserung der Lebensbedingungen und der wirtschaftlichen Entwicklung in EL transferiert werden und die ein Zuschussanteil von mindestens 25 % haben. Andere Gelder ohne diesen Subventionsanteil gelten als Transfers zu Marktbedingungen (also z. B. normale Bankkredite).

Ownership: Gemeint ist die Identifizierung z. B. von RegierungsvertreterInnen eines EL mit einer Entwicklungsstrategie und / oder EZ-Maßnahme. O. drückt sich aus in intensiver Begleitung eines Vorhabens von der Planung bis zur Beendigung, in der Mitfinanzierung der Kosten aus dem nationalen Budget und vor allem dadurch, dass die Partnerseite die Unterstützung explizit beantragt hat. O. bedeutet auf lokaler Ebene, dass eine Maßnahme sich im „Eigentum der Menschen selbst" befindet.

Paris Declaration on Aid Effectiveness: Im Rahmen des zweiten Treffen von StaatsvertreterInnen aus aller Welt 2005 in Paris zur besseren Effektivität von EZ wurde beschlossen, Qualität und Wirkungen der EZ zu erhöhen durch bessere *Ownership* in den Partnerländern gemäß deren Armutsminderungsstrategien, die Verwendung von nationalen Verfahren der Partner bei der Planung und Steuerung von Maßnahmen, eine Harmonisierung der EZ-Prozesse seitens der Geber, um z. B. Doppelungen bei Projekten zu vermeiden, die Orientierung der EZ an messbaren Ergebnissen sowie eine allgemeine Accountability der EZ-Geber (Verantwortlichkeit mit Blick auf die Entwicklungsergebnisse).

Projekt: Im Unterschied zum *Programm* eine Entwicklungsmaßnahme, bei der ein in sich geschlossenes, regional und auf eine bestimmte Bevölkerungsgruppe begrenztes Vorhaben des Partnerlandes durch staatliche bilaterale oder multilaterale EZ oder auch private, durch NRO betriebene EZ unterstützt wird.

Programm: Über den finanziellen und organisatorischen Rahmen typischer *Projekte* hinausgehende EZ-Maßnahme, die einen ganzen Sektor in einem Land (z. B. die Energieversorgung) betreffen kann oder die Bevölkerung eines ganzen Landes oder zumindest einer Region zur Zielgruppe hat. Die Übergänge von *Projekt* zu *Programm* sind dabei allerdings fließend.

Sustainable Development Goals (SDG): Auch unter dem Begriff Agenda 2030 bekannter nachhaltiger Welt-Entwicklungsplan („*plan of action*"), der im Gegensatz zu den MDG nicht nur für EL, sondern für alle Länder der Erde gilt, also auch Deutschland. Kernziel ist die endgültige Beseitigung von Armut in allen ihren Formen und überall („*End poverty in all its forms everywhere*").

Technische Zusammenarbeit (TZ): Im Gegensatz zur *Finanziellen Zusammenarbeit* verzichtet die TZ auf größere finanzielle Investitionen, sondern fokussiert auf die Aus- und Fortbildung. Dies erfolgt durch die Entsendung von Fachkräften (BeraterInnen, AusbilderInnen, Sachverständige usw.), die Lieferung von Ausrüstung und Material oder die Bereitstellung von anderen Dienstleistungen. Die staatliche deutsche TZ, die ganz überwiegend durch die *GIZ* geleistet wird, reicht von der Unterstützung einer Berufsschule über den (modellhaften) Erosionsschutz (z. B. in Äthiopien) bis hin zur Beratung eines Landes z. B. bei der Erarbeitung einer nationalen Forstpolitik (z. B. in Vietnam). Wie bei der FZ werden keine deutschen Vorhaben gefördert, sondern (zumindest theoretisch) ausschließlich Maßnahmen der Partnerländer.

Weltbankgruppe (WB): Die Internationale Bank for Reconstruction and Development (IBRD) wurde 1944 gegründet, um vor allem den Wiederaufbau nach dem Zweiten Weltkrieg zu unterstützen. Ab etwa 1950 förderte die Bank vor allem die wirtschaftliche Entwicklung in EL mit Krediten zu *ODA*-Bedingungen. Unter dem zusammenfassenden Begriff Weltbankgruppe oder einfach Weltbank ist heute neben der IBRD auch die International Finance Corporation (IFC) und die International Development Association (IDA) gemeint. Die IFC soll Privatinvestitionen unterstützen und Beratung im Finanzsektor leisten, die IDA vor allem die ärmsten EL mit Krediten zu besonders günstigen Konditionen fördern. Hinzu kommen (zumeist) kostenlose Beratungsleistungen. In aller Regel ist die IDA gemeint, wenn heute von „Weltbankprojekten" in EL gesprochen wird.

„Weltwärts": Größter deutscher internationaler Freiwilligendienst, der von rund 180 Entsendeorganisationen durchgeführt und zu 75 % durch das *BMZ* finanziert wird. Bisher haben rund 35.000 junge Menschen einen Freiwilligendienst in Afrika, Asien, Lateinamerika, Osteuropa und Ozeanien geleistet. Da in der Regel keine Berufserfahrung vorausgesetzt wird, steht der interkulturelle Austausch im Vordergrund des Programms und nicht ein entwicklungspolitischer Beitrag.

Zielgruppe: Ein unschönes Wort, das eigentlich aus der Militärsprache kommt und sich auf Zielfestlegungen für Bombardements der USA in Vietnam bezog. In der EZ-Terminologie gemeint sind diejenigen Teile der Bevölkerung, an die sich EZ-Maßnahmen richten. Alternative Begriffe wie „EZ-Begünstigte" haben einen karitativen bzw. paternalistischen Beigeschmack oder sind Sprachungetüme wie z. B. „Personengruppen, an die sich EZ-Maßnahmen richten".

Literatur

Acemoglu, Daron/Robonson, James (2014): Warum Nationen scheitern. Die Ursprünge von Macht, Wohlstand und Armut. Frankfurt (S. Fischer).

Asserate, Asfa-Wossen (2017): Die neue Völkerwanderung. Wer Europa bewahren will, muss Afrika retten. Berlin 2016 (Propyläen).

Balestra, Carlotta et al. (2018): Inequalities in emerging economies: Informing the policy dialogue on inclusive growth. OECD Statistics Working Paper No. 2018/13. Paris (OECD).

Bauer, Peter (1982): Entwicklungshilfe: Was steht auf dem Spiel? Kieler Vorträge gehalten am Institut für Weltwirtschaft an der Universität Kiel. Neue Folge 97. Kiel (Institut für Weltwirtschaft).

Bliss, Frank/Gaesing, Karin/Häusler, Sabine/Neumann, Stefan (1994): Ansätze der Frauenförderung im internationalen Vergleich. Empfehlungen für die deutsche Entwicklungszusammenarbeit. Forschungsberichte des BMZ Band 115. Köln (Weltforum).

Bliss, Frank/Gaesing, Karin/Neumann, Stefan (1997): Die sozio-kulturellen Schlüsselfaktoren in Theorie und Praxis der deutschen staatlichen Entwicklungszusammenarbeit. Forschungsberichte des BMZ Band 122. Köln (Weltforum).

Bliss, Frank (2006): Armutsbekämpfung innerhalb der deutschen staatlichen Entwicklungszusammenarbeit, in: Ihne, Harmut/Wilhelm, Jürgen (Hrsg.) (2006): Einführung in die Entwicklungspolitik. Hamburg, S. 42–49 (LIT).

Bliss, Frank/Neumann, Stefan (2007): Zur Partizipationsdiskussion in der internationalen Entwicklungszusammenarbeit. „State of the art" und Herausforderungen. Bonn (Politischer Arbeitskreis Schulen).

Bliss, Frank/Heinz, Marco (Hrsg.) (2010): Wer vertritt die Armen im Entwicklungsprozess? Entwicklungsethnologie 18. Jg. Heft 1+2. Bonn (Politischer Arbeitskreis Schulen).

Bliss, Frank/Heinz, Marco (Hrsg.) (2013): Ethik in der Praxis der Entwicklungszusammenarbeit. Entwicklungsethnologie 20. Jg. Heft 1+2. Bonn (Politischer Arbeitskreis Schulen).

Bliss, Frank/Heinz, Marco (Hrsg.) (2014): Entwicklung durch kulturelle Selbstbestimmung. Entwicklungsethnologie 21. Jg. Heft 1+2. Bonn (Politischer Arbeitskreis Schulen).

© Der/die Herausgeber bzw. der/die Autor(en), exklusiv lizenziert durch Springer Fachmedien Wiesbaden GmbH, ein Teil von Springer Nature 2021
F. Bliss, *Armutsbekämpfung durch Entwicklungszusammenarbeit*,
https://doi.org/10.1007/978-3-658-32805-4

Bliss, Frank/Gaesing, Karin/Mahla, Anika (2017): Die Verstetigung von Armut in Entwicklungsländern. AVE-Studie 2 / 2017. Duisburg (Institut für Entwicklung und Frieden). Im Internet unter: https://www.uni-due.de/imperia/md/content/inef/ave2.pdf

Bliss, Frank/Gaesing, Karin (Hrsg.) (2019): Wege aus extremer Armut, Vulnerabilität und Ernährungsunsicherheit. Entwicklungsethnologie, Doppelband 2016 und 2017, 23.-24. Jg. Bonn (Politischer Arbeitskreis Schulen).

Bundesministerium für wirtschaftliche Zusammenarbeit und Entwicklung (2011): Menschenrechte in der deutschen Entwicklungspolitik. Konzept. BMZ-Strategiepapier 4/2011. Bonn/Berlin (BMZ).

Bundesministerium für wirtschaftliche Zusammenarbeit und Entwicklung (2014): Gleichberechtigung der Geschlechter. Übersektorales Konzept. BMZ-Strategiepapier 2/2014. Bonn/Berlin (BMZ).

Bundesministerium für wirtschaftliche Zusammenarbeit und Entwicklung (2017a): Entwicklungspolitik als Zukunfts- und Friedenspolitik. 15. Entwicklungspolitischer Bericht der Bundesregierung. Bonn/Berlin (BMZ).

Bundesministerium für wirtschaftliche Zusammenarbeit und Entwicklung (2017b): BMZ Wasserstrategie. Schlüssel zur Umsetzung der Agenda 2030 und des Klimaabkommens. BMZ Papier 08/2017. Bonn/Berlin (BMZ).

Caparrós, Martín (2017): Der Hunger. Berlin (Suhrkamp).

Chossudovsky, Michel (2002): Global Brutal. Der entfesselte Welthandel, die Armut, der Krieg. Frankfurt (Zweitausendeins).

Collier, Paul (2014[4]): Exodus. Warum wir Einwanderung neu regeln müssen. München (Siedler).

Collier, Paul (dt. Ausgabe 2017, Erstausgabe 2008): Die unterste Milliarde. Warum die ärmsten Länder scheitern und was man dagegen tun kann. München (Pantheon).

Collins, Joseph/Lappé, Frances Moore (1980): Vom Mythos des Hungers. Die Entlarvung einer Legende: Niemand muss hungern. Frankfurt (fischer alternativ).

Cremer, Georg (2016): Armut in Deutschland. Wer ist arm? Was läuft schief? Wie können wir handeln? München (Lizenzausgabe für die Bundeszentrale für politische Bildung).

Deaton, Angus (2017): Der Große Ausbruch. Von Armut und Wohlstand der Nationen. Stuttgart (Klett-Cotta).

Debiel, Tobias (Hrsg.) (2018): Entwicklungspolitik in den Zeiten der SDGs. Essays zum 80. Geburtstag von Franz Nuscheler. Duisburg (Institut für Entwicklung und Frieden).

Deutsche Stiftung Weltbevölkerung (2019): Homepage: https://www.dsw.org

Deutsche UNESCO-Kommission/BMZ. Bundesministerium für wirtschaftliche Zusammenarbeit und Entwicklung (2015): Weltbericht „Bildung für alle" 2015. Kurzfassung. Bonn.

Eberlei, Walter (2009): Afrikas Wege aus der Armutsfalle. Frankfurt (Brandes & Apsel).

FAO. Food and Agriculture Organization of the United Nations (2018): The State of Food Security and Nutrition in the World 2018. Rome (FAO).

FAO. Food and Agriculture Organization of the United Nations (2019): The State of Food and Agriculture. Moving Forward on Food Loss and Waste Reduction. Rome (FAO).

GIZ. Gesellschaft für Internationale Zusammenarbeit (2016a): Projektbeispiel Westafrika: Würdevolle Bestattung von Ebola-Toten, in: Dies. (Hrsg.): Mehr als alles. Der Beitrag von Religionsgemeinschaften und Menschenrechtsorganisationen zu nachhaltiger Entwicklung. Bonn (GIZ).

GIZ. Gesellschaft für Internationale Zusammenarbeit (2016b): Projektbeispiel Mauretanien: Religiöse Führer sprechen sich gegen weibliche Genitalverstümmelung aus, in: Dies. (Hrsg.): Der Beitrag von Religionsgemeinschaften und Menschenrechtsorganisationen zu nachhaltiger Entwicklung. Bonn (GIZ).

Heinz, Marco (2019): Kultur der Armut – Fiktion oder Realität?, in: Bliss, Frank/Gaesing, Karin (Hrsg.): Wege aus extremer Armut, Vulnerabilität und Ernährungsunsicherheit. Entwicklungsethnologie, Doppelband 2016 und 2017, 23. und 24. Jahrgang. Bonn (Politischer Arbeitskreis Schulen).

Hirschmann, Kai (2016): Wie Staaten schwach werden. Fragilität von Staaten als internationale Herausforderung. Bonn (Bundeszentrale für politische Bildung).

Ihne, Hartmut/Wilhelm, Jürgen (Hrsg.) (2013[3]): Einführung in die Entwicklungspolitik. Münster (LIT).

ILO. International Labour Organization (2014a): World Social Protection Report. Building economic recovery, inclusive development and social justice. Geneva (ILO).

ILO. International Labour Organization (2014b): Social protection global policy trends 2010–2015. Social Protection Policy Papers 12. Geneva (ILO).

ILO. International Labour Organization (2017): World Social Protection Report 2017–2019. Geneva (ILO).

Karsch, Margret (2016): Feminismus. Geschichte – Positionen. Bonn (Bundeszentrale für politische Bildung).

Khan, Irene (2010): Die unerhörte Wahrheit. Armut und Menschenrechte. Frankfurt (S. Fischer).

Landes, David (2009): Wohlstand und Armut der Nationen. Warum die einen reich und die anderen arm sind. München (Pantheon) (Original: The Wealth and Poverty of Nations, New York 1998).

Lipton, Michael (1988): The Poor and the Poorest. Some Interim Findings. World Bank Discussion Paper 25. Washington (World Bank).

Mahla, Anika/Bliss, Frank/Gaesing, Karin (2017): Wege aus extremer Armut, Vulnerabilität und Ernährungsunsicherheit. Begriffe, Dimensionen, Verbreitung und Zusammenhänge. AVE Studie 1/2017. Duisburg (Institut für Entwicklung und Frieden).

Mahla, Anika/Gaesing, Karin/Bliss, Frank (2018): Ernährungssicherung. Eine entwicklungspolitische Bewertung ausgewählter Handlungsfelder. AVE-Studie 8/2018. Duisburg (Institut für Entwicklung und Frieden).

Martens, Jens/Obenland, Wolfgang (2015): Die 2030-Agenda. Globale Zukunftsziele für nachhaltige Entwicklung. Bonn (Global Policy Forum / Terre des Hommes).

Moyo, Dambisa (2012[2]): Dead Aid. Warum Entwicklungshilfe nicht funktioniert und was Afrika besser machen kann. Berlin (Haffmans & Tolkemitt).

Narayan, Deepa/Pritchett, Lant/Kapoor, Soumya (2009): Moving out of Poverty. Success from the Bottom up. Washington (IBRD / World Bank).

Nohlen, Dieter/Nuscheler, Franz (Hrsg.)(1993[3]): Handbuch der Dritten Welt. Band 1. Grundprobleme, Theorien, Strategien. Bonn (J. H. W. Dietz Nachf.).

Nord-Süd-Kommission (1980): Das Überleben sichern. Gemeinsame Interessen der Industrie- und Entwicklungsländer. Bericht der Nord-Süd-Kommission. Köln (Kiepenheuer & Witsch).

Nuscheler, Franz (2005): Entwicklungspolitik. Bonn (Lizenzausgabe für die Bundeszentrale für politische Bildung).

OECD. Organisation for Economic Co-Operation and Development (2005): Paris Declaration on Aid Effectiveness. Paris (OECD).

OECD. Organisation for Economic Co-Operation and Development (2008): Accra Agenda for Action. Paris (OECD).

OECD. Organisation for Economic Co-Operation and Development (2018): Development Co-operation Report 2018. Joining Forces to Leave no one Behind. Paris (OECD).

OECD. Organisation for Economic Co-Operation and Development (2019): OECD Income Distribution Database. Paris (OECD).

Pearson, Lester B. (1969): Der Pearson-Bericht. Bestandsaufnahme und Vorschläge zur Entwicklungspolitik. Bericht der Kommission für Internationale Entwicklung. Wien (Molden).

Piketty, Thomas (2016): Das Kapital im 21. Jahrhundert. München (C. H. Beck).

Schönhuth, Michael/Jerrentrup, Maja Tabea (2019): Partizipation und nachhaltige Entwicklung. Ein Überblick. Wiesbaden (Springer VS).

Sen, Amartya (2020, dt. Erstausgabe 2000): Ökonomie für den Menschen. Wege zu Gerechtigkeit und Solidarität in der Marktwirtschaft. München (Hanser).

Sen, Amartya (dt. Ausgabe 2017, engl. Erstausgabe 2009): Die Idee der Gerechtigkeit. München (dtv).

Seitz, Volker (2009): Afrika wird arm regiert oder Wie man Afrika wirklich helfen kann. München (dtv).

Stiglitz, Joseph (2002): Die Schatten der Globalisierung. Berlin (Siedler).

Stiglitz, Joseph (2012[2]): Der Preise der Ungleichheit. Wie die Spaltung der Gesellschaft unsere Zukunft bedroht. München (Siedler).

Trost, Esther (2012): ‚Kultur und Entwicklung‘ in der deutschen Entwicklungszusammenarbeit – Konzepte und Relevanz, in: Entwicklungsethnologie 19. Jg. Heft 1+2, S. 11–88 (Politischer Arbeitskreis Schulen).

UN. United Nations (2015): Transforming our World: The 2030 Agenda for Sustainable Development. New York (UN).

UNDP. United Nations Development Programme (2016): Human Development Report 2016. Human Development for Everyone. New York (UNDP).

UNDP. United Nations Development Programme (2018): Human Development Indices and Indicators 2018. Statistical Update. New York (UNDP).

UNDP. United Nations Development Programme (2019): Human Development Report 2019. Beyond income, beyond averages, beyond today: Inequalities in human development in the 21st century. New York (UNDP).

UNICEF. United Nations Children's Fund (2017): State of the World's Children. New York (UNICEF) (https://data.unicef.org).

VN. Vereinte Nationen (2010): Millenniums-Entwicklungsziele 2010. New York (UN).

WHO. World Health Organization (2018): World Health Statistics 2018. Monitoring Health for the SDGs. Geneva (WHO).

Wieczorek-Zeul, Heidemarie (2007): Welt bewegen. Erfahrungen und Begegnungen. Berlin (vorwärts buch).

Wilhelm, Jürgen (Hrsg.)(2010): Kultur und globale Entwicklung. Die Bedeutung von Kultur für die politische, wirtschaftliche und soziale Entwicklung. Berlin (Berlin University Press).

World Bank (2019): World Development Indicators. Washington (World Bank). Digital unter:
    https://databank.worldbank.org/source/world-development-indicators
World Bank (2020): Ethiopia Poverty Assessment. Harnessing Continued Growth for
    Accelerated Poverty Reduction. Washington (World Bank).

The manufacturer's authorised representative in the EU is Springer
Nature Customer Service Centre GmbH, Europaplatz 3, 69115 Heidelberg,
Germany. If you have any concerns regarding our products, please
contact ProductSafety@springernature.com

Printed and bound by CPI Group (UK) Ltd, Croydon, CR0 4YY
28/04/2026
02098490-0002